FREIZEITFÜHRER
... MIT KINDERN
Vor die Haustür, fertig – los!

☀ **pmv**
3. Auflage 2012, Frankfurt am Main
PETER MEYER VERLAG

TAUNUS MIT KINDERN

*400 Ausflüge, Aktivitäten und
Adressen für Ferien und Freizeit*

**VON HEIKE KATHARINA EWALD
& MICHAEL KÖHLER**

SÜDLICHER TAUNUSRAND

BAD HOMBURG & FRIEDRICHSDORF

RUND UM DEN FELDBERG

NATURPARK HOCHTAUNUS

LAHN & HINTERTAUNUS

LIMBURG & MITTELTAUNUS

UNTERLAHN & NATURPARK NASSAU

INFO & VERKEHR

FERIENADRESSEN

KARTEN & REGISTER

434

6 **Vorwort**

SÜDLICHER TAUNUSRAND

AM SÜDHANG DES TAUNUS

11 **Tipps für Wasserratten**

11 Frei- und Hallenbäder

17 **Frische Luft & Sport**

Mühlen am rauschenden Bach 19

17 Radeln, Skaten und Wandern

23 Grillplätze

24 Reiten und Kutsche fahren

26 Spielen, Toben, Winterspaß

32 **Umwelt erforschen**

32 Natur verstehen, Sterne beobachten

37 **Handwerk und Geschichte**

37 Bahnen und Museen

42 **Bühne, Leinwand & Aktion**

42 Kino, Kunst und Ferienspiele

47 Für Bücherwürmer

Festkalender 50

49 Feste & Märkte

BAD HOMBURG & FRIEDRICHSDORF

IHR SEHT DEN WALD VOR LAUTER RÖMERN NICHT!

53 **Tipps für Wasserratten**

53 Frei- und Hallenbäder

56 **Frische Luft & Sport**

56 Radeln oder Rollschuh laufen

57 Geocaching: Auf zur Schatzsuche!

62 Wandern und Grillen

63 Reiten und Kutsche fahren

65 Minigolf spielen

66 **Umwelt erforschen**

66 Tiere in Parks und auf Bauernhöfen

69 **Handwerk und Geschichte**

69 Betriebsbesichtigung

Der Limes: Grenze zwischen Römern und Germanen 74

70 Schlossbesichtigung

72 Besuch bei den Römern

75 Museen

76 **Bühne, Leinwand & Aktionen**

78 Für Bücherwürmer

Festkalender 80

79 Feste & Märkte

WO KELTEN UND RITTER LEBTEN

Tipps für Wasserratten 83
Frei- und Hallenbäder 83
Frische Luft & Sport 87
Radeln und Wandern 87
Toben, grillen und Minigolf spielen 97
Ski fahren und rodeln am Feldberg 98
Umwelt erforschen 100
Schöne Vögel, wilde Tiere 100
Natur zum Anfassen 103
Handwerk und Geschichte 105
Ballon fahren 105
Burgen und Ruinen 106
Bühne, Leinwand & Aktionen 111
Kunst und Theater 111
Für Bücherwürmer 114
Feste & Märkte 114

RUND UM DEN FELDBERG

Dein Rucksack ohne Müll 88

Hm, lecker: Geröstete Maronen 92

Festkalender 116

EIN HOCH AUF DEN TAUNUS!

Tipps für Wasserratten 119
Frei- und Hallenbäder 119
In Naturwasser baden 123
Frische Luft & Sport 124
Radeln und Skaten 124
Wandern 126
Grillhütten 130
Reiten & Kutsche fahren 132
Erlebniswelten 133
Klettern in den Felsen 137
Skilanglauf im Hochtaunus 139
Umwelt erforschen 140
Bunte Vögel und flinke Tiere 140
Handwerk und Geschichte 141
Betriebe und Burgen 141
Museen und Dorfbesichtigungen 144
Bühne, Leinwand & Aktionen 148
Ferienprogramm und Lesestoff 148
Feste & Märkte 149

NATURPARK HOCHTAUNUS

Fährtenleser aufgepasst! 141

Hexenwahn im Taunus 145

Festkalender 150

LAHN & HINTERTAUNUS

OBER- UND UNTERIRDISCH GUT: HINTERTAUNUS

153 **Tipps für Wasserratten**
153 Frei- und Hallenbäder
157 Wassersport | Schiffstouren auf der Lahn   161
162 **Frische Luft und Sport**
162 Radeln, wo's Spaß macht: Lahn-Radweg
164 Wandern
167 Grillen im Grünen
170 Reiten und Spielen
171 **Umwelt erforschen**
171 Wilde Tiere

Kristallhöhle Kubach 174   173 Unter- & Überirdisches

177 **Handwerk und Geschichte**

Bergmanns-ABC 178   177 Bahnen und Bergwerke
180 Burgen und Schlösser
186 Museen und Stadtführungen
191 **Bühne, Leinwand & Aktionen**
191 Theater, Kino und Kultur | Für Bücherwürmer   193

Festkalender 196   195 Feste & Märkte

LIMBURG & MITTELTAUNUS

DAS GROSSE DREIECK IN DER MITTE

199 **Tipps für Wasserratten**
199 Frei- und Hallenbäder
206 Im und auf dem Wasser unterwegs
208 **Frische Luft & Sport**
208 Radeln und Skaten
211 Wandern und Picknicken
213 Erlebnisparks und Spielorte
217 Schlittschuh laufen
217 **Umwelt erforschen**

Die Äskulapnatter 219   217 Auf Lehrpfaden wandeln

220 **Handwerk und Geschichte**
220 Bahnen für große und kleine Leute
222 Römerkastell und Hexenturm
224 Museen und Stadtführungen
229 **Bühne, Leinwand & Aktionen**
229 Theater, Kino und Kultur | Für Bücherwürmer   232

Festkalender 234   233 Feste & Märkte

WEIN, WALD UND WASSER

UNTERLAHN & NATURPARK NASSAU

Tipps für Wasserratten 237
Frei- und Hallenbäder 237
Wassersport 240
Frische Luft & Sport 243   *Kleine Wetterkunde* 241
Radeln und Wandern am Fluss 243
Grillspaß in Nassau 247
Reiten und Kutsche fahren 248
Winterspaß 249
Umwelt erforschen 249
Naturerfahrung 249
Handwerk und Geschichte 250
Bahnen und Bähnchen 250
Burgen am Rhein 251 | Römer und noch 'ne Burg 253
Museen 255
Bühne, Leinwand & Aktionen 258
Kultur, Kultur & Weihnachtsmärkte 258   *Festkalender* 260

TAUNUS-CONNEXIONS

INFO & VERKEHR

Orte, Infos, Anfahrten 263
Südlicher Taunusrand 263
Bad Homburg & Friedrichsdorf 265
Rund um den Feldberg 266
Naturpark Hochtaunus 268
Lahn & Hintertaunus 270
Limburg & Mitteltaunus 272
Unterlahn & Naturpark Nassau 276
Mit Bahn & Bus unterwegs 279
Taunus ist RMV-Gebiet 279

KINDERFREUNDLICHE UNTERKÜNFTE

FERIEN-ADRESSEN

Hotels 285 | Familienferienstätten 286
Ferien auf Bauern- und Reiterhöfen 288
Jugendherbergen 290 | Naturfreundehäuser 293
Jugendzeltplätze & Camping 297

Karten 305 | Register 314

KARTEN & REGISTER

VORWORT

Die Autoren

*Für den gebürtigen Frankfurter **Michael Köhler** war der Taunus die erste Reiseregion, die er bei Familienausflügen, Wandertagen mit der Schule oder Freizeiten als Teamer in der ehrenamtlichen Jugendarbeit aus eigener Anschauung kennen gelernt hat. Der Vater einer Tochter arbeitet in Frankfurt als freier Journalist, Lektor und Übersetzer.*

*Von ihrem Wohnort Oberursel aus hat die Marketingmanagerin **Heike Katharina Ewald** den Taunus durchkämmt, um Bestehendes zu aktualisieren und neue Aktivitäten auszutesten. Ihre beiden Kinder Sophia (6) und Philipp (3) waren über so viele Ausflüge begeistert!*

Der Taunus hat es in sich. Burgen und Schlösser, Tier- und Freizeitparks, Flüsse für Schiffsfahrten und Paddeltouren oder interessante Museen. Dazu ein engmaschiges Wander- und Radwegenetz, gemütliche Ausflugslokale und wunderschön gelegene Grill- und Picknickplätze. Denn der Taunus ist riesig: Er beginnt im Süden in der Rhein-Main-Ebene dort, wo er allmählich ansteigt und Vordertaunus heißt, und reicht bis an die Lahn, wo er Hintertaunus genannt wird. Dazwischen liegen der Rheingau-Taunus und der Naturpark Hochtaunus. Also ganz schön viel Taunus!

Familien mit Kindern, Schulklassen, Kindergarten- und Jugendgruppen, die in einem der schönsten Mittelgebirge Deutschlands unterwegs sind, finden hier allemal ein lohnendes Ziel: für einen Tagesausflug, ein verlängertes Wochenende oder gar eine Ferienwoche. Wo so viel los ist, hat man eher die Qual der Wahl! Da heißt es, eine Auswahl zu treffen. Und der vorliegende Reiseführer gibt euch genau die passende Antwort auf die Frage, wann ihr wohin gehen sollt! Wie bei einem Baukasten könnt ihr euch dabei genau die Tipps heraussuchen, die für euch interessant sind und daraus euer eigenes Programm für spannende Touren zusammenstellen: Ponys reiten, auf den Spuren der Römer Museen erkunden, Eichhörnchen durch die Wälder des Hochtaunus verfolgen, unterirdisch Höhlen und Bergwerke erforschen, in den Freibädern des südlichen Taunushangs abtauchen oder paddeln auf der Lahn und natürlich beim Besuch von Städten wie Limburg, Wetzlar, Weilburg oder Bad Homburg.

»Der Taunus hat es in sich« bekam für uns Autoren im Lauf der Arbeit an diesem Buch aber noch eine zweite Bedeutung. Hatte *Michael Köhler,* Autor der ersten beiden Auflagen, noch gedacht, nur seinen eigenen Kindheitserlebnissen nachreisen zu müssen, hat sich bald herausgestellt, dass der Taunus inzwischen ja noch viel mehr zu bieten hatte! Eine besondere Erfahrung war es für ihn, den Berichten der Taunusbewohner zuzuhören, sei es über die einstige Bedeutung der Mühlen am Urselbach, die schwere Arbeit der Bergleute in den ehemaligen Erzgruben der Lahn-Dill-Region oder das Leben auf dem Bad Homburger Schloss. So wird lokale Geschichte lebendig – und soll in diesem Buch weitergegeben werden.

Auch *Heike Katharina Ewald,* die für die nun 3. Auflage recherchierte, war für euch über viele Wochen und ungezählte Kilometer im Taunus unterwegs und hat wieder neue Aktivitäten gefunden. Als Geocaching-Fan hat sie zudem mit ihren beiden Kindern die schönsten Taunus-Caches für euch ausprobiert.

Lasst euch also von der Begeisterung anstecken und genießt viele schöne Tage im vielseitigen Taunus!

Heike Katharina Ewald & Michael Köhler
im Juni 2012

Danksagung

Unser Dank gilt all den freundlichen Menschen in Gemeindeämtern und Touristinformationen, an Museums- und Schwimmbadkassen, die uns wertvolle Tipps gegeben haben. Und besonders herzlich unserem pmv-Kollegen Eberhard Schmitt-Burk.

Zur Gliederung dieses Buches

▶ »Taunus mit Kindern« ist in die **sieben geografischen Griffmarken** *Südlicher Taunusrand, Bad Homburg & Friedrichsdorf, Rund um den Feldberg, Naturpark Hochtaunus, Lahn & Hintertaunus, Limburg & Mitteltaunus* und *Unterlahn & Naturpark Nassau* gegliedert. Diese Griffmarken sind immer nach demselben Schema aufgebaut:

Tipps für Wasserratten sind Infos zu Baden in Seen, Frei- und Hallenbädern sowie zu Kanu- und Bootstouren oder Schiffsfahrten.

Frische Luft & Sport nennt Radtouren, Wanderungen, Parks und Gärten sowie Abenteuerspielplätze. Für die kalte Jahreszeit zeigen wir euch Rodelhänge, Skipisten und Eislaufbahnen.

Gestatten?

Ich bin Sam, die Wasserratte. Meine Clique und ich begleiten euch mit noch ein paar Freunden auf euren Entdeckertouren durch dieses Buch und den Taunus. Darf ich vorstellen:

Karlinchen, unsere sportliche Naturfreundin,

Herr Mau, Experte für Handwerk und Geschichte,

und Mockes, der liebt die Kunst und das Feiern.

Umwelt erforschen stimmt euch auf umweltfreundliches Naturerleben ein. Hier findet ihr spannende Wild- und Tierparks, aber auch Kinderbauernhöfe, die euch ganz nah an Kuh und Schwein heranlassen. Vorgestellt werden zudem Naturlehrpfade, Programme von naturkundlichen Exkursionen und Ökostationen sowie Höhlen und Sternwarten.

Handwerk & Geschichte führt euch in die Welt der Technik, nimmt euch mit zu Bergbahnen und historischen Eisenbahnen, ehemaligen Mühlen und interessanten Museen. Die zahlreichen Burgen und Schlösser der Region nicht zu vergessen. Ihr werdet staunen, was man auch bei schlechtem Wetter alles unternehmen kann!

Bühne, Leinwand & Aktionen informiert euch über Kindertheater, Ferien- und Kreativangebote. Der Festkalender listet die schönsten Feste, Märkte und Veranstaltungen der jeweiligen Region auf. Hier lohnt es, auch mal in anderen Griffmarken zu spionieren!

Info & Verkehr bietet Anschriften von Informationsstellen sowie Tipps zu Anreise und öffentlichem Verkehr. **Ferienadressen** sind ausgewählte kinderfreundliche Übernachtungsstellen, Gruppenunterkünfte und Zeltplätze. Und schließlich gibt euch der farbige **Kartenatlas** die nötige Orientierung. Ihr seht: Es ist an alles gedacht – nur losziehen müsst ihr jetzt noch selbst!

pmv-Leser sind neugierig und mobil – nicht nur in der Fremde, sondern auch in der eigenen Umgebung. Den Wissensdurst ihres Nachwuchses wollen sie fördern, seinem Tatendrang im Einklang mit der Natur freie Bahn lassen. Daher finden Sie in diesem Ausflugsführer Tipps und Adressen zu allem, was kleine und große Kinder begeistert, je nach Wetterlage und Jahreszeit. Alle Adressen und Aktivitäten wurden von den Autoren persönlich begutachtet und strikt nach Kinder- und Familienfreundlichkeit ausgewählt.

SÜDLICHER TAUNUSRAND

SÜDLICHER TAUNUSRAND ◄

BAD HOMBURG & FRIEDRICHSDORF

RUND UM DEN FELDBERG

NATURPARK HOCHTAUNUS

LAHN & HINTERTAUNUS

LIMBURG & MITTELTAUNUS

UNTERLAHN & NATURPARK NASSAU

INFO & VERKEHR

FERIENADRESSEN

KARTEN & REGISTER

Dort, wo nordwestlich von Frankfurt die Landschaft allmählich ansteigt, liegt der südliche Rand des Taunus. Von Hofheim im Westen über Bad Soden bis Oberursel reicht unsere Griffmarke, die prall gefüllt mit vielseitigen Aktivitäten ist.

Bis in die 1970er Jahre war der südliche Taunusrand eher bäuerlich geprägt. Dann zog es viele Städter ins Grüne der Villenorte wie z.B. Bad Soden und mit ihnen wuchsen die Orte und Straßen. Dennoch gibt es hier viel Grün und genügend Raum für spannende Radtouren und Wanderungen: etwa von der Hohemark über die Kaiser-Friedrich-Brücke bis nach Oberursel. Ihr könnt den südlichen Taunusrand aber auch super bei einer Rätsel-Geocaching-Tour rund um Eschborn erkunden. Für alle Kletterkünstler unter euch hält Kelkheim mit seinem bekannten Kletterwald viele Herausforderungen bereit.

Frei- und Hallenbäder

TIPPS FÜR WASSERRATTEN

Badespaß in Oberursel

Freibad Oberursel, Altkönigstraße 99 – 105, 61440 Oberursel. ✆ 06171/509-251, Fax -259. www.stadtwerke-oberursel.de. info@stadtwerke-oberursel.de. **Bahn/Bus:** Stadtbus 42 und 45 bis Schwimmbad, U3 bis Lahnstraße, dann Fußweg. **Auto:** B455, in Oberursel in die Altkönigstraße einbiegen, Parkplätze direkt am Gelände. **Zeiten:** Mai – Aug Mo, Mi, Fr 8 – 20, Di, Sa, So, Fei 7 – 20, Do 7 – 21 Uhr; Sep Mo, Mi, Fr 8 – 19, Di, Do, Sa, So, Fei 7 – 19 Uhr. Kassenschluss 30 Min vor Schließung. **Preise:** 3 €, 10er-Karte 27 €; Kinder 4 – 18 Jahre 1,50 €, 10er-Karte 13,50 €, Dauerkarte 25 €; Feierabendtarif ab 18 Uhr Erw 1, 80 €, Kinder 1 €. Familien-/Dauerkarte 50 € (1 Erw), Anschlusskarte (Ehepartner) 35 €, Anschlusskarte 1. und 2. Kind 11 €, Anschlusskarte 3. Kind 7,50 €. Jedes weitere Kind frei. ▶ Das Oberurseler Freibad liegt an der zu den Taunusbergen aufsteigenden Altkönigstraße im nord-

Philipp hat was gefunden! Nur leider ist es noch nicht der Geocaching-Schatz …

© Freibad Oberursel

Schießt wie ein Pilz aus dem Boden: Wasser im Kinderbecken Oberursel

Hunger & Durst
Im Oberweiler Freibad findet ihr einen Imbissstand mit Tischen, Stühlen und Sonnenschirmen.

westlichen Stadtgebiet. Das beheizte Freibad ist als schöne hügelige Parkanlage angelegt. Große mächtige alte Bäume bieten euch auch an heißen Tagen ausreichend Schatten. Die Liegewiese ist so riesig, dass ihr für euer Badehandtuch immer genug Platz finden werdet. Das Freibad verfügt über ein großes Kombibecken, in dessen Schwimmerbereich eine Sprunganlage mit 1- und 3-m-Brett integriert ist. Kleine Kinder können sich in einem großen Planschbecken mit Rutsche und Sprudlern vergnügen. Zusätzlichen Spaß garantiert euch der Spielplatz unter alten Kiefernbäumen, der mit Wippen, Schaukeln, einer Spielhütte und viel Sand ausgestattet ist. Das Beachvolleyballfeld ist etwas für sportliche Jugendliche und Erwachsene.

Erlebnisbad für alle Jahreszeiten: Rhein-Main-Therme

Rhein-Main-Therme GmbH & Co. KG, Niederhofheimer Straße 67, 65719 Hofheim a.Ts. ✆ 06192/97779-0, Fax 97779-99. www.rhein-main-therme.de. info@rhein-maintherme.de. **Bahn/Bus:** Bus 812 bis Rhein-Main-Therme. **Auto:** B519 Hofheim – Kelkheim. **Zeiten:** Wasserwelten, Saunalandschaft täglich 9 – 23 Uhr. **Preise:** Wasserwelten Mo – Fr 3 Std 13 €, ganzer Tag 15 €, Sa, So, Fei und Ferien je 2 € Zuschlag; Kinder 4 – 15 Jahre Mo – Fr 3 Std 7 €, ganzer Tag 9 €, Sa, So, Fei und Ferien je 1 € Zuschlag; Schüler, Studenten Mo – Fr 3 Std 9 €, ganzer Tag 12 €, Sa, So, Fei und Ferien je 1,50 € Zuschlag, Familienkarte (2 Erw, 2 Kinder bis 15 Jahre) Mo – Fr 3 Std 32 €, ganzer Tag 35 €, Sa, So, Fei und Ferien Zuschlag je Erw 2 € bzw. Kinder 1,50 €. Mo – Fr

Bürger von Hofheim und Kelkheim 1,5 Std Erw 5, Kinder 2 €. **Infos:** Schwimmschule und Tauchschule, Kurse und Termine auf der Internetseite.

▶ Mit der Rhein-Main-Therme haben die beiden Städte Hofheim und Kelkheim ein richtiges Badeparadies für die ganze Familie auf die grüne Wiese gestellt. Unter einer großen Glaskuppel liegen mehrere, von subtropischen Pflanzen umstandene Wasserlandschaften. Die **Erlebniswelt** im Zentrum wartet mit allen Raffinessen auf, die ein modernes Spaßbad bieten kann: Wasserfälle vor Grotten mit nachempfundenem Sternenhimmel, Fontänen, Strömungskanal und Whirlpools. Ein Wellenbad darf natürlich nicht fehlen. Wer es sportlicher liebt, stürzt sich von den Sprungtürmen in ein gesondertes 25-m-Sportbecken. Großer Andrang herrscht vor dem Aufgang zu den zwei 140 bzw. 150 m langen Rutschen. Die kleinen Besucher haben ein eigenes Kinderparadies: die **Kindererlebniswelt.** Beim Ausflug nach draußen geht es an Massagedüsen und Sprudlern vorbei in ein Becken unter freiem Himmel, das in der warmen Jahreszeit Zentrum des **Freibades** ist. Zeit zum Entspannen heißt das Motto in der Sauna oder im römischen Dampfbad. Der Fitnessbereich schließlich bietet verschiedene Möglichkeiten für das Training von Kondition und Ausdauer.

Badefreuden zwischen Wald und Wiesen

Wiesenbad Eschborn, Frei- und Hallenbad, Hauptstraße 258 – 260, 65760 Eschborn. ✆ 06196/490-890, www.eschborn.de. wiesenbad@eschborn.de. **Lage:** Nordrand von Eschborn. **Bahn/Bus:** S4 Eschborn, 500 m nördlich vom Bhf, Bus 252 bis Schwimmbad (Rödelheim – Eschborn Rathaus – Oberursel Rathaus). **Auto:** A66 Ausfahrt 17 Eschborn. **Rad:** Nahe Radweg am Westerbach. **Zeiten:** Hallenbad Di – Do 7 – 22, Fr 7 – 20 (Warmbadetag), Sa, So 8 – 18 Uhr; Freibad: Mai – Sep täglich 10 – 20 Uhr. **Preise:** 3 €, Jahreskarte 190 €; Kinder und Jugendliche 6 – 18 Jahre 1,5 €, Jah-

SÜDLICHER TAUNUSRAND

Säuglingen ab 3 Monate und Kleinkindern bis 6 Jahre wird über die Kurse *Säuglingsschwimmen und Kleinkinderschwimmen*, *Delfin* und *Pinguin* Spaß am Wasser bereitet und das Schwimmen beigebracht, Kinder 6 – 36 Monate bereitet außerdem die *Baby-Sauna* Vergnügen; Anmeldung ✆ 06196/9988-121.

reskarte 95 €; Kinder mit Familienpass 0,75 €; Schüler, Azubis 2 €, Jahreskarte 140 €; preiswerte Familien- und Wertkarten; Mo ermäßigter Eintritt im Freibad oder in der Sauna (jahreszeitenbedingt).

▶ Das am Nordrand von Eschborn im Bereich eines Freizeitgeländes gelegene Wiesenbad ist ein großzügig eingerichtetes Frei- und Hallenbad. Das **Freibad** liegt ruhig in einer sehr ansprechenden Landschaft. Für das geschäftige Eschborn ist das zweifellos eine Oase der Erholung. Die vielen Schatten spendenden Bäume reichen fast bis an den Rand des Kombibeckens, bestehend aus 25-m-Schwimmersektor mit Bahnen und einem Nichtschwimmerbereich. Hauptattraktionen für kleine Wasserratten sind hier die Schlangenrutsche, Wasserfontänen und der Schiffchenkanal. Die Minis sind im Kleinkinderbecken aktiv. Abwechslung an Land findet ihr auf einem großem Spielplatz, der durch ein Sonnensegel beschattet wird. Für die Großen ist das Beachvolleyballfeld eine gefragte Wettkampfstätte. Auch Tischtennis und Schach kann gespielt werden. Wer sich von den vielen Aktivitäten erholen möchte, kann sich in einem der bereitstehenden Strandkörbe ausruhen.

Das **Hallenbad** bietet für die ganze Familie etwas: Neben Nichtschwimmer- und Schwimmerbecken mit Massagedüsen gibt es ein Kinder- und ein separates Sprungbecken. Sowohl im Außen- als auch im Innenbereich existieren warme Duschen. Im Freibad befindet sich ein Kiosk, in der Halle ist ein Snack- und Getränkeautomat.

Freibad Kelkheim

Lorsbacher Straße 41, 65779 Kelkheim-Münster. ✆ 06195/3306, www.kelkheim.de. stadtwerke@kelkheim.de. **Lage:** Südwestlicher Stadtrand, am Kelkheimer Stadtwald. **Bahn/Bus:** RMV-Bus 804 bis Am Waldeck. **Auto:** B8, B419, B455, in Kelkheim ausgeschildert. **Zeiten:** Mai – Sep Di und Do 7 – 20, Mo, Mi, Fr – So 9 – 20 Uhr, Kasse bis 19 Uhr, bei schlechtem Wetter geschlossen. **Preise:** 3,50 €, 12er-Karte 35 €, Saisonkarte 60 €; Kinder 4 – 18 Jahre 1,50 €, 12er-Karte 15 €, Saisonkarte 35 €; Ermäßigungsberechtigte zahlen wie Kinder, Familientageskarte 6,50 €, -saisonkarte 130 €.

▶ An den Hängen des Taunus mit tollem Blick auf die Wolkenkratzer von Frankfurt gibt's Badespaß für Groß und Klein im 50 m langen Schwimmer- und Nichtschwimmerbecken. Springer üben sich am 1-m-Brett oder am 3-m-Turm. Die weniger Mutigen kommen über eine Rutsche ins Wasser. Für die Kleineren gibt es ein neu renoviertes Kleinkinderbecken mit einem großzügigen Spielplatz. Für die Größeren unter euch steht ein Beachvolleyball- und ein Beachhandballfeld bereit.

Baden im idyllischen Taunustal

FreiBadSoden, Kelkheimer Straße 74, 65812 Bad Soden a.Ts. ✆ 06196/22750, 208-555, Fax 208-365. www.bad-soden.de. juergen.wolf@stadt-bad-soden.de.
Lage: Am westlichen Stadtrand, nahe Sportplatz.
Bahn/Bus: S3, RMV-Bus 828 (Mo – Sa) bis Schwimmbad. **Auto:** A66, Ausfahrt Frankfurt-Höchst, L3266.
Zeiten: Mitte Mai – Mitte Sep täglich 7.30 – 20, Kassenschluss um 19 Uhr. **Preise:** 3 €, 12er Karte 30 €, Saisonkarte 65 €; Kinder 6 – 18 Jahre 1,50 €, 12er-Karte 15 €, Saisonkarte 25 €; Feierabendtarif ab 17 Uhr Erw 1,50 €, Kinder und Jugendliche 0,75 €, Schüler, Studenten, Behinderte 1 €. Schüler, Studenten, Behinderte 2 €, 12er-Karte 20 €; Saisonkarte Familien 70 €.

▶ Das Bad im Altenhainer Tal ist herrlich ruhig gelegen – und seit der Generalerneuerung in 2006 und 2007 ist es in einem guten Zustand. Im 50 m langen Kombibecken kommen alle zu ihrem Recht: Schwimmer und Nichtschwimmer. Auch große und kleine Sprünge sind vom 5-m-Turm und den 1-m- und 3-m-Brettern möglich. Das Sprungbecken ist in das Schwimmerbecken integriert. Genauso viel Spaß

 **Minigolf im Freizeitpark Kriftel,** Kapellenstraße/Parkstraße, Kriftel. Erw 2 €, Kinder 1 €. Schläger am Kiosk.

Hunger & Durst
Im Eingangsbereich des Freibads befindet sich ein Kiosk, der auch für die Besucher des Freizeitparks zugänglich und im Sommer bei schönem Wetter geöffnet ist: Würstchen, Kaffee, Kuchen, kalte Getränke und Eis gibt es.

Hier ist immer was los:
Freibad Kriftel

bringt die 60-m-Rutsche. Die Kleinen und ganz Kleinen können sich im Planschbecken austoben, in das eine Rutsche führt. Auch an Land gibt's allerlei Spielmöglichkeiten. Allen gemeinsam ist die von alten Bäumen bestandene Liegewiese. Imbiss samt Tischen und Stühlen im Freien ist ebenfalls vorhanden.

Parkbad Kriftel mit viel Sport & Spiel

Freizeitpark, Parkstraße, 65830 Kriftel. ✆ 06192/ 47198, Fax 45514. www.kriftel.de. buergeramt@kriftel.de. **Bahn/Bus:** HLB-Bus 810 bis Kirche. **Auto:** A66, in Kriftel ausgeschildert; Parkplatz am Gelände. **Rad:** Unterhalb vom S-Bhf Hofheim 1 km über den Schwarzbach-Radweg Richtung Kriftel. **Zeiten:** Mai – Sep Mo, Fr – So 8 – 20, Mi, Do 6.30 – 20, Di 10 – 20 Uhr, Sa bei warmem Badewetter bis 21 Uhr. **Preise:** 4 €, Saisonkarte 65 €; Kinder unter 18 Jahre 2 €, Saisonkarte 30 €; Feierabendtarif ab 18 Uhr Erw 2 €, Kinder 1 €. Spezielle Saisonkarten für Familien und Guthabenkarten mit Ermäßigung.

▶ Das Freibad im südlichen Gemeindegebiet am Schwarzbach ist ruhig und schön gelegen. Im Kombibecken haben Wasserratten aller Altersklassen ihren Spaß. Der Schwimmbereich ist 50 m lang. In den Nichtschwimmerbereich führt eine Rutsche und in das integrierte Springerbecken könnt ihr aus 1 und 3 m Höhe hinunterspringen. Gleich nebenan liegt ein sehr schöner Eltern-Kind-Bereich. Das Kleinkinderbecken verfügt über mehrere kleine Rutschen und Wasserfontänen. Daneben gibt es einen Spielplatz mit Matsch-

© Freizeitpark Kriftel

platz. Der gesamte Eltern-Kind-Bereich wird mit großen Sonnensegeln beschattet und ist daher auch für heiße Tage geeignet.

Am Rand der geräumigen, reichlich mit Bäumen bestandenen Liegewiese liegen drei Beachvolleyballfelder. Außerdem gibt es zwei Tischtennisplatten. Wer sich an Land noch so richtig austoben will, der findet direkt neben dem Freibad einen ⬈ Freizeitpark.

Radeln, Skaten und Wandern

Skater-Anlage Eschborn

Dörnweg, 65760 Eschborn. ✆ 06196/490-320, Fax 490-236. www.eschborn.de. info@eschborn.de. **Lage:** An der Heinrich-Kleist-Schule.

▶ Die 2002 errichtete Anlage wird in der Mitte von einer Tribüne geteilt. Wenn auf dem Hockeyfeld mit Bandenelementen auf der einen Seite nicht gerade ein Match stattfindet, können Anfänger hier ihre ersten Rollversuche wagen. Fortgeschrittene Fahrer nutzen die Skate-Landschaft auf der anderen Seite und üben ihre Kunststücke an Quarterbowl, Funbox, Manual Put mit Curb, Pipe oder Quarterramp. Seit Oktober 2007 sind hier die neuen Elemente Pyramide mit Diagonalledge, Hip-Ram, Fun-Box Urban Element und Table (an bestehende Rampe angepasst) hinzugekommen. Ihr habt hier also ganz schön viele Möglichkeiten.

Das Fahrrad selbst reparieren können!

Arbeitsgemeinschaft fahrRad Eschborn, Kooperative der Kinder- und Jugendarbeit in Eschborn, Rathausplatz 36, 65760 Eschborn. ✆ 06196/490328, 490414, www.eschborn.de. abenteuerspielplatz@eschborn.de. Beteiligte Einrichtungen:

Kinderhort Süd-West, Berliner Straße 6, ✆ 490261,
Abenteuerspielplatz in den Oberwiesen, ✆ 490504,
Jugendzentrum Eschborn, Jahnstraße 3, ✆ 490246,

FRISCHE LUFT & SPORT

 Curbtricks:
Als **Sliden** bezeichnet man das Rutschen auf der Holzfläche des Decks und unterscheidet:
· *noseslide:* Rutschen auf der Nase;
· *boardslide:* Rutschen auf dem Board zwischen den Achsen;
· *tailslide:* Rutschen auf dem Tail;
· *bluntslide:* Rutschen mit berühren der Rollen.

Interkulturelle Schulsozialarbeit an der Süd-West-Schule, Berliner Straße 27 – 29, ✆ 92757864.

▶ An den vier genannten Orten in Eschborn wurden für Kinder und Jugendliche Fahrradwerkstätten eingerichtet, in denen sie unter Anleitung selbst ihre Drahtesel reparieren und pflegen können.

Mühlenwanderweg

Hohemark – Kaiser-Friedrich-Brücke – Oberursel (U-Bahn) – Stierstadt (S-Bahn) – Krebsmühle (Bus 872 und 29, U-Bahn Weißkirchen oder Niederursel). **Länge:** insgesamt 4,5 Std, leicht, markiert. **Bahn/Bus:** U3 oder RMV-Bus 50 bis Hohemark, zurück ab Niederursel Bus 872, 29, U-Bahn Weißkirchen oder Niederursel. **Auto:** B456 bis Hohemark.

▶ Ab **Hohemark** folgt ihr zunächst den Wegweisern Richtung Feldberg. Zu eurer Rechten hört ihr den Urselbach rauschen, der euch abwechselnd mit einem alten Werkgraben die ganze Strecke über begleiten wird. Am Weg seht ihr nach kurzer Zeit an einem Baum ein Hinweisschild mit zwei Symbolen: einem Wasserrad und einem Bachflohkrebs. Sie dienen euch ab jetzt als Orientierung.

Die erste Teiletappe bis zur **Kaiser-Friedrich-Brücke** führt leicht bergan durch den Wald oder am Waldrand entlang. An der Brücke liegt eigentlich erst der Startpunkt des Mühlenwanderweges. Von nun an geht es stetig bergab. Nach einem kleinen Stück zurück auf dem gleichen Weg seht ihr an einem Holzsteg die Abzweigung des Werkgrabens. Ihr folgt dem Pfad entlang dem Graben. Wasserrad und Bachflohkrebs geben an Wegkreuzungen im Wald jeweils die Richtung vor, bis linker Hand die ersten Gebäude von Oberursel durch die Bäume zu sehen sind.

Das Zentrum **Oberursels** mit dem Marktplatz ist nach etwa 2,5 Stunden erreicht. Am Gebäude der Stadtbücherei am Marktplatz, Ecke Weidengasse beginnt die nächste Etappe, die zunächst weiter durch die Altstadt von Oberursel (Weidengasse und Korfstra-

---

Die Route lässt sich problemlos in Teiletappen zerlegen, an deren Endpunkten Haltestellen öffentlicher Verkehrsmittel liegen. Das Stück zwischen Oberursel und der Krebsmühle ist auch für eine Fahrradtour geeignet.

Hunger & Durst

Die Linse, Krebsmühle 1, Oberursel. ✆ 06171/73018. www.krebsmuehle.de. Okt – März Mo – Fr 18 – 24, Sa 12 – 24, So, Fei 12 – 23 Uhr. Wechselnde Wochenkarte, durchgehend warme Küche, Sonnenterrasse.

> Die Wasserkraft aus dem vom Urselbach abzweigenden Werkgraben und dem Bach selbst diente in der Vergangenheit zum Antrieb von Mühlen und Triebwerken in Fabriken. Insgesamt hat man zwischen der Kaiser-Friedrich-Brücke und

MÜHLEN AM RAUSCHENDEN BACH

der Krebsmühle 42 Standorte solcher Mühlen und Wassertriebwerke gezählt. Darunter waren die Spinnerei und *Weberei Hohemark* oder die *Wiemersmühle* und die *Steinmühle* oberhalb des alten Ortskerns von Oberursel (heute Gelände von BMW Rolls Royce). Die Steinmühle arbeitete seit 1850 als Mahlmühle. In der Wiemersmühle war zunächst eine Kalbsledergerberei, ab 1883 eine Eisengießerei untergebracht. Leider sind die meisten alten Öl-, Loh- und Mahlmühlen heute nicht mehr erhalten. Achtet auf die Schautafeln, die am Mühlenwanderweg aufgestellt sind. Sie zeigen euch, wie die Wasserkraft früher für die Mühlen genutzt wurde. Außerdem geben sie einen Eindruck von der Arbeit der Handwerker, die einst hier ihre Werkstätten hatten. Und natürlich gibt es auch Infos zu Pflanzen und Tieren, die im Bach oder am Ufer zu finden sind. ◀

ße) und ab dem Ortsrand durch Wiesen führt – immer geleitet von den zwei Symbolen. Vor Stierstadt verläuft der Weg eine Weile an der Bahnlinie entlang. Nach dem Durchqueren einer Unterführung an der S-Bahn-Haltestelle **Stierstadt** wendet ihr euch nach rechts und lauft kurz auf Stierstadt zu. Nach etwa 300 m zweigt der Weg wieder links in die Wiesen ab und folgt erneut dem Bachlauf durch Weißkirchen bis zum Ziel an der ↗ **Krebsmühle.**

Spazierweg zum Fisch: Das Forellengut im Wald

61440 Oberursel-Oberstedten. ✆ 06172/35119, Fax 06171/502-319. forellengut-herzberger.de. **Bahn/Bus:** U3 Hohemark, RMV-Bus 7, 41 bis Oberursel-Oberstedten Landwehr oder Bad Homburg-Stadtbus, Endstation Hirschgarten; 20 – 30 Min Fußweg. **Auto:** A661 Bad Homburg/Oberursel, Richtung Bad Homburg, weiter bis

Hunger & Durst

Forellengut, Oberursel-Oberstedten.
✆ 06172/35119. Gaststätte Sa, So, Fei 11 – 18 Uhr, Fischverkauf Mo – Sa 9 – 16, So, Fei 9 – 11 Uhr.

Oberstedten, Hinweisschilder Forellengut. **Rad:** An der Wanderroute Hohemark/Waldeslust (U3) – Hessenpark – Saalburg – Lochmühle, Strecke auch für MTB geeignet. **Infos:** Ausgangspunkt: Oberursel Hohemark, Wanderparkplatz Verlauf: Rundweg, etwa 4 km, leichte Steigungen.

▶ Das Gut liegt mitten im Wald. In ca. 40 terrassenförmig übereinander angelegten kleinen Teichen werden in großer Zahl Forellen, in kleiner Zahl aber auch andere Fische gezüchtet. Für Kinder erfreulich: das kleine Wildschweingehege, die frei laufenden Hühner und Gänse und der kleine Spielplatz.

Gerade an Wochenenden und Feiertagen bietet sich das **Forellengut** als Start und Ziel für kleinere oder größere Wanderungen durch den Taunuswald an. Dann ist nämlich die Gaststätte auf dem Gelände geöffnet, und man kann hier zum Abschluss seiner Tour eine Rast einlegen und – na was wohl? – Fisch essen oder geräucherte Forellen und diverse andere Fischsorten erstehen.

© Annette Sievers

Forellen in einem kühlen Grunde ...

 Zum Forellengut kann von der Endstation Hohemark auch mit Kinderwagen eine kleine Wanderung unternommen werden: Man geht über die Brücke rechts in den Wald hinauf und folgt der Markierung. Je nach Länge der Beine dauert das eine halbe bis ganze Stunde.

Vom Meisterturm und zum »Gimbi«

Waldgaststätte Meisterturm, Meisterturm 1, 65719 Hofheim a.Ts. ✆ 06192/8887, www.meisterturm.de. info@meisterturm.de. **Länge:** etwa 2 Std. Im Wald nördlich von Hofheim, Nähe Bergkapelle. Mit Biergarten und Spielplatz. **Bahn/Bus:** S2, RB21 Wiesbaden – Niedernhausen bis Hofheim, vom Bhf über die Überführung zum Schmelzweg, dann links Zeilsheimer Straße. Meisterturm mit RMV-Bus 401, AST 404 bis Ehrenmal. Rückweg: Ab Hof Gimbach 2 km zu Fuß zum Bhf Kelkheim, von dort Bus 806 bis Bhf Hofheim (täglich, Sa letzte Abfahrt 18.49, So 22.16 Uhr) oder ab Bhf Kelkheim Taunusbahn Königstein – Frankfurt. **Auto:** Zum Meisterturm B519, Niederhofheimer Straße, dann abbiegen in Zeil, Marienstraße und weiter über Kreuzweg, dort Parkplatz. **Zeiten:** ganzjährig Mo, Mi – So 12 – 23 Uhr. **Preise:** Eintritt frei.

▶ Am Ende des Hofheimer Kreuzwegs seht ihr im Wald den Wegweiser zum Meisterturm. Von hier aus könnt ihr auf dem Kühruhpfad einen Abstecher zu einem Wildgehege hinter der Revierförsterei unternehmen, wo unter den Bäumen ein Hirschrudel lebt. Zum Aussichtsturm geht es über die Asphaltstraße oberhalb der Försterei. Sie gabelt sich nach 50 m. Ihr haltet euch links und gelangt nach einer Schleife um die Bergkapelle in etwa 15 Minuten ans Ziel. Vorher passiert ihr im Wald die Reste einer keltischen Ringwallanlage.

Der **stählerne Meisterturm** ist 32 m hoch und steht auf dem höchsten Punkt des Kapellenberges. Nach dem Aufstieg bietet sich euch ein herrlicher Ausblick auf die Höhenzüge des Taunus, ins Lorsbachtal und auf die Mainebene mit der Skyline von Frankfurt oder den am Flughafen startenden und landenden Fliegern. An schönen Tagen ist im Süden der Odenwald zu sehen.

Richtig rund wird der Ausflug aber erst, wenn ihr die etwa 1,5 Stunden (einfacher Weg) dauernde Wanderung zum ↗ **Gimbacher Hof** anschließt. Sie verläuft auf dem am Meisterturm vorbeiführenden Weg immer geradeaus nach Norden. Nach einer Stunde erreicht ihr den Waldrand, eine Abzweigung nach rechts bringt euch bis zum Ausflugslokal **Gundelhardt.** Von dort aus haltet ihr euch Richtung Kelkheim (ausgeschildert). Hinter dem Wasserwerk biegt ihr links in eine Asphaltstraße ein. Sie

Hunger & Durst
Hof Gimbach, Kelkheim-Fischbach. ℂ 06195/3241. www.hof-gimbach.de. Mo – Fr 12 – 24, Sa, So, Fei 11 – 24 Uhr, Mi Ruhetag. Beliebte Gartenwirtschaft mit eigener Apfelweinkelterei, Spielplatz und Kinderfestangeboten. Produkte vom eigenen Hof.

SÜDLICHER TAUNUSRAND

© Hof Gimbach

Das Sonnenreich »Gimbi«: Im Biergarten vom Gimbacher Hof

Waldgasthof Gundel-
hard, Hochplateau zwischen Kelkheim und
Lorsbach, ✆ 06192/
900607, Di – Fr 11 –
23, Sa, So ab 10 – 23
Uhr. Gasthaus mit Bier-
garten, warme Küche
bis 22 Uhr, Kinderspiel-
platz.

Bis auf die letz-
ten Meter vor
dem Cache ist diese
Tour auch mit Kinder-
wagen zu bewältigen.

geht in einen Schotterweg über, der direkt zum **Gim-**
bacher Hof führt. Im Winter verbreiten ein Kachelofen
und ein offener Kamin in den Stuben des Landgast-
hofs wohlige Wärme. Im Sommer sitzt ihr unter
mächtigen alten Kastanienbäumen im Freien. Neben
dem Sommergarten liegen ein Spielplatz und ein Gehege mit Ziegen, Hühnern, Enten und Puten.

Rätsel-Geocaching-Tour bei Eschborn

Eschborn. www.opencaching.de. **Länge:** 5 km, Dauer
etwa 2 Std, Multi-Cache, Wegpunkt: OC63B8, ab 6 Jahre mit Begleitung von Erw.

▶ »Es war einmal ein Ritter mit dem Namen Hartmut,
der lebte in Aschenbrunne. Er war dem Burgfräulein
Constanze sehr zugetan und träumte so manche
Stunde von ihren schönen blauen Augen.« So beginnt
die Geocaching-Tour, die euch bei jeder der 7 Stationen ein Rätsel anhand eines Gedichts aufgibt. Habt
ihr das Rätsel und die damit verbundene Rechenauf-
gabe gelöst, bekommt ihr die nächsten Koordinaten.
Die genaue Beschreibung des Caches sowie die
Startkoordinaten findet ihr auf der Webseite unter
dem Cache-Namen *Der Ritter von Aschenbrunne.*

Wandern beim Rettershof

Reitstall Rettershof GmbH, Rettershof 4, 65779 Kelkheim. ✆ 06174/7354, Fax 964579. www.retters-
hof.de. rettershof@kelkheim.de. **Bahn/Bus:** RMV-Bus
806, 811. **Auto:** An der B455 zwischen Königstein und
Kelkheim-Fischbach.

▶ Ehemals ein Kloster und später ein Landgut mit
wechselnden Eigentümern, ist der Rettershof heute
ein beliebtes Ziel für Wanderer und Spaziergänger.
Zu der Anlage gehören neben einem Hotel ein Reitstall und ein Gutshof. Das restaurierte Anwesen be-
tretet ihr durch einen bunt bemalten Torbogen. Sein
Innenhof wird von mehreren Fachwerkgebäuden ein-
gefasst, in denen Scheunen und Stallungen liegen.
Ein halbstündiger Rundweg führt um das Gelände he-

rum. Außerdem nehmen mehrere längere Rundwanderungen von hier ihren Ausgang. Eine dieser Touren (Markierung: R6) führt zum Beispiel in etwa 1 Stunde von der Gaststätte **Zum fröhlichen Landmann** bis nach Schneidhain und wieder zurück zum Ausgangspunkt. Hinter dem Lokal verläuft der Weg zunächst durch den Wald auf ein Wiesengelände zu. Dort angekommen, wendet ihr euch nach rechts in ein Birkenwäldchen. Nach etwa 500 m erreicht ihr eine Kreuzung, an der ihr weiter geradeaus geht. Vor dem Ortsrand von Schneidhain biegt ihr nach rechts ab und lauft immer an den Häusern entlang. Nachdem ihr die Bundesstraße überquert habt, trefft ihr auf eine Weggabelung. Dort haltet ihr euch links. Nach etwa 500 m wendet ihr euch nach rechts am Waldrand eine Rechtskehre, nach weiteren 500 m biegt der Weg erneut nach rechts ab. Zwischen den Bäumen lauft ihr wieder auf die Bundesstraße zu. Jenseits der Fahrbahn liegt bereits das Eingangstor zum Rettershof. Auf einem parallel zu der Zufahrtsstraße zum Gutshof verlaufenden Kiesweg erreicht ihr schließlich den Ausgangspunkt eurer Wanderung.

Hunger & Durst

Landgaststätte Zum fröhlichen Landmann, Am Rettershof, Kelkheim-Fischbach. ✆ 06174/21541. www.zum-froehlichen-landmann.de. Ganzjährig Mi – So, Fei 11 – 23 Uhr. Spielplatz vor dem Haus, Biergarten.

22 MTB-Touren Taunus Vogelsberg. In diesem pmv-Freizeitführer für Moutainbiker werden 22 Touren detailliert und flott beschrieben, um Taunus und Vogelsberg zu erkunden. pmv, ISBN 978-3-89859-322-9, 16 €.

Grillplätze

Grillen in Steinbach

Grillplatz am Weiher, An der Geschwister-Scholl-Schule, Im Taubenzehnten, 61449 Steinbach a.Ts. ✆ 06171/7000-0, Fax -27. www.stadt-steinbach.de. info@stadt-steinbach.de. **Lage:** Am Ortsrand.

▶ Auf dem kleinen Platz kann man die gemauerte offene Feuerstelle benutzen oder einen selbst mitgebrachten Grill aufstellen. Nebenan ist ein Spielplatz. Spazieren kann man im nur wenige Meter entfernten Wingerttal.

Grillplatz Schwalbach, 65824 Schwalbach a.Ts. ✆ 06196/848468, www.schwalbach.de. info@schwal-

bach.de. **Lage:** An der Sportanlage Hinter der Röth nahe dem Taunusbad.

▶ Überdachter Holzkohlegrill. Strom, Wasseranschluss. Bänke können gemietet werden. Benutzung nach Voranmeldung. 15 €, Kaution 50 €.

Reiten und Kutsche fahren

Reiten lernen

Pension und Ausbildungsstall Ralph Müller, Mareike Schimek, Auf dem Siedlungslehrhof, 61440 Oberursel-Oberstedten. ✆ 06171/6947703, Handy 0163/5443342. www.reiten-pro-pferd.de. info@reitenpro-pferd.de. **Bahn/Bus:** U3 Oberursel bis Rosengärtchen. **Preise:** Einzel- oder Longenunterricht 25 €/30 Min, Bambinikurs 15 €/60 Min, Ponyclub 16 €/60 Min.

▶ Reithalle, Reitplatz, Spring- und Dressurplatz. Ferienkurse.

Sonnenhof

Wilhelm Seidenthal, Steinbacher Straße 36, 61440 Oberursel-Stierstadt. ✆ 06171/78257, 51753, Fax 980962. Handy 0177/8232621. www.sonnenhof-oberursel.de. christine.brunner@t-online.de. **Zeiten:** Mo – Fr 7 – 22, Sa 8 – 20, So 8 – 18 Uhr. **Infos:** Christine Brunner (Verwaltung, Boxenvermietung).

▶ 2 Reit- und 2 Longierhallen, Außenreitplatz, Dressurviereck und Sommerkoppeln. Es gibt Dressur- und Springunterricht, Theorie und Praxis an der Longe, Geländerritte und sogar Gymnastik. Reiterstübchen und Landgasthof Zur Sonne.

Reitanlage Geier

Praunheimer Weg, 61449 Steinbach a.Ts. ✆ 06171/73524, Fax 73524. www.reitanlage-geier.de. info@reit-anlage-geier.de. **Bahn/Bus:** Bus 252 bis Steinbach Pijnacker Platz und 6 Min zu Fuß oder S5 bis Bhf Oberursel-Weißkirchen/Steinbach und 22 Min zu Fuß.

Hunger & Durst

Landgasthof Zur Sonne, Steinbacher Straße 36, Oberursel-Stierstadt. ✆ 06171/79997. www.landgasthof-zursonne.de. Mo – Sa ab 17, So, Fei ab 10 Uhr. Mit Biergarten im Garten und Spielplatz.

▶ Die großzügig ausgestattete, von Wiesen und Feldern umgebene Reitanlage im Süden von Steinbach mit Reithalle 20 x 40 m, Außenplatz, Gelände zum Ausreiten, Dressurplatz 20 x 60 m, Springplatz und Longierzirkel bietet in ihrer Reitschule alles, was Kinder zum Einstieg ins Reiten (Longenstunde ab 8 Jahre) brauchen. Sie können auch Reitabzeichen erwerben.

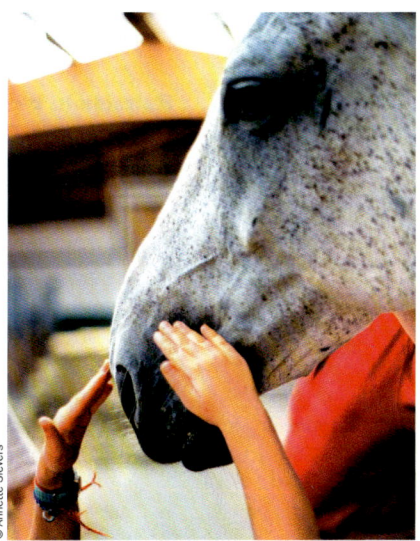

Der erste Kontakt: Große Pferde streicheln

Reiterhof Georg

Ralf Georg, Lorsbacher Straße 66c, 65719 Hofheim a.Ts.-Lorsbach. ✆ 06192/23212, www.reiterhof-georg.de. kontakt@reiterhof-georg.de. **Auto:** A66, Abfahrt Krifteler Dreieck, Richtung Hofheim/Kriftel. Ab Hofheim Richtung Lorsbach, am Ortseingang rechts.
▶ Reithalle und Freiparcours.

Reit- und Fahrverein Bad Soden

Sandra Gröb, Kronberger Straße 26, 65812 Bad Soden a.Ts. ✆ 06196/22810, 29980, Handy 0160/1816949. www.reitschule-badsoden.de. info@reitverein-bad-sooden.de. **Bahn/Bus:** S3 Bad Soden, FKE-Bus 811, 812, 828 Reitplatz. **Zeiten:** nach telefonischer Vereinbarung. **Preise:** Nichtmitglieder bis 18 Jahre Gruppenunterricht (60 Min) 20 €, 10er-Karte Gruppe 160 €, Longestunde (30 Min) 30 €, 10er-Karte Longe 270 €, Einzelstunde (30 Min) 30 €; ermäßigte Preise für Vereinsmitglieder, Jahresbeitrag bis 18 Jahre 70 €.
▶ Der Reit- und Fahrverein Bad Soden bietet euch Reitunterricht auf Schulpferden für Anfänger und Fortgeschrittene. Hier könnt ihr zwischen verschiedenen Reitstundenarten wählen wie zum Beispiel Einzel-

Hunger & Durst

Reiterstuben, im Reiterhof Georg, Hofheim a.Ts. ✆ 06192/6337. www.reiterhof-georg.de. Di – Fr 18 – 24, So 11 – 15 und 17 – 24 Uhr. Gutbürgerliche Küche.

stunden, Gruppenstunden, Springunterricht bis hin zum Grand Prix.

 Ponyclub für Kinder 4 – 6 Jahre, Di 17 – 18, Mi 14 – 15 Uhr im Monat 38 €.

Hunger & Durst

Zur Pferdetränke, Mühlstraße 36, Sulzbach. ✆ 06196/75216. www.reiterhof-kranz.de. Mo – Fr 17 – 23, So 10 – 18 Uhr. Restaurant-Café mit Blick in die große Reithalle, auch Terrasse, vier Kindergerichte.

Reitschule Werner Kranz im Reiterhof St. Georg

Mühlstraße 36, 65843 Sulzbach (Taunus). ✆ 06196/75216, Fax 74738. Handy 0179/1166469. www.reiterhof-kranz.de. meister@reitschule-werner-kranz.de. **Lage:** Auf der Anlage des Reiterhofs St. Georg, südöstlich von Sulzbach. **Zeiten:** Büro Di – Fr 17 – 18, Sa 12 – 13 Uhr. **Preise:** Kinder bis 17 Jahre Longe (Grundreife) 1 Std 27 €, 10er-Karte 240 €, nach der Grundreife 10er-Karte 160 €, Einzelstunde Dressur 30 Min 30 €, Springen, Ausritte Preise auf Anfrage.

▶ Der große Reiterhof St. Georg besitzt 3 Reithallen, eine Longierhalle und einen Springplatz. Die Reitschule Kranz bringt euch das Reiten systematisch bei. Am Anfang steht der Longeunterricht, das heißt das Pferd wird an einer langen Leine geführt. Hier erlernt ihr in 10 – 15 Stunden die Grundlagen – Schritt, Trab, Galopp. Kinder ab 8 Jahre bauen diese Fähigkeiten im Gruppenunterricht bzw. in der Ausbildung in der Abteilung aus. Wenn ihr schon geübter seid, könnt ihr Einzelunterricht in der Dressur oder im Springen nehmen oder Ausritte machen. Neu bietet die Reitschule Kranz geführte Pony-Ausritte für Kinder an (Infos unter ✆ 06196/953374).

Spielen, Toben, Winterspaß

Naherholungsgebiet Maasgrund bei Oberursel

Bahn/Bus: S5 bis Oberursel Bhf, danach 20 Min Fußweg; RMV-Bus 42 bis Oberursel Brüder-Winter-Straße, danach 10 Min Fußweg. **Auto:** A661 Ausfahrt Oberursel Richtung Innenstadt.

▶ An dem von Wiesen umgebenen großen Weiher befinden sich ein großer Spielplatz und viele Bänke.

Wenn es im Winter sehr kalt wird, könnt ihr hier Schlittschuh laufen. Achtet aber bitte auf die Schilder, ob der Weiher zum Schlittschuh freigegeben ist. Gemütlich wandern lässt sich's in den Talwiesen zum. hinauf (leicht steigend) oder zum. hinunter (leicht fallend). Auf den stabilen Wanderwegen können sich auch Kinderwagen bewegen. Im Herbst eignet sich der Maasgrund übrigens toll zum Drachensteigenlassen.

Minigolf mal anders: Putter's Paradise

Adventure Golf, Oberstedter Straße 41-43, 61440 Oberursel. ☎ 06171/913535, Fax 913534. www.putters-paradise.de. kontakt@putters-paradise.de. **Bahn/Bus:** S5 bis Oberursel Bhf dann Bus 41 bis Oberstedter Straße oder U3 bis Lahnstraße dann etwa 9 Min Fußweg. **Auto:** Über die A661 bis Ausfahrt Oberursel Nord. **Zeiten:** Mo – Fr 14 – 21, Sa 12 – 21, So 10 – 21 Uhr, Sommerferien 11 – 21 Uhr, Winter witterungsabhängig (am besten vorher anrufen). **Preise:** 4,50 €, Wiederholungsrunde 3,50 €, 10er-Karte 40 €; Kinder 3 €, Wiederholungsrunde 2 €, 10er-Karte 24 €; Familienkarte 2 Erw und 2 Kinder 12 €, 2 Erw und 3 Kinder 14 €, 2 Erw und 4 Kinder 16 €.

▶ Eine ganz neue Art, Minigolf zu spielen, erlebt ihr im Putter's Paradise in Oberursel. Auf einer sogenannten Adventure Golf-Anlage spielt ihr so etwas Ähnliches wie Golf im Kleinformat. Der Unterschied zu den normalen Minigolfanlagen besteht darin, dass statt auf Beton auf einem Kunstrasen gespielt wird. Diese Anlage ist die erste ihrer Art im gesamten Rhein-Main-Gebiet. Damit ihr während des Spiels auch zielsicher trefft, steht euch zum Üben im Vorfeld erst einmal ein Putting

© pmv, Heike Katharina Ewald

Hunger & Durst

Casa Prima Vera,
Oberstedter Straße 43,
Oberursel. ✆ 06171/
2845490. www.prima-
vera-oberursel.de. Di –
So 11.30 – 14.30,
17.30 – 23 Uhr (Sa erst
ab 17.30 Uhr). Direkt
neben Putter's Para-
dise, schöne Terrasse
mit Blick auf die Mini-
golfanlage, italienische
Küche, Pizza.

**Nur Leichtfahrzeuge dür-
fen durchs Maislabyrinth!**

© Maislabyrinth Oberursel

Green zur Verfügung. Es ist nämlich gar nicht so einfach, die richtige Ballspiellänge hinzubekommen.
Seid ihr dann erst einmal richtig in Form, könnt ihr
zwischen einem leichten und einem schweren Weg
durch die 12-Loch-Anlage wählen. Während des
Spiels sind Höhenunterschiede, Wasserläufe, ein
kleiner Teich und kleine Felsen zu überwinden. Das
macht richtig viel Spaß und fühlt sich fast an wie auf
einem richtigen Golfplatz.

Wege und Irrwege im Maisfeld

Maislabyrinth Oberursel, Richard Bickert, Kurmainzer
Straße 49, 61440 Oberursel-Weißkirchen. ✆ 06171/
73685, Fax 73685. Handy 0151/18415149.
www.maisgeister.de. rbickert@gmx.de. **Lage:** Am süd-
westlichen Ortsrand. **Bahn/Bus:** U3 bis Weißkirchen
Ost, S5 bis Oberursel Weißkirchen-Steinbach, dann 10
Min zu Fuß, Bus 41 bis An der Bleiche, Bus 42 bis Kurmainzer Straße. **Auto:** Kurmainzer Straße, links am
Ortsausgang Weißkirchen Richtung
Steinbach. **Rad:** Vom S-Bhf Weißkirchen Ost am Radweg Niederursel –
Oberursel auf der Kurmainzer Straße
quer durch Weißkirchen. **Zeiten:** Mitte Juli – Anfang Okt Sa ab 14, So ab
11 Uhr bis Sonnenuntergang. **Preise:**
2,50 €; Kinder 4 – 10 Jahre 1,50 €,
11 – 16 Uhr 2 €. **Infos:** Kräutertag,
Traktor- und Landmaschinen-Oldti-
mertreffen, Kürbisfest, Erntedank-
fest, Termine auf der Internetseite.

▶ Es ist richtig spannend, durch
das viel verzweigte Labyrinth des
ausgedehnten Maisfeldes zu streifen. Für noch mehr Abwechslung
sorgt ein kleiner Barfußrundweg
über Ackererde, Schlamm, Stroh,
Sand, Schotter, Kies und Rinden-
mulch. Auf einer hohen Burg aus di-

cken Strohballen könnt ihr herrlich herumtoben. Und dann sind da schließlich noch die Planwagenfahrten zur vollen Stunde (1 € pro Person).

Abenteuerspielplatz Eschborn

In den Oberwiesen, 65760 Eschborn. ✆ 06196/490504, Fax 490300. www.eschborn.de. info@eschborn.de. **Lage:** Am Nordwestrand von Eschborn, nahe Freibad, am Ufer des Westerbachs. **Bahn/Bus:** S3, 4 Darmstadt – Frankfurt – Eschborn – Kronberg (- Bad Soden). **Rad:** Vom Rathaus 300 m auf der Untertorstraße in nordwestlicher Richtung zur evangelischen Kirche, dann 300 m den Westerbach aufwärts, rechts in Straße Am Hofgarten, links auf Brüder-Grimm-Straße zum Spielplatz. **Zeiten:** nur für Eschborner Kinder 6 – 13 Jahre Mo – Fr 14 – 18, Schulferien 12 – 18 Uhr, allerdings 1. – 4. Sommerferienwoche geschlossen. **Infos:** besondere Ferienprogramme, Sport, Klettern, Ausflüge, Radtouren, Freizeiten, verschiedene Projekte.

▶ Ihr könnt hier viele tolle Sachen anstellen, darunter Hütten bauen, im Nutzgarten arbeiten, am Bach spielen oder im Sand matschen. Auch ein Spielhaus mit Küche und Toberaum, ein kleines Gruppenhaus und eine Holz- und Fahrradwerkstatt sowie ein Ziegengehege gibt es. Werkzeuge und Platz sind reichlich vorhanden. Nicht zu vergessen: bekannte Großspielgeräte wie Seilbahn, Lokomotive und Reifenschaukel. In den Ferien finden für euch spezielle Ferienprogramme wie zum Beispiel Radtouren, Werk- und Bastelangebote statt.

Minigolfanlage Bad Soden

65812 Bad Soden a.Ts. ✆ 06196/21872, www.badsoden.de. minigolfplatz@web.de. **Lage:** Im Kurpark, Eingang von der Kronberger Straße. **Bahn/Bus:** ↗ Bad Soden. **Zeiten:** bei gutem Wetter täglich 11 – 19 Uhr. **Preise:** 2,50 €; Kinder unter 12 Jahre 1,50 €.

▶ Willkommene Abwechslung bei einem Spaziergang durch den Kurpark von Bad Soden findet ihr auf der

Hunger & Durst

Würstchen, Zuckermais und und hausgemachter Kuchen, sowie kühle Getränke und Kaffee gibt es in der großen Scheune von Bauer Bickert.

SÜDLICHER TAUNUSRAND

zwischen Bäumen und Hecken gelegenen Anlage mit 18 Bahnen.

Freizeitpark Kriftel

Dorothea Böhmig, Kapellenstraße/Parkstraße, 65830 Kriftel. ℡ 06192/4004-68, Fax -61. www.kriftel.de. dorothea.boehmig@kriftel.de. **Bahn/Bus:** HLB-Bus 810 bis Kirche. **Auto:** In Kriftel Richtung Schwarzbachhallen/Parkbad, Parkplätze am Gelände. **Rad:** Schwarzbach-Radweg Hofheim – Okriftel. **Zeiten:** frei zugänglich.

▶ Der große und herrlich grüne Freizeitpark am Schwarzbach ist allemal für einen abwechslungsreichen Nachmittag gut. Ihr habt die Wahl zwischen einem asphaltierten Platz mit Funbox für Inlineskater und Skateboarder, zwei Bolzplätzen, einer ↗ Minigolfanlage sowie einem Spielplatz mit einem hohen Klettergerüst und viel Sand. Um mit Letzterem zu spielen, steht extra ein Häuschen mit mehreren Flaschenzügen für mit Sand gefüllte Eimer und ein großer, drehbarer Bagger bereit. Von einem steilen Hügel führen zwei Hangrutschen ins Tal. In den Ententeich mündet ein Bächlein. Für die ganz Kleinen gibt es außerdem einen kleinen separaten Spielbereich.

Paradies für Kletterfreunde

Sportpark Kelkheim, Mainblick 51a, 65779 Kelkheim. ℡ 06195/5151, Fax 2922. www.sportpark-kelkheim.de. info@sportpark-kelkheim.de. **Bahn/Bus:** ↗ Halligalli. **Zeiten:** Sportpark Mo – Fr 7 – 23, Sa 7 – 21, So, Fei 9 – 21 Uhr, Waldseilgarten Ende März – Okt Mi, Do 15 – 19, Fr 14 – 19, Sa, So 10 – 19, Schulferien, Fei Mo – Fr 11 – 19 Uhr (Mo und Di und im Nov auf Anfrage für Gruppen). **Infos:** Termine für Individualkletterer in Halle, Hoch- und Waldseilgarten, Kletterkurs für Kinder, Eltern-Kind-Kletterkurs im Internet.

▶ Die **Kletterhalle** des Sportparks Kelkheim gehört zu den größten und besten im ganzen Rhein-Main-Ge-

Im Freizeitpark ist eine **Boule-Bahn** neu eröffnet worden. Die Kugeln dafür könnt ihr euch am Parkbad-Kiosk abholen.

Direkt neben dem Freizeitpark liegt übrigens das gut ausgestattete ↗ **Parkbad Kriftel** mit Kiosk.

Minigolf im Freizeitpark Kriftel, Erw 2, Kinder 1 €. Schläger am Kiosk neben der Kasse des Freibads.

biet. Auf 700 qm Kletterfläche existieren über 100 verschiedene Routen in Schwierigkeitsgraden von 4 bis 9+. Viele Überhänge sorgen für zusätzliche Herausforderung. Kinder können hier ab 8 Jahre im Klettergrundkurs oder im Eltern-Kind-Kurs den Einstieg in die Kletterei starten. Anschließend ist das regelmäßige Training im Kinderkletterclub empfehlenswert. Später – ab 15 Jahre – lässt sich euer Können im Fortgeschrittenenkurs weiter verbessern.

Nicht minder spannend ist der 14 m hohe **Hochseilgarten,** zwischen dessen Baumstämmen ein raffiniertes, mit unterschiedlichsten Hindernissen gespicktes Netz angelegt ist, das nicht einfach zu schaffen ist. Kinder müssen allerdings mindestens 12 Jahre alt und über 1,50 m sein, um hier zu klettern.

Auch spannend, aber äußerlich ganz anders ist der **Waldseilgarten,** (Achtung: neben dem Schwimmbad Kelkheim, Lorsbacher Straße) wo der Wind es ab und zu im Blätterwald geheimnisvoll rauschen lässt. In den Bäumen ist ein ausgedehntes Netz mit 80 Stationen sowie zahlreichen Elementen in bis zu 10 m Höhe platziert, durch das 5 unterschiedlich schwere Parcours verlaufen. Die Hauptattraktion ist fraglos die fast 100 m lange Seilrutsche. Für kleinere Kletterfreunde gibt es sogar eine eigene Route, den sogenannten **Kinderparcour** ab 6 Jahre (ab 1,35 m) in Bodennähe.

Das ist längst nicht alles, im Sportpark Kelkheim wird auch Bogenschießen, Badminton, Squash, Speedbadminton, Beachsoccer, Beachvolleyball, Golf und Tischtennis betrieben.

Toben im Halligalli

Indoorspielplatz, Kinderwelt, Lorsbacher Straße 41, 65779 Kelkheim-Münster. ✆ 06195/672850, Fax 672851. www.halligalli-kelkheim.de. info@halligalli-kelkheim.de. **Bahn/Bus:** Königsteiner Bahn (HLB 12) Bhf Kelkheim, Bus 263 bis Lorsbacher Straße. **Auto:**

 In den Ferien könnt ihr in Sportcamps mehrere Sportarten intensiv betreiben oder in Klettercamps ausgiebig klettern. 2010 wurde im Sportpark Kelkheim die größte und modernste Boulderhalle Hessens eröffnet.

Happy Birthday!
Ihr könnt hier auch Geburtstag feiern. Das Programm heißt Spielen, Essen und Trinken.
Mo – Do 10 € pro Kind, Fr – So 11,50 €.

Hunger & Durst

Safari Snackbar, Lorsbacher Straße 41, Kelkheim. ✆ 06195/672850. www.halligalli-kelkheim.de. Im Halligalli. Biergarten mit warmen Gerichten, Salaten, Kuchen, Säften, heißer Schokolade, Popcorn.

Achtung! Bei beginnendem Frost werden Schilder aufgestellt mit »Betreten verboten«! Wenn das Eis dick genug ist, werden die Schilder ersetzt durch »Betreten auf eigene Gefahr«. Nur dann ist es erlaubt auf dem Weiher Schlittschuh zu laufen.

B519 Kelkheim, L3014, L3016, Lorsbacher Straße.
Zeiten: Mo – Fr 14.30 – 19, Sa, Fei, Schulferien 11 – 19 Uhr. **Preise:** Kinder 2 – 13 Jahre 6,50 €, ab 14 Jahre und Erw 3,50 €; Happy Hour 18 – 19 Uhr halber Preis, 11er-Karte 2 – 13 Jahre 65, ab 14 Jahre 35 €.

▶ Im Halligalli könnt ihr nach Herzenslust klettern und springen. Die größte Attraktion ist zweifellos das 8 m hohe Gerüstlabyrinth, von dem ihr nach der Besteigung auf einer von drei Bahnen zu Tal sausen könnt. Viele Kinder sind aber auch vom Hin und Her auf dem Wabbelberg begeistert. Es gibt viele andere Sachen, die Spaß machen wie die Trampolinanlage, die Tretfahrzeuge, das Step-on-Piano, die Kinderbaustelle oder Airhockey. Kleine Kinder können sich besonders auf das Minikarussell und die Kleinkinder-Kletterwand freuen. Ein Bistro gibt es auch, in der warmen Jahreszeit sogar einen Sommergarten. Ganz nah sind der ↗ Waldseilgarten Kelkheim und das Freizeitbad Kelkheim.

Eislaufen auf dem Maasgrundweiher

Oberursel. www.oberursel.de. tourismus@oberursel.de.
Bahn/Bus: S5 bis Oberursel Bhf, danach 20 Min Fußweg; RMV-Bus 42 bis Oberursel Brüder-Winter-Straße, danach 10 Min Fußweg. **Auto:** A661 Ausfahrt Oberursel Richtung Innenstadt.

▶ Wenn das Wasser des Maasgrundweihers in Oberursel tief genug zufriert, könnt ihr dort Schlittschuh laufen.

UMWELT ERFORSCHEN

Natur verstehen, Sterne beobachten

Spannendes über Wald, Bäume und Holz

Häschenschule und Schulwald Oberursel, Förderverein Schulwald Oberursel (Taunus) e.V., Dieter Rosentreter, Rathausplatz 1, 61440 Oberursel. ✆ 06171/580101, www.oberursel.de/schulwald. schulwald@oberursel.de.

Lage: Am Ende des Altenhöfer Weges. **Bahn/Bus:** Stadtbus 41 oder 42 bis Theodor-Heuss-Straße, zu Fuß 10 Min die Altkönigstraße bergauf, links durch den Kastanienweg bis zum Beginn des St.-Johannes-Wegs. **Auto:** B455 Richtung Königstein, abbiegen in die Altkönigstraße. An deren Ende P am Waldrand. Zu Fuß durch den Kastanienweg bis zum St.-Johannes-Weg. **Zeiten:** Immer zugänglich, Tor nicht verschlossen, jedoch die Blockhütten und das Sägewerk; Besuche für Gruppen und Kindergeburtstage, Führungen nach Absprache. **Infos:** zahlreiche Veranstaltungen zu unterschiedlichen Themenschwerpunkten der Umweltbildung für Kindertagesstätten, Grundschulen und weiterführende Schulen. Durchführung von Biologen und Umweltpädagogen. An zahlreichen Wochenenden steht der Schulwald für Kindergeburtstage zur Verfügung.

▶ Der Oberurseler **Schulwald** liegt am Ostrand des Stadtwaldes. Hier erfahrt ihr viel über die Entstehung des Waldes, seine Bedeutung als Lebensraum für Pflanzen und Tiere oder die Holzverarbeitung. Ein kleines Museum in einer massiven Blockhütte informiert über die Geschichte des Waldes im Vordertaunus. Im **Arboretum,** das sich über das ganze Gelände hinzieht, könnt ihr über 80 Baumarten kennen lernen. In einem wieder aufgebauten 100 Jahre alten historischen Sägewerk könnt ihr sogar miterleben, wie früher aus einem Baumstamm Bretter und Bohlen zurechtgeschnitten wurden. Hier gibt es auch zahlreiche Forstwerkzeuge von anno dazumal zu sehen. Ferner könnt ihr am Schulwaldteich mit Becherlupen das Leben im Wasser erforschen. So manches Erstaunliches zu sehen gibt es auch im geheimnisvoll erscheinenden Insektenhotel und dem schönen kleinen Apothekergarten. Etwas für das Empfinden der Füße bietet der **Barfußpfad.** Es gibt aber noch mehr in diesem toll angelegten kleinen Schulwald wie ein Entdeckungsgebiet und einen **Waldspielplatz.** Jedes Jahr finden im Schulwald interessante Veranstaltungen statt z.B. Waldfest, Workshops und

Arboretum heißt ein Baumgarten oder eine Pflanzung von unterschiedlichen Baumarten, die auf dem freien Land wachsen. Es ist immer künstlich von Menschen angelegt und dient Wissenschaftlern oder Forstfachleuten dazu, das Wachsen der Bäume zu studieren.

Naturlehrpfad Bad Soden: Die 1-stündige Infotour zeigt anschaulich die typischen Pflanzen und Tiere der Taunusregion. Start am Parkplatz Hubertushöhe im Stadtteil Neuenhain; für Rollstuhlfahrer geeignet.

Die **Buchhandlung Ricken-Bollinger** aus Oberursel unterhält im TIZ eine Zweigstelle für Taunusliteratur, Wanderkarten, Freizeitführer etc. www.buchhandlung-bollinger.de.

eine Waldweihnacht. Die genauen Termine findet ihr im Internet oder erfragt sie unter ✆ 06171/580101.

Dem Taunus auf der Spur im TIZ

Taunus-Informationszentrum Oberursel, Naturpark Hochtaunus und Taunus Touristik Service e. V., Hohemarkstraße 192, 61440 Oberursel. ✆ 06171/50780, Fax 507821. www.taunus.info. ti@taunus.info. **Bahn/ Bus:** U3 Endstation Oberursel-Hohemark. **Auto:** A661 Richtung Oberursel, weiter auf der B455, Abfahrt Oberursel-Hohemark, Parkplätze hinterm Haus. **Zeiten:** Mai – Sep Di – Fr 10 – 16, Sa, So, Fei 10 – 18 Uhr, Okt – April Di – Fr 10 – 15, Sa, So, Fei 10 – 16 Uhr, Mo geschlossen.

▶ Das Informationszentrum wurde 2011 zum Oberurseler Hessentag eingeweiht und liegt direkt am Fuße des Feldbergs. Und weil hier so viele schöne Wanderwege starten, bekommt ihr im Infozentrum jede Menge Informationsmaterial über Wandermöglichkeiten, Besichtigungen, Radeltouren und Wintersportmöglichkeiten im Taunus (zum Teil kostenlos). Es ist aber viel zu schade, nur deswegen dort reinzugehen. Denn die große Dauerausstellung über den Naturpark Hochtaunus im 1. Stock hat einiges Interessantes für euch zu bieten! Übrigens auch ein toller Tipp bei schlechtem Wetter.

Anhand von interaktiven Stationen erfahrt ihr sehr viel Interessantes über die Lebensräume von Tieren und Pflanzen, zum Beispiel liefert ihr euch ein Vogelflug-Duell, bei dem ihr erraten müsst, welche Vögel am Himmel fliegen. Außerdem erkundet ihr kulturelle und geschichtliche Inhalte, etwa anhand von »Hessisch für Anfänger«. Hier werden euch verschiedene Dialekte vorgesprochen und ihr müsst erraten, aus welcher Region dieser Dialekt stammt. Oder versucht beim Scherbenpuzzle verschiedene Gefäße wieder zusammenzusetzen und einer Epoche zuzuordnen. Ein tolles Vergnügen ist die Fahrt auf einem fest installierten Fahrrad. Auf einer Leinwand seht ihr dabei die Simulation eines Radweges im Taunus. An der Außenseite des Informationszentrums ist eine große Kletterwand angebracht. Dort dürft ihr euch so richtig austoben, während eure Eltern gemütlich daneben im Biergarten sitzen.

Wenn ihr Lust habt, könnt ihr euch vom **Restaurant Waldtraut** einen Wanderrucksack samt leckerem Inhalt schnüren lassen, z.B. Wanderpaket Sandplacken mit 0,5 l Milch, Wurst- und Käsebrötchen, 1 Vitalriegel und 1 Stück Obst für 5,50 € pro Person. Den Rucksack gibt es gegen Pfand und er wird dann am Schluss wieder zurückgegeben. Weitere Angebote: Thermoskannen mit Kaffee/Tee, Regenschirme und -Capes oder Picknickausstattung (nach Vorbestellung).

Hessische Apfelwein- und Obstwiesenroute zwischen Main und Taunus

Klaus Christof Kauker, Am Krummorgen 3a, 65779 Kelkheim-Hornau. ✆ 06195/677040, Fax 677044. www.apfelweinroute-mtk.de. apfelweinroute@t-online.de. **Infos:** Termine der Aktionen rund um die Route im Magazin *Apfelbote,* kostenlos bei der Geschäftsstelle und den Partnerbetrieben.

▶ Überall im Vordertaunus begegnet ihr an Laternenpfählen oder Schildern einem Aufkleber mit einem roten Apfel samt grünem Pfeil. Das Symbol weist auf die Apfelwein- und Obstwiesenroute zwischen Main und Taunus hin. Sie verläuft quer durch die Region an Streuobstwiesen, Bauernhöfen und urigen Gaststätten vorbei. An diesen Stationen dreht sich alles rund um den Apfel – der Vordertaunus ist ein traditionelles Obstanbaugebiet. Im Herbst könnt ihr auf den Höfen frisch geerntete Äpfel erstehen oder beim Keltern zusehen. Die Lokale bieten zu dieser Zeit selbst gekelterten Most und leckere Gerichte aus der hessischen Küche an, oftmals mit Äpfeln als Hauptbestandteil oder Zutat. An verschiedenen Orten finden im Frühjahr Apfelblütenfeste, im September und Ok-

Hunger & Durst

Das Waldtraut, Hohemarkstraße 192, Oberursel. ✆ 06171/2846691. www.das-waldtraut.de. Täglich 8.30 – 22 Uhr, warme Küche bis 21 Uhr. Frühstück, warme Küche, Snacks, Kuchen, Eis.

Wer die Route auch zu anderen Zeiten erkunden will, kann dies mit Hilfe einer Radweg- und Wanderkarte tun. Für 6,68 € zzgl. 2 € Versandkosten unter apfelweinroute@t-online.de.

Hunger & Durst

Alt Orschel, Marktplatz, Oberursel. ✆ 06171/57013. www.alt-orschel.de. Mai – Sep. Mitglied der Apfelweinroute. Straußwirtschaft mit dem echten Schoppenglas von 0,3 l. In der Kelterei könnt ihr ab Sep eure Äpfel abliefern; pro Zentner gelieferter Äpfel gibt's 30 l Süßen; Anmeldung unter ✆ 6171/57013.

© Annette Sievers

Frühlingsbote: Apfelbaumblüte

tober Apfelmärkte statt. Im Mai gibt es die Apfel-Kult-Tour durch den Taunus: ein Rad- und Wandertag, der auf einer jedes Jahr neu festgelegten Route verschiedene interessante Stationen anläuft. An jedem Haltepunkt wird ein kleines Programm geboten (Ponyreiten, Picknick, Besichtigungen). Im Herbst kann man an einer Keltertour teilnehmen. Dabei wird gezeigt, wie der Apfel in die Flasche kommt.

@ www.astronomie.de ist eine Seite für Hobbyastronomen, v.a. mit Einsteigerkurs, Sternkarten, Beschreibung von Sternbildern und Mondfinsternissen.

 **Sternwarte Hofheim,** Eppsteiner Straße, Langenhain. ℅ 06192/6363. www.sternwarte-hofheim.de. Sa ab 20 Uhr, Sommer ab Dunkelwerden, nur bei gutem Wetter. Ihr lernt Teleskope und Instrumente kennen, könnt beobachten, an Vorträgen teilnehmen u.a.m.

Planeten am Schwarzbach

c/o Weingartenschule, Staufenstraße 14 – 20, 65830 Kriftel. ℅ 06192/99700, Fax 997018. www.planetenweg.de. mail@planetenweg.de. **Markierung:** Saturnsymbol. **Bahn/Bus:** RMV-Bus 810, 813; Rückweg von Okriftel mit Bus 834 ab katholische Kirche bis Kriftel Oberweidstraße. **Auto:** A66, in Kriftel Richtung Schwarzbachhallen/Parkbad, Parkplatz am Gelände.

▶ Die Schüler und Schülerinnen der Astronomie AG der Weingartenschule in Kriftel haben 1998 am Schwarzbachabschnitt Freizeitpark Kriftel – Mainufer Okriftel einen **Planetenweg** angelegt. Dabei wird unser 6 Mrd. km großes Sonnensystem – die Sonne und ihre 9 Planeten – im Maßstab 1:1 Milliarde auf einer Strecke von 6 km abgebildet.

Die Modelle der einzelnen Planeten sind als Halbkugeln auf Bronzetafeln dargestellt. Daneben stehen Infos mit zusätzlichen Erklärungen. Die ersten drei (Merkur, Venus, Erde) findet ihr noch innerhalb des Parks, d.h. relativ dicht an der Sonne. Der Mars liegt an seinem Ausgang. Auf Jupiter stoßt ihr noch am Schwarzbach in Kriftel, auf den Saturn hinter der Autobahnunterführung in Hattersheim. Der Uranus hat seinen Platz am Eingang zum Regionalpark Rhein-Main kurz hinter der S-Bahn-Trasse in Hattersheim, der Neptun liegt idyllisch direkt am Schwarzbach-wehr. Endstation ist schließlich Pluto am Okrifteler Mainufer, der am weitesten entfernt liegende Himmelskörper, der 2006 vom Planet zum Zwergplanet degradiert wurde.

Bahnen und Museen

Auf der Gartenbahn mit Dampf und Pfiff

Dampf-Modellbahn im Grünen, DBCT Dampfbahnclub Taunus e.V., Mainstraße, 61440 Oberursel. ✆ 06171/54450, Fax 205638. www.dbc-taunus.de. auskunft@dbc-taunus.de. **Bahn/Bus:** U3 Oberursel Lahnstraße, RMV-Bus 41 bis Oberursel Weilstraße. **Auto:** A661 Ausfahrt Richtung B455/B456. **Zeiten:** 7 Fahrtage April – Okt jeweils 2. So im Monat 10 – 17 Uhr, Kassenschluss 16.30 Uhr. **Preise:** Eintritt 1,50 €; Kinder bis 18 Jahre Eintritt und 1 Fahrkarte 0,50 €.

▶ Der Verein gestaltete auf einem über 5000 qm großen Gelände eine 900 m lange Gartenbahn mit einem Bahnhof, einem Fahrzeugschuppen, einer Drehscheibe, einem Tunnel und einer 13 m langen Brücke. Über die Gleise rollen originalgetreu nachgebaute Dampflokomotiven aus der Zeit von 1907 bis 1950, aber auch andere Triebfahrzeuge. Die Dampfloks werden standesgemäß mit Kohle befeuert. Die Wagen der Gartenbahnzüge sind so groß, dass auf ihnen Kinder bequem Platz nehmen können. Es macht einen Riesenspaß, mit ihnen bei recht zügigem Tempo Runden zu drehen. Da können auch viele erwachsene Eisenbahnnostalgiker nicht ruhig daneben stehen. Der Publikumsverkehr läuft auf der 200 m langen äußeren Rundbahn. Der Dampfbahnclub verfügt auch über eine wunderbare Modelleisenbahn. Auf einer Picknickwiese mit Sandkasten könnt ihr eine Pause einlegen. An den Fahrtagen bekommt ihr Würstchen, Getränke und Kuchen. Tische und Bänke sind zur Genüge vorhanden.

Spuren jüdischen Lebens in Oberursel

Weidengasse 9, 61440 Oberursel. www.oberursel.de. info@oberursel.de. **Bahn/Bus:** ↗ Oberursel.

▶ Im Hinterhaus des Gebäudes Weidengasse 9 stand bis zu ihrem Abbruch 1961 die 1803 erbaute Synagoge. An einem Fachwerkhaus in der Bleichstraße, hinter dem Gasthaus »Zum Hirsch« am Marktplatz, ist eine Tafel zur Erinnerung an *Abraham Feinberg* angebracht. Er war der letzte Vorsteher der jüdischen Gemeinde in Oberursel und lebte hier bis 1942. In diesem Jahr wurden die letzten Juden von den Nationalsozialisten aus der Stadt vertrieben und in Konzentrationslager gebracht.

Stadtbesichtigung Oberursel

Rathausplatz 1, 61440 Oberursel. © 06171 /502-232, Fax 502-161. www.oberursel.de. tourismus@oberursel.de. **Bahn/Bus:** RMV-Bus U3 oder S5 bis Oberursel Bhf. **Auto:** A661 bis Oberursel Zentrum. **Zeiten:** Mo – Fr 7.30 – 12, Mo und Do 14 – 18 Uhr.

▶ Das erste Mal wurde Oberursel in einer Urkunde 791 erwähnt. Unter den Herren von Eppstein erhielt es 1444 die Stadtrechte. Im Jahr 1522 gründete der Humanist *Erasmus Alberus* hier eine Lateinschule, 1557 eröffnete der Meister *Nicolaus Henricus* in Oberursel eine Buchdruckerei. Im Dreißigjährigen Krieg wurde die Stadt fast bis auf die Grundmauern niedergebrannt. Das ist der Grund dafür, dass die meisten heute im Ortskern zu sehenden Gebäude erst aus dem 17. und 18. Jahrhundert stammen.

Am besten könnt ihr die restaurierte Altstadt mit ihren verwinkelten Gassen und dem alten Brunnen auf einem Spaziergang entlang des **historischen Stadtrundwegs** erkunden. Hervorzuheben sind die St. Ursula-Kirche, das Wahrzeichen Oberursels, das historische Rathaus am Marktplatz und die ehemaligen

Für Spaziergänger empfiehlt sich der Weg durch den *Maasgrund* bis zur Häschenschule und dem Waldmuseum. Start an der Landstraße nach Königstein, Dauer hin und zurück etwa 1,5 Std; nach etwa 10 Min trifft man hier hinter einem Weiher auf einen schönen neu angelegten Spielplatz.

Mühlen – zum Beispiel die 1717 in Stein erbaute *Herrenmühle* (An der Herrenmühle) und die *Roth'sche Mühle* (Obere Hainstraße). Im Stadtkern liegen Cafés, Apfelweinwirtschaften und Restaurants, in die man nach dem Rundgang einkehren kann.

Mühlen und Seifenkisten

Vortaunusmuseum, Marktplatz 1, 61440 Oberursel. ✆ 06171/581434, Fax 581436. www.vortaunusmuseum.de. vortaunusmuseum@t-online.de. **Bahn/Bus:** S5 bis Oberursel Bhf, danach etwa 15 Min Fußweg, oder S5 und danach RMV Bus 42 bis Oberursel-Marktplatz. **Auto:** A661 Ausfahrt Oberursel Richtung Innenstadt. **Zeiten:** Mi 10 – 17, Sa 10 – 16, So 14 – 17 Uhr, Gruppen nach Vereinbarung. **Preise:** freier Eintritt, Führungen pro Pers 2 €, Führungen für Gruppen ab 10 Pers 20 €; Schulklassen frei. **Infos:** Kindergeburtstage, Ferien-Workshops für Kinder 8 – 12 Jahre, Führungen für Vorschul- und Schulklassen, Anmeldung erforderlich.

▶ Das kleine Museum erzählt die **Stadtgeschichte** Oberursels von der ersten Namensnennung 791 bis zur Gegenwart. Es beherbergt außerdem Räume mit archäologischen Fundstücken aus der Steinzeit und aus den keltischen Ringwallanlagen im Taunus. Für Erwachsene sind die großen Attraktionen des Museums am alten Marktplatz ohne Frage die alten **Mühlen.** Kaum zu glauben, mit welch einem riesigen Mahlstein die Ölmühle von einst arbeitete. Spannend ist auch die Ausstellung *von der rohen Haut zum fertigen Leder.* Damit erinnert das Museum an die große wirtschaftliche Bedeutung der **Gerberei** im vorindustriellen Oberursel.

Und dann gibt es hier noch etwas ganz Besonderes: eine umfangreiche und gut aufgebaute **Seifenkistenausstellung,** vermutlich die einzige in Deutschland. Auch dafür gibt es einen echten Anlass, denn in Oberursel wurden vor 100 Jahren die ersten Kinderautomobilrennen (Vorläufer der Seifenkiste) der Welt ausgetragen.

Happy Birthday!

Ihr könnt im Vortaunusmuseum euren Geburtstag feiern. Angeboten wird eine Museumsralley zu verschiedenen Themen mit anschließendem Basteln inkl. Kaffee und Kuchen pro Kind 3 – 5 €.

Hunger & Durst

Museumscafé, Mi 10 – 17, Sa 10 – 16, So 14 – 17 Uhr. Kleine Auswahl an selbst gebackenen Kuchen (Sa/So).

Am 31. Juli 1904 fand in Oberursel das 1. deutsche Seifenkistenrennen (Kinderautomobilrennen) statt. Start und Ziel des Rennens, bei dem teilweise geschoben werden musste, lagen am ehemaligen Gasthaus »Zum Taunus«. Einen Nachbau eines der Modelle, das damals im Einsatz war, findet ihr in der Ausstellung im Museum.

Auf Entdeckungsreise in Hofheim

Altstadtführungen für Kinder der Stadt Hofheim, Karin Wetzig, 65719 Hofheim a.Ts. ✆ 06192/900305, www.hofheim.de. kwetzig@hofheim.de. **Bahn/Bus:** S2 bis Hofheim Bhf. **Auto:** A66, Abfahrt Zeilsheim, Hattersheim oder Hofheim. **Zeiten:** an verschiedenen So um 15 Uhr oder nach Vereinbarung. **Preise:** So 2,60 €; Kinder So 1,50 €. **Infos:** Die genauen Zeiten für die Altstadtführungen erhaltet ihr über Frau Wetzig. Ihr könnt euch auch eine Liste der Termine auf der Internetseite www.hofheim.de (Rubrik Tourismus-Stadtführungen) herunterladen.

▶ Wollt ihr wissen, wie Hofheim im Mittelalter aussah? In der Stadt gibt es dafür noch eine Menge Hinweise. Ihr müsst sie nur entdecken. Dazu habt ihr verschiedene Möglichkeiten: Entweder ihr nehmt an einer **Kinder-Altstadtführung** teil, die am Stadtmuseum in der Bergstraße 11 startet. Hier erfahrt ihr z.B., wie eng es damals in den Fachwerkhäusern zuging. Außerdem seht ihr das schöne Wasserschloss mit dem großen Teich. Aber vielleicht habt ihr mehr Lust, Hofheim auf eigene Faust zu erkunden. Hierzu steht euch das **Hofheimer Stadträtsel** zur Verfügung. Anhand eines kleinen Rätselheftes löst ihr auf einem Rundweg verschiedene Rätsel rund um Hofheim. In dem kleinen Rätselbuch findet ihr außerdem Beschreibungen der Gebäude und Sehenswürdigkeiten, die ihr unterwegs antrefft sowie viele spannende Geschichten. Falls ihr Lust darauf bekommen habt, könnt ihr euch das Rätselheft für 8 € unter www.hofheim.de (unter Kultur – Stadtmuseum – Publikationen) bestellen.

Vom Römerleben bis zur Gerberei

Stadtmuseum Hofheim am Taunus, Burgstraße 11, 65719 Hofheim a.Ts. ✆ 06192/900305, Fax 902838. www.hofheim.de/Themen/Kultur/Stadtmuseum. stadtmuseum@hofheim.de. **Lage:** Im Stadtzentrum. **Bahn/Bus:** S2 Frankfurt Richtung Niedernhausen,

Linie 262 Hofheim aus Richtung Wiesbaden, Linie 263 Hofheim aus Richtung Königstein. **Auto:** A66, Abfahrt Zeilsheim, Hattersheim oder Hofheim. **Zeiten:** Di 10 – 13, 14 – 17, Mi – Fr 14 – 17, Sa, So 11 – 18 Uhr. **Preise:** 1,60 €; Kinder 6 – 14 Jahre 0,50 €.

▶ Ein Schwerpunktthema des Stadtgeschichte-Museums sind die **Römer**, die hier einst einen Militärposten (erst Erdlager, dann Steinkastell) errichtet hatten, der dann zur zivilen Siedlung Hofheim heranwuchs. Dabei zeigt die Ausstellung nicht nur das Militär und seine Bauwerke, sondern es ist zudem allerlei zu Alltag und Kultur der Römer zu sehen, zum Beispiel Hausrat und Geschirr, Pergament, Schreibgriffel, Brettspiele, Spielsteine, Schmuck und handwerkliche Werkzeuge. Die gestalterisch gut aufgemachten Infos sind verständlich und informativ.

Ein anderer Schwerpunkt ist die **Herstellung und Verarbeitung von Leder.** Damit wird daran erinnert, dass es von 1850 bis 1950 im Taunus, und da vor allem in Hofheim und Lorsbach, zahlreiche Gerbereien und Feinlederfabriken gab. Die Tierfelle wurden zunächst von Fleischresten und Haaren befreit und dann durch Gerben haltbar gemacht. Dafür benutzte man im 19. Jahrhundert pflanzliche oder mineralische Stoffe, Lohe oder Alaun waren verbreitet. Später wurden vermehrt chemische Stoffe eingesetzt. Die Gerbereien verwandelten den Lorsbach in eine dunkle, giftige Brühe, die fürchterlich stank. Ab 1900 wurden Abwasservorschriften erlassen, die die Belastung ein wenig reduzierten. Das Museum widmet sich zudem der Weiterverarbeitung des gegerbten Leders. Interessant ist die große Lederprägemaschine. Es gibt Materialproben von Leder, an denen ihr unterschiedliche Arten erfühlen könnt.

Es gibt noch weitere interessante **Ausstellungen** in diesem hervorragend eingerichteten Museum, hinzu kommen jährlich etwa 4 Sonderausstellungen und zahlreiche museumspädagogische Projekte: Für Schulklassen werden Führungen durch Dauerausstel-

Happy Birthday!
Geburtstagsfeiern mit unterschiedlichen Aktivitäten, z.B. Gestalten von Tonkopffiguren (ab 5 Jahre), Arbeiten mit Kupferblech (ab 8 Jahre) oder Herstellung eines Lederbeutels (ab 9 Jahre). Max. 10 Kinder, Dauer 2 Std, je nach Programm 70 oder 80 €.

Hunger & Durst

Poppies, Weilbacher Straße 1, Diedenbergen. ✆ 06192/2000123. www.poppies.de. Di – Sa 8.30 – 23, So 8.30 – 18 Uhr. Kinderfreundlich und behindertengerecht, tolles Frühstücksbuffet, So mit Kinderbetreuung. Ferner sorgen Bauklötze und Spielecke für viel Spaß.

lungen in Verbindung mit Workshops durchgeführt. Auch für Kindergartengruppen und Betreuungsinstitutionen geht es auf Entdeckungsreise durch das Museum.

Und dann ist da ja noch das breite Angebot an die Familien mit Kindern ab 5 Jahren zu bestimmten **Terminen:** Kindergeburtstagsfeiern, Kinderführungen mit anschließenden Workshops (auch Eltern willkommen) und Kurse (vorwiegend Kunst).

Stadtmuseum und Stadtgalerie Bad Soden am Taunus

Christiane Schalles, Königsteiner Straße 86 (Badehaus Alter Kurpark), 65812 Bad Soden. ✆ 06196/208414, Fax -888. www.bad-soden.de. info@bad-soden.de. **Zeiten:** Mi, Sa, So 15 – 18 Uhr. **Preise:** Eintritt frei.

▶ Im Stadtmuseum von Bad Soden, das im Badehaus im Alten Kurpark liegt, seht ihr unter anderem vor- und frühgeschichtliche Funde. Eine Dauerausstellung widmet sich der Sodener Saline und erzählt, wie Bad Soden zum Kurort wurde. Im Obergeschoss des Museums gibt es wechselnde Sonderausstellungen.

BÜHNE, LEINWAND & AKTION

Kino, Kunst und Ferienspiele

Märchen in der Krebsmühle

Krebsmühle 1, 61440 Oberursel. ✆ 06171/73018 (Kartenvorverkauf), 98450, www.krebsmuehle.de. info@krebsmuehle.de. **Bahn/Bus:** U3 bis Niederursel, dann 15 Min Fußweg Richtung Oberursel; oder bis Weißkirchen, dann 15 Min Fußweg Richtung Frankfurt. **Auto:** Über A661 Ausfahrt Bad Homburger Kreuz Richtung F-Ost, Richtung Oberursel; über A66 Richtung Darmstadt/Mannheim Ausfahrt Nordwestkreuz bis Frankfurt-Miquelallee, dort Richtung Nordweststadt/Oberursel auf Rosa-Luxemburg-Straße. **Preise:** 5 €; Kinder 4 €; ab 5 Kinder 1 Begleiter frei.

Eigentlich war die Krebsmühle die größte und bekannteste Mühle der ehemaligen Mühlen am Urselbach. Ihren Namen hat sie von den Krebsen, die damals im Mühlgraben zu finden waren. Heute beherbergt sie verschiedene Läden und Einrichtungen, unter anderem auch Kinderkulturreihen mit Märchen für Kinder ab 3 bzw. 4 Jahre. Im Abstand von etwa drei Wochen werden jeweils sonntags ab 14 oder 15 Uhr verschiedene Märchen und Geschichten aus der ganzen Welt gezeigt, die zwischen 40 und 50 Minuten dauern, u.a. auch *Der Wolf und die sieben Geisslein* oder *Haltet euch fest, wir fliegen.* Mit viel Liebe werden die Märchen erzählt und gespielt. Dabei soll die Fantasie der Kinder angeregt werden und Lebensweisheit, Hoffnung und Kraft vermittelt werden. Da lohnt es sich doch, einmal vorbeizuschauen.

In der Krebsmühle gibt es allerhand zu entdecken. Ein kleines **Gewürzlädchen** lädt euch zum hereinzuschnuppern ein. Es gibt Gewürze aus der ganzen Welt zu kaufen (Mo – Sa 10 – 18.30 Uhr). Oder bewundert die restaurierten Flügel und Klaviere bei **Antik & Laden,** Mo – Sa 10 – 19, So, Fei 11 – 19 Uhr.

Oberurseler Kinderkulturkarussell

Stadtverwaltung Oberursel, Abteilung Sport, Kultur, Städtepartnerschaften, Rathausplatz 1, 61440 Oberursel. ✆ 06171/502288, Fax 502407. www.oberursel.de, www.ksfo.de. info@oberursel.de.

Über das gesamte Jahr hinweg regelmäßige Kulturveranstaltungen für Kinder an verschiedenen Orten Oberursels (Theateraufführungen, Lesungen etc.). In den Osterferien wird zum Beispiel eine museumspädagogische Woche in Zusammenarbeit mit dem Vortaunusmuseum angeboten. Im Oktober/November finden die Oberurseler internationalen Schultheatertage statt, die einen weiteren Schwerpunkt bilden. Viele Bildungseinrichtungen, Institutionen und Vereine sind Kooperationspartner.

Ferienspiele in Hofheim

Kinder- und Jugendarbeit Hofheim, Rathaus, Chinonplatz 2, 65719 Hofheim a.Ts. ✆ 06192/202396, Fax 7654. www.hofheim.de. bschick@hofheim.de. **Zeiten:** wochenweise im Juli und Aug 9 – 16 Uhr. **Preise:** 320 Plätze, 149 € pro Kind.

Ballett-Studio Bad Vilbel, Frankfurter Straße 85, Bad Vilbel. ✆ 06101/86594. www.tanzundtheaterwerkstatt-ffm.de. Kinderkurse Mo – Fr zwischen 14.30 und 19 Uhr. Zur Tanz- und Theaterwerkstatt gehört das Ballett-Studio Bad Vilbel. Kinderkurse in Ballett, Jazz, Hiphop und kreativem Kindertanz. Anmeldegebühr 5 €, Kurs 1 Std 39 € pro Monat.

In den Ferien kreativ sein: Ton kneten in Hofheim

▶ Die Stadt Hofheim veranstaltet abwechselnd Ferienspiele und die »Kinderstadt« an 3 Wochen in den Sommerferien. Inhaltlich stehen die Ferienspiele unter einem bestimmten Motto und sind für Kinder zwischen 6 – 11 Jahre gedacht. Abwechselnd dazu organisiert die Stadt Hofheim jedes zweite Jahr die Kinderstadt. Hier wird an einem zentralen Ort eine richtige kleine Stadt nachgebaut mit Rathaus, Bürgerbüro, Arbeitsamt und vielen anderen Stationen. Jeden Tag könnt ihr euch aufs Neue entscheiden, an welcher Station ihr den Tag über arbeiten möchtet. Dabei dürft ihr den Arbeitsalltag nachspielen und euch langsam an politische Themen zum Beispiel die Wahl eines Bürgermeisters, herantasten.

Einfach mal drauflosknipsen

Fotografie & Kinderfotoschule, Sabine Kristan, Herderstraße 34, 65719 Marxheim. ✆ 06192/2000777, Handy 0173/6686310. www.sabinekristan.de. mail@sabinekristan.de. **Zeiten:** zumeist Sa nach 13 Uhr, in den Ferien jedoch Mo – Fr ab 9 Uhr. **Preise:** Kinder 39 – 69 €. **Infos:** Kurse und Themen für max 8 Kinder 4 – 10 Jahre, Dauer etwa 3 Std, Termine auf der Internetseite.

▶ Eine Kinderfotoschule ist etwas Tolles. Ihr dürft hier mal so richtig drauflos fotografieren: einfach alles, was ihr mögt! Die Kurse von Frau Kristan laufen so: Erst unternehmt ihr etwas – zum Beispiel einen Besuch bei der Feuerwehr Hofheim oder im Opel-Zoo Kronberg, wo ihr reichlich fotografiert. Anschließend bearbeitet ihr im Fotostudio die Fotos am Computer und macht daraus ein Buch, ein Memory oder Domino, das ihr als Erinnerung mit nach Hause nehmen dürft. Für bestimmte Themen gibt es feste Termine. Ihr könnt aber auch eigene Themen vereinbaren.

Kinderkino Eschborn

Karl-Heinz Niemann, Jahnstraße 3, 65760 Eschborn.
✆ 06196/490-328, Fax 490-422. www.eschborn.de.
k.niemann@eschborn.de. **Zeiten:** 1 x im Monat, immer
Do, 14.30 Uhr im JuZ, 16.30 Uhr im Bürgerzentrum.
Preise: Kinder 1 €.
▶ Einmal im Monat im Jugendzentrum Eschborn und
im Bürgerzentrum Niederhöchstadt ein Film für Kinder zwischen 6 und 12 Jahre gezeigt.

Ferienspiele Bad Soden

Stadtverwaltung, Königsteiner Straße 73, 65812
Bad Soden a.Ts. ✆ 06196/208-413, Fax 208-888.
www.bad-soden.de. info@bad-soden.de.
▶ Für Bad Sodener Kinder im Alter von 8 bis 13 Jahre. Beginn am ersten Montag nach Ferienbeginn.
Jährlich wechselndes Programm, immer wieder beliebte Aktivitäten sind Schwimmbad- und Burgenbe-
suche oder Ausflüge.

Kinderparlament der Stadt Bad Soden

Stadtverwaltung Bad Soden am Taunus, Königsteiner
Straße 73, 65812 Bad Soden a.Ts. ✆ 06196/208-
111, Fax 208-151. www.bad-soden.de. info@bad-so-
den.de.
▶ Das Parlament kann Vorschläge an die Lokalpoliti-
ker zu Angelegenheiten einbringen, die Kinder und
Jugendliche betreffen. Es tritt zwei- bis dreimal im
Jahr zusammen und besteht aus 30 Schülern und
Schülerinnen der dritten und vierten Klassen aus den
drei Bad Sodener Grundschulen. Seine Mitglieder
werden von den Schulen ernannt, ihre Amtszeit dauert zwei Jahre.

Ferienspiele der Stadt Schwalbach

Sozial- und Jugendamt Schwalbach, Rathaus, 65824
Schwalbach a.Ts. ✆ 06196/804-164, Fax 804-300.
www.schwalbach.de. info@schwalbach.de. **Infos:** Ga-
briela Straka.

Eine Liste aller
Spiel- und Bolz-
plätze in und um
Schwalbach gibt es auf
der Webseite unter
Stadtleben – Kinder.

45

▶ In den Oster-, Herbst-, Weihnachts- und den letzten zwei Wochen der Sommerferien Aktionen und Projekte zu Themen wie »Die Welt des Mittelalters« oder Indianer auf dem Schiffsspielplatz im Europapark, außerdem Ausflüge und Schwimmbadbesuche. Teilnahme gegen eine Gebühr. Darüber hinaus für 7,50 € Ferienpass für Schwalbacher Kinder, der zum ermäßigten oder kostenlosen Besuch von Lochmühle, Opel-Zoo oder Frankfurter Museen berechtigt.

Ferienspiele der Gemeinde Kriftel

Vereinsring Kriftel e.V., Am Mühlbach 2a, 65830 Kriftel. ☎ 06192/400426, www.ferienspiele-kriftel.de. info@ferienspiele-kriftel.de.

▶ Sechs Wochen während der Sommerferien veranstaltet von der Gemeinde in Zusammenarbeit mit Krifteler Vereinen. Gokart-Rennen, Bürgermeisterbesuch, Inlineskating, Feuerwehrtag, Malaktionen, Sport und vieles mehr. Wer für 10 € den Wunschpass erwirbt, hat freien Eintritt zu verschiedenen Einrichtungen im Rhein-Main-Gebiet.

Traumfabrik Kinopolis Main-Taunus

Main-Taunus-Zentrum, 65843 Sulzbach (Taunus). ☎ 069/3140314 (Ticket-Hotline), 3140315 (Hotline, Mo – Fr 10.30 – 13 Uhr), www.kinopolis.de. info@kinopolis.de. **Bahn/Bus:** Bus 253, 803, 804, 810, 814 MTZ/Busbhf. **Auto:** A66, B8, Abfahrt Main-Taunus-Zentrum. **Zeiten:** Kassenöffnung ab 11 Uhr, So 10 Uhr. **Preise:** Mo – Do 6,70 €, Fr – So, Fei 7,70 oder 8,70 €; Kinder bis 11 Jahre 5 €, 3D-Vorstellungen Zuschlag; für manche Filme günstiger Familientarif. **Infos:** Auch Filme für Schulklassen. Reservierung und Ticketkauf übers Internet möglich.

▶ Dieser Kinotempel mit sage und schreibe 12 Sälen ist die Traumfabrik der Vordertaunus-Region. Der erste Saal ist der größte, die Leinwand ist hier besonders breit. In den Sälen 4, 9 und 10 ist auch 3D-Kino zu Hause. Zwar ist der kommerzielle Film do-

Happy Birthday!
Ihr könnt im Kinopolis Main-Taunus auch Geburtstag feiern. Gezeigt wird ein Film eurer Wahl aus dem aktuellen Programm. Min 6 Kinder bis 11 Jahre und ein Erw, 3D-Film 12 € inklusive Popcorn, Getränk und Überraschungstüte, Geburtstagskind hat freien Eintritt. Max bis 7 Tage nach Geburtstag, Anmeldung 7 Tage im Voraus.

minierend, es gibt aber auch Programmkino und Kinderfilme. Noch zahlreicher allerdings sind die Erwachsenenfilme, die für Kinder 6 – 12 Jahre zugänglich sind. Für Kinder 6 – 11 Jahre von Interesse ist noch der Kino-KidsClub. Dort trefft ihr euch einmal im Monat zum Filmeschauen, Basteln und Spielen.

Für Bücherwürmer

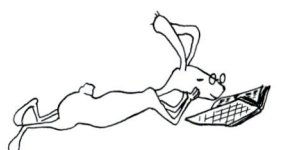

Stadtbücherei Oberursel

Eppsteiner Straße 16 – 18, 61440 Oberursel. ✆ 06171/62870, Fax 628720. www.oberursel.de. buecherei@oberursel.de. **Lage:** Am Marktplatz. **Bahn/Bus:** ↗ Oberursel. **Zeiten:** Di, Mi, Fr 10 – 13, 15 – 18, Do 10 – 13, 15 – 19, Sa 10 – 13 Uhr.

▶ Über 46.000 Bücher, dazu CDs, Zeitungen, Zeitschriften, Spiele, CD-ROMs, Stadtpläne und Wanderkarten. Kinderbücherei im 1. Stock mit rund 14.000 Büchern, Spielen, CD-ROMs, DVDs sowie CDs mit Kinderhörspielen und -liedern. Für Kinder von 2 bis 12 Jahre finden regelmäßig Kleinkinderprogramme, Bilderbuchkinos, Vorlese- und Kreativnachmittage, Lesungen und Ferienrallyes statt.

Stadtbücherei Steinbach

Petra Menzel-Hobeck, Bornhohl 4, 61449 Steinbach a.Ts. ✆ 06171/980167, Fax. www.stadt-steinbach.de. stadtbuecherei-steinbach@t-online.de. **Zeiten:** Mo, Do 15 – 17, Di 15 – 19, Fr, Sa 10 – 12 Uhr. **Preise:** Anmeldung und Ausleihe kostenlos.

▶ Das Angebot für Kinder und Jugendliche besteht aus etwa 3000 Büchern, DVDs und CDs. Während der Öffnungszeiten können in der Stadtbücherei auch ein Internet- und ein PC-Arbeitsplatz genutzt werden.

Stadtbücherei Bad Soden

Ehemaliges Badehaus, Königsteiner Straße 86, 65812 Bad Soden a.Ts. ✆ 06196/208-255, www.bad-so-

Tolle Tipps zu allen Gemeinden rund um Frankfurt findet ihr auch in: *Frankfurt Rhein-Main mit Kindern.* 400 preiswerte und spannende Aktivitäten für draußen und drinnen. Eberhard Schmitt-Burk. pmv, ISBN 978-3-89859-434-9, 16 €.

Buchhandlung Libra, Rathausplatz 7, Oberursel. ℡ 06171/503060. Mo – Fr 9 – 19, Sa 9 – 14 Uhr.

den.de. stadtbuecherei@bad-soden.de. **Zeiten:** Mo – Fr 10 – 18, Sa 10 – 13 Uhr. **Preise:** 12 €/Jahr, Familien ab 2 Pers 15 €/Jahr; 6 €/Jahr. **Infos:** Büchereileitung: Elisabeth Monigatti.

▶ Neben Büchern auch Hörbücher und Zeitschriften. In Bad Soden regelmäßige Lese- und Bastelnachmittage für Kinder, außerdem monatliches Bilderbuchkino. Führungen für Kindergartengruppen oder Schulklassen nach Vereinbarung.

Stadtbücherei Schwalbach

Petra Beyer-Tilders, Am Marktplatz 15, 65824 Schwalbach a.Ts. ℡ 06196/804-300, Fax 804-300. www.schwalbach.de. info@schwalbach.de. **Zeiten:** Di 15 – 18, Mi 15 – 19, Do 10 – 13, Fr 10 – 13, 15 – 18 Uhr. **Preise:** Anmeldung und Ausleihe sind kostenlos.

▶ 6000 Kinder- und Jugendbücher, dazu Kindermedien und Gesellschaftsspiele. Zwei kostenlose Internetzugänge. Für Kinder Autorenlesungen, Bücherflohmärkte, Klassenführungen und Spieleabende.

Bücherei Liederbach am Taunus

Im Kohlruß 2, 65835 Liederbach a.Ts. ℡ 06196/6512380, Fax 6512385. www.liederbach-taunus.de. buecherei@buecherei-liederbach.de. **Bahn/Bus:** SE12 Ffm Hbf – Königstein, Bus 814 MTZ Busbhf – Niederhofheim. **Zeiten:** Di, Do 10 – 12, Di, Mi 15 – 19, Do, Fr 15 – 18, Sa 11 – 13 Uhr. **Preise:** 10 € pro Jahr; bis 11 Jahre 2,50 € pro Jahr, 12 – 17 Jahre 5 € pro Jahr.

Stadtteilbücherei Neuenhain, Hauptstraße 45, ℡ 06196/208-362. **Stadtteilbücherei Altenhain**, Altkönigstraße 9, ℡ 06174/21506.

▶ Die Bücherei hat für Kinder neben etwa 7100 Büchern auch DVDs, CD-ROMs, Spiele und Zeitschriften im Bestand. Es gibt zwei Internetplätze und zwei CD-Player mit Kopfhörern. Jeden ersten Montag im Monat findet ein Bilderbuchkino für Kinder ab 4 Jahre statt. Einmal im Jahr gibt es einen Spielenachmittag, eine Tiersprechstunde und eine Detektivnacht (10 – 12 Jahre). Über das Jahr verteilt: Lesungen und Veranstaltungen wie z.B. die Gruselnacht, Ritter Rost usw.

Feste & Märkte

Oberurseler Brunnenfest

Vereinsring Oberursel in Zusammenarbeit mit der Stadt Oberursel, Klaus-Peter Hieronymi, Rathausplatz 1, 61440 Oberursel. ✆ 06171/502467, www.oberursel.de. info@oberursel.de. **Bahn/Bus:** ↗ Oberursel.

▸ Jedes Jahr am 1. Wochenende nach Pfingsten in der Altstadt, am Festplatz Auf der Bleiche und am Marktplatz. Neben einem großen Vergnügungspark eine speziellen Kindermeile.

Orscheler Fassenacht

Stadt Oberursel, Abteilung Tourismus, Klaus-Peter Hieronymi, Rathausplatz 1, 61440 Oberursel. ✆ 06171/ 502467, www.oberursel.de. info@oberursel.de. **Bahn/Bus:** ↗ Oberursel. **Zeiten:** Fastnachtssonntag ab 14.11 Uhr.

▸ Der Karnevalszug findet immer am Fastnachtssonntag ab 14.11 Uhr statt und führt durch die Straßen der Alt- und Innenstadt. Nach Ende des Zuges herrscht Fastnachtstreiben in der Altstadt und in der Stadthalle.

© Annette Sievers

Oberursel feiert: Hessentag 2011

Adventsmarkt Hofheim

Ulrike Mühl, Hauptstraße, 65239 Hofheim a.Ts. ✆ 06192/202-255, Fax 7654. www.hofheim.de. umuehl@hofheim.de. **Bahn/Bus:** Vom Bhf ↗ Hofheim 10 Min Fußweg. **Zeiten:** Sa – So am Wochenende des 2. Advent 12 – 20 Uhr, »Anderer Weihnachtsmarkt« nur So 2. Advent ab 13 Uhr.

▸ Der Hofheimer Adventsmarkt findet in der Hauptstraße mit 80 Ständen mit musikalischer Umrahmung in und vor der katholischen Kirche Sankt Peter und Paul statt. Zusätzlich gibt es sonntags ab 13 Uhr den «Anderen Weihnachtsmarkt» am Parkplatz am

Vergesst nicht, eine Tüte oder einen großen Hut mitzunehmen. Bei den Fastnachtszügen werden allerhand Süßigkeiten und sogar kleine Geschenke ausgeworfen.

Kelkheim veranstaltet jedes Jahr den Kultursommer auf dem Rettershof. Unter anderem mit dem Rheingau-Musikfestival, einem Mittelaltermarkt und mehr. Genauer Termin unter www.rettershof.de.

Untertor. Veranstalter ist der Soziale therapeutische Drehpunkt und weitere soziale und gemeinnützige Einrichtungen in Hofheim. Für Kinder wird ein buntes Programm mit Kindersingen und Kutschfahrten angeboten.

Weihnachtsmarkt Bad Soden am Taunus

Stadtverwaltung Bad Soden am Taunus, 65812 Bad Soden a.Ts. ✆ 06196/208-413, Fax 208-151. www.bad-soden.de. info@bad-soden.de. **Auto:** ↗ Bad Soden.

▶ Am 1. Wochenende im Dezember. Stände vor der Konzertmuschel im Alten Kurpark. Historische Weihnachtskrippe, Streichelzoo, Auftritt von Kinderchören und eines Posaunenchors.

FESTKALENDER SÜDLICHER TAUNUSRAND

Februar:	Fastnachtssonntag, Oberursel: **Karnevalszug,** durch Alt- und Innenstadt.
Mai:	1. Wochenende nach Pfingsten, Oberursel: **Brunnenfest.**
Juni:	1. Wochenende, Kriftel: **Lindenblütenfest,** rund um den Lindenplatz, Kinderprogramm.
	Letztes Wochenende, Hofheim: **KreisStadtSommer,** rund um den Kellereiplatz, Musik, Kulinarisches, Kunsthandwerk, Kinderprogramm.
August:	Ende des Monats, Oberursel: **Kräutertag.**
September:	Anfang des Monats, Oberursel: **Traktor-Oldtimer-Treffen.**
	Mitte des Monats, Oberursel: **Kürbisfest.**
Oktober:	Mitte des Monats, 4 Tage, Oberursel: **Taunuskerb.**
	Um den 3. So, Hofheim: **Gallusmarkt,** Vergnügungspark, Kunst- und Krammarkt, verkaufsoffener So.
Dezember:	1. Wochenende, Bad Soden: **Weihnachtsmarkt.**
	2. Advent, Sa, So: **Adventsmarkt** in Hofheim.

BAD HOMBURG & FRIEDRICHSDORF

SÜDLICHER TAUNUSRAND

BAD HOMBURG & FRIEDRICHSDORF

RUND UM DEN FELDBERG

NATURPARK HOCHTAUNUS

LAHN & HINTERTAUNUS

LIMBURG & MITTELTAUNUS

UNTERLAHN & NATURPARK NASSAU

INFO & VERKEHR

FERIENADRESSEN

KARTEN & REGISTER

Am östlichen Hang des Taunus liegen die Städte Bad Homburg und Friedrichsdorf, die so viele Aktivitäten bereit halten, dass wir ihnen eine eigene Griffmarke spendieren mussten.

Ein Höhepunkt dieses Gebietes ist zum Beispiel die Saalburg in Bad Homburg v.d.H., die zu Römerzeiten ein Kastell mit etwa 600 Soldaten war und euch zeigt, wie die Römer früher gelebt haben. Bad Homburg bietet darüber hinaus aber noch viel mehr: Erlebnisbäder, Minigolf im Kurpark, ein Schloss mit einem riesigen, 600 Jahre alten weißen Turm und Musicals für Kinder.

Auch in Friedrichsdorf könnt ihr einige spannende Aktivitäten unternehmen. Um das Gebiet näher zu erkunden, ist zum Beispiel der Wald- und Vogellehrpfad prima geeignet. Wenn ihr euch gern sportlich betätigt, könnt ihr euch in einem der vielen Reitvereine einbringen. Lehrreich und spannend wird's im Philipp-Reis-Haus; das ist der Mann, der das Telefon erfunden hat.

Frei- und Hallenbäder

Badespaß zu allen Jahreszeiten: Seedammbad Bad Homburg

Stadtwerke, Seedammweg 7, 60352 Bad Homburg v.d.H. ℰ 06172/4013-240, Fax 942249. www.bad-homburg.de/stadtwerke. seedammbad@bad-homburg.de. **Bahn/Bus:** 500 m von U2-Endhaltestelle Gonzenheim bzw. S-Bhf RMV-Bus 6 bis Seedammbad. **Auto:** A66 Abfahrt Bad Homburg, ab Zentrum Hinweisschilder. **Rad:** Am Radweg durch den Kurpark, zahlreiche Stellplätze. **Zeiten:** Hallenbad Mo 13 – 21, Di – Fr 7 – 21, Sa, So, Fei 8 – 20 Uhr. Freibad Mitte Mai – Mitte Sep gleiche Uhrzeiten. **Preise:** 2-Std-Karte 3,50 €, Tageskarte 6 €, 10er-2-Std-Karte 30 €, 10er-Tageskarte 48 €, Jahreskarte 250 €; Kinder 5 – 17 Jahre 2 Std 2 €, Tag 2,50 €, 10er-2-Std-Karte 12,50 €, 10er-Tageskarte

TIPPS FÜR WASSER-RATTEN

Germanen gegen Römer, Bogenschießen mit den Saalburg-Legionären

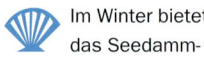 Im Winter bietet das Seedamm-bad **Schwimmkurse** für Babys 6 Monate – 1 Jahr und für Kinder ab 6 Jahre an. Jeden Di gibt's außerdem einen **Spielenachmittag.**

Hunger & Durst

Walfisch-Restaurant,
Seedammweg 7, Bad Homburg, ✆ 06172/ 489999. www.erlebnis-gastronomie-seedamm-bad.de. Kinder-Burger ab 5,50 €.

20 €, Jahreskarte 90 €; Familienblock mit 20 Karten (1 Erw, 1 Kind) 40 €.

▶ Das Angebot des Seedammbades wird die Herzen der Badelustigen jeden Alters höher schlagen lassen! Wenn ihr all seine 11 Becken ausprobieren wollt, könnt ihr hier leicht einen ganzen Tag verbringen. Beim **Abenteuerbecken** wird bei schönem Wetter das Dach eingefahren, sodass es zum Freibad wird. Hier könnt ihr euch an Wasserpilz und Wasserfall massieren oder durch die Wasserkanonen nass spritzen lassen, am Kletternetz turnen, durch den Strömungskanal trudeln und den Rutschberg hinuntergleiten. In der Halle gibt es außerdem ein 25-m-Becken mit Sprungturm, ein Lehrschwimmbecken, einen Whirlpool und ein Kneippbecken. Die Väter und Mütter der Kleinsten bevorzugen das **Eltern-Kind-Becken** mit seinem 34 Grad warmen Wasser.

Durch eine Schleuse im Abenteuerbereich erreicht ihr ein ganzjährig geöffnetes beheiztes 25-m-Becken für Nichtschwimmer im **Außenbereich.** Hier lockt ein ebenfalls beheiztes, das ganze Jahr nutzbares Erwachsenenbecken mit Strömungskanal, Massagebucht und Sprudlern. Zum Freibad gehören weiter ein Sprungbecken mit 5-m-Turm, ein 50-m-Becken und ein Planschbecken. Nicht zu vergessen die 70 m lange **Rutsche,** die ihr winters wie sommers benutzen könnt.

Das Freibadgelände hat einen großen alten Baumbestand, sodass es viele schattige Liegeplätze gibt. Außerdem gibt es einen Sandkasten und einen Spielplatz mit Kletterbaumhaus.

Erlebnisbad mit Badesee: Taunus Therme

Werner Wicker KG, Seedammweg 10, 61352 Bad Homburg v.d.H-Gonzenheim. ✆ 06172/4064-0, Fax 42003. www.taunus-therme.de. info@taunus-therme.de. **Bahn/Bus:** 600 m von U2-Endhaltestelle Gonzenheim, oder ab S-Bhf RMV Bus 6 bis Seedammbad. **Auto:** A66 Abfahrt Bad Homburg, ab Zentrum Hinweisschilder. **Rad:**

Weg durch den Kurpark führt an der Taunus-Therme entlang. **Zeiten:** täglich 9 – 23, Mi, Fr, Sa bis 24 Uhr. **Preise:** Mo – Fr 2 Std 13 €, 4 Std 17 €, Tageskarte 24 €; Sa, So, Fei 2 Std 15 €, 4 Std 19 €, Tageskarte 26 €; Kinder ab 3 Jahre wie Erwachsene; 11-er Karten 125 – 240 €, spezielle Frühaufsteher-, Nachtschwärmer- und Studententarife. **Infos:** Für einige Leistungen wie Massage, Hydro-Jet, Aqua-Fitness-Kurse u.Ä. muss extra gezahlt werden.

▶ Kinder und Jugendliche werden zwar nicht das volle Programm (zum Beispiel Sauna und Dampfbad) wahrnehmen, das hier für die nicht unerheblichen Eintrittspreise geboten wird. Dennoch kommen auch sie in der großen Badelandschaft mit Innen- und Außenbecken, Wildwasserkanal, Sprudelliegen und Wasserfällen auf ihre Kosten. Angenehm für Säuglinge und Kleinkinder ist das durchgängig 32 Grad warme Thermalwasser.

Zur Sommerzeit laden auf dem Gelände ein Badesee und eine Liegewiese zum Aufenthalt im Freien ein. Zur Anlage gehören ein Selbstbedienungsrestaurant.

Freibad Friedrichsdorf

Stadtverwaltung Friedrichsdorf, Dr.-Friedrich-Neiße-Straße, 61381 Friedrichsdorf. ✆ 06172/688711. www.friedrichsdorf.de. Stadtverwaltung@friedrichsdorf.de. **Lage:** Am nordwestlichen Stadtrand nahe Schule, Turnhalle und Rollschuhbahn. **Bahn/Bus:** RMV-Bus 54 bis Friedrichsdorf-Hornig, dann 10 Min Fußweg; vom S-Bhf 1 km. **Auto:** A5 Abfahrt Friedberg/Friedrichsdorf. **Rad:** Von Bad Homburg aus am Forsthaus am Rotlaufweg vorbei zum Lochmühlenweg, dann Taunusstraße (steil) hinunter zur Dr.-Friedrich-Neiße-Straße. **Zeiten:** Mitte Mai – Mitte Sep täglich 8 – 20 Uhr, letzter Einlass 19.30 Uhr. **Preise:** 3,50 €, 10er-Karte 31,50 €, Saisonkarte 70 €; Kinder 6 – 18 Jahre

Frei nach Otto:
Je länger das Sssst, desto doller das Plumps

© Freibad Friedrichsdorf

2 €, 10er-Karte 18 €, Saisonkarte 40 €; Abendtarif ab 18 Uhr 2,50 €, preiswerte Familienkarten. **Infos:** Sport- und Kulturamt, ✆ 06127/731-225, Fax -282.

▶ Das großzügig angelegte Freibad ist beheizt, damit ihr euch auch an etwas kälteren Tagen in die Fluten stürzen könnt. Wem das nicht ausreicht, dem steht sogar eine Dampfsauna zur Verfügung.

Das Schwimmbad besteht aus einem 50-m-Becken, einem Abenteuerbecken mit Strömungskanal, Wasserrutsche und einem 1-, 3- und 5-m-Sprungturm. Ein grosses Sonnensegel schützt die kleinen Gäste im Kleinkinderbecken vor zu viel Sonne.

Für weitere sportliche Aktivitäten gibt es Tischtennisplatten, ein Beachvolleyballfeld und ein Basketballkorb. Kleine Gäste vergnügen sich auf dem Kinderspielplatz. Behindertengerechte Toiletten sind vorhanden; videoüberwachte Umkleidekabinen und Schließfächer garantieren Sicherheit ebenso wie die freundlichen DLRG-Bademeister. Vor dem Eingang gibt es zahlreiche Fahrradabstellplätze.

FRISCHE LUFT & SPORT

Radeln oder Rollschuh laufen

Allgemeiner Deutscher Fahrrad-Club

ADFC, Repräsentanz Bad Homburg, Elke Woska, Hinterm Hain 11, 61352 Bad Homburg v.d.H. ✆ 06172/ 302241, www.adfc-bad-homburg.de. elke@adfc-bad-homburg.de.

▶ Die Bad Homburger Gruppe des ADFC Hessen bietet von Frühjahr bis Herbst ein umfangreiches Programm geführter Radtouren. Darunter sind einige flache Strecken, die auch für Familien mit Kindern zu schaffen sind: Zum Beispiel eine Halbtagestour nach Bad Vilbel zum Dottenfelder Hof; in Bad Vilbel entlang des Eschbachs, des Erlenbachs und der Nidda (35 km) oder auch eine Fahrt zur Höchster Porzellanmanufaktur, die ebenfalls entlang der Nidda führt. Abfahrt ist jeweils am Kurhaus beziehungsweise am

Louisenbrunnen in Bad Homburg v.d.H. Die Strecken sind so gewählt, dass man an bestimmten Punkten auch »aussteigen« und mit öffentlichen Verkehrsmitteln nach Hause fahren kann. Zusätzlich sind auf der Internetseite des ADFC auch Radtouren sehr detailliert beschrieben, die selbstständig abgefahren werden können.

Rollschuhbahn

Friedrich-Ludwig-Jahn-Straße, 61381 Friedrichsdorf.
✆ 06172/731263, Fax 731282. www.friedrichs-dorf.de. stadtverwaltung@friedrichsdorf.de.
▶ Wer das Fahren auf vollen Bürgersteigen oder gar auf den Straßen mit Recht zu gefährlich findet, kann hier die Inlineskates anziehen und seine Runden drehen.

Geocaching: Auf zur Schatzsuche!

▶ Spaziergänge sind ja oft soooo langweilig. Je größer die Kinder, desto weniger sind sie oft zu Touren durch Wald und Flur zu bewegen. Unser Zauberwort heißt Geocaching, eine Art moderne Schatzsuche. Dabei werden ein GPS-Empfänger und Koordinaten aus dem Internet verwendet. Ziel der Schatzsuche ist das Auffinden eines Caches, also eines Schatzes. Diese Schätze sind meistens an schönen Orten versteckt, dies kann in der Stadt oder auf dem Land sein. Manche Verstecke sind schon nach wenigen Minuten auffindbar, für andere benötigt ihr mehrere Stunden. Es ist so spannend, wie es klingt! Und so geht's:

Vorbereitung:

Irgendjemand versteckt irgendwo eine Dose mit einem kleinen Schatz (Kleinigkeiten) und einem Logbuch. Anschließend werden die Koordinaten des Verstecks im Internet auf speziellen Seiten veröffentlicht. Möchtet ihr nun auf Schatzsuche gehen, könnt

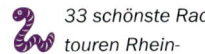 *33 schönste Rad-touren Rhein-Main:* 1549 km für Ausdauernde, Genießer und Familien an Main, Nidda und Rhein und vom Taunus bis ins Ried. Mit extra-Radtourenkarte. pmv, ISBN 978-3-89859-320-5, 18 €.

@ www.open-caching.de oder www.geocaching.de.

Da ein Großteil der Caches in der freien Natur zu finden ist, solltet ihr besondere Rücksicht auf die Tier- und Pflanzenwelt nehmen. Dazu gehört, dass ihr möglichst auf den ausgewiesenen Wegen bleibt und die Natur nicht mutwillig beschädigt oder zerstört. Seid möglichst leise, damit ihr die dort lebenden Tiere, vor allem die Jungtiere, nicht in ihrem Lebensraum stört.

ihr die Koordinaten abrufen. Mein Tipp ist, dort die Seite auszudrucken. Sie enthält meistens auch wertvolle Kommentare von anderen Schatzsuchern. Diese könnt ihr vielleicht vor Ort noch gut gebrauchen.

🍎 Technische Ausrüstung:

Eure Grundausrüstung ist ein GPS-Gerät, wobei ihr auch ein Smartphone mit Positionserkennung benutzen könnt. Bei den GPS-Geräten gibt es oft günstige Angebote ab 50 Euro, diese sind völlig ausreichend. Vielleicht könnt ihr auch ein gebrauchtes Gerät ergattern. Die teureren Geräte enthalten zusätzlich Straßenkarten und weitere Navigationsfunktionen. Egal, mit welchem Gerät ihr unterwegs seid: Geht nie ohne extra Wanderkarte (1:50.000), da man sich sonst nur schwer im Gelände orientieren kann. Und das Navi kann ja auch mal aussetzen. Des Weiteren gibt es Unterschiede bei den Empfangseigenschaften der Geräte.

🌷 Was ihr sonst noch als Schatzsucher benötigt:

Zieht euch je nach Gelände entsprechend an. Liegt der Schatz in einem Waldgebiet, müsst ihr oft quer durchs Gelände, durch Dornen und Brennnesseln laufen. Hier empfiehlt sich eine lange Hose und festes Schuhwerk. Für die Hebung des Schatzes braucht ihr eine Kleinigkeit, die ihr in die Schatzkiste hineinlegt. Schließlich möchte der nachfolgende Schatzsucher auch gerne etwas vorfinden. Das kann eine Figur aus dem Überraschungsei sein oder eine andere Kleinigkeit (nichts Essbares, nichts, das seine Form bei Wärme oder Kälte verändert).

🌀 Der Weg ist das Ziel:

Aus dem Internet entnehmt ihr den Startpunkt und die Zielkoordinaten bzw. bei mehrstufigen Caches die Koordinaten des nächsten Ortes. Haltet das GPS-Gerät gerade vor euch und geht langsam, damit euer Gerät stets genügend Zeit hat, die Koordinaten zu aktualisieren. Wenn ihr mal das Signal verliert, bleibt einfach kurz stehen und wartet, bis das Gerät das Signal wiedergefunden hat. Es ist ratsam, das Gerät eingeschaltet zu lassen. Eure Wanderkarte unterstützt euch bei der Suche. Oft wird es dann kurz vor dem Schatz am schwierigsten. Jetzt ist eure Spürnase gefragt. Wo würdet ihr den Schatz verstecken? Schaut doch mal nach Baumstümpfen, Baumwurzeln oder nach unnatürlichen Erhebungen.

◉ Wenn der Schatz gefunden ist:

Wenn ihr den Schatz gefunden habt, dann dürft ihr euch einen Gegenstand aus dem Cache nehmen und gegen die Kleinigkeit tauschen, die ihr mitgebracht habt. Dann tragt ihr euren Besuch im Logbuch ein. Anschließend verschließt ihr den Cache gründlich, damit er wieder gut geschützt ist, und versucht die Tarnung wieder so gut wie möglich herzustellen. Passt auf, dass ihr nicht beobachtet werdet, wenn ihr den Schatz hebt. Der Fundort soll geheim bleiben. Zuhause könnt ihr euren Fund und eventuell Hinwei-

Hurra, der Schatz ist gefunden: Sophia und Philipp sind voll bei der Sache

© pmv, Heike Katharina Ewald

Beim Geocaching machen alle mit: Philipp ist schon bereit

se, Lob oder Kritik auf der Cache-Seite eintragen und so mit demjenigen, der den Schatz versteckt hat, kommunizieren.

⚇ Die wichtigsten Arten der Caches:

Tradi/Traditionell: Cache mit nur einer Station, die Position ist direkt angegeben.

Multi-Caches: Mehrstufige Caches. Hier müssen unterwegs gleich mehrere Orte mit Hinweisen auf den jeweils nächsten Ort gefunden werden.

Rätsel-Caches: Sie können bereits im Vorfeld der Schatzsuche Recherchen und Rätsel voraussetzen. Sind die Startkoordinaten aber bekannt, müssen für die jeweils nächsten Koordinaten verschiedene Aufgaben und Rätsel gelöst werden.

Nacht-Caches: Hier muss der Schatz im Dunkeln gesucht werden, zum Beispiel mit Hilfe von Reflektoren oder kleinen Lampen.

Kleine Geocaching-Tour am Hirschgarten

Hirschgarten, Elisabethenschneise, 61350 Bad Homburg v.d.H. **Länge:** Etwa 1 km, im Gebiet des Hirschgartens, Dauer 30 Min – 1 Std, auch für kleine Kinder und vor allem Anfänger geeignet. **Bahn/Bus:** Ab Bad Homburg Hbf RMV-Bus 1 oder 11. **Auto:** Am Stadtrand von der B455 Richtung Dornholzhausen und weiter Richtung Hirschgarten; 30 Parkplätze am ↗ Hirschgarten Restaurant.

▶ Wenn ihr Lust habt, Geocaching auszuprobieren, ist diese Tour am Hirschgarten ideal zum Einstieg. Der Weg verläuft immer im Gebiet des Hirschgartens, wo es auch genug Gelegenheit gibt, die Rehe und Hirsche zu bewundern. Außerdem gibt es jede Menge Bänke und Tische zum Picknicken. Bei der Tour han-

Vergesst nicht, eine Kleinigkeit (z.B. eine Figur aus einem Überraschungsei, ein kleines Auto) mitzunehmen, um den Schatz wieder aufzufüllen, wenn ihr euch etwas nehmt.

© pmv, Heike Katharina Ewald

delt es sich um einen einfachen Cache, das bedeutet, ihr erhaltet zu Beginn die Zielkoordination des Schatzes. Die genaue Beschreibung des Caches sowie die Startkoordinaten findet ihr unter www.opencaching.de, Cachename *Hirschgarten.*

Geocaching-Tour ab Hofgut Kronenhof

Zeppelinstraße 10, 61352 Bad Homburg v.d.H. **Länge:** 6,5 km im Rundkurs, geeignet ab etwa 6 Jahre mit Begleitung von Erw. **Bahn/Bus:** RMV-Bus 7 bis Landratsamt. **Auto:** An der Abfahrt Oberursel von A661 links und dann der Beschilderung »Landratsamt« folgen. Dort an der Ampelkreuzung rechts in die Felder. **Infos:** Rätsel-Cache, Multi-Cache.

 Der Weg ist auch mit dem Fahrrad oder mit den Inlineskates befahrbar.

▶ Die Geocaching-Tour startet am Hofgut Kronenhof. Ihr erhaltet die Anfangskoordinaten und erarbeitet euch anhand verschiedener Rätselfragen die jeweils darauffolgenden Koordinaten, bis ihr die endgültige Koordinate zur Hebung des Schatzes erhaltet. Nach der aufregenden Schatzsuche relativ einfachem Gelände, habt ihr die Möglichkeit für eine ausgiebige Brotzeit im Hofgut Kronenhof. Die genaue Beschreibung des Caches sowie die Startkoordinaten findet ihr unter www.opencaching.de, Cachename *Kronenhof Cache.*

Hunger & Durst

Brauhaus Graf Zeppelin, Zeppelinstraße 10, Bad Homburg v.d.H. ✆ 06172/288662. www.hofgut-kronenhof.de. 11 – 23 Uhr. Regionale Gerichte, Biergarten; Hofführung ↗ Betriebsbesichtigungen.

Märchen-Geocaching-Tour

www.opencaching.de. **Lage:** in der Nähe von Friedrichsdorf. **Länge:** Etwa 5 km, Dauer 2 Std, ab 6 Jahre mit Begleitung von Erw. **Auto:** Parken bei N 50° 15.518 E 8° 38.829. **Infos:** Multi-Cache, auch als Nachtcache möglich, Wegpunkt: =C3867.

▶ Wisst ihr, aus welchem Märchen das Zitat »Lass dein Haar herunter!« stammt? Diese und andere Fragen zu den Märchen der Gebrüder Grimm müsst ihr bei dem Märchen-Cache beantworten, um am Schluss euren Schatz zu finden. Lest euch zu Beginn der Schatzsuche genau die Anweisungen im Internet durch, da sich dieser Cache etwas vom üblichen Ab-

 Für Fahrrad und Kinderwagen geeignet.

lauf unterscheidet. Nähere Informationen und die genaue Beschreibung findet ihr unter dem Cache-Namen *Märchenwald*.

Wandern und Grillen

Wanderung von Rom nach Hessen und zurück

Saalburg – Hessenpark (Bus) – Saalburg, Römerkastell Saalburg, Archäologischer Park, Saalburg 1, 61350 Bad Homburg v.d.H. ℅ 06175/9374-0, Fax 9374-11. www.saalburgmuseum.de. info@saalburgmuseum.de. **Länge:** 2 Std, bis zum Hessenpark 1 Std, z.T. auf Taunus-Lehrpfad. **Bahn/Bus:** Stadtbus 5 Bad Homburg Bhf – Saalburg. **Auto:** B456 Bad Homburg – Usingen.

▶ Von der Saalburg führen zahlreiche leicht begehbare Wanderwege zu markanten Punkten des Taunus (zum Beispiel zur Lochmühle, dem Hirschgarten oder dem Herzberg). Die folgende Strecke habe ich ausgewählt, weil man zum einen an mehreren Stellen auf den Limes trifft. Zum andern könnt ihr hier an einer besonderen Attraktion, dem Hessenpark, länger Station machen. Außerdem trefft ihr regelmäßig auf die Schautafeln des Taunus-Lehrpfads, die euch mit Infos zum Taunuswald und zur Geschichte der Landschaft versorgen.

Ausgangspunkt ist der Haupteingang der **Saalburg.** Sucht nun das Schild mit einem Braunen Ahornblatt, das euch für die nächste Zeit als Wegzeichen dient. Bald überquert ihr eine Asphaltstraße an der Westseite der Saalburg. Ein breiter Kiesweg führt in den Wald hinein. Nach etwa 500 m kreuzt ihr das erste Mal den Limes, der an dieser Stelle gut als Wall mit Graben zu erkennen ist. Wenige Gehminuten später, an der Tafel 4 des Lehrpfads, empfiehlt sich der kurze Aufstieg zum Aussichtspunkt Schutzhütte. Über die Bäume des Taunuswaldes hinweg seht ihr von dort aus die Felder des Usinger Beckens.

Große Wanderkarte Hoch- und Osttaunus 1: 50000, Ravenstein Verlag, ISBN 3-87660-905-4, 6,50 €. Neben Wanderwegen gibt es auch Angaben zu Grillhütten, Ausflugslokalen oder Natursehenswürdigkeiten.

Gegen den Durst: Am Abend vorher eine halb gefüllte Plastikflasche mit Wasser ohne Kohlensäure ins Kühlfach legen und am nächsten Tag mitnehmen. Aus einer zweiten Flasche regelmäßig Saft auf das zu Eis gewordene Wasser nachgießen. So habt ihr die ganze Zeit einen herrlich kalten Durstlöscher, ohne eine Kühlbox mitschleppen zu müssen.

Bei **Schautafel 5** mit dem Thema »Artenreichtum im Mischwald« wendet ihr euch nach rechts. Es geht nun leicht bergab bis zum ersten Querweg, an dem ihr euch links halten müsst. An der **Tafel 8** zu »Waldnutzung seit dem Mittelalter« biegt ihr nach rechts ab. Nach einer kurzen Strecke bergab seht ihr rechts eine weitere Schutzhütte. Von hier aus sind es noch etwa 15 Minuten geradeaus bis zum **Hessenpark.**

Den gleichen Weg bis zur Kreuzung mit der Schutzhütte nehmt ihr auch, wenn ihr anschließend zur Saalburg zurück wollt. Das Schild mit dem Ahornblatt weist dort nach links. Ihr folgt dem Weg geradeaus, an zwei kleinen Teichen und einem Wasserbehälter vorbei. Nachdem ihr eine Asphaltpiste gekreuzt habt, sehr ihr rechts erneut den **Limeswall.** Er begleitet euch nun bis zu der Stelle, an der ihr auf eine (rekonstruierte) Holzpalisade trefft.

Ein letzter, kleiner Anstieg durch den Wald – und nach etwa 200 m seht ihr rechts wieder die Mauern der **Saalburg** durch den Wald schimmern.

© pmv, Liesel Burk

Achtung, Germanenkinder: Ohne eigenen Pass, kein Durchlass!

Grillplatz Buschwiesen

Bad Homburg v.d.H.-Dornholzhausen. www.bad-homburg.de. tourist-info@kuk.bad-homburg.de. **Bahn/Bus:** RMV-Bus 1 oder 11 ab Bad Homburg Hbf. **Auto:** Auf halbem Weg auf der B455 von Bad Homburg-Dornholzhausen zum Hirschgarten.

▶ Große Waldlichtung mit mehreren offenen Feuerstellen, Holzbänken und -tischen, Wasseranschluss.

Reiten und Kutsche fahren

Bad Homburger Reit- und Fahrverein

Reitsportzentrum Hardtwald, Michaela Koch, Amalienschneise, 61350 Bad Homburg v.d.H. ✆ 06172/84791, 867837, Handy 0163/7426636. www.reitschulzentrum-hardtwald.de. reitschulzentrum-hardtwald@telesonmail.de. **Bahn/Bus:** RMV Bus 1, 3, 7, 11

bis Bad Homburg Kurhaus, dann 15 Min Fußweg. **Auto:** A661 Bad Homburg Stadtmitte, Ausschilderung Hotel Hardtwald folgen. **Preise:** Kinder ab 6 Jahre Spielstunden und Reiten an der Longe 8 € pro Std, Schnupperstunde 15 €.

▶ Die Anlage des Reit- und Fahrvereins liegt im Wald direkt neben dem Hotel Hardtwald. Dazu gehören eine Reithalle (20 x 40 m) und ein Außenplatz (25 x 46 m). Auf 15 großen und kleinen Schulpferden können Kinder ab 6 Jahre reiten lernen. Anfänger machen sich zunächst spielerisch mit den Tieren vertraut, später erhalten sie qualifizierten Unterricht, u.a. bis zur Abnahme des Reiterabzeichens.

Reitstall Petith

Auf der Pfingstweide, Kerstin Petith, Ahlweg 100, 61352 Bad Homburg v.d.H.-Ober-Erlenbach. Handy 0172/6596339. www.reitstall-petith.de. pinky@real-axl.de. **Bahn/Bus:** RMV-Bus 2 bis Obererlenbach Ahlweg, etwa 1 km bis zum Reitstall zu Fuß Richtung Kläranlage. **Auto:** Dem Ahlweg folgen in Richtung Kläranlage. Nach der Kläranlage weiterfahren und unter einer Brücke durch zum Reitstall Petith. **Zeiten:** Mo – Fr 14.30 – 18.30 Uhr. **Preise:** Kinder ab 6 Jahre Gruppenunterricht 14 €/Std. Unterbringung von Gastpferden ab 7,50 €/Tag.

Zum Hof gehört auch ein kleiner Streichelzoo. Seine Bewohner sind Esel, Minischweine, Ziegen, Kühe, Schafe und Lamas.

▶ Der Hof hat sein Angebot besonders auf Kinder und Jugendliche ausgerichtet, die Schulpferde sind meist Ponys. Für den Unterricht stehen ein offener Reitplatz mit Flutlicht sowie zwei Reithallen und ein Longierplatz zur Verfügung. Wer bereits einige Reitstunden hinter sich hat und mit den Pferden des Hofs einigermaßen vertraut ist, wird auch auf geführte Geländeritte mitgenommen.

Hü und Hott in Bad Homburg

Reit- und Fahrverein Eschbach-Erlenbach e.V., Steinmühlstraße 2d, 61352 Ober-Erlenbach. Fax 492326. Handy 0176/70433960. www.rfv-eschbach-erlenbach.de. vorstand@rfv-eschbach-erlenbach.de. **Preise:** Kinder bis 14 Jahre Benutzungsgebühr für die Reitanlage halbjährlich 200 €, Mitgliedsbeitrag monatlich 3,50 €, Aufnahmegebühr 1. Kind 50 €, jedes weitere Kind 25 €, Einstellen von Pferden monatlich 250 €.

▶ Reitfreunde erwarten hier ein große Reithalle sowie zwei Dressurplätze und ein Springplatz. Auch Kinder und Jugendliche können am Reitunterricht teilnehmen. Einzelstunde (30 Min) mit Schulpferd 24 €, Gruppenstunde (45 Min) mit Schulpferd 17 €. Die Umgebung bietet Möglichkeiten schöne für Ausritte durch Feld und Wald. Für Gemütlichkeit sorgt das Reiterstübchen.

Minigolf spielen

Minigolf im Bad Homburger Kurpark

Am Römerbrunnen, Karl-Heinz Wensing, Kisseleffstraße, 61348 Bad Homburg v.d.H. ✆ 069/769424, Fax 178-3719. Handy 0170/2813751. www.bad-homburg-tourismus.de. info@bad-homburg-tourismus.de. **Zeiten:** April – Anfang Okt Mo – Fr ab 12 Uhr, Sa ab 11 Uhr und So ab 10.30 Uhr bis Einbruch der Dunkelheit. **Preise:** 2 €; Kinder 1 €.

▶ In der Innenstadt von Bad Homburg v.d.H., direkt neben dem Restaurant Am Römerbrunnen im Kurpark liegt diese Minigolfanlage. Der Kiosk direkt am Eingang hat Erfrischungsgetränke, Kaffee und Kuchen, Eis und warme Würstchen. Der Platz bietet Schatten spendende Bäume und Sitzgelegenheiten.

Minigolfanlage Seulberg

Sportzentrum, Landwehrstraße, 61381 Friedrichsdorf-Seulberg. ✆ 06172/731263, Fax 731282. www.friedrichsdorf.de. stadtverwaltung@friedrichsdorf.de. **Lage:** Zugang über die Hardtwaldallee oder den Landwehrstraße direkt neben der Turnhalle. **Bahn/Bus:** S5, R15. **Auto:** In Friedrichsdorf Richtung Seulberg. **Zeiten:**

Hunger & Durst
Restaurant am Römerbrunnen, Kisseleffstraße 27, 61348 Bad Homburg, ✆ 06172/182730. www.roemerbrunnen.de. Täglich 12 – 14.30, 18 – 23 Uhr. 100 Jahre altes Haus im Schweizer Chalet-Stil. Nettes Ambiente, mit Kindern eher im Sommergarten. Mediterrane Küche.

Happy Birthday!
Für besondere Anlässe wie Geburtstage öffnet die Anlage auch unter der Woche.

UMWELT ER-FORSCHEN

Ostern – Mitte Okt Sa, So, Fei 13 – 19 Uhr, bei Regen geschlossen. **Preise:** 2 €; Kinder 1,50 €.

▶ 18 Löcher stehen euch zum Putten zur Verfügung – und sie sind nur über knifflige Hürden zu erreichen!

Tiere in Parks und auf Bauernhöfen

Rehe und Hirsche im Wald

Hirschgarten und Minigolf, Elisabethenschneise, 61350 Bad Homburg v.d.H.-Dornholzhausen. ☎ 06172/997688 (Restaurant), Minigolf 33375. www.hirschgarten-badhomburg.de. dhilgner@t-online.de. **Bahn/Bus:** Ab Bad Homburg Hbf RMV Bus 1 oder 11. **Auto:** Am Stadtrand von der B455 Richtung Dornholzhausen und weiter Richtung Hirschgarten; 30 Parkplätze am Restaurant. **Minigolfplatz:** Mitte März – Mitte Okt Di – Fr ab 14, Sa ab 12 Uhr, So, Fei und hessische Schulferien ab 10 Uhr, März und Okt nur Sa, So; Erw 2 €, Kinder bis 14 Jahre 1 €.

▶ Den Hirschgarten gibt es schon seit über 300 Jahren! Ein Landgraf ließ ihn als Landschaftspark nach englischem Vorbild anlegen, später kam das Wildgehege dazu, damit die Bad Homburger Casino-Besucher sich »waidmannisch«, also mit der Jagd auf die Tiere von ih-

Schmeckt's? Sophia gibt dem Reh eine Möhre

© pmv, Heike Katharina Ewald

rer Spielsucht ablenken konnten. Aber Hirsch- und der nahe Forstgarten mit der Baumschule für exotische Baumarten lockten immer mehr Ausflügler aus dem Volk an – und so ist es bis heute.

Das **Gehege des Hirschgartens** könnt ihr in einem gemütlichen Spaziergang von etwa 30 Minuten umrunden. Es wird von einem Bach durchflossen und beherbergt zahmes Damwild, also Rehe und Hirsche mit dem typisch gepunkteten Sommerfell, sowie Ziegen.

Wenn ihr von der Bushaltestelle kommt, liegen am Eingang ein **Minigolfplatz** und ein Kiosk, der Süßigkeiten, Getränke, Eis und warme Würstchen bietet (www.bgsv-badhomburg.de).

Bauernhof als Klassenzimmer

Hochtaunuskreis – Der Kreisausschuss, Amt für den ländlichen Raum, Frau Otto, Ludwig-Erhard-Anlage 1 – 5, 61352 Bad Homburg v.d.H. ✆ 06172/999-6134, Fax 999-9833. www.bauernhof-als-klassenzimmer.hessen.de. marina.otto@hochtaunuskreis.de. **Infos:** Liste der teilnehmenden Betriebe im Hochtaunuskreis auf Anfrage.

▶ Kindern und Jugendlichen den Alltag auf einem Bauernhof und den Arbeitsablauf in einem landwirtschaftlichen Betrieb realitätsnah vorzustellen ist das Ziel dieser Aktion. Teilnehmen können Kindergartengruppen, Schulklassen, sonstige Kinder- und Jugendgruppen, aber auch einzelne Familien mit Kindern. Sie erkunden bei ihrem Besuch einen Bauernhof, erhalten Informationen zu Themen wie »Produktion der Milch – vom Gras ins Glas« oder »Pflanzen und Ernten von Obst und Gemüse« und haben vor allem auch die Gelegenheit, unter Anleitung bei der Arbeit selbst mit Hand anzulegen.

Landwirtschaftlicher Lehrpfad

Lernbauernhof Maurer, Gerhard Maurer, Bienäcker 4, 61352 Bad Homburg v.d.H.-Ober-Eschbach. ✆ 06172/

 Der Waldschadenspfad am Hirschgarten bietet auf 15 Tafeln detaillierte Informationen über Waldschäden und Waldsterben; Weg auch für Rollstuhlfahrer geeignet.

Hunger & Durst

HirschGarten, Elisabethenschneise 1, Bad Homburg. ✆ 06172/ 997688. www.hirschgarten-badhomburg.de. Täglich ab 11 Uhr durchgehend warme Küche. Deutsches, Saisonales und Regionales, Frühstücksbuffet, Kaffee und Kuchen. Große Sonnenterrasse mit Blick auf das Wildgehege, modern renovierte Innenräume. Lässt sich auch gut mit einer Waldwanderung von oder zur Hohemark verbinden, ↗ Oberursel.

@ »Landpartie« heißt die neue Internetplattform der Ämter für den ländlichen Raum. Ihr findet hier u.a. Adressen von Hofläden, einen Veranstaltungskalender für Hoffeste und geführte Wanderungen durch Weinberge und Obstgärten. Zu finden unter www.land-partie.de.

Als Ergänzung bietet sich ein Besuch des Lehrpfades für ökologische Landwirtschaft auf dem **Dottenfelderhof** in Bad Vilbel an. ✆ 06101/5296-20, www.dottenfelderhof.de, info@dottenfelderhof.de. Eine Beschreibung findet ihr in Vogelsberg, Wetterau mit Kindern, pmv, ISBN 978-3-89859-432-5.

42208, Fax 42208. www.lernbauernhof-rhein-main.de. webmaster@lernbauernhof-rhein-main.de. **Bahn/Bus:** U2 bis Ober-Eschbach, ca. 15 Min Fußweg: über Kalbacher Straße – Langwiesenweg – Peterhofer Straße – Bienäcker Nr. 4; Bus 2,12 ab Bad Homburg Bf bis Albin-Göhring-Halle, von dort noch 400 m. **Auto:** A661 Ausfahrt 5-Nieder Eschbach Richtung Nieder-Eschbach/Kalbach/Bonames.

▶ Der Lernbauernhof Maurer kann auf einem landwirtschaftlichen Lehrpfad an 14 Stationen erkundet werden. An der Infostation im Starthäuschen könnt ihr euch zunächst einmal auf einem Plan eine Übersicht verschaffen und Informationen zur Idee des Lernbauernhofes und zum Wandel in der Landwirtschaft studieren (2, 3). Dann könnt ihr in zwei offenen Hallen den beachtlichen Maschinenpark (Station 3) kennen lernen. Dann führt die Route links an einer Streuobstwiese (Station 5) vorbei, wo auch Schafe (Station 4) weiden. Auf dieser Seite schließt noch der bunte Bauerngarten (Station 6) an. Dann geht ihr rechts in das breite Wirtschaftsgebäude. Ihr dürft sogar in die Ställe (Station 7) mit Kühen und Schweinen schauen. Der Lehrpfad endet auf der rechten Seite des Hofes mit den Hasen- und Hühnerställen und den Stationen 8 – 11 zu Bienenhaltung, Düngung und Pflanzenschutz, Bodenfruchtbarkeit/Fruchtfolge und Demonstrationsfeldern. Der Lernbauernhof betreibt konventionelle Landwirtschaft und setzt Kunstdünger und Pflanzenschutzmittel möglichst bedarfsgerecht ein.

Ihr kehrt wieder zum Starthäuschen zurück und schaut zum Abschluss noch die informativen Stationen 12 – 14 an.

Als Pfadfinder unterwegs
Ökologischer Waldlehrpfad und Vogellehrpfad Friedrichsdorf, 61381 Friedrichsdorf-Dillingen. ✆ 06172/731263, Fax 731282. www.friedrichsdorf.de. stadtverwaltung@friedrichsdorf.de. **Länge:** jeweils etwa 3 km,

Dauer 1 Std. **Bahn/Bus:** RMV-Bus 53 bis Grenzstraße/Talstraße. **Auto:** In Friedrichsdorf Schild »Haus der Hessischen Landwirtschaft« folgen.

▶ Ausgangspunkt für die beiden je etwa 3 km langen Wanderungen ist das Ende der Taunusstraße am Haus der Hessischen Landwirtschaft im Ortsteil Dillingen. Beide Wege führen mit leichten Steigungen und Gefällen durch den Wald.

In regelmäßigen Abständen sind längs des Weges Schautafeln aufgestellt, die euch Sinn und Zweck dieser schön angelegten Lehrpfade nahebringen. Symbol für den **Waldlehrpfad** (9 Schautafeln) ist ein Grünes Eichenblatt, das Zeichen für den **Vogellehrpfad** ist ein Blauer Vogel.

Betriebsbesichtigung

Pferdestärken zwischen Natur und Technik: Hofgut Kronenhof

Zeppelinstraße 10, 61352 Bad Homburg v.d.H. ☎ 06172/288662, Brauhaus 288662, Fax 288660. Handy 0172/6930202. www.hofgut-kronenhof.de. info@hofgut-kronenhof.de. **Bahn/Bus:** RMV-Bus 7 bis Landratsamt. **Auto:** An der Abfahrt Oberursel von A661 links und dann der Beschilderung »Landratsamt« folgen. Dort an der Ampelkreuzung rechts in die Felder. **Zeiten:** Gaststätte 11 – 23 Uhr.

▶ Auf dem Rückweg von einem Ausflug zum ↗ Forellengut und zum ↗ Hirschgarten oder nach einem Tag in Bad Homburgs Schwimmbädern eignet sich die Hofanlage Kronenhof gut, um noch einmal Station zu machen. Die **Gaststätte Bad Homburger Brauhaus »Graf Zeppelin«** bietet Gerichte der regionalen Küche an. In ihrem Biergarten könnt ihr bei schönem Wetter im Freien sitzen. Zwei alte ausrangierte Traktoren neben dem Biergarten sind tolle Spielgeräte für die Kleinen. Zum Kronenhof gehört weiter eine Reitsportanlage, die allerdings nur von den Besitzern der hier be-

🍎 **Hofgut Kronenhof,** Zeppelinstraße 10, Bad Homburg v.d.H. ☎ 06172/288652. www.hofgut-kronenhof.de. Hofladen Di – Fr 11 – 19, Sa 10 – 16 Uhr. Im direkt neben der Gaststube gelegenen Laden gibt es Lebensmittel aus der Region, teilweise aus eigener Herstellung und mit Erzeugernachweis.

treuten Pensionspferde genutzt werden kann. Deswegen ist die Anlage auch nicht allgemein zugänglich. Führungen über das Gelände sind aber für Gruppen nach vorheriger Anmeldung möglich. Themen der Führungen sind zum Beispiel die Erklärung der Energiezentrale des Hofs, ein nach ökologischen Prinzipien betriebenes Blockheizkraftwerk. Oder ihr könnt in einem Brauseminar dem Braumeister über die Schulter schauen.

Schlossbesichtigung

Geschichten aus dem Bad Homburger Schloss

Schloss und Weißer Turm, 61348 Bad Homburg v.d.H. ☎ 06172/9262-0, 9262-148, Fax -147. www.schloesser-hessen.de. info@schloesser.hessen.de. **Bahn/Bus:** ↗ Bad Homburg. **Zeiten:** Führungen Schloss jeweils zur vollen Std März – Okt Di – So 10 – 16 Uhr, Nov – Feb 10 – 15 Uhr, für Gruppen (ab 10 Pers) nach Vereinbarung. **Preise:** 4 €, in Gruppen ab 15 Pers 2,50 €, Weißer Turm 1 €; Kinder 2,50 €; Schulklassen pro Kind 1,25 €, Kindergärten pro Kind 1 €; Weißer Turm 0,50 €; Familienkarte Schloss 8 €. **Infos:** Königsflügel wegen Renovierung derzeit geschlossen.

▶ Der **Weiße Turm** war ein Bergfried und gehörte zur mittelalterlichen *Homburg.* Er ist über 600 Jahre alt und 48 m hoch. An der breitesten Stelle ist er 10 m breit. Eine ganze Schulklasse ist nötig, um den Turm zu umfassen. Als der Landgraf von Homburg 1680 das Schloss erbauen ließ, diente der Weiße Turm als Wahrzeichen und war für ihn ein Machtbeweis. Könnt ihr euch vorstellen, dass der Turm insgesamt 174 Stufen hat und dass es damals noch keinen Fahrstuhl gab? Im Krieg flüchteten die Menschen in den Turm, um sich zu verstecken. Daher kommt das Wort »türmen« für abhauen. Die Soldaten stiegen die vielen Stufen nach oben und betraten durch eine knar-

Die Soldaten gossen schwarzes, heißes Pech *vom Weißen Turm hinunter. Wenn es die Gegner traf, hatten sie im wahrsten Sinne des Wortes »Pech gehabt«.*

rende Tür den Wächtergang. Durch Schießscharten feuerten sie auf ihre Feinde oder gossen **Pech** auf sie.

Als **Friedrich II.,** genannt **Prinz von Homburg,** in schwedischen Kriegsdiensten war, verlor er vor Kopenhagen sein rechtes Bein. Als er mit nur einem Bein nach Hause ins Schloss kam, ließ er eine **Prothese** anfertigen, die aus Holz war. Heute steht sie in einer Vitrine im Erinnerungszimmer, dem früheren Rauch- und Billardzimmer von Wilhelm II.

Früh am Morgen öffneten die Diener die Gardinen im Schlafsaal des Landgrafen. Es war ein besonderer Tag für die Familie, denn der Landgraf wollte ein **Familienbild** malen lassen. Die Kinder wurden schick gemacht: Ihre Haare wurden gepudert, die Gesichter gebleicht. Außerdem mussten die Jungen Mädchenkleider tragen. Man brauchte eine sehr große Leinwand, damit der Landgraf, seine zweite Frau, die er liebevoll »Engelsdicke« nannte, und seine zwölf Kinder darauf passten. Später, als seine Frau gestorben war und er erneut geheiratet hatte, ließ er auch seine dritte Frau auf die Leinwand malen. Dabei verdeckte der Maler zwei Kinder der zweiten Ehefrau. Unerhört!

Der letzte deutsche **Kaiser, Wilhelm II.,** kam in seinen Ferien gern in das Homburger Schloss. Während er von der Romatik der Burgen schwärmte, war seine Frau, Kaiserin Auguste Victoria, eine der ersten, die ein Telefon besaßen. Es ist von Siemens und steht heute in einem Frankfurter Schrank im Schloss. Die Kaiserin liebte Kinder und aß gerne Plätzchen. Der Geburtstag des Kaisers, der 27. Januar, war ein ganz besonderer Tag für die Homburger. An diesem Tag bekamen alle Kinder schulfrei, ein Glas Milch und ein Brötchen. Sein Geburtstag wird auch noch heute im Schloss unter den Angestellten gefeiert.

*Wenn ihr aufs Gymnasium geht und in die Oberstufe kommt, werdet ihr sicher mehr über den **Prinz von Homburg** erfahren, denn das ist ein Drama von Heinrich von Kleist und beliebter Lesestoff…*

*Die Prothese wurde von den Bürgern das **silberne Bein** genannt, weil es etwas Besonderes war. Es war für die damalige Zeit sehr beweglich.*

*Das **Familienbild** hängt heute im Bildersaal des Bibliothekflügels.*

*Wisst ihr, wo der **Kaiser** seine »geheimen Sitzungen« abhielt? Passt in seinem Badezimmer, das im Königsflügel liegt, gut auf! Fragt mal nach, warum der Klopapierhalter rechts hängt.*

erzählt von den Kindern einer Bad Homburger Grundschule, aufgeschrieben von Michael Köhler

Besuch bei den Römern

Die Saalburg

Römerkastell Saalburg, Archäologischer Park, 61350 Bad Homburg v.d.H. ✆ 06175/9374-0, Fax -11. www.saalburgmuseum.de. info@saalburgmuseum.de. **Bahn/Bus:** RMV-Bus 5 Bad Homburg Bhf – Saalburg. **Auto:** B456 Bad Homburg – Usingen. **Rad:** Radtour (Mountainbike) oder Wanderung vom Sandplacken (Bus) zum Bhf Saalburg/Lochmühle (Taunusbahn). **Zeiten:** März – Okt 9 – 18, Nov – Feb Di – So 9 – 16 Uhr, 24. und 31. Dez geschlossen, letzter Einlass 30 Min vor Schluss. **Preise:** 5 €, in Gruppen ab 20 Pers 3,50 €, Studenten, Rentner, Behinderte 3,50 €; Kinder 6 – 18 Jahre 3 €, Kinder, Schüler, Studenten in Gruppen ab 20 Pers 2 €; Familienkarte für 2 Erw und eigene Kinder unter 18 Jahre 10 €. **Infos:** Vorträge, Führungen, Themen- und Aktionstage; öffentliche Führungen März – Okt So und einige Fei Erw 11, 13, 15 Uhr, Kinder ab 6 Jahre 11, 13 Uhr, 45 Min, max 30 Pers, Erw 60 € pro Gruppe zzgl. 3,50 € Eintritt pro Person, Kinder 40 € zzgl. Eintritt 2 €; Führungs- und Veranstaltungsservice ✆ 06175/9374-20 (Frau Krieger), krieger.c@saalburg-museum.de; Termine in der Broschüre Saalburg Jahresprogramm sowie auf der Internetseite.

▶ Die Saalburg war zur Römerzeit ein Kastell, in dem etwa 600 Soldaten stationiert waren. Sie hatten die Aufgabe, einen Abschnitt des hier vorbeiführenden Limes zu sichern. Dies war ein riesiger, 550 km langer Grenzwall vom Rhein bei Bonn bis zur Donau bei Regensburg, der das römische Imperium vor den benachbarten Germanen schützen sollte. Außerhalb des Kastells lag noch ein Dorf mit Handwerkern, Händlern und Gastwirtschaften.

Nach dem Abzug der Römer in der Mitte des 3. Jahrhunderts verfiel das Kastell allmählich, das bereits durch die Attacken der Germanen beschädigt war. Erst um die Wende des 19. zum 20. Jahrhunderts wurde es in Teilen als Forschungsinstitut und Frei-

Happy Birthday!
Kindergeburtstag, Dauer 2 Std, max 15 Kinder 8 – 12 Jahre, 80 € zzgl. Eintritt. Im ersten Teil erhaltet ihr eine allgemeine Einführung in die Geschichte des Römerkastells und eine Führung durchs Museum. Anschließend macht ihr ein Aktivprogramm, bei dem ihr z.B. Speerwerfen und Bogenschießen lernt.

Um die Saalburg führt ein 2,4 km langer, leicht zu laufender Rundweg. Dabei kommt ihr an einem rekonstruierten Limesabschnitt, römischen Schanzen und der Jupitersäule vorbei.

lichtmuseum wieder aufgebaut. Seit 2003 hat es durch die zusätzliche Rekonstruktion etlicher Gebäude und Außenanlagen sowie der Nachbildung spezieller Räume eine richtige Belebung erfahren.

Vor dem Rundgang durch das Kastell ist ein Blick auf den Lageplan gegenüber der Kasse und die Mitnahme des Faltblatts *Das Tor zur Antike* empfehlenswert. Und schon seid ihr am *Horreum,* dem ehemaligen Getreidespeicher, dem heutigen **Römischen Museum.** Hier könnt ihr viel darüber erfahren, wie die Römer damals lebten und arbeiteten. Zu sehen ist beispielsweise, wie die römischen Handwerker, die Schmiede, Schuster, Schreiner usw., gearbeitet haben und welche Gegenstände sie herstellen konnten. Die Hobel und Zangen, Äxte und Hämmer sehen noch heute nicht viel anders aus.

In weiteren Gebäuden sind das Fahnenheiligtum, das Speisezimmer eines Offiziers sowie eine Mannschaftsunterkunft zu sehen. Beim Spaziergang durch den Park könnt ihr schließlich noch mehrere Brunnen, Teile einer Fußbodenheizung und die wiederhergestellten römischen Backöfen entdecken. An mehreren Wochenenden im Juli und August wird in ihnen nach alten römischen Rezepten Brot gebacken.

Für Kinder- und Jugendgruppen bietet die Saalburg ein umfangreiches **Programm:** Dazu gehören regelmäßige öffentliche Führungen durch die archäologische Sammlung (Führung *intra muros)* bzw. durch die Außenanlagen mit Kastellbad, Herberge, Schanzen und Limes (Führung *extra muros).* Außerdem gibt es Ferienprogramme und die Kinderaktionswoche in den Sommerferien sowie die Familientage in den Oster- und Herbstferien. Ihrem Alter gemäß erhalten die Teilnehmer Einblicke in die römische Geschichte und das Leben in Kastell und Dorf oder sie begeben sich

© Annette Sievers

Lasttier mit
Römisch, Klein
Kat.Nr. 127, 1

Spielzeug-Pferd: Rund um die Saalburg haben auch Kinder gelebt, und die haben gespielt

Hunger & Durst

Museumscafé Taberna, Saalburg 1, Bad Homburg v.d.H. ✆ 06175/ 797125. www.saalburg-museum.de. März – Okt 10 – 18, Nov, Dez, Feb 12 – 16 Uhr. Ambiente einer römischen Gaststube, römische Gerichte nach Originalrezept, auch Spaghetti, Bratwurst, Pommes, Schnitzel, Kaffee und Kuchen, bei schönem Wetter zusätzlich Terrasse.

▶ Im 2. Jahrhundert n.Chr. war es für die römischen Besatzer endlich soweit: Die Grenzlinie zwischen römischem und germanischem Territorium war festgelegt. Dieser Grenzziehung ging eine 160 Jahre andauernde Eroberungsgeschichte voraus, die in mehreren Etappen erfolgte und deren letzte Ausbauphase diese 548 km lange Grenze zwischen Rhein und Donau darstellt. Der **Obergermanisch-Raetische Limes** diente inzwischen weniger der Abwehr der germanischen Stämme, sondern der Sichtbarmachung einer Demarkationslinie zwischen dem Imperium Romanum und dem freien Germanien, an der die Römer den Warenverkehr und den im Tross nachfolgenden Menschenstrom kontrollierten.

DER LIMES

GRENZE ZWISCHEN ROM UND GERMANIEN

Zum Limes gehörten nicht nur Wall, Graben, Palisaden und etwa 900 Wachtürme, sondern auch verschieden große Kastelle. Von diesen sieht man im Taunus z.B. im Norden des Kleinen Feldbergs die Reste einer Garnison mit Badeanlage, mehrere Kastellruinen und beim Teufelsquartier unterhalb des Großen Feldbergs Fundamente von Wachtposten. Mit der Saalburg hat man das Leben in und um ein Kastell anschaulich wiederaufgebaut. Dort lebten nicht nur die Soldaten einer römischen Kohorte, sondern es gab in friedlicher Koexistenz auch ein Dorf mit Händlern, Handwerkern, Marktfrauen und Bauernmädchen. Der Limes bestand aus einem 9 m breiten und 2 m hohen aufgeschütteten Erdwall. Davor lag ein 8 m breiter und 2,5 m tiefer Graben. Unmittelbar vor dem Graben verlief die Palisade aus Baumstämmen. Das Holz ist im Laufe der 2000 Jahre verrottet, die Grenze wurde schon ab 260 n.Chr. aufgegeben. ◄

Erlebnisführung am Limeswachturm nahe der Saalburg

© Annette Sievers

auf die Spuren der Römer im Taunus. Je nach Angebot können sie sich dabei kleiden wie die Kinder in der Römerzeit, römische Kinderspiele ausprobieren, Bogenschießen und Speerwerfen üben – oder sogar eine Nacht im Museum erleben.

Museen

Ach, wie schön ist der Panamahut

Museum im Gotischen Haus, Tannenwaldweg 102, 61350 Dornholzhausen. ✆ 06172/37618, 304783. www.bad-homburg.de/museum. museum@bad-homburg.de. **Bahn/Bus:** Stadtbus 1 Richtung Hirschgarten/Gotisches Haus. **Auto:** ↗ Bad Homburg, dort Beschilderung Dornholzhausen bzw. Gotisches Haus folgen. **Rad:** Von der Stadtmitte über die Tannenwaldallee etwa 2,5 km. **Zeiten:** Di, Do, Fr, Sa 14 – 17, Mi 14 – 19, So, Fei 12 – 18 Uhr. **Preise:** 2 €; Kinder frei.

▶ Um sich zu wärmen oder vor der Sonne zu schützen, ihre Amtsautorität hevorzuheben oder schlicht modisch und chic auszusehen, haben Menschen eine schier unendliche Fülle von Kopfbedeckungen kreiert. Eine Kollektion mit Bowler und Canotier, Homburg und Panamahut, Hauben, Schuten und Morgenhäubchen, Amtshüten, Feuerwehrhelm oder Barett könnt ihr im Gotischen Haus bewundern. Der frühere, wunderschön restaurierte Jagdpavillon der Homburger Landgrafen beherbergt damit wohl eine der kuriosesten Museumssammlungen weit und breit. Ergänzt wird sie durch Tafeln und Fotografien, auf denen die wichtigsten Stationen der Hutproduktion und die Geschichte der Hutmode dargestellt sind. Nebenan widmet sich eine ganze Abteilung der Stadtgeschichte. Ein Schwerpunkt liegt natürlich auf der Entwicklung des Kurwesens und dem Aufstieg Bad Homburgs zum mondänen Bad mit Spielbank, Theater und exklusivem Kurhaus. Zwei Räume des Museums sind für wechselnde Sonderausstellungen reserviert.

Hunger & Durst

Eine Cafeteria im Kassenbereich bietet Getränke, Kaffee und Kuchen.

»Das Pferd frisst keinen Gurkensalat«, diesen Satz soll Philipp Reis beim ersten Test mit seiner Erfindung in die Muschel gesprochen haben. Einer anderen Geschichte zufolge hat ein skeptischer Kollege Reis diesen Satz bei einer Vorführung in dessen Haus durch den »Ferntonapparat« zugerufen.

BÜHNE, LEINWAND & AKTIONEN

Hallo, hier Friedrichsdorf!

Philipp-Reis-Haus mit stadtgeschichtlicher Sammlung, Hugenottenstraße 93, 61381 Friedrichsdorf. ✆ 06172/72142, Fax 731282. www.friedrichsdorf.de. Stadtverwaltung@friedrichsdorf.de. **Bahn/Bus:** R15, S3, RMV-Bus 54. **Auto:** A5 Ausfahrt Friedberg. **Zeiten:** Di, Do 9 – 16 Uhr, Führungen für Schulklassen möglich. **Preise:** freier Eintritt.

▶ Dieses interessante Museum zeigt die Entwicklung des Telefons von den ersten Versuchen mit Fernsprecheinrichtungen bis heute. Außerdem wird euch hier der Erfinder Philipp Reis vorgestellt. In Gelnhausen 1834 geboren, kam er zunächst als Schüler nach Friedrichsdorf. Später arbeitete er hier als Physiklehrer. Es war auch der Unterricht, der ihn zur Erfindung des Telefons inspirierte. Vorgestellt hat er es erstmals 1861, die Sprachübertragung war allerdings noch recht mangelhaft. Bis zu seinem Tod wohnte er in dem Haus, in dem heute das Museum untergebracht ist.

Einen weiteren Schwerpunkt bildet die Geschichte der Stadt Friedrichsdorf seit ihrer Gründung 1687 durch die Hugenotten. Sie waren Flüchtlinge, die wegen ihres Glaubens in Frankreich verfolgt worden waren. Die Hugenotten lebten zunächst von der Herstellung feiner Stoffe und Strümpfe, die bunt eingefärbt wurden. Später wurde Friedrichsdorf noch durch ein anderes Produkt weltberühmt: den Zwieback. Auch dazu gibt es in dem Museum einiges zu sehen.

Spiele, Theater und Musicals

Sommerferienspiele Bad Homburg

Magistrat der Stadt Bad Homburg, Fachbereich Soziales und Jugend, Michaela Dietz, Rathausplatz 1, 61343 Bad Homburg v.d.H. ✆ 06172/100-5011, Fax 100-5062. www.bad-homburg.de. michaela.dietz@bad-homburg.de. **Zeiten:** 2 x im Zeitraum Anfang Juni – Mitte

Aug. **Preise:** Kinder 6 – 10 Jahre 150 €.
Infos: Nur für Bad Homburger Kinder.

▶ Die Sommerferienspiele in Bad Homburg haben eine langjährige Tradition. Sie finden in und um das Peter-Schall-Haus statt. Unter anderem könnt ihr basteln, toben, Ausflüge unternehmen und vieles mehr. Zusätzlich wird in den Osterferien auch ein Ferienprogramm angeboten.

© Verwaltung Staatl. Schlösser und Gärten

Kindertheater im E-Werk

Jugend-Kulturtreff E-Werk, Geschäftsstelle Ausländerbeirat – Wallstraße 24, 61348 Bad Homburg. ✆ 06172/ 21137. www.e-werk-hg.de. info@e-werk-hg.de.

▶ 14-tägig findet im E-Werk in Bad Homburg ein Kindertheater statt. Dieses spricht abwechselnd alle Altersgruppen zwischen 2 und 5 Jahre an – natürlich sind auch ältere Kinder herzlich willkommen. Der Eintritt beträgt 3 €.

Schloss und markanter Turm: Bad Homburgs weißer Bergfried

Bad Homburger Sommer

Tourist-Info & Service der Kur- und Kongreß-GmbH, Louisenstraße 58, 61348 Bad Homburg v.d.H. ✆ 06172/178-3719, Fax 178-3719. www.bad-homburger-sommer.de. info@bad-homburg-tourismus.de.
Bahn/Bus: ↗ Bad Homburg.

▶ Kulturprogramm der Stadt Bad Homburg drei Wochen lang in den Sommerferien. Unter anderem mit Kindertheater, Flohmarkt, klassischer Musik, Kabarett, Open-Air-Kino und einem Picknick am Schwanenteich. Zum Abschluss gibt es immer ein großes Feuerwerk.

Happy Birthday!
Im E-Werk kann ein Raum für Kindergeburtstagsfeiern gemietet werden. Der Raum ist kostenlos, man zahlt nur den Eintritt in das Kindertheater. Zu buchen unter ✆ 06172/21137.

Musicals für Kinder

Kleine Oper Bad Homburg, Musiktheater für Kinder, Ingrid El Sigai, Louisenstraße (Kurtheater im Kurhaus), 61352 Bad Homburg v.d.H. ✆ 06172/178110, Fax

42891. Handy 0171/4732929. www.kleineoper.de.
willkommen@kleineoper.de.

▶ Familienmusicals nennt die Kleine Oper in Bad
Homburg die Stücke, die seine aus zwei oder drei
ausgebildeten Opernsängern und einem Konzertpia-
nisten bestehende Truppe jeweils über mehrere
Spielzeiten hinweg zur Aufführung bringt. Darunter
sind klassische Opern wie Mozarts Zauberflöte oder
Humperdincks Hänsel und Gretel, die zeitlich gekürzt
und speziell für die Seh- und Hörbedürfnisse von Kindern inszeniert werden.

Die Kleine Oper hat zwar ihre Sitz in Bad Homburg
und tritt dort und in den angrenzenden Taunusgemeinden häufig auf. Sie ist aber ein Tourneetheater
und spielt auch in ganz Deutschland – für ein Publikum zwischen 500 und 700 Zuschauern. Über die
genauen Aufführungstermine und Preise informiert
ihr euch am besten auf der Webseite der Oper.

Für Bücherwürmer

Stadtbibliothek Bad Homburg

Julia Deißler, Dorotheenstraße 22, 61348 Bad Homburg v.d.H. ✆ 06172/921360, Fax 9213699.
www.bad-homburg.de/Stadtbibliothek. stadtbiblio-
thek@bad-homburg.de. **Bahn/Bus:** ↗ Bad Homburg.
Zeiten: Di, Mi, Fr 11 – 18, Do 11 – 19, Sa 11 – 14 Uhr.
Preise: Anmeldung und Ausleihe sind kostenlos.

▶ Die Bücherei für Kinder und Jugendliche im 2.
Stock der Stadtbibliothek hat ca. 16.600 Medien im
Angebot. Sie bietet euch Bücher, Hörbücher und Fil-
me auf CD und CD-ROM, Spiele, Zeitschriften und
Brettspiele. Die Bibliothek bietet außerdem regelmä-
ßig Veranstaltungen und Aktionen für Kinder- und Ju-
gendliche in Form von Bilderbuchkino, Vorlesen und
Basteln, Lesungen, Theateraufführungen, Oster- und
Herbstferienaktionen sowie einem monatlich wech-
selnden Rätsel an. Das Veranstaltungsprogramm er-

haltet ihr in der Bibliothek oder ihr lasst es euch zuschicken.

Stadtbücherei Friedrichsdorf

Magistrat der Stadt Friedrichsdorf, Sport- und Kulturamt, Kristina Wachsmuth, Institut Garnier 1, 61381 Friedrichsdorf. ✆ 06172/78328, Fax 777681. www.friedrichsdorf.de. kristina.wachsmuth@friedrichsdorf.de. **Bahn/Bus:** ↗ Friedrichsdorf. **Zeiten:** Di, Fr 15 – 18, Mi 10 – 12, 15 – 18, Do 10 – 12, 15 – 19, Sa 10 – 13 Uhr.

▶ Zum Bestand gehören unter anderem Kinderbücher und Kindermedien sowie Spiele. Zwei Internetarbeitsplätze stehen zur Verfügung. Einführungen für Kindergärten und Schulklassen, Zusammenstellung von Bücherlisten für Unterrichtsthemen. Für Kinder in den Osterferien ein Preisrätsel und in der Adventszeit Bastelnachmittage. Zweimal im Jahr Lesungen mit Kinderbuchautoren. Nähere Informationen im Internet unter www.friedrichsdorf.de.

Feste & Märkte

Bad Homburger Kinder-Olympiade

Aktionsgemeinschaft Bad Homburg e.V., 61348. ✆ 06172/969640, Fax 969615. www.ag-hg.de. info@ag-hg.de. Kurhausvorplatz, Louisenstraße 58. **Zeiten:** August. **Preise:** 3 Altersklassen: bis 6 Jahre, 7 – 10 Jahre und ab 11 Jahre.

▶ Erbsen saugen, Fische angeln, Sackhüpfen und Dosenwerfen – bei der Kinder-Olympiade ist dabei sein alles! Eingetragen werden die erspielten Punkte in eine Punktekarte, die am Ende der Olympiade an ausgewiesenen Stationen abgegeben werden kann. Die Punkthöchsten erwarten natürlich tolle Preise und Medaillen! Aber auch für alle, die nicht gewinnen, gibt es eine Menge Überraschungen, die die Stationen bereithalten.

Mit kleinen Kindern und Kinderwagen gibt es auf dem Romantischen Weihnachtsmarkt spätestens nach Einbruch der Dunkelheit kaum mehr ein Durchkommen. An der Eisenbahn bildet sich meist eine lange Warteschlange. Daher ist es besser, mit kleinen Kindern schon mittags hinzugehen. Dann kann man alles in Ruhe anschauen und ausprobieren.

Romantischer Weihnachtsmarkt am Schloss Bad Homburg

Aktionsgemeinschaft Bad Homburg e.V., Saalburgstraße 30, 61350 Bad Homburg v.d.H. ✆ 06172/969640, Fax 969615. www.ag-hg.de. info@ag-hg.de. **Bahn/Bus:** ↗ Bad Homburg. **Zeiten:** 1. – 4. Advent jeweils Sa und So 11 – 21 Uhr. **Infos:** Kostenlose Programm-Broschüre bei der Aktionsgemeinschaft Bad Homburg, in zahlreichen Geschäften oder beim Verkehrsamt der Stadt, ✆ 06172/675110.

▶ An den Adventswochenenden findet auf dem Schlossplatz und rund um den Weißen Turm der Romantische Weihnachtsmarkt statt. Hier könnt ihr 90 Holzhütten nach Geschenken und allerlei Leckerem durchforsten. Besonders schön ist eine lebensgroße, handgeschnitzte Krippe und eine kleine Dampfeisenbahn, die den Weißen Turm und die Krippe umrundet.

FESTKALENDER BAD HOMBURG & FRIEDRICHSDORF

Juli:	1. Wochenende, Fr – So, Friedrichsdorf: **Hugenottenmarkt** mit Kinderprogramm.
Juli:	1. Wochenende, Friedrichsdorf: **Hugenottenmarkt.**
August:	1. Wochenende, Bad Homburg: **Amazing Thailand,** rund um die Sala Thai im Bad Homburger Kurpark. **Kinder-Olympiade** mit Spielen und Wettkämpfen, Bad Homburg.
September:	Letztes Aug-/1. Sep-Wochenende, Fr – Mo, Bad Homburg: **Laternenfest.** Buden, Karusells, Musik und jede Menge Lichter. Sa, So Festumzüge, Mo Umzug der Kinder mit Laterne und Feuerwerk zum Abschluss.
Oktober:	So, Erntedank, **Erntedankmarkt** mit Landwirtschaftlichem und Kunsthandwerk.
Dezember:	1. – 4. Advent, Sa, So: **Weihnachtsmarkt** auf dem Schlossplatz von Bad Homburg.

RUND UM DEN FELDBERG

SÜDLICHER TAUNUSRAND

BAD HOMBURG & FRIEDRICHSDORF

RUND UM DEN FELDBERG

NATURPARK HOCHTAUNUS

LAHN & HINTERTAUNUS

LIMBURG & MITTELTAUNUS

UNTERLAHN & NATURPARK NASSAU

INFO & VERKEHR

FERIENADRESSEN

KARTEN & REGISTER

Wenn die Leute aus der Mainebene sagen »wir fahren in den Taunus«, meinen sie garantiert die Gegend um den Großen Feldberg. Mit seinen 878 m Höhe und dem auffälligen Turm-Trio ist er nicht nur die höchste Erhebung des Taunus, sondern bietet auch zu jeder Jahreszeit Vergnügen und Genuss.

Rodeln im Winter, Wandern am Limes, Besuch einer Falknerei sind nur ein paar Möglichkeiten. Postalisch gehört der Feldberg zum nördlich liegenden Schmitten, wo ihr reiten oder schwimmen könnt. Südwestlich von ihm solltet ihr Ausflüge zu den Burgen und Ruinen von Eppstein, Königstein und Falkenstein genauso einplanen wie einen Besuch im artenreichen Opel-Zoo bei Kronberg oder eine Radtour zur Roten Mühle. Im Süden könnt ihr eure Naturerfahrungen im neuen Taunus-Informationszentrum von ↗ Oberursel ergänzen, im Osten reicht das Kapitel bis vor die Tor von ↗ Bad Homburg.

Frei- und Hallenbäder

Freibad Schmitten

Wiegerstraße, 61389 Schmitten. ✆ 06084/2387, Fax 46823. www.schmitten.de. heere@schmitten.de. **Lage:** Zwischen Schmitten und Arnoldshain am Lauterbach. **Bahn/Bus:** RMV-Bus nach Schmitten 80, 50. **Auto:** Unterhalb der L3004 nach Oberursel. **Zeiten:** Mitte Mai – Mitte Sep täglich 9 – 20 Uhr, letzter Einlass 19.30 Uhr. **Preise:** 3 €, 10er-Karte 25 €, Dauerkarte 60 €; 6 – 18 Jahre 2,20 €, 10er-Karte 18 €, Dauerkarte 30 €; Abendkarte ab 17 Uhr Erw 1,80 €, Kinder 1,30 €, Familiensaisonkarte 1 Erw und 1 Kind 80 €, 1 Erw und 2 Kinder 100 €, 2 Erw und 1 Kind 130 €, 2 Erw und 2 Kinder 150 €, jedes weitere Kind 25 €.

▶ Ist nach dem Wandern, Radeln oder Picknicken um Schmitten herum eine kleine Abkühlung gefällig? Ein großes, in einen Schwimmer- und Nichtschwimmerbereich unterteiltes Becken mit Strömungskanal,

TIPPS FÜR WASSERRATTEN

Erstaunlich: Im Taunus leben sogar Giraffen, nämlich im Opel-Zoo

Wasserpilz, Wasserkanone und Rutsche wartet hier auf euch. Babys können in einem gesonderten Becken planschen. Der Kiosk am Eingang verkauft Eis und Erfrischungsgetränke. Auf der kleinen Liegewiese muss man sich bei großem Andrang mit seinen Handtuchnachbarn arrangieren, damit jeder Badegast ausreichend Platz erhält.

Kurbad Königstein

Le-Cannet-Rocheville-Straße 1, 61462 Königstein. ✆ 06174/92650, Fax 23648. www.kurbad-koenigstein.de. info@kurbad-koenigstein.de. **Bahn/Bus:** RMV-Bus 84 hält vor dem Haus. **Auto:** A66 Ausfahrt Königstein, B455, B8, Parkplätze vor dem Gebäude, Gebühr 0,50 €. **Zeiten:** Mo 16 – 21.30, Di, Mi 9 – 21.30, Do – Sa 9 – 23, So, Fei 9 – 20 Uhr, Kassenschluss 1 Std früher. **Preise:** 10 €, 11er-Karte 100 €, Kurzschwimmerkarte (2 Std) 4 €, Bade- und Spartarif (nur Mo) 7,50 €; Kinder 4 – 14 Jahre 5 €, 11er-Karte 50 €, Kurzschwimmer (2 Std) 4 €, Bade- und Spartarif (nur Mo) 4 €; Schüler, Studenten, Rentner, Schwerbehinderte 7 €, 11er-Karte 70 €. 10er-Familienkarte 110 €.

▶ Ihr wollt auch in der kalten Jahreszeit ein paar Wasserrunden im Freien drehn? Hier habt ihr die Gelegenheit dazu. Nachdem ihr das Becken in der Halle (29 Grad) oder die Massagedüsen ausprobiert habt, könnt ihr euch in die 32 Grad warmen Fluten des ganzjährig geöffneten Freibadbereichs stürzen und euch durch den Strömungskanal oder die Wirbel des Whirlpools treiben lassen. Bei wärmeren Temperaturen ist die Sonnenterrasse geöffnet, eine Pause kann man auch im Restaurant direkt am Beckenrand einlegen.

Freibad im Woogtal

Woogtalbad, Forellenweg, 61462 Königstein. ✆ 06174/4620, www.kurbad-koenigstein.de/freibad. info@kurbad-koenigstein.de. **Bahn/Bus:** R12 oder RMV-Bus 261 bis Stadtmitte, danach 20 Min Fußweg.

Über das umfangreiche Angebot an Schwimmkursen im Kurbad kann man sich telefonisch oder im Internet unter www.kurbad-koenigstein.de informieren.

Auto: A66 Ausfahrt Königstein, B455, in Königstein über Wiesbadener Straße, Hoholweg, Forellenweg, großer Parkplatz am Haus.

Rad: Westlich der Burgruine am Ende des Woogtals beim Radweg nach Schneidhain.

Zeiten: Mai – Aug (bei gutem Sommerwetter auch länger) Mo – Fr 7 – 20, Sa, So, Fei 8 – 20 Uhr, Kassenschluss und Einlass 1 Stunde früher. **Preise:** 3 €, 11er-Karte 30 €, Saisonkarte 95 €; Kinder 4 – 14 Jahre 1,50 €, 11er-Karte 15 €, Saisonkarte 40 €; Kurzschwimmertarif 7 – 8 und 18.30 – 19.30 Uhr 2 €; Familiensaisonkarten 1 Erw und 1 Kind 125 €, Anschlusskarte für 2. Erw. 30 €; Schüler, Studenten, Schwerbehinderte, Rentner 2,50 €, 11er-Karte 25 €, Saisonkarte 55 €.

▶ Im idyllischen grünen Woogtal liegt das Freibad Königstein. Direkt am Wald und mit viel Schatten spendendem, altem Baumbestand fast zu Füßen der Burg sorgen in diesem Bad eine Rutsche am Nichtschwimmerbecken, Sprungbrett, 3-m-Turm und natürlich die Kletterburg auf der Liegewiese sowie viele andere Spielgeräte für eine Extraportion Spaß. Natürlich gibt es auch ein großes Schwimmerbecken. Das Planschbecken ist mit riesigen Sonnenschirmen geschützt. Wenn der mitgebrachte Proviant ausgegangen ist, hält ein Kiosk Nachschub an Erfrischungsgetränken, Snacks und Süßigkeiten bereit.

© Woogtalbad

Juchu, guckt mal: Ich traue mich vom 5-m-Brett!

2 Der Magistrat der Stadt gibt alljährlich die Broschüre *Kinder- und Jugendangebote in Königstein* heraus. Hier findet ihr Adressen von Vereinen, Initiativen, Beratungsstellen, Kindertagesstätten und Schulen.

Waldschwimmbad Kronberg

Am Waldschwimmbad 1, 61476 Kronberg im Taunus. ✆ 06173/7032560, Fax 703-1900. www.kronberg.de. schwimmbad@kronberg.de. **Bahn/Bus:** Mo – Sa Bus 71 bis Waldschwimmbad, Sa, So AST 75. **Auto:** Nörd-

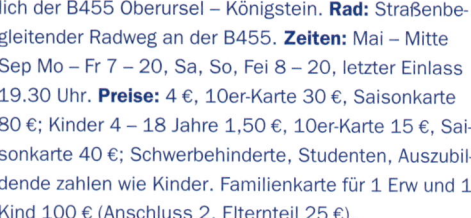

lich der B455 Oberursel – Königstein. **Rad:** Straßenbegleitender Radweg an der B455. **Zeiten:** Mai – Mitte Sep Mo – Fr 7 – 20, Sa, So, Fei 8 – 20, letzter Einlass 19.30 Uhr. **Preise:** 4 €, 10er-Karte 30 €, Saisonkarte 80 €; Kinder 4 – 18 Jahre 1,50 €, 10er-Karte 15 €, Saisonkarte 40 €; Schwerbehinderte, Studenten, Auszubildende zahlen wie Kinder. Familienkarte für 1 Erw und 1 Kind 100 € (Anschluss 2. Elternteil 25 €).

▶ Frisches Quellwasser aus dem nahe gelegenen Bürgelstollen versorgt das Waldschwimmbad. Es gibt ein 50-m-Becken sowie 1- und 3-m-Bretter, eine 50 m lange Rutsche, die in ein separates Nichtschwimmerbecken mit Bodensprudlern, Strömungskanal, Wasserkanone und Rückenduschen mündet. Für die Kleinen gibt's ein Planschbecken auf zwei Ebenen, die durch eine Rutschfläche verbunden sind und einen Spielplatz. Auch bei großem Andrang finden Badegäste auf einer Sitz- und Liegeterrasse oder auf der weit in den Wald hineinreichenden Wiese genügend Platz.

Hunger & Durst

Wenn sich Hunger und Durst melden, ist eine Pause in der eigenen Schwimmbadgaststätte angesagt.

Freibad Schlossborn

Caromber Platz, 61479 Glashütten-Schlossborn. ✆ 06174/964620, www.schlossborn.de. info@gemeinde-glashuetten.de. **Bahn/Bus:** Bus 81 und 805 bis Glashütten-Schlossborn Gemeindezentrum oder Bus 81 Glashütten-Schlossborn Friedhof etwa 450 m zu Fuß. **Auto:** B8 Königstein – Bad Camberg, Abfahrt Schlossborn. **Zeiten:** Mitte Mai – Mitte Sep täglich 8 – 20 Uhr. **Preise:** 3,50 €, 10er-Karte 34,20 €, Saisonkarte 68 €; Kinder 6 – 18 Jahre 2,20 €, 10er-Karte 19,80 €, Saisonkarte 39 €; ab 18 Uhr Erw 2,80 €, Kinder 1,70 €.

▶ Das Freibad Schlossborn ist ein idyllisches Familienbad. Die Wassertemperatur beträgt immer angenehme 24 Grad. Auf der großen Liegewiese findet ihr immer genug Platz zum Sonnen und Spielen. Das 33-m-Kombibecken ist in einen Schwimmer- und einen Nichtschwimmerbereich unterteilt, eine lange

Wasserrutsche, Sprudler und Massagedüsen erhöhen die Badefreuden. Die Kleinsten vergnügen sich im beheizten Planschbecken mit Minirutsche und Wasserspeier. Gleich daneben gibt es einen kleinen Kleinkinderspielbereich außerhalb des Wassers. Für die Größeren unter euch wurden Tischtennisplatten und Spielgeräte aufgestellt. Ein Kiosk am Eingang versorgt alle diejenigen mit dem Nötigsten, für die die mitgebrachten Vorräte aus dem Picknickkorb nicht ausreichen.

Radeln und Wandern

Radtour von Königstein zur Roten Mühle

Königstein – Schneidhain – Rettershof – Rote Mühle – Schneidhain – Königstein. **Länge:** 15 km, Fahrzeit 2 Std. **Bahn/Bus:** Ab Frankfurt Hbf Hessische Landesbahn R12 (HLB) bis Königstein. Rückfahrt: R12 HLB ab Schneidhain oder Königstein, halbstündlich – stündlich.

▶ Die mittelschwere Tour beginnt und endet am Bahnhof Königstein und führt über Schneidhain. Im ersten Abschnitt geht es fast nur bergab, der Rückweg zwischen dem Ausflugslokal Rote Mühle und Schneidhain verläuft ein ganzes Stück bergauf. Daher für nicht so geübte Radler zwei Tipps: Wer mit öffentlichen Verkehrsmitteln unterwegs ist, lässt die Tour an der Roten Mühle enden, fährt weiter entlang des Liederbachs nach Kelkheim und tritt von dort den Heimweg mit der Regionalbahn an. Die Alternative besteht darin, die Tour an der Roten Mühle (Zufahrt von der B8/B519 bei Kelkheim) zu beginnen und erst das Stück bergauf in Angriff zu nehmen. Wenn die Beine schon etwas müde sind, kann man es auf dem Rückweg ab Schneidhain einfach rollen lassen.

Vom **Bahnhof Königstein** fahrt ihr parallel zur Bahn entgegen der Fahrtrichtung des Zuges bis zum beschrankten Übergang, überquert die Gleise nach

DEIN RUCKSACK OHNE MÜLL

Achtet schon beim Packen darauf, so wenig Müll wie möglich mitzunehmen, dann braucht er später auch nicht entsorgt zu werden. Kinder tragen in ihrem Minirucksack ihre Wasserflasche selbst.

- ▶ Haltbares Obst wie Äpfel und Birnen,
- ▶ Abwechslungsreich belegte Butterbrote in verschließbaren Plastikboxen (macht Alufolie überflüssig),
- ▶ für jeden eine wiederverschließbare Plastikflasche mit Saft oder kaltem Tee,
- ▶ In der kühleren Jahreszeit immer eine Thermoskanne mit einem heißen Getränk mitnehmen, das hebt gleich die Laune,
- ▶ Kekse, Süßigkeiten, saure Drops etc. zur Belohnung erreichter Etappenziele oder bei Spielen für die Kinder,
- ▶ in den leeren Plastikbehältern können Fundstücke aufbewahrt werden.

rechts und radelt weiter an der Zugstrecke entlang über den Forellenweg in das Tal des Liederbachs überquert die Brücke nach rechts, weiter an der Eisenbahnunterführung vorbei bis zur Gleisüberquerung an einem signalgesicherten Übergang. Hier wendet ihr euch nach 50 m nach links und fahrt auf den Bangertweg bis zum Ortsrand von **Schneidhain**. Dann biegt ihr rechts ab in den Weg An den Eichen, der eine Zeit lang am Ortsrand vorbei und schließlich in den Wald (Wanderzeichen Weiß-Blauer Balken) führt. Etwa 400 m nach Verlassen des Ortsrands von Schneidhain nehmt ihr an der großen Gabelung (6 Abzweigungen) den halblinken Weg, der bald die Zufahrtsstraße zum **Rettershof** überquert und nach weiteren 200 m die B455 kreuzt. Auf dem Wanderparkplatz auf der gegenüberliegenden Straßenseite der B455 geht es auf dem Waldweg R7 geradeaus. Nach dem Wald und hinter einer Schranke biegt ihr nach links (rechter Hand liegt die Sportanlage »Am Reiss« von Kelkheim). Ihr passiert ein Wasserwerk, überquert erneut die Bahnlinie und erreicht eine Spitzkehre, an der ihr euch nach links wendet. Von hier ist es 1 km bis zur **Roten Mühle**.

Auf dem Rückweg müsst ihr zunächst den Wiesenpfad 500 m zurückfahren, bis ihr rechter Hand durch eine Wegschranke hindurch wieder auf den mit R7 markierten Weg stoßt. Er führt bergauf durch das **Braubachtal** entlang von Fischteichen bis Schneidhain. Hinter dem Friedhof gelangt ihr auf die B455, die ihr etwa 50 m nach rechts fahrt, in die Blumenstraße und wieder rechts in die Wallstraße. Ihr erreicht wieder den Bangertweg, nehmt die zweite Abzweigung nach rechts, überquert den Bahnübergang mit Signalanlage und folgt weiterhin der Bahnlinie Richtung Königstein. Wie auf dem Hinweg gelangt ihr zurück zum **Königsteiner Bahnhof.**

Auf den Großen Feldberg

Großer Feldberg, 61389 Schmitten. ℂ 06084/4623, Fax 46823. www.schmitten.de. tourismus@schmitten.de. **Bahn/Bus:** RMV-Bus 57. **Auto:** L3004 Oberursel – Schmitten, am Sandplacken Schilder oder über L3025 und Rotes Kreuz. **Preise:** Aussichtsturm 1,60 €; Kinder 0,60 €.

▶ Auf dem häufig von einem kräftigen Wind umwehten Plateau des höchsten Taunusbergs (880 m) geben sich täglich Wanderer, Mountainbiker, Motorradfahrer und mit Bus oder Auto angereiste Ausflügler ein Stelldichein. An Wochenenden kann es da schon einmal zu einem mittleren Massenauflauf kommen, besonders wenn »Schi und Rodel gut« gemeldet wird. An gewöhnlichen Werktagen jedoch könnt ihr von hier aus in Ruhe den wunderschönen Panoramablick auf den Taunus genießen. Das geht auch von der Terrasse des **Restaurants Feldberghof** aus.

Wenn ihr schon einmal hier oben seid, solltet ihr nicht den Aufstieg zum Aussichtsturm auslassen. Den Schlüssel für den Eintritt gibt es am Kiosk im Erdgeschoss. Nach 162 Stufen kommt man auf eine verglaste Plattform, die nach allen vier Himmelsrich-

Hunger & Durst
Landgasthof Rote Mühle am Liederbach, Rote Mühle 1, Bad Soden. ℂ 06174/3793. www.zur-roten-muehle.de. Mo – Sa 12 – 24, So 11 – 24 Uhr. Im Tal des Liederbachs unter hohen Bäumen gelegen. Beliebte Wirtschaft mit großem Sommergarten, Kinderspielplatz, Wald und Wiesen drum herum.

Optische Täuschung: Der dicke Sendeturm auf dem Feldberg steht ganz gerade

© Peter Meyer

Hunger & Durst

Feldberghof, Großer Feldberg 5, Schmitten. ✆ 06174/92340. www.feldberghof.com. Sommerhalbjahr Mo – Do 11 – 22.30, Fr, Sa 11 – 23.30, So, Fei 10 – 22.30 Uhr, Winter Mo – Sa 11 – 18, So, Fei ab 10 Uhr. Hotel und Restaurant mit deftiger Küche: Handkäs, Strammer Max, Schnitzel, Steaks, hausgemachte Waffeln.

66 schönste Aussichten Hessen. pmv, ISBN 978-3-89859-319-9, 16 €. Die wahren Höhepunkte Hessens!

tungen hin Sicht bietet: auf die Rhein-Main-Ebene um Frankfurt, die Burg von Oberreifenberg oder die Höhenzüge und Täler des nördlichen Hochtaunus.

Wanderung ins Woogtal

Königstein – Woogtal – Bangert – Woogtal – Freibad – Königstein. **Länge:** längere Variante 3 Std, die kürzere 1,5 Std. **Bahn/Bus:** ↗ Königstein. **Auto:** Park-and-ride-Parkplatz am Bhf.

▶ Start und Ziel ist der **Bahnhof Königstein.** Zunächst gelangt ihr auf der Fußgängerbrücke auf die andere Seite der Gleise. Dann geht es bergab durch den Ort (Kurmainzer Straße, Eppsteiner Straße, Im Flemetz, Liederbachstraße) bis in die Wiesen. Ihr folgt zunächst dem Hauptwanderweg und verlasst ihn bei der ersten Möglichkeit nach rechts, folgt dem Wiesenpfad und überquert den Liederbach. Der Pfad verläuft leicht ansteigend den Wiesenhang hinauf. Oben angekommen wendet ihr euch nach rechts und lauft parallel zum Liederbach Richtung Burghain Königstein. Der Wiesenpfad endet am Forellenweg, den ihr weiter geradeaus verfolgt. Bald seht ihr rechts ein Eisenbahnviadukt, durch das ihr hindurchgeht. Auf der anderen Seite liegen das Freibad im **Woogtal,** ein Grillplatz, ein Mühlrad und die Teichlandschaft des Woogtals. Hier könnt ihr Halt machen. Für den Rückweg gibt es zwei Varianten. Die kürzere Variante der Wanderung verläuft auf der nördlichen Seite der Bahnlinie unterhalb des Burgbergs zurück nach Königstein in den Kurpark (Wanderzeichen Gelber Punkt).

Wenn ihr noch Energie habt und »Auf den Bangert« und zur Sitzspirale wollt, dann geht ihr zurück durch die Eisenbahnunterführung, biegt direkt rechts ab und wandert entlang der Bahnstrecke. Nach Überqueren des nächsten signalgesicherten Übergangs biegt ihr rechts in den Bangertweg und lauft eine leichte Steigung hinauf, bis ihr die inmitten der Streuobstwiesen angelegte Sitzspirale erreicht. Hier könnt ihr euch auf zwei halbkreisförmigen Mäuerchen ausruhen und den Blick auf die Burgen von Königstein und Falkenstein genießen.

Der **Bangert**weg führt weiter bergauf bis zur Landstraße, auf der ihr etwa 100 m nach rechts laufen müsst. Hinter dem Ortsschild von Königstein haltet ihr euch auf dem Bürgersteig des Ölmühlwegs bis zum Grünen Weg. Hier biegt ihr nach rechts ein. Nach 300 m weist ein hölzernes Hinweisschild ins **Woogtal**. Dort angekommen, wendet ihr euch erneut nach rechts und folgt dem Wanderzeichen Rosa Punkt. Bald schon seht ihr auf die vom Hinweg bekannte Teichlandschaft. Der Weg endet am ↗ **Freibad im Woogtal.** Ihr geht bergab Richtung Eisenbahnunterführung, überquert jedoch vorher links die kleine Holzbrücke, die in den Burghain führt. Nach der Brücke wendet ihr euch nach rechts bergauf und wandert direkt entlang der Eisenbahnlinie, durch eine Unterführung hindurch, gleich links weiter über den Forellenweg zurück zum **Königsteiner Bahnhof.**

🐛 Taunusklub e.V. und Hessisches LVA: Topografische Freizeitkarte Taunus, östlicher Teil, Maßstab 1:50.000, 7 €. Alle Wanderwege des Taunusklubs, dazu Skilifte und Loipen, Schwimmbäder, Ausflugslokale, Fahrradverleih und anderes.

Schöne Aussichten: Zum Maronensammeln nach Mammolshain

Opel-Zoo – Hardtbergturm – Esskastanienallee – Opel-Zoo. **Lage:** An der Straße nach Mammolshain weisen Schilder zum Opel-Zoo, direkt gegenüber führt in südwestlicher Richtung ein Waldweg in etwa 20 Min zum Hardtbergturm. **Bahn/Bus:** RMV-Bus 85. **Auto:** B8, kurz vor dem Königsteiner Kreisel auf die L3327 Richtung Mammolshain. Parkplatz am Opelzoo.

▶ Beim Aufstieg zum **Hardtberg** ist die zwischen den Bäumen versteckte Stahlkonstruktion des Aussichtsturms erst auf den letzten Metern zu erkennen. Schwindelfrei solltet ihr schon sein, wenn ihr hinaufwollt, denn außer den Geländern an Treppe und Plattform gibt es keine weiteren Sicherungen. Erst einmal über den Baumwipfeln angekommen, werdet ihr aber belohnt: Im Norden sind Burg Falkenstein, der Feldberg und der Altkönig, im Südwesten der Kapellen-

> ▶ Einen Hauch Weihnachtsduft könnt ihr euch in die Küche holen, wenn ihr maronen (Esskastanien) selbst röstet. Dazu die frischen Maronen auf der bauchigen Seite mit einem scharfen Messer über Kreuz einritzen. Mit der eingeschnittenen Seite nach oben auf ein Backblech legen. Backofen auf 210 ° C vorheizen und die Maronen 20 Min backen. Jetzt ist die Schale am Einschnitt etwas aufgesprungen und lässt sich so gut schälen.
>
> Auf diese Art der Zubereitung schmecken die Maronen leicht süßlich und sind schön weich. Toll schmecken sie auch zu Rosenkohl oder püriert als Cremesuppe. ◀

HM, LECKER: GERÖSTETE MARONEN

In Mammolshain befindet sich eine Fruchtsortenanlage, das ist ein von der Arbeitsgemeinschaft *Edelkastanie Mammolshain* angelegter Garten mit den unterschiedlichsten Sorten von Edelkastanien. Ihr erreicht ihn bei der vorgeschlagenen Wanderung nach den **Sitzkastanien**, Hardtgrundweg, rechts Schwalbacher Straße 1. Weg nach dem Wiesenhof nach links, bergab bis ihr auf einen Weg trefft, dem ihr nach rechts folgt.

berg bei Hofheim und Kelkheim zu sehen. Und im Süden erstreckt sich die Rhein-Main-Ebene mit der Skyline von Frankfurt (im Sommer ist die Aussicht durch das dichte Blattlaub eingeschränkt, im Winter ist der Blick durch die Äste besser möglich).

Nach dem Abstieg könnt ihr von hier aus in etwa 30 Minuten zum **Esskastanienhain** bei Mammolshain wandern. Dazu wendet ihr euch vom Hardtbergturm nach links. Nach 300 m biegt ihr wieder nach links ab und folgt dem breiten Waldweg (Ochsenweg, Markierung Blauer Punkt) bergab Richtung Mammolshain. Er verwandelt sich bald in eine von Esskastanien gesäumte Allee. An ihrem Ende verlasst ihr den Wald. Ihr gelangt nun am Mammolshainer Feld an einen weiteren Esskastanienhain und an den Aussichtspunkt (Cityblick) am Volpertsweg. Hier hat ein Bildhauer nach dem Vorbild von echten Maronen sechs Kastanien aus Holz als Sitzgelegenheiten nachgestaltet, die sogenannten Sitzkastanien. Der Platz lädt zu einer längeren Rast ein. Wenn ihr nicht den gleichen Weg zurückwollt, könnt ihr durch Mammolshain laufen (Hardtgrundweg, Schulstraße, dann Am Hasensprung am Ortsrand entlang steil bergauf, rechts in Am Wacholderberg, links in den Wald dem roten Wanderpunkt folgen). So kommt ihr schnurstracks durch den Wald zum Ausgangspunkt bei den **Opel-Zoo-Parkplätzen.**

In Wanderschuhen von der Großen Kurve zum Fuchstanz

Länge: 3,4 km, leicht. Ab Hohemark (↗ Taunus Informationszentrum, Oberursel) bzw. ab Große Kurve. **Bahn/Bus:** U3 Hohemark, RMV Bus 50, 57 bis Große Kurve.

▶ Die Straße von Oberursel-Hohemark zum Sandplacken und *Großen Feldberg* windet sich in mehreren langen Kehren durch den Taunuswald bergauf. 6 km nordwestlich von der Hohemark liegt die sogenannte **Große Kurve,** von der aus ihr die kurze, leichte Wanderung zum Fuchstanz unternehmen könnt. Der Wanderweg beginnt gegenüber vom Parkplatz. Bis zum Fuchstanz geht es immer geradeaus durch Nadelwald. Die Strecke steigt stetig, die Steigung ist aber nie richtig schwer. Für Kinder gibt es viele interessante Dinge im Wald zu beobachten, einmal überquert ihr sogar einen quirligen kleinen Bach. Nach 1,7 km ist der **Fuchstanz** erreicht, eine uralte Wegkreuzung, die schon bei den Römern bekannt war. Hier stehen zwei **Gasthäuser mit Biergärten,** in denen ihr euch versorgen könnt. Nach einer gemütlichen Pause könnt ihr zur **Großen Kurve** zurückkehren. Diesmal geht's immerzu bergab. Ihr könnt aber auch auf längeren Wanderungen nach Oberursel-Hohemark (6,5 km, 2 Std), Falkenstein (3 km, 1 Std), Königstein (4,5 km, 1,5 Std) oder Kronberg (5 km, 1,5 Std) hinunter wandern – aber Achtung: Das Bergabgehen geht ganz schön in die Beine, immer schön durchfedern!

Ein Weilchen an der Weil

Gasthaus Rotes Kreuz – Oberreifenberg Freizeitanlage Oberes Weiltal – Dorfweil – Brombach – Hunoldstal – Forsthaus Landstein – Altweilnau. **Bahn/Bus:** Bus 57 und 80 zum Roten Kreuz; Haltestellen in Oberreifen-

Der Fuchstanz bietet sich auch als Ziel einer Winterwanderung an. Abwärts geht es dann mit dem Schlitten ganz flott!

Hunger & Durst

Fuchstanz – Das Waldgasthaus, Tillmannsweg 1, Königstein. ☎ 06174/21223. www.fuchstanz-meister.de. Mi – So 10 – 19 Uhr, in den Ferien bei schönem Wetter auch Mo oder Di sowie bei schönem Wetter Kiosk Sa, So. Mit frischem Schwung bieten die seit 2012 neuen Pächter leckere und handfeste Kost.

Hunger & Durst

Naturpark-Hotel Weilquelle, An der L 3025 Kreuzung »Rotes Kreuz« in den Waldweg mit Hinweisschild einbiegen, Schmitten-Oberreifenberg. ☎ 06082/9700. www.naturparkhotel.de. Täglich 12 – 22 Uhr. Hessische Küche, Vollwertkost, ayurvedische Köstlichkeiten und Kinderkarte. Park und Sommerterrasse. Mai – Okt fährt Sa, So, Fei der mit Fahrradanhänger ausgestattete Weiltalbus (Nr. 545) zwischen Oberursel-Hohemark und Weilburg Bhf. Die Fahrradmitnahme ist kostenlos, Radwandergruppen werden wegen der begrenzten Transportkapazitäten um Voranmeldung gebeten (☎ 06081/914724).

berg, Schmitten, Alt- und Neuweilnau. **Auto:** Zum Roten Kreuz an der L3025 Königstein – Schmitten, Parkplätze entlang der Straße, jeweils wenige Min vom Radweg. **Infos:** Zweckverband »Naturpark Hochtaunus«, Brandholz, 61267 Neu-Anspach, ☎ 06081/2885, Fax 12285, info@naturpark-hochtaunus.de, www.hochtaunus.naturpark.de.

▶ Unter den Wander- und Radfahrstrecken, die kreuz und quer durch den Taunus verlaufen, ist der Weiltalweg ein kleiner Höhepunkt. Die mit Blauer Schleife vor grünem Eichenblatt markierte Route beginnt am ⬈ Gasthaus Rotes Kreuz und verläuft über insgesamt 47,5 km bis nach Weilburg an der Lahn. Sie führt fast stetig bergab durch einen der landschaftlich schönsten Teile des Taunus.

Wir haben hier die Etappe zwischen dem Roten Kreuz und Altweilnau ausgesucht. Man kann sie in kleinere Abschnitte unterteilen und für Rad- oder Wandertouren nach eigenem Geschmack nutzen. Ausflügler, die mit öffentlichen Verkehrsmitteln unterwegs sind, haben immer eine Bushaltestelle in der Nähe.

Um auf den Weiltalweg zu gelangen, nehmt ihr zunächst gegenüber dem **Roten Kreuz** den mit »Limesstraße« ausgeschilderten Asphaltweg. An der ersten Kreuzung im Wald, in unmittelbarer Nähe der Weilquelle, geht es geradeaus in Richtung *Reifenberger Wiesen.* An diesem Naturschutzgebiet entlang und durch den Wald kommt ihr nach **Oberreifenberg.** Nach Überqueren der Siegfriedstraße (L3276) biegt der Weg nach 300 m im rechten Winkel nach rechts ab und folgt dem *Schmittgrund* ins **Weiltal,** über die L3025 hinweg und durch die Freizeitanlage Oberes Weiltal bis Schmitten. Hier genau auf die Markierung achten, bis ihr schließlich die Weil erreicht. Dem Flüsschen müsst ihr über Dorfweil und Brombach bis **Hunoldstal** folgen. Im Ort (Café-Tipp ⬈ Freizeitanlage Oberes Weiltal) führt die Anspacher Straße bis zum Ortsausgang, wo der Weg über die L3025 auf die linke Seite des Weiltals und die Straße Richtung Treisberg wechselt. Nach einem 1 km langen Anstieg geht es oberhalb der Burg Weilstein zum **Forsthaus Landstein,** weiter auf einer Zickzackpassage und über den Niedgesbach zurück zur Weil. Wenn ihr dem Wasserlauf noch ein Stück folgt, erreicht ihr die B275 und etwas später **Altweilnau.**

Zu den Römern an der Weilquelle: Wanderung zum Römerkastell Feldberg

Länge: etwa 2 Stunden Gehzeit. **Bahn/Bus:** Bus 502 und 511 bis Rotes Kreuz. **Auto:** Von der B8 Königstein – Bad Camberg oder der B275 Usingen – Wiesbaden auf die L3025 Richtung Schmitten und jeweils bis Gasthaus »Rotes Kreuz«.

▶ Wer von den Zeugnissen römischer Vergangenheit in Hessen an der ↗ Saalburg noch nicht genug hat, kommt bei dieser Tour auf seine Kosten. Sie beginnt gegenüber dem **Gasthaus Rotes Kreuz,** auf der anderen Seite der Straße zum Großen Feldberg (Hinweisschilder »Limesstraße« und »Naturparkhotel Weilquelle«), führt zu den Ruinen eines Limeskastells und in einer Schleife zum Roten Kreuz zurück. Nach etwa 100 m weist an der ersten Wegkreuzung im Wald ein Schild nach rechts in den **Kastell-Rundweg.** An ihm wurden Schautafeln aufgestellt, die vom Leben der Römer am Limes berichten. Es braucht nur ein kurzes Stück, bis man die Reste des ehemaligen Grenzwalls überquert; nach weiteren 500 m sind die erhalten gebliebenen Reste des **Römerkastells Feldberg** links am Weg zu sehen: Fundamente von Türmen, Wohn- und Wirtschaftsgebäuden, Gräben und Teile der Umfassungsmauern.

Wer gut aufpasst, kann ihn vielleicht entdecken: Kleiber am Baumstamm

© Annette Sievers

Eine kostenlose Broschüre zum *Rundweg Feldbergkastell* gibt es beim Planungsverband Ballungsraum Frankfurt/Rhein-Main, ✆ 069/2577-1500. Mehrere kurze Beiträge zum Limes, dem römischen Leben in Germanien und zur Anlage des Kastells.

Hunger & Durst
Zum Roten Kreuz, Glashütten. ✆ 06174/969408. www.gasthauszumrotenkreuz.de. Mo – Mi ab 11, Sa, So, Fei ab 10 Uhr. Preiswerte hessische Hausmannskost.

Hunger & Durst
Ristorante Kaisertempel, Gimbacher Straße 13, Eppstein. ✆ 06198/34285. www.kaisertempel.de. April – Okt Di – So 12 – 23, Nov – März Di – Fr 17 – 23, Sa, So, Fei 12 – 23 Uhr. Neben dem Tempel. Italienische Küche. Terrasse mit schönem Blick über Eppstein.

Vom Kastell geht es zu einem kurzen Abstecher hinauf in den Wald zur **Weilquelle.** Die zwei an dieser Stelle aufgestellten hölzernen Waldgeister sollen an Mythen der Römer erinnern, die von hier aus in Ton- oder Bleirohren ihr Wasser für das Kastell und das umliegende Dorf ableiteten. Zurück auf dem Hauptweg, wendet man sich nun vor dem Kastell nach rechts. Nach etwa 200 m biegt man nach links ab und kreuzt kurze Zeit später erneut den **Limes,** der als deutlicher, geradliniger Wall zu erkennen ist. Der Weg führt nun sanft abfallend durch den Wald bis zu einer Asphaltstraße. Hier muss man sich links halten und geradeaus am *Naturschutzgebiet Reifenberger Wiesen* entlanglaufen. Noch ein Blick nach rechts auf Oberreifenberg und die Burgruine – nach einem kurzen Stück gelangt ihr schnell wieder zum **Roten Kreuz.**

Eppstein von oben: Der Kaisertempel
Länge: vom Tal in Eppstein hin und zurück 3 km auf Asphaltstraße und Feldweg. **Bahn/Bus:** S2 Eppstein. **Auto:** An der Lorsbacher Straße den Hinweisschildern folgen. **Infos:** Verschönerungsverein Eppstein e.V., Dr. Marga Weber (Ehrenvorsitzende), Rödelbergweg 4, 65817 Eppstein.

▶ Der Kaisertempel ähnelt einem überdimensionalen Adlerhorst: Hoch über Eppstein thront auf einem Felsvorsprung des Berges Staufen die kleine **Gedenkstätte,** die an den Sieg Deutschlands im Krieg gegen Frankreich 1870/71 und die Gründung des II. Deutschen Reiches 1871 erinnern soll. Errichtet wurde sie zwischen 1892 und 1894 von Bürgern der Gegend, die besonders patriotisch gesonnen waren. Im Innern des nach griechischen Vorbildern erbauten Tempelchens sind die Bilder der sogenannten Reichsgründer (*Kaiser Wilhelm I., Friedrich III., Fürst Bismarck* und *Generalfeldmarschall Moltke*) zu sehen. Wer mit der Vaterlandsverehrung weniger am Hut hat, genießt einfach den wunderschönen Panoramablick von der **Aussichtsplattform:** zu sehen sind der Baha'i-Tempel bei Langenhain, der Ortskern von Eppstein mit der Burg und die drei Taunusberge *Judenkopf, Hainkopf* und *Rossert.* Ein kleiner Abstecher führt etwa 500 m oberhalb des Kaisertempels zum **Gedenkstein** für den berühmten Komponisten *Felix Mendelssohn-Bartholdy,* der 1844 öfter in Eppstein zu Gast war.

Die Religionsgemeinschaft der Baha'i entstand im 19. Jahrhundert im Irak. Sie tritt besonders für den Frieden unter den Völkern ein. Der Tempel in Langenhain ist ihr zentraler Sitz in Europa.

Toben, grillen und Minigolf spielen

Freizeitanlage Oberes Weiltal
61389 Schmitten. ✆ 06084/4623, Fax 46823. www.schmitten.de. tourismus@schmitten.de. **Bahn/ Bus:** RMV-Bus 80, 50 nach Schmitten. **Auto:** L3025 Niederreifenberg – Schmitten.

▶ Ob ihr nun bei einer Wanderung oder einer Radtour vom Roten Kreuz aus auf dem Weiltalweg unterwegs seid: In beiden Fällen seht ihr bald eine große Wiese, die sich im Tal längs des Flüsschens ausbreitet und überall zum Rasten und Picknicken einlädt. Am **Parkplatz Trippelweiher** in der Nähe des gleichnamigen Gewässers liegt ein Lagerfeuerplatz, längs der Weil gibt es außerdem mehrere Feuerstellen und Freilandgrills. Vom Trippelweiher aus führt außerdem eine kleine Rundwanderung (Gehzeit etwa 1,5 Std, Ausschilderung: blauer Schmetterling) durch den Schmittgrund, um den Sängelberg herum und wieder ins Weiltal zurück. Gegen Schmitten hin schließt der Bärenfichtenweiher, ein Fischteich, die Freizeitanlage ab.

Jenseits der Landstraße kann man mit dem Auto auch am **Parkplatz Talgrund** Halt machen. Er ist Ausgangspunkt für einen weiteren Wanderweg, und zwar um die Burgruine Hattstein herum (Gehzeit etwa 75 Min, Ausschilderung: braunes Eichenblatt). Die Ruine der Burg versteckt sich mitten im Wald auf der Anhöhe über der Landstraße.

Hunger & Durst
Zum Feldbergblick, Panoramaweg 2, Schmitten-Hunoldstal. ✆ 06084/951118. www.zum-feldbergblick.de. Di, Mi, Fr – So ab 10, Do ab 17 Uhr. Restaurant-Café mit eigener Schlachtung, hausgebackenen Kuchen.

Grillhütte Weiherbach

61479 Glashütten-Schlossborn. ✆ 06174/ 2920, www.gemeinde-glashuetten.de. info@gemeinde-glas-huetten.de. **Lage:** An der Straßengabelung Schloss-born/Ehlhalten/Heftrich.

▶ Eine große, an einer Seite vom Weiherbach be-grenzte Wiese bietet Platz für mehrere gemauerte offene Feuerstellen und eine überdachte Grillhütte, die sowohl mit Holzkohle als auch mit Holz befeuert werden kann. Holzbänke und -tische zum Sitzen unter schattigen Bäumen.

Minigolfanlage im Viktoriapark von Kronberg

Direkt neben der Minigolfanlage befindet sich ein kleiner netter Kinderspielplatz und ein Kiosk.

Frau Schrodt, Hainstraße, 61476 Kronberg im Taunus. ✆ 069/373636, Handy 0152/07146675. www.kronberg.de. stadt@kronberg.de. **Bahn/Bus:** ↗ Kronberg, Stadtbus 73. **Zeiten:** April – Okt Mo – Fr 14 – 19, Sa, So, Fei 10.30 – 19 Uhr je nach Witterung (falls unsicher, lieber vorher anrufen). **Preise:** 3,50 €, 10er-Karte 30 €; Kinder bis 14 Jahre 3 €, 10er-Karte 25 €; Sa Familientag 2,50 € pro Person.

▶ Nebenan schwingen die Hobby- und Profisportler auf dem großen **Golfplatz** ihre Schläger. Für euch gibt's bei der Miniversion zwar keine Greens und Sandbunker, dafür aber 18 Bahnen mit raffinierten Hindernissen. Die **Minigolfanlage** ist zwar nicht die modernste, aber die schöne Umgebung des Viktoriaparks entschädigt dafür sicherlich allemal.

Ski fahren und rodeln am Feldberg

Falls ihr wissen wollt, wie die **Schneelage** auf dem Feldberg ist, könnt ihr das Schneetelefon ✆ 06081/442138 anrufen.

Ski-Club Taunus e.V., Heidetränkweg 4, 61389 Schmitten-Oberreifenberg. ✆ 06082/2320, Fax 2320. www.ski-club-taunus.de. webmaster@ski-club-taunus.de. **Bahn/Bus:** RMV-Bus 80, 50, 60, 261, 57 nach Schmitten. **Auto:** Von Frankfurt und Bad Homburg A661 bis zum Ende, dann auf der B455 der Beschilderung Großer Feldberg folgen. Von Wiesbaden und Königstein kommend über B455, ebenfalls den Schildern folgen. Die Parkplätze auf dem Feldbergplateau sind mit 50 Pkw- und 4 Busparkplätzen begrenzt. Auf den Zufahrtsstraßen stehen rund 400 Parkplätze zur Verfügung. Von dort aus sind es 5 – 10 Gehminuten zum Feldberghof.

©dzt

Ganz schön anstrengend: Bevor es runter geht, muss man erst mal rauf

▶ Sobald im Winter die Taunushänge weiße Farbe annehmen, versammelt sich auf und um den Großen Feldberg alles, was Bretter und Kufen sein Eigen nennt. **Skifahrer** und **Snowboarder** können zwei Abfahrten nutzen: den *Siegfriedschuss* (Länge 1.500 m, Höhendifferenz 170 m) oder die *Nordbahnabfahrt* (Länge 1.200 m, Höhendifferenz 170 m). Bei beiden gibt es allerdings keinen Lift! Wer dem Trubel auf dem Feldberg entgehen und es etwas bequemer haben will, kann auch am Feldberghang oberhalb des ehemaligen Posterholungsheims in Oberreifenberg abfahren (am Ortsausgang Richtung Sandplacken Beschilderung Jugendherberge folgen). Hier wurde eine Liftanlage mit zwei Schppleliften installiert.

Auf dem Hang wurde auch Platz für **Rodler** gelassen, die eine abgegrenzte Piste für sich haben. Vom Feldbergplateau mit dem Schlitten zu Tal fahren könnt ihr zum Beispiel auf den Waldwegen Richtung Nordwesten, Norden (zum Teufelsquartier) oder auf dem hinter dem Feldberghof am Eingangstor des Falkenhofs beginnenden Weg zum Fuchstanz. Eine schöne Rodelbahn verläuft außerdem südlich des Großen Feldbergs vom Fuchstanz bis zum Reichenbachweg.

Eine topografische Karte der Taunusgegend rund um Schmitten, auf der Wanderwege, Loipen und Lifte eingezeichnet sind, gibt es für 8,50 € beim Tourismus- und Kulturverein Schmitten.

Der Zweckverband Naturpark Hochtaunus spurt **Langlaufloipen,** von denen eine auch zum Sandplacken führt, ↗ nächste Griffmarke.

Ski-Club Taunus e.V., Oberreifenberg. ✆ 06172/ 4998184. www.ski-club-taunus.de. Sa 14 – 16, So 10 – 12 Uhr. Bei entsprechender Schneelage jedes Wochenende Ski- und Snowboardkurse. Treffpunkt Siegfriedstraße, Ecke Kellerbornsweg.

UMWELT ER-FORSCHEN

Tourismus- und Kulturverein Schmitten e.V., Parkstraße 2, Schmitten. ☎ 06084/4623. www.schmitten.de.

Schöne Vögel, wilde Tiere

In der Falknerei

Falkenhof, Falknerei Großer Feldberg, Burkhard Dinger, Auf dem Großen Feldberg, 61389 Schmitten. ☎ 06174/7545, www.falkenhof-feldberg.de. info@falkenhof-feldberg.de. **Bahn/Bus:** RMV-Bus 57. **Auto:** L3004 Oberursel – Schmitten, Schildern ab Sandplacken folgen, oder von der L3025 am Roten Kreuz Richtung Großer Feldberg. **Zeiten:** Mai – Mitte Okt täglich 10 – 18 Uhr. **Preise:** 3,50 €; Kinder 2 €; Vorträge für Schulklassen und Gruppen ab 20 Pers 2,50 € pro Person.

▶ Die kleine Anlage am Rande des Feldbergplateaus ist die älteste und am höchsten gelegene Falknerei Hessens. Sie beherbergt neben verschiedenen Falken- und Adlerarten auch Habichte, Bussarde, Geier, Milane, Eulen, den Turkmenischen und den Karpaten-Uhu. Wenn ihr Glück habt, könnt ihr auch Jungtiere beobachten, die hier aufgezogen werden.

Wer sich traut zu fragen, bekommt von den Falknern viele interessante Informationen zur Jagdweise der Greifvögel oder zu ihrem Leben in freier Wildbahn. Ein besonderes Erlebnis ist es, wenn sich bei schönem Wetter (nachmittags ab 14 Uhr) ein Vogel, zum Beispiel ein großer Gänsegeier oder ein Steppenadler, zu einem Freiflug über den Feldberg aufschwingt.

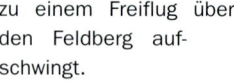

Scharfer Blick, scharfe Krallen: Der Falke sieht siebenmal besser als der Mensch und ist deswegen ein guter Jäger

© Annette Sievers

Elefanten am Taunushang: Der Opel-Zoo

Georg von Opel-Freigehege für Tierforschung von Opel Hessische Zoostiftung, Königsteiner Straße 35, 61476 Kronberg im Taunus. ☎ 06173/325903-0, 78670 (Zoopädagogik), Fax 78994. www.opel-zoo.de. info@opel-zoo.de. **Bahn/Bus:** Bus 261 vom S-Bhf Kronberg bis Opel-Zoo. **Auto:** B455 Kronberg – Königstein. **Zeiten:** Winter (entsprechend Uhrumstellung) 9 – 17, Sommer 9 – 18, Juni – Aug 9 – 19 Uhr. **Preise:** 10,50 €, in Gruppen ab 20 Pers 9,50 €, Jahreskarte 40 €; Kinder 3 – 14 Jahre 6,50 €, in Gruppen ab 20 Pers 5,50 €, Jahreskarte 1. und 2. Kind je 15 €, weitere Geschwister frei; Ponyreiten (Kinder bis 6 Jahre) 1,50 €, Kamelreiten (Kinder 5 – 14 Jahre) 2 €. **Infos:** Zahlreiche Aktivitäten mit Kindergärten und Schulklassen, Kindergeburtstage, Ostereiersuche an Ostersonntag und -montag, Laternenführung im Nov und Nikolaus im Zoo; Anmeldung und Info Zoopädagogik ☎ 06173/78670, Mo – Fr 13 – 14 Uhr, Terminkalender als Faltblatt sowie im Internet.

▶ Über 1400 Tiere aus mehr als 200 teilweise vom Aussterben bedrohten Arten sind in dem großen **Landschaftszoo** an ausgedehnten Taunushängen zwischen Kronberg und Königstein zu Hause. Sie leben in weitläufigen Gehegen, oft in sozialen Verbänden. Eine besonders (ge)wichtige Rolle spielen die afrikanischen Elefanten, sie sind einer der Publikumsmagnete. Es gibt hier aber auch viele andere Tiere aus fernen Ländern, die neugierig machen, wie die Giraffen, die ihr beim Fressen vom Baobab (Affenbrotbaum) beobachten könnt sowie Zebras, Flusspferde und Braune Hyänen. Zugleich ist auch die einheimische Tierwelt gut vertreten. Fuchs und Luchs haben eigene Gehege, Uhus und andere Vögel schauen aus ihren Volieren auf die Besucher herab, Stelz- und Watvögel waten oder schwimmen durch Wasserläufe und Teiche, in der begehbaren Freiflugvoliere über dem Hardtweiher tummeln sich Ibisse, Schwarzstörche und Entenvögel.

Happy Birthday!
Geburtstage für Kinder 3 – 14 Jahre mit Zooführungen, Zoorallye oder Märchenstunde, Infos unter www.opel-zoo.de.

 Zum Zoo könnt ihr eine schöne Radtour über die **Safari-Route** unternehmen. Eine sanfte Variante hat unser Autor Alexander Kraft in *33 schönste Radtouren Rhein-Main* beschrieben. pmv, ISBN 978-3-89859-320-5. GPS-Daten unter www.gps-tourenplaner.de.

Hallo, ich heiße Roter Panda. Wie heißt du?

© Opel-Zoo

Hunger & Durst

Lodge, Königsteiner Straße 35, neben dem Zoo-Eingang, Kronberg. ✆ 06173/325350. www.lodge-kronberg.de. Mo – Fr 20 – 24, Sa, So 11 – 24 Uhr. Zugang auch ohne Zoobesuch möglich, aber mit tollem Blick auf die Savannen-Anlage – und natürlich safarimäßigen (Fleisch-) Gerichten.

Im **Streichelgehege** können Kinder Bunte Deutsche Edelziegen, Röhnschafe und Esel streicheln und füttern, im benachbarten hessischen Bauernhof aus größter Nähe in die Ponyställe, die Schauküche, das Bruthaus und die Hühnergehege schauen. Noch näher kommt ihr an die Tiere beim Kamel- und Ponyreiten heran. Der Waldlehrpfad, der Geo-Pfad und der Apfellehrpfad mit Bienenstand und Insektenhotel vermitteln per Schautafeln und Modellen anschaulich Kenntnisse über die entsprechende Umwelt.

Nach dem Rundgang durch das gut markierte Gelände laden die beiden großen **Spielplätze** mit der großen Kletter- und Spielanlage, Trampolin, Schaukeln, Rutschen, allerlei anderen Spielgeräten und reichlich Sand zum Toben ein. Im Sommer können hier auch **Grillhütten und -plätze** genutzt werden (kostenlos, Reservierung erforderlich). Hunger und Durst könnt ihr auch im **Restaurant Sambesi** mit Sonnenterrasse direkt neben dem Spielplatz für größere Kinder stillen. Zur Zoo-Gastronomie gehören ferner Kioske am großen Spielplatz und im Waldrevier, der Imbiss *Topsaray* am Gibbonweiher. Am Haupteingang befindet sich das *Restaurant Lodge.*

Die **Zooschule** und die Zoopädagogen bieten zahlreiche thematisch interessante öffentliche Führungen und viele weitere Veranstaltungen an. Besonders viel los ist in den Sommerferien. Spannend finde ich Veranstaltungen wie »Abenteuer Zoo« (Kinder 6 – 12 Jahre) mit Lagerfeuer und Übernachtung im Zelt und »Zoofari – Afrikanische Nächte im Opel-Zoo« mit Schaufütterungen, afrikanischen Rhythmen und Kinderprogramm im Juli oder August.

Natur zum Anfassen

Wälder der Welt

Arboretum Main-Taunus, Hessen-Forst Forstamt Königstein, Ölmühlweg 17, 61462 Königstein im Taunus.
✆ 06174/9286-40, www.arboretum-forstamt-koenigstein.de. ForstamtKoenigstein@forst.hessen.de.
Länge: Am Weißen Stein, 65824 Schwalbach. **Bahn/Bus:** S4 Eschborn; 15 Min Fußweg Richtung Camp Phönix, dann dem Schild Arboretum folgen. **Auto:** A66, Abfahrt Eschborn. **Rad:** Abzweigung vom Radweg Nidda – Opel-Zoo beim Gasthaus Ponterosa. **Zeiten:** durchgehend geöffnet. **Preise:** freier Eintritt.

▶ Das Arboretum ist eine Waldparklandschaft, die Anfang der 1980er Jahre auf dem Gelände eines ehemaligen Feldflugplatzes als ökologische Ausgleichsmaßnahme angelegt wurde. Auf einer Fläche von etwa 75 ha wachsen über 600 in- und ausländische Baum- und Straucharten heran. Sie vermitteln einen Eindruck von 36 verschiedenen Waldgesellschaften der gemäßigten Klimazonen der Nordhalbkugel unserer Erde.

Ein dichtes Wegenetz erschließt das ziemlich ebene Gelände für Fußgänger wie Radfahrer. Informationstafeln an den Zugängen des Geländes geben euch Hinweise zu den Waldgesellschaften, Einzelbeschriftungen erleichtern die Identifizierung der Baumarten. Neben den verschiedenen Waldflächen schaffen Äcker, Wiesen und Sukzessionsflächen eine abwechslungsreiche Landschaft. Auch einen geologischen Lehrpfad mit 24 Gesteinsblöcken aus unterschiedlichen hessischen Regionen könnt ihr erkunden.

Größere Wiesenflächen laden zum Picknicken und Ausruhen ein und bieten einen schönen Ausblick auf den nahen Taunus mit dem Feldberg. Besonders reizvoll ist ein Besuch im Herbst: Zu dieser Zeit tragen einige asiatische und nordamerikanische Baumarten wunderschön buntes Laub.

Sukzessionsflächen nennen die Fachleute nach Sturm, Feuer oder Insektenfraß entstandene waldfreie Areale, die bald darauf wieder von Pflanzen bewachsen werden. Dazu gehören Gräser, Disteln und Wildkräuter, aber auch Gebüsch. Die Flächen sind Lebensraum einer Vielzahl von Insekten (besonders Schmetterlingen) und Vogelarten, die in unseren intensiv genutzten Kulturlandschaften nur noch selten anzutreffen sind.

RUND UM DEN FELDBERG

Wilde Tiere: Kleiner Fuchs auf Löwenzahn

© Annette Sievers

Erlebnis-Obstwiese Kronberg

Obst- und Gartenbauverein Kronberg e. V., Heiko Fischer, Im Kronthal, 61476 Kronberg im Taunus-Thalerfeld. ✆ 06173/1074, www.ogv-kronberg.de/Erlebnisobstwiese. info@ogv-kronberg.de. **Auto:** Über L3005 nach Kronberg, an Ampelkreuzung Ortseingang Kronberg-Süd links Richtung Mammolshain, rechts in kleine Straße Im Kronthal, geradeaus am Seniorenstift Kronthal vorbei, auf rechter Seite Erlebnis-Obstwiese. **Zeiten:** immer geöffnet, Führungen über Herrn Fischer vereinbaren ✆ 06173/1074. **Preise:** Eintritt frei.

▶ Habt ihr gewusst, dass ein einziger Apfelbaum auf der Streuobstwiese mehr als 3000 verschiedenen Tier- und Pflanzenarten Nahrung und Lebensraum bieten kann? Auf der 3000 qm großen Erlebnis-Obstwiese in Kronberg könnt ihr euch die Bedeutung des Obstbaus anschaulich auf vielen Schautafeln erklären lassen. Dabei gibt es für euch jede Menge zu erleben, denn das Motto der Erlebnis-Obstwiese lautet »Natur zum Anfassen«. Zu den verschiedenen Einrichtungen gehört zum Beispiel ein Bienenstock, wo man der Bienenkönigin beim Eierlegen zu schauen kann und ein Obst-Schiebe-Spiel, bei dem verschiedene Früchte den darunter befindlichen Baumstämmen zu-

Achtung! Bitte bleibt auf der Erlebnis-Obstwiese auf den markierten Wegen, denn im hohen Gras leben viele verschiedene Pflanzen- und Tierarten.

Hunger & Durst

Herberths Apfelweingarten, neben dem Quellenpark Kronthal, Kronberg. ✆ 06173/4064. www.herbeth.de. Mitte April – Mitte Sep Fr, Sa 16 – 22.30, So, Fei 11 – 22.30 Uhr. Gartenlokal unter alten Bäumen, Zelt mit Kaminofen und Spielfläche für Kinder.

Das hat Sophia gefallen: Ab sofort wird nur noch naturreiner Saft getrunken

© pmv, Heike Katharina Ewald

geordnet werden können. Es gibt außerdem einen Steinhaufen für den Steinmarder, ein Hornissenquartier, Spechthöhlen und natürlich jede Menge verschiedene Obstbaumarten zu entdecken.

Ihr habt die Möglichkeit, entweder allein mit euren Eltern auf der Erlebnis-Obstwiese auf Entdeckungsreise zu gehen, oder an einer Führung mit *Heiko Fischer* teilzunehmen.

Ballon fahren

Die Welt von oben

Ballonteam Eppstein, Reinhard Schäfer, Schulstraße 2a, 65817 Eppstein-Niederjosbach. ✆ 06198/ 500178, Fax 500102. Handy 0177/5623974. www.ballonteam-eppstein.de. info@ballonteam-eppstein.de. **Auto:** Verschiedene Treffpunkte je nach Windrichtung: Niederjosbach Schulstrasse, Park & Ride Parkplatz Niedernhausen, Park-and-ride P Idstein, Park-and-ride-P Bad Camberg. **Zeiten:** Start je nach Jahreszeit mit Sonnenaufgang oder 2 – 3 Std vor Sonnenuntergang, Dauer vom Treffen bis zum Rücktransport an den Ausgangspunkt 5 – 6 Std. **Preise:** 180 € pro Pers als Selbstkostenbeteiligung, kein kommerzielles Angebot. Enthalten sind Fahrt zum Startplatz, 60- bis 90-minütige Ballonfahrt, Landefest mit Grillen, Lagerfeuer und Taufe einschließlich Urkunde, Rücktransport zum Treffpunkt; Kinder unter 10 Jahre 100 €; bei 2 Erw 170 € pro Person, 3 Erw 160 € pro Person. **Infos:** Kleidung muss nicht wärmer sein als am Boden, am besten feste Schuhe oder Stiefel, langärmelige Wanderbekleidung, Ersatzstrümpfe; abends eine Windjacke für die Zeit nach Sonnenuntergang.

▶ In einem Weidenkorb durch die Lüfte schweben, während Menschen und Tiere am Boden auf Spielfigurengröße zusammenschrumpfen? Bis auf 350 m oder auf Wunsch auch höher aufsteigen und den Sonnenauf- oder -untergang beobachten? Sich vom

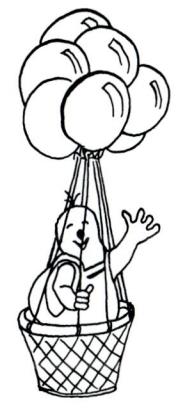

Die Geschichte des Ballonfahrens und seiner Pioniere stellt die Internetseite www.ballonfahren.de vor.

Wind treiben lassen und dabei gespannt darauf warten, an welchem Ort man landen wird? Die drei Hobbypiloten vom Ballonteam Eppstein machen dieses Abenteuer möglich. Zu den Fahrten mit ihren drei Heißluftballons können sie je drei Personen mitnehmen. Der Startplatz richtet sich nach Windstärke und -richtung, er kann erst einen halben Tag vor Beginn der Luftreise nach dem neuesten Flugwetterbericht festgelegt werden. Das Startgebiet erstreckt sich über das gesamte Taunusgebiet von Kelkheim bis zum Westerwald und von Usingen bis Aarbergen. Wegen der nicht genau voraussagbaren Windverhältnisse ist das Ziel vorher nicht bekannt. Gelandet wird meist auf einer großen Wiese oder einem Acker. Wenn alle wieder festen Boden unter den Füßen haben, gibt's etwas zur Stärkung aus der mitgebrachten Proviantkiste und eine regelrechte Taufe, mit der die Teilnehmer offiziell in die Zunft der Ballonfahrer aufgenommen werden.

Burgen und Ruinen

Auf den Spuren derer von Reifenberg

Burgruine Oberreifenberg, 61389 Schmitten-Oberreifenberg. ✆ 06084/4623, Fax 46823. www.schmitten.de. heere@schmitten.de. **Bahn/Bus:** RMV-Bus 80, 50 nach Schmitten. **Auto:** Von der B8 Königstein – Bad Camberg oder der B275 Usingen – Wiesbaden auf die L3025 Richtung Schmitten.

▶ Nur wenige Spazierminuten vom Ortskern von Oberreifenberg entfernt liegt die kleine Burganlage, die seit dem 12. Jahrhundert der Stammsitz der Herren von Reifenberg war. Sie wurde im 17. Jahrhundert weitgehend zerstört. Erhalten geblieben sind der runde Bergfried aus dem 13. sowie der Wohnturm und die Schildmauer aus dem 14. Jahrhundert. Leider sind die ziemlich verfallenen Türme nicht mehr begehbar.

Die erhöhte Lage erlaubt trotzdem einen Blick über die Dächer von Ober- und Niederreifenberg, außerdem scheint der Turm des Großen Feldbergs von hier aus zum Greifen nah zu sein.

Burg Königstein

61462 Königstein. ℡ 06174/202251, www.koenigstein.de. info@koenigstein.de. **Lage:** Zugang von der Königsteiner Hauptstraße über den Burgweg. **Bahn/Bus:** ↗ Königstein. **Zeiten:** April – Sep 9 – 19, Feb, März und Okt 9.30 – 16.30 Uhr, Nov – Jan Mo – Fr 12 – 16, Sa, So 9 – 16 Uhr. **Preise:** 2 €; Kinder 4 – 15 Jahre 1 €.

▶ Vor dem Aufstieg zur Burg solltet ihr im **Königsteiner Stadtmuseum** (Di – So 14 – 17.30 Uhr) im Alten Rathaus vorbeischauen. Dort steht ein Modell der Festung aus der Zeit vor ihrer Zerstörung 1796 durch französische Truppen. Auch wenn die Burg damals nach einer Sprengung größtenteils in Trümmer sank: Die übrig gebliebenen Ruinen zeugen von einem imposanten Bauwerk. Seit dem 13. Jahrhundert haben hier nachweislich Menschen gelebt. Verschiedene Herren haben im Laufe der Zeit die Burg erweitert. Um den Innenhof mit Wohnräumen, Schlossküche und -turm entstanden Befestigungsanlagen, Magazine, Unterkünfte für Soldaten, Wachstuben, Torwege und 2 **Zwinger.**

Ihr könnt die teilweise noch erhaltenen Baulichkeiten betreten, in einige der ehemaligen **Kasematten** hinabsteigen oder durch den 100 m langen »Dunklen Bogen«, den Verbindungsgang vom Burghof zur unteren Batterie, hindurchlaufen (eine Taschenlampe könnt ihr euch beim Burgwärter ausleihen).

Schaut euch auch die Plakette neben dem Eingang zu einem der Vorratsräume im Innenhof an. Sie erinnert daran, dass hier zwischen 1793 und 1795 Männer und Frauen der Mainzer Republik gefangen gehalten wurden, die sich für mehr Demokratie in Deutschland eingesetzt hatten.

Schon gewusst? Ursprünglich waren *Zwinger* feste Käfige für wilde Tiere, sie wurden häufig aber auch als Gefängnis genutzt.

Eine Kasematte wiederum war ein beschusssicherer Raum, heute würde man Bunker dazu sagen.

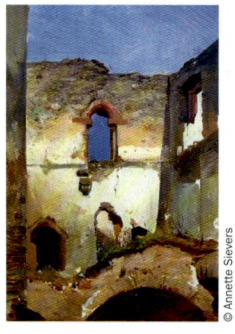
© Annette Sievers

Wie gemalt: Das Bild von der Ruine Königstein hängt im Frankfurter Museum Städel

🐌 Burg- und Stadtführungen für Kinder und Jugendliche bietet die Kur- und Stadtinformation, ✆ 06174/202251 oder info@koenigstein.de, an.

Der krönende Abschluss des Besuchs ist der Aufstieg zum Schlossturm über eine solide, im letzten Jahrhundert angelegte Holztreppe. Während über euch eine Fahne im Wind knattert, habt ihr das Gelände der Festung mit ihren Mauern, Türmchen und Bastionen zu euren Füßen. Nach Norden blickt ihr auf Feldberg und Altkönig, im Westen auf Fischbach mit dem Staufen, dem Rossert und dem Eichkopf. Im Süden liegt Frankfurt mit dem Ginnheimer »Spargel« und dem Odenwald im Hintergrund. Und im Osten grüßt Burg Falkenstein zu euch herüber.

Burgruine Falkenstein

61462 Königstein-Falkenstein. ✆ 06174/202251, Fax 202308. www.koenigstein.de. info@koenigstein.de.
Lage: Von der Kreuzung Heinzmannstraße/Am Steingarten in Falkenstein 10 Min durch den Wald.
Bahn/Bus: RMV-Bus 85 und 84 bis Königstein-Alt-Falkenstein. **Auto:** An der B455. **Zeiten:** April – Sep 9.30 – 19 Uhr, Okt, Feb, März 9.30 – 16.30 Uhr, Nov – Jan Fr 12 – 16, Sa, So 9.30 – 16 Uhr. **Preise:** Eintritt frei.

▶ Adlige und Ritter lebten seit ungefähr 1100 auf dem heutigen Burgberg. Von der ersten Burg der damaligen Gaugrafen von Nürings ist aber nur noch der Stumpf eines einst 15 m hohen Wohnturms übrig geblieben. Die zweite Anlage, deren Ruinen ihr heute noch besuchen könnt, war vom 13. bis 18. Jahrhundert bewohnt. Zu sehen sind die Umfassungsmauern und der begehbare Bergfried. Eine Zeit lang, im 15. Jahrhundert, trieben hier Raubritter ihr Unwesen. Auch die späteren Herren aus dem Geschlecht derer von Bettendorf waren bei den Bewohnern des damals noch Nürings genannten Dorfes zu Füßen der Burg nicht besonders beliebt: Sie legten ihnen nämlich harte Frondienste auf. Heutzutage hat die inzwischen ziemlich verfallene Burg ihren Schrecken verloren. Wer zu ihr hochsteigt, will vor allem den schönen Blick auf die Umgebung genießen.

Aufstieg zum Bergfried der Burg Kronberg

Dorothea Peukert, Schlossstraße 10 – 12, 61476 Kronberg im Taunus. ℃ 06173/7788, 321585, Fax 994990. Handy 0151/25267479. www.burgkronberg.de. burgverein@burgkronberg.de. **Bahn/Bus:** S4, danach 11 Min Fußweg oder anschließend RMV-Bus 73 bis Kronberg Schirn danach 3 Min Fußweg. **Auto:** B455 Oberursel – Königstein. **Zeiten:** 2 Wochen vor Ostern – Ende Okt, Mi, Do, Sa 13 – 17 Uhr, So, Fei 11 – 18 Uhr. In den Sommermonaten auch Fr 13 – 17 Uhr. Sonderführungen nach Anmeldung auch außerhalb der Öffnungszeiten. **Preise:** Besuch des Burggeländes 2,50 €, Burggelände und Führung Burgmuseum 5 €, Preise Sonderführungen auf Anfrage; Kinder Burggelände 1,50 €, Burggelände und Führung Burgmuseum 3 €, Preise Sonderführungen auf Anfrage; Familienkarte Burggelände 5 €, Burggelände und Führung Burgmuseum 10 €.

Alle 2 Jahre zu Pfingsten veranstaltet die Kronberger Rittergarde einen mittelalterlichen Markt mit Spielen, Schaukämpfen und allerlei Tand und Leckerei für Kinder und jung Gebliebene. Weitere Veranstaltungen werden aktuell im Internet unter www.burgkronberg.de angekündigt.

▶ Mitten aus dem Gewirr der Altstadthäuser ragt die ehemalige, auf einem Felsvorsprung gelegene Reichsburg hervor. Einst Sitz der Ritter und späteren Reichsgrafen von Cronberg, gab sie dem Ort seinen Namen. Die zwischen dem 13. und 15. Jahrhundert errichteten Gebäude der Mittelburg und der Freiturm aus dem 12. Jahrhundert sind sehr gut erhalten. Die Räume der Burg, in denen ein Museum untergebracht ist, könnt ihr im Rahmen einer Führung besichtigen. Besonders interessant sind die gotische Küche, deren Brunnen heute noch Wasser führt, die Rüstung von Ritter *Hartmut VI.*, die Wohngemächer der Ritter, ein Schulzimmer sowie der Weg über den

Mal eckig, mal rund: Wehrgang und Freiturm der Burg Kronberg

© Stadtmarketing Kronberg

Wehrgang. Auf den über 40 m hohen Freiturm der Oberburg könnt ihr hinaufsteigen.

Die ehrenamtlich Aktiven des Burgvereins bieten Führungen besonders für Kinder- und Jugendgruppen an. Sie erzählen dabei vom Leben der Ritter auf der Burg und erklären die markanten Punkte in der Umgebung von Kronberg, die es von der Oberburg aus zu sehen gibt.

Auf den Spuren von Ritter Eppo

Burg Eppstein, 65817 Eppstein. ✆ 06198/3050, Fax 305109. www.eppstein.de. info@eppstein.de. **Bahn/Bus:** S2 Frankfurt-Niederhausen, Bhf Eppstein. **Auto:** ➚ Eppstein, Parkplätze Rossertstraße und in Bahnhofsnähe. **Zeiten:** April – Okt Di – So 10 – 17 Uhr, Nov – März Di – So 11 – 15 Uhr; Museum April – Okt Sa 14 – 17, So, Fei 11 – 17 Uhr, Mi 16 – 18 Uhr, Nov – März So, Fei 12 – 15 Uhr. Spezielle Führungen für Gruppen von 20 – 25 Kinder nach Anmeldung. **Preise:** 2 € für Burg und Museum; Kinder 0,50 €. **Infos:** Magistrat der Stadt Eppstein, Rathaus I, Hauptstraße 99, 65817 Eppstein-Vockenhausen, ✆ 06198/305-0 oder Margit Obermüller, ✆ 06198/32361.

▶ Wer die Altstadt von Eppstein und das Schwarzbachtal erreicht hat, kann sie kaum übersehen: die Burg, die auf einem steilen Felsen den Ort überragt. Bei einem Spaziergang durch den Burggraben um Felsen und Mauern herum könnt ihr ihre Ausmaße gut erfassen. Anschließend nehmt ihr am besten den kurzen Aufstieg von der Eppsteiner Rossertstraße durch die Klappergasse zum heute als Haupteingang benutzten Westtor. Nach dem Passieren der **Vorburg** führt das Innere Tor in den **Inneren Burghof** mit seiner Attraktion, dem fast 25 m hohen **Bergfried.** Auf ihn könnt ihr auf einer sicheren Treppe steigen.

An den Sommerwochenenden lohnt ein Abstecher ins **Burgmuseum,** wo Rüstungen, Werkzeuge und Küchenutensilien an das Leben der Bewohner im Mittelalter erinnern.

Besonders viel los auf Eppsteins Burg ist jedes Jahr am letzten Augustwochenende. Dann findet das große Burgfest statt, das immer auch besondere Attraktionen für Kinder im Programm hat. Aber auch an einem anderen Sommerwochenende wird auf der Freilichtbühne mal ein Stück für Kinder gespielt.

Die mehrfach restaurierte und darum heute gut erhaltene Burganlage hat schon einige Jahrhunderte auf dem Buckel. Der **Sage** nach begann ein Ritter namens Eppo im 10. Jahrhundert mit ihrem Bau. Ein Riese zerstörte jedoch nachts immer wieder die Mauern, die der Ritter tags zuvor hatte errichten lassen. Eppo fing den Riesen mit einem eisernen Netz und sperrte ihn im Bergfried ein. Der Riese aber hob das Dach ab, stürzte sich den Felsen hinunter und brach sich dabei das Genick. Einer anderen Sage zufolge raubte einst ein Riese eine schöne Jungfrau. Unserem Held Eppo gelang es wieder, den Riesen zu fangen und ihn in eine Schlucht zu werfen. Anschließend befreite der Ritter die Jungfrau, heiratete sie und erbaute ihr zu Ehren die Burg.

Wenn ihr mehr über Eppo und den Riesen oder das einstige Leben der Ritter erfahren wollt, könnt ihr auch an einer **Führung** durch die Burg teilnehmen.

© Annette Sievers

Schaut genau hin: Das ist gar nicht die echte Ruine Eppstein! Die hier ist aus Sand und war zum Hessentag in Oberursel 2011 die Attraktion

RUND UM DEN FELDBERG

Kunst und Theater

Kinderprogramm der Stadt Königstein

Ann-Krystin Rehberger, Burgweg 5, 61462 Königstein. ✆ 06174/202-233, Fax -1233. www.koenigstein.de. ann-krystin.rehberger@koenigstein.de.

▶ In Zusammenarbeit mit der Aktion Kinderspielplätze Königstein bietet die Stadt während der Schulzeit ein- bis zweimal im Monat Programmpunkte für Kinder ab 6 Jahre an: zum Beispiel einen Besuch des

BÜHNE, LEINWAND & AKTIONEN

Opel-Zoos, einen Bastelnachmittag oder eine Theateraufführung. Weiterhin sind Wanderungen und ganztägige Ausflüge und – während der Oster- und der Herbstferien – besondere Aktionen im Programm. Termine können der Internetseite entnommen werden oder ihr erhaltet sie über Frau Rehberger.

© Peter Meyer

Gar nicht so einfach: Mit der Feder schreiben wie im Mittelalter

Kinderkunstwerkstatt

Kinderkunstwerkstatt Königstein e.V., Falkensteiner Straße 6a, 61462 Königstein. ✆ 06174/22353, Fax 968855. www.kunstwerkstatt-koenigstein.de. info@kunstwerkstatt-koenigstein.de.

▶ Der von Künstlern, Eltern und Pädagogen getragene gemeinnützige Verein bietet Kurse für Kinder, Jugendliche und Erwachsene an. Das Programm reicht von Tanzen und Experimentieren für die Kleinsten über Malen und Gestalten, Theater und Tanz bis zu einer Erfinderwerkstatt. Die Teilnahme ist nur nach Voranmeldung möglich.

Theater auf der Burg

Königsteiner Kulturgesellschaft e.V., Kronberger Straße 4, 61462 Königstein im Taunus. ✆ 06172/926520, 06174/202251 (Kartenvorverkauf), Fax 23648. www.kultur-koenigstein.de. almut.boller@kurbad-koenigstein.de. **Zeiten:** In den Sommerferien. **Infos:** Kartenvorverkauf (ab April): Kur- und Stadtinformation Königstein, info@koenigstein.de.

▶ Jedes Jahr im Sommer wird die Königsteiner Burgruine für 5 bis 7 Tage Kulisse für die Festspielwoche »Theater auf der Burg«. Im Innenhof ist das Ensem-

 Burgfest immer an einem Wochenende im Juli oder August mit Spielprogramm für Kinder, historischem Festzug am So und Feuerwerk.

ble des Frankfurter Volkstheaters zu Gast – gespielt werden Stücke von Goldoni, Shakespeare oder Kleist, umgesetzt in hessische Mundart. An die jungen Theaterfreunde ist natürlich auch gedacht: An einem Nachmittag kommt zwischen den Burgmauern ein klassisches Märchen zur Aufführung. Auf dem Programm stehen außerdem klassische Konzerte und eine Tanztheateraufführung.

Kunstschule Kronberg

Brigitta Westmeier, Friedrich-Ebert-Straße 6, 61476 Kronberg im Taunus. ☎ 06173/703-1333. www.kronberg.de. kunstschule@kronberg.de. **Bahn/Bus:** ↗ Königstein. **Zeiten:** Büro Di und Do 9 – 12.30, Kurse und ab 15 Uhr. **Preise:** Kursgebühr 70 – 120 €.

▶ Die Welt der Farben erleben oder die eigenen Beobachtungen von Umwelt und anderen Menschen zeichnerisch umsetzen, den Umgang mit Tusche, Kreide, Papier und Leinwand oder drucken und modellieren lernen: In der Kunstschule besteht dazu unter fachkundiger Anleitung die Möglichkeit. Die hier für verschiedene Altersstufen ab 5 Jahre angebotenen Kurse dauern drei Monate und finden einmal wöchentlich statt. Bei den Entdeckungsreisen in die Kunst stehen praktische Übungen im Vordergrund, daneben finden regelmäßige Ausflüge in Museen der Umgebung statt.

Mach mit!

Kulturkreis Eppstein e.V., Kirchgasse 4a, 65817 Eppstein. ☎ 06198/574272, Fax 574273. www.kk-eppstein.de. buero@kk-eppstein.de. **Bahn/Bus:** S2 bis Eppstein-Bhf. **Zeiten:** Mo, Fr 10 – 12, Mi 17 – 19 Uhr. **Preise:** Jahresbeitrag 13 €, 7 € für jedes weitere Familienmitglied.

▶ Der gemeinnützige Verein hat die Förderung der kulturellen Interessen der Bürger Eppsteins zum Ziel. In diesem Rahmen bietet er auch gegen Gebühr Kurse und Veranstaltungen für Kinder, Jugendliche und

MillenniuM Buchhandlung, Hauptstraße 14, Königstein. ☎ 06174/923737. www.millennium-buchhandlung.de. Mo – Fr 9 – 19, Sa 9 – 14 Uhr. Wer mehr über den Taunus nachlesen will, findet hier manch interessanten Titel in der Auslage. Außerdem könnt ihr in einer großen Kinder- und Jugendbuchecke auf Entdeckungsreise nach spannender Literatur in alten und neuen Medien gehen.

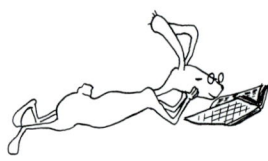

Familien an. Zum Angebot zählen Theateraufführungen, Lesungen mit Kinderbuchautoren oder Wanderungen.

Für Bücherwürmer

Stadtbibliothek Königstein

Simone Hesse, Wiesbadener Straße 6, 61462 Königstein. ✆ 06174/932370, Fax 932371. www.stadtbibliothek-koenigstein.de. stadtbibliothekkoenigstein@hotmail.com. **Zeiten:** Di, Fr 10 – 13, 15 – 18, Mi 10 – 14, Do 10 – 13, 15 – 19, Sa 10 – 13 Uhr.

▶ Neben zahlreichen Kinder- und Jugendbüchern hat die Bücherei Spiele, und CDs für Kinder im Bestand. Die Nutzung des Internetarbeitsplatz kostet für 30 Minuten inklusive Ausdrucke 3 €. Außerdem regelmäßige Veranstaltungen für Kinder z.B. »Wünsch' Dir eine Geschichte«. Hier dürft ihr euch aus den vielen Bilderbüchern eine Geschichte aussuchen, die anschließend vorgelesen wird.

Jeden 1. Do im Monat gibt es eine Vorlesestunde um 16 Uhr in der Bibliothek für Kinder 4 – 6 Jahre.

Stadtbücherei Eppstein

Rathaus II, Frau Miksch, Rossertstraße 21, 65817 Eppstein. ✆ 06198/32438, www.eppstein.de. **Zeiten:** Di, Fr 15 – 19, Mi, Sa 10 – 12 Uhr.

▶ Zum Bestand gehören etwa 6500 Kinder- und Jugendbücher.

Feste & Märkte

Königsteiner Ritterturniere

Ritter von Königstein e.V., 61462 Königstein. ✆ 06174/202251, Fax 202308. www.rittervonkoenigstein.de. info@koenigstein.de. **Bahn/Bus:** RB von Frankfurt. **Auto:** A5, A3, A66, B8, B455, Parkplatz im Zentrum. **Zeiten:** Sa, So nach Christi Himmelfahrt (39 Tage nach Ostern).

▶ Jedes Jahr an dem Wochenende nach Himmelfahrt wird die Burgruine in Königstein wieder zu mittelalterlichem Leben erweckt. Ihr könnt hier einen mittelalterlichen Markt besuchen oder an den Ritterturnieren teilhaben.

Das Ritterfest startet immer am Freitagabend. Zu Beginn der Turniere findet ein Nachtturnier bei Fackelschein auf der Burg statt. Der mittelalterliche Markt wird am Samstagmittag eröffnet. Am Nachmittag findet dann das Ritterturnier

statt. Hier werden Kinder aus dem Publikum ausgesucht, um als **Knappen** ihren Rittern beim Turnier zu helfen. Ein bisschen Mut braucht ihr sicherlich schon, um euch nach vorn zu trauen. Am Abend erlebt ihr ein Nachtturnier bei Feuerschein. Am Sonntag gibt es dann nochmals den Markt und nachmittags ein Ritterturnier.

Kronberger Herbstmarkt

Verkehrs- und Kulturamt Kronberg, Heike Stein, 61476 Kronberg im Taunus. ℡ 06173/703220, Fax 703200. www.kronberg.de. kulturamt@kronberg.de. **Bahn/Bus:** ↗ Kronberg. **Zeiten:** jährlich jedes 2. Wochenende im Sep, Sa 15 – 20, So 10 – 18 Uhr.

▶ Beim Herbstmarkt in Kronberg präsentieren sich die Selbstständigen, Handwerker und Unternehmer aus Kronberg. Für Kinder gibt es verschiedene Fahrgeschäfte von der Dampfeisenbahn bis zum Karussell. Des Weiteren gibt es ein buntes kulturelles An-

Bieten Tand beim Ritterfest an: Fliegende Händler

© Peter Meyer

Knappe hieß im Mittelalter ein junger Mann ritterlicher Abstammung (Edelknabe), der bei einem Ritter das Waffenhandwerk erlernte. Da er seinem Herrn häufig den Schild hinterhertrug, wurde er auch »Schildträger« oder »Waffenträger« genannt.

gebot mit musikalischen-, schauspielerischen- oder tänzerischen Vorführungen.

Kronberger Weihnachtsmarkt

Verkehrsamt Kronberg, Heike Stein, 61476 Kronberg im Taunus. ✆ 06173/703220, Fax 703200. www.kronberg.de. stadt@kronberg.de. **Bahn/Bus:** ↗ Kronberg. **Zeiten:** Sa 15 – 20, So 10 – 18 Uhr.

▶ Während des Weihnachtsmarkts am 2. Wochenende im Dezember präsentiert sich die historische Altstadt von Kronberg in einem besonders romantischen Lichterglanz. Schöne Weihnachtsmarktbuden locken vor allem Familien und Kinder an. Auf dem Berliner Platz findet ihr spannende Kinderattraktionen und einen Streichelzoo. Der Nikolaus begrüßt euch bei seinen Rundgängen über den Weihnachtsmarkt mit kleinen Geschenken.

Das Schaukelpferd, Katharinenstraße 8, Kronberg im Taunus. ✆ 06173/ 79858. Kleiner feiner Laden, Holzspielzeug (z.B. Schaukelpferde), Plüschtiere, Puppen, Bilderbücher und CD-ROMs.

FESTKALENDER RUND UM DEN FELDBERG

Mai:	Sa, So nach Christi Himmelfahrt, Königstein: **Großes Ritterturnier.**
August:	Ende Juli/Anfang Aug, Königstein: **Königsteiner Burgfest** mit historischem Festzug und speziellem Kinderprogramm.
September:	2. Wochenende, Kronberg: **Herbstmarkt** mit Kirmes und Dampfeisenbahn.
Dezember:	2. Advent, Sa, So, Königstein: **Weihnachtsmarkt** mit 70 Ständen auf dem weihnachtlich dekorierten Rathausplatz und im Kurpark.
	2. Advent, Sa, So, Kronberg: **Weihnachtsmarkt.**
	3. Advent, Sa, So: **Weihnachtsmarkt** in der Altstadt von Eppstein mit Weihnachtswerkstatt für Kinder, lebender Krippe und bengalischer Burgbeleuchtung zum Abschluss.

NATURPARK HOCHTAUNUS

SÜDLICHER TAUNUSRAND

BAD HOMBURG & FRIEDRICHSDORF

RUND UM DEN FELDBERG

NATURPARK HOCHTAUNUS

LAHN & HINTERTAUNUS

LIMBURG & MITTELTAUNUS

UNTERLAHN & NATURPARK NASSAU

INFO & VERKEHR

FERIENADRESSEN

KARTEN & REGISTER

Der Naturpark Hochtaunus erstreckt sich genau genommen im Westen und Osten bis zu den Autobahnen A3 und A5, im Norden bis zum Lahntal (und z.T. darüber hinaus) und im Süden bis zum Taunusvorland. Wegen der Fülle an Aktivitäten reicht er bei uns nur bis an die Lahnhöhen und den Fuß des Großen Feldbergs.

Als Höhepunkt dieser Region ist buchstäblich der *Pferdskopf* zu nennen, dessen Holzkonstruktion sich über 34 m über die Bergkuppe erhebt und euch einen tollen Ausblick ins Weiltal bietet. Ein Besuch des abwechslungsreichen Freizeitparks Lochmühle ist obligatorisch. Wer sich für Tiere und ganz besonders für Vögel interessiert, der sollte einen Ausflug in den mitten im Naturpark gelegenen Papageienpark einplanen, denn hier können über 700 Federtiere beobachtet werden.

Frei- und Hallenbäder

Schwimmbad Waldsolms

Gemeindeverwaltung Waldsolms, 35647 Waldsolms-Brandoberndorf. ✆ 06085/708, Fax 981018. www.waldsolms.de. info@waldsolms.de. **Lage:** Am Ortsrand, Landstraße Richtung Butzbach. **Bahn/Bus:** Vom Bhf etwa 15 Min Fußweg. **Auto:** ↗ Waldsolms. **Zeiten:** Mai Mo – So 11 – 19 Uhr, Juni – Aug Mo – So 10 – 19 Uhr, Sep je nach Witterung, bei schönem Wetter evtl. längere Öffnungszeit. **Preise:** 2,50 €, 10er-Karte 23 €, Saisonkarte 38 €; Kinder 6 – 16 Jahre 1,30 €, 10er-Karte 12 €, Saisonkarte 20 €; Familiensaisonkarte 89 €, für Waldsolmser Bürger Saisonkarte Erw 32 €, Kinder 17 €, Familiensaisonkarte 75 €.

▶ Das Schwimmerbecken oder die in den Nichtschwimmerbereich mündende Rutsche, ein Planschbecken für die Kleinsten und ein Beachvolleyballfeld bieten beste Voraussetzungen für Badespaß und Erholung in dem umfassend sanierten, idyllisch gele-

TIPPS FÜR WASSERRATTEN

Unser Sam mischt natürlich mit: Floß fahren in der Lochmühle

Almut Bartl/ Achim Ahlgrimm: *Spiele aus dem Handschuhfach* (ISBN 3-419-52924-4) und *Rätsel aus dem Handschuhfach* (ISBN 3-419-52925-2): Rate- und Malspiele, Rätsel, Suchaufgaben und vieles mehr, mit dem ihr euch die Zeit bei langen Autofahrten vertreiben könnt (je 5 €).

genen Freibad. Ein Kiosk am Eingang hält gegen Hunger und Durst Imbisse, Getränke und Eis bereit.

Freibad Weilmünster

Schwimmbadweg 1, 35789 Weilmünster. ☏ 06472/91690, Fax 9169-10. www.weilmuenster.de. rathaus@weilmuenster.de. **Bahn/Bus:** VU-Bus 5411 und 5414. **Auto:** B456 Usingen – Weilburg. **Zeiten:** Mitte Mai – Mitte Sep täglich 9 – 19.30 Uhr, Mo bei schlechtem Wetter ganztägig geschlossen, Kassenschluss 18.30 Uhr. **Preise:** 2,50 €, 10er-Karte 20 €, Saisonkarte 45 €; Kinder 1,50 €, 10er-Karte 10 €, Saisonkarte 23 €; Familiensaisonkarte je Elternteil 30 €, 1. und 2. Kind je 15 €, jedes weitere Kind frei, Familiensaisonkarte Plus für zwei Elternteile und eigene Kinder 80 €.

▶ An warmen Tagen finden zahlreiche Badegäste ihren Weg in die sehr schön im Bleidenbachtal gelegene Anlage. Bei angenehmen Wassertemperaturen (Solarheizung!) ziehen sie ihre Bahnen in einem modernen Edelstahlschwimmbecken oder sonnen sich auf der großen Liegewiese. Eine besondere Attraktion ist die lange Rutsche, die neben den Spielgeräten gern von den jüngeren Besuchern genutzt wird.

Freibad Wolfenhausen

Schwimmbadweg, 35789 Weilmünster-Wolfenhausen. ☏ 06472/91690, www.weilmuenster.de. rathaus@weilmuenster.de. **Bahn/Bus:** Lokalbus LM 671 und LM 676. **Auto:** Ab B456 Usingen – Weilburg in Weilmünster über die L3054 Richtung Laubuseschbach und die L3054 und L3021 bis Wolfenhausen; ab B8 Bad Camberg – Limburg in Oberbrechen auf L3021 Richtung Weilmünster. **Zeiten:** Mitte Mai – Mitte Sep täglich 9.30 – 20 Uhr (Di bei schlechtem Wetter ganztägig geschlossen). **Preise:** 2,50 €, 10er-Karte 20 €, Saisonkarte 45 €; Kinder 1,50 €, 10er-Karte 10 €, Saisonkarte 23 €; Familiensaisonkarte je Elternteil 30 €, 1. und 2. Kind je 15 €, jedes weitere Kind frei, Familiensaisonkarte Plus für zwei Elternteile und eigene Kinder 80 €.

▶ Während des Sommers finden die Wolfenhausener und ihre Gäste hier alle Voraussetzungen für einen erholsamen Tag: ein beheiztes Schwimmbecken mit Sprungturm und Sprungbrett, eine große Liegewiese oder Spielgeräte für den jüngeren Nachwuchs, die sich um ein großes, kreisrundes Planschbecken gruppieren. Für die Grundversorgung mit Eis und Erfrischungsgetränken sorgt ein Kiosk im Eingangsbereich.

Taunusbad Usingen

Mozartstraße 5a, 61250 Usingen. ✆ 06081/688930, www.usingen.de. stadt@usingen.de. **Bahn/Bus:** RB 15 (Taunusbahn) bis Usingen; RMV-Bus 64 bis Usingen Amtsgericht. **Auto:** A5, Anschluss 14 Ober-Mörlen, B275 Richtung Usingen. **Rad:** Gegenüber vom Bhf geradeaus ins Zentrum. **Zeiten:** Mo 7 – 13, Di – Fr 7 – 21, Sa, So, Fei 8 – 18 Uhr. **Preise:** 3 €, Jahreskarte 150 €; Kinder 5 – 16 Jahre 2 €, Jahreskarte 80 €; Schwerbehinderte, Studenten zahlen wie Kinder.
▶ Das frisch sanierte Kreishallenbad bietet seinen Besuchern ein 25-m-Becken mit Schwimmer- und Nichtschwimmerbereich. Wer's besonders entspannt liebt, lässt sich von Bodensprudlern und Nackendusche massieren. Das 1-m-Brett und der 3-m-Sprungturm geben Gelegenheit zu Salti, Schrauben und Köpfen.

Waldschwimmbad Neu-Anspach

61267 Neu-Anspach. ✆ 06081/8712, www.neu-anspach.de. info@neu-anspach.de. **Bahn/Bus:** RMV-Bus 63 bis Anspach-Breitestraße, dann über Taunus- und Weilstraße Richtung Westen 1,5 km. **Auto:** An der L3041 Richtung Weiltal, kostenlose Parkplätze. **Rad:** 3 km vom Bhf Neu-Anspach. **Zeiten:** Mitte Mai – Mitte Sep täglich 9 – 20, Kassenschluss 19.30 Uhr. **Preise:** Mo – Fr 2,80 €, Sa, So, Fei 3 €, 10er-Karte 25 €, Jahreskarte 45 €; Kinder 6 – 18 Jahre Mo – Fr 2 €, Sa, So, Fei 2,50 €, 10er-Karte 12 €, Jahreskarte 25 €; Mo – Fr

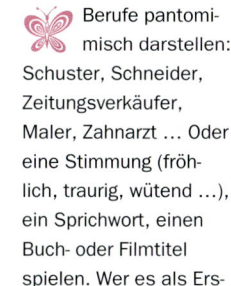
Berufe pantomimisch darstellen: Schuster, Schneider, Zeitungsverkäufer, Maler, Zahnarzt … Oder eine Stimmung (fröhlich, traurig, wütend …), ein Sprichwort, einen Buch- oder Filmtitel spielen. Wer es als Erstes errät, darf sich selbst etwas ausdenken.

Fahrrad Becker Eschbach, Usinger Straße 61, Usingen-Eschbach. ✆ 06081/12700. www.fahrradbecker.de. März – Okt Mo – Do 15 – 20, Fr 10 – 13, Sa 10 – 16 Uhr, Nov – Feb Di – Fr 15 – 18.30, Sa 10 – 13 Uhr. Fahrradverleih ab 10 €/Tag, Kinderanhänger 9 €/Tag, Trailer (Mitfahrrad) auf Anfrage. Fahrrad-Zubehör und -Bekleidung, bei Pannen Hilfe in der Werkstatt.

Adlung Spiele, Küferstraße 40/1, Remseck. ✆ 07146/44005. www.adlung-spiele.de. Webshop für ungewöhnliche Karten- und Brettspiele.

Hunger & Durst

Zum Bizzenbachtal, Am Wehrheimer Schwimmbad, Wehrheim. ✆ 06081/442463. www.zum-bizzenbachtal.de. Mai – Mitte Sep täglich 16 – 21, Mitte Sep – Mai Mi – So 10 – 21 Uhr. Direkt am Schwimmbad, Speisen und Kuchen, Biergarten.

ab 18 Uhr 1 €. **Infos:** Auf der Internetseite des Fördervereins des Waldschwimmbades Neu-Anspach finden sich Informationen rund um das Bad, www.schwimmbad-neu-anspach.de.

▶ Das Freibad zeichnet sich durch seine schöne Lage am Waldrand aus. Es gibt genügend schattige Liegeplätze unter Bäumen auf der Wiese rund um das 50-m-Becken. Babys und Kleinkinder können in ihrem eigenen Becken planschen. Sport und Spiel kommen auch außerhalb des Wassers nicht zu kurz: Dafür sorgen ein Spielplatz sowie Tischtennisplatte, Volleyballnetz und Basketballkorb.

Ludwig-Bender-Bad

Verlängerte Rodheimer Straße, 61273 Wehrheim. ✆ 06081/981837, Fax 589-4710. www.wehrheim-taunus.de. gemeinde@wehrheim.de. **Bahn/Bus:** Bus 64 bis Pfaffenwiesbacher Straße, Taunusbahn bis Wehrheim-Bhf. **Auto:** B456 Bad Homburg – Usingen bis Abfahrt Wehrheim, über Hauptstraße bis zur Rodheimer Straße. **Rad:** Mit dem Rad etwa 5 Min vom Bhf. **Zeiten:** Mai – 15. Sep täglich 9 – 20 Uhr. **Preise:** 3 €, 10er-Karte 25 €, Saisonkarte 45 €; Kinder 6 – 17 Jahre 2 €, 10er-Karte 17 €, Saisonkarte 25 €; Familientageskarte 7,50 €, Familiensaisonkarte 60 €, ab 18 Uhr 1,50 €.

▶ In dem weiträumigen Waldschwimmbad mit herrlichem Weitblick und großer Liegewiese ist viel Platz, um im großen Edelstahlbecken eure Bahnen zu ziehen. Auf dem 1- und 3-m-Sprungturm könnt ihr Kunststücke üben oder mit der Wasserrutsche ins Nass gleiten. Die kleineren Badegäste vergnügen sich im Kinderbeckenspielbereich mit einer kleinen Rutsche, einem Wasserigel und einem Wasserpilz. Das Wasser im Schwimmbad wird durch eine Solaranlage beheizt und garantiert auch an nicht so heißen Tagen Badespaß. Wenn ihr euch an Land betätigen wollt, gibt es die Möglichkeit, Tischtennis, Tischfußball oder Schach zu spielen. Ebenso sind zwei Spielfelder für Basketball und Beachvolleyball vorhanden.

Freibad Niederselters

Am Schwimmbad, 65618 Selters-Niederselters.
℡ 06483/6711, Fax 9122-20. www.selters-taunus.de.
info@selters-taunus.de. **Bahn/Bus:** Zug bis Selters;
Mo – Fr RMV-Bus 5412. **Auto:** B8. **Rad:** Fernradweg R8
führt direkt am Gelände vorbei. **Zeiten:** Mitte Mai – Sep
täglich 10 – 19 Uhr. **Preise:** 2,10 €, 10er-Karte
17,90 €, Saisonkarte 65 €; 6 – 17 Jahre 0,80 €, 10er-
Karte 5,20 €, Saisonkarte 30 € (Kinder der Gemeinde
Selters 20 €); Familiensaisonkarte je Elternteil 39 €,
1. Kind 20 €, ab dem 2. Kind frei. Schüler, Azubis, Studenten, Schwerbehinderte wie Kinder. **Infos:** Minigolfanlage auf dem Gelände (Eintritt 2,10 €); Beachvolleyballfeld 2,60 €, Basketball 0,60 €, Tischtennisplatten
0,60 €.

▶ Im beheizten Wasser des 50-m-Beckens ziehen
Schwimmer ihre Bahnen. Zur weiteren Ausstattung
des Bades gehört ein Nichtschwimmerbecken, eine
Sprunganlage mit zwei 1-m-Brettern und einem 3-m-
Turm. Die Kleinen planschen im Kinderbecken unter
dem Wasserpilz oder probieren die Minirutsche aus.
Auf der Minigolfanlage oder dem Beachvolleyballfeld,
an Basketballkörben, Tischtennisplatten und Spielgeräten lassen sich die Schwimmpausen abwechslungsreich gestalten.

In Naturwasser baden

Hattsteinweiher

Stadt Usingen, 61250 Usingen. www.usingen.de.
stadt@usingen.de. **Bahn/Bus:** RB 15 bis Usingen.
Auto: Etwa 1 km nordwestlich von Usingen nördlich der
B275 Richtung Wiesbaden, Schild zum Weiher, Parkge-
bühr 3 €. **Rad:** Vom Bhf 2,5 km mit dem Rad nach
Nordwesten. **Zeiten:** frei zugänglich.

▶ Der einzige Badesee weit und breit ist bei allen
Freunden des nassen Elements sehr beliebt, zumal
für den Besuch außer den Parkgebühren kein Eintritt

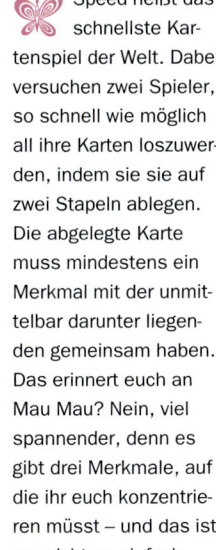

Speed heißt das schnellste Kartenspiel der Welt. Dabei versuchen zwei Spieler, so schnell wie möglich all ihre Karten loszuwerden, indem sie sie auf zwei Stapeln ablegen. Die abgelegte Karte muss mindestens ein Merkmal mit der unmittelbar darunter liegenden gemeinsam haben. Das erinnert euch an Mau Mau? Nein, viel spannender, denn es gibt drei Merkmale, auf die ihr euch konzentrieren müsst – und das ist gar nicht so einfach.

Von einem halben Liter Buttermilch einen Schluck abtrinken und mit Mineralwasser auffüllen: schon habt ihr ein einfaches, wunderbar schmeckendes Erfrischungsgetränk für heiße Sommertage, nicht nur am Badesee.

bezahlt werden muss und dennoch alle Einrichtungen vorhanden sind, die anspruchsvolle Badegäste von einem Schwimmbad gewohnt sind: eine große Liegewiese mit vielen schattigen Plätzen, Toiletten und Umkleidekabinen, genügend Fahrradabstellplätze und ein Imbiss. Direkt vor dem Wasser erstreckt sich ein kleiner Sandstrand, Nichtschwimmer haben einen abgegrenzten Bereich für sich. Zwei Holzstege führen darüber hinaus in den tieferen Teil des Weihers.

FRISCHE LUFT & SPORT

Bett & Bike. Fahrradfreundliche Gastbetriebe in Hessen, Rheinland-Pfalz und Saarland; ADFC, Verlag Esterbauer, ISBN 3-85000-034-6, 6,50 €. Etwa 500 Adressen von Hotels, Pensionen und Campingplätzen mit speziellem Service für Fahrradwanderer (darunter 26 im Taunus).

Radeln und Skaten

Fahrradtour auf dem Weiltalweg

Weilmünster – Freienfels – Weiltalweg – Weilmünster. **Länge:** 25 km, etwa 2,5 Std. **Bahn/Bus:** VU-Bus 5411, 5414. **Auto:** B456 Usingen – Weilburg.

▶ In **Weilmünster** folgt ihr der Straße Am Bleidenbach bis zum Ortsausgang. Am Ortsschild beginnt ein Radweg, der parallel zur Landstraße bis nach Laubuseschbach führt. Gleich am Ortseingang fahrt ihr über einen kurzen, steilen Aufstieg Richtung Sportplatz, über das Sportgelände und einen Feldweg, bis ihr nach rechts in die wenig befahrene Landstraße nach Blessenbach einbiegt. Nachdem ihr das Dorf passiert habt, zweigt rechter Hand der Radweg nach Elkerhausen ab. Dort angekommen, fahrt ihr im Ort über die Straße Zum Berg und den Burgring, der in einen Schotterweg mündet. Er bringt euch bis nach Weinbach, wo ihr für eine kurze Strecke die Hauptstraße Richtung Freienfels benutzen müsst. Etwa 500 m nach dem Ortsschild biegt ihr nach links auf den Weg mit dem Hinweisschild Richtung Weilburg ab. Nächste Station ist **Freienfels,** wo ihr auf den ausgeschilderten Weiltalweg stoßt. Entlang der Weil geht es nun auf dem Weiltalweg über Essershausen und Ernsthausen nach **Weilmünster** zurück.

Spielen und Skaten

Kinderspielplatz Riedwiese, Am Ried, 61273 Wehrheim. www.wehrheim-taunus.de. gemeinde@wehrheim.de. **Bahn/Bus:** R15 oder RMV-Bus 64.

▶ Zum Gelände des Spielplatzes gehört auch eine kleine Asphaltpiste für Rollschuhfahrer, die im Winter für Schlittschuhläufer präpariert wird.

Wenn ihr Skateboard fahren oder Inline skaten möchtet, dann könnt ihr die neue **Skateboard-Anlage Riedwiese** ausprobieren. Sie befindet sich in der Verlängerung der Straße Am Ried.

Per Radel rund um Wehrheim

Wehrheim – Westerfeld – Neu-Anspach – Wehrheim. www.wehrheim-taunus.de. gemeinde@wehrheim.de. **Länge:** 15 km Rundweg, 1,5 Std. **Bahn/Bus:** ↗ Wehrheim.

▶ Nördlich des Taunuskamms breiten sich die Felder und Wälder des Usinger Beckens aus. Diese relativ flache Landschaft bietet sich für schöne Ausflüge mit dem Fahrrad an. Ein Wegweiser in **Wehrheim** (Ecke Bahnhof- und Oranienstraße) zeigt über 40 ausgeschilderte Touren in der Umgebung an. Ausgangs- und Endpunkt der hier vorgeschlagenen leichten bis mittelschweren Strecke ohne große Steigungen ist der Wehrheimer Bahnhof.

Im Ort geht es durch den Obernhainer Weg, links in die Oranienstraße und weiter den Landwiesenweg entlang. Nach dem Ende der Bebauung führt bald ein Weg nach links auf den Hof Löwenheck zu, an dem ihr rechts abbiegt und am Waldrand bis nach **Westerfeld** fahrt. Von dort verläuft ein Radweg südlich der Straße

Bio-Bauer-Etzels Hofladen, Pfaffenwiesbacher Straße 6, Wehrheim. ✆ 06081/5866-15. www.bauer-etzel.de. Mo – Do 9 – 13 und 14 – 19, F 9 – 19, Sa 9 – 14 Uhr. Roggen-Sauerteigbrot, Bio-Milch, Müsli, Honig, Fleisch und Wurst, Obst, Gemüse sowie Weine und Naturkosmetika. Hofläden in Wehrheim, Bad Homburg am Markt und Oberursel am Epinayplatz.

@ Unter www.wehr-heim-taunus.de gibt es einen hilfreichen Radtourenplaner für ganz Hessen. Ihr könnt euch z.B. anzeigen lassen, welche Sehenswürdigkeiten, Bahnhöfe, Übernachtungsmöglichkeiten an der geplanten Strecke liegen.

Happy Birthday!
Für Kinder, die ihren Geburtstag auf dem Rücken der Pferde oder mit einer Kutschfahrt verbringen möchten, hält die Wintermühle spezielle Angebote bereit.

Richtung Neu-Anspach. Die Heisterbachbrücke wird unterquert, nun dient die Radbeschilderung Richtung **Neu-Anspach** als Orientierung. Dort müsst ihr den Taunusbahn-Übergang zum *Heisterbacher Hof* nehmen. Nächster Orientierungspunkt ist ein Hochbehälter: Von dort führt ein Fahrradweg auf der alten Straße Wehrheim – Anspach bis zum Wiesenhof. Vor dem Bahnübergang müsst ihr noch einmal nach rechts abbiegen, nach etwa 600 m geht es erneut nach links über die Umgehungsstraße zurück zum Bahnhof in **Wehrheim.**

Wandern

Auf Reitwegen zur Wintermühle

Reit- und Fahrverein Wintermühle e.V., Michaela Winter, Stahlnhainer Mühlen 10, 61267 Neu-Anspach. ✆ 06081/9618750, Fax 960227. www.rufwintermuehle.de. vorstand@rufwintermuehle.de. **Lage:** etwa 3 km zu Fuß. **Bahn/Bus:** R15 Taunusbahn oder Bus 63 bis Neu-Anspach Bhf. **Auto:** B275 Usingen – Wiesbaden, Richtung Neu-Anspach. **Preise:** Reiten Std ab 22 €.

▶ Die etwas einsam gelegene Reitanlage erreicht ihr auf zwei verschiedenen Wegen: Entweder ihr sucht in Neu-Anspach die Feldbergstraße und folgt von dort den Hinweisschildern, bis ihr nach etwa 3 km am Ziel seid.

Oder ihr legt vom ↗ Hessenpark aus eine kleine **Wanderung** ein. Dabei müsst ihr euch am Ausgang des Freilichtmuseums nach rechts (in entgegengesetzter Richtung zu den Parkplätzen) wenden und zunächst immer an der Grenze des Hessenparkgeländes entlanglaufen. Nachdem der Zaun zu Ende ist, geht es weiter geradeaus durch den Wald, bis der Weg eine scharfe Rechtskurve macht und kurze Zeit später in offenes Gelände mit Äckern und Wiesen führt. Nun seht ihr auch schon links die Talmühle liegen, auf die ihr auf einem der abwärts führenden

Feldwege zuhalten müsst. An der Talmühle auf der schmalen Asphaltstraße nach links und nach etwa 500 m ist die **Wintermühle** erreicht.

Wanderung zum Römerkastell Kapersburg

Pfaffenwiesbach – Kapersburg – Pfaffenwiesbach.
Länge: 1,5 Std. **Bahn/Bus:** Bus 64. **Auto:** K726 von Usingen, K728 von Wehrheim oder von der B275 Bad Nauheim – Usingen.

▶ Bei dieser Strecke ist nur anfangs eine etwas größere Steigung zu bewältigen. Ziel sind die imposanten Überreste eines Römerkastells: Die Kapersburg markiert die Stelle, wo der Limes im Osten den Taunus verlässt. Auf dem Rückweg könnt ihr von der Höhe aus immer wieder das Panorama mit Pfaffenwiesbach und den umliegenden Feldern und Wäldern genießen.

Los geht es in **Pfaffenwiesbach** an der Kapersburger Straße, die euch bergauf aus dem Ort hinausbringt und in einen geteerten Weg übergeht. Ihr lauft durch die Felder und weiter geradeaus am Saum eines Waldes entlang, bis der Weg in den Wald hineinführt. Nach wenigen Minuten stoßt ihr auf einen Querweg, in den ihr nach rechts einbiegt. Etwa 100 m weiter mündet von links zwischen einem Hochsitz und dem Zaun eines Militärgeländes ein anderer Weg ein. Ihm folgt ihr noch etwa 20 Minuten, die mit Stacheldraht bewehrte Umgrenzung stets zur Rechten. An ihrem Ende kreuzt ihr zunächst den Limes. Nach weiteren 50 m seht ihr rechts eine Wanderhütte und dahinter die Fundamente des Kastells und des davor liegenden Badegebäudes.

Hunger & Durst

Zur Wintermühle, Neu-Anspach. ℂ 06081/961875. www.wintermuehle.de. Di – So 11 – 24 Uhr. In der gleichnamigen Reitanlage. Durchgehend warme Küche, Mittagsgerichte ab 8 €. Gastraum mit Blick auf die Reithalle, offene Terrasse zu den Reitplätzen hin.

Balancierspaß unterwegs: Lea, Antonia und Paula nutzen jede Gelegenheit

Die Mauerreste stammen aus der letzten der drei Ausbaustufen der **Kapersburg.** Wie die ↗ Saalburg oder das ↗ Feldbergkastell war sie ein Kontrollpunkt zur Überwachung des Limes. Seit Ende des 1. oder Anfang des 2. Jahrhunderts nach Christus waren hier bis zu 150 römische Soldaten stationiert. Sie wohnten in von Erdwällen geschützten Holzhäusern und später in Steinbauten. Die Kapersburg wurde Mitte des 2. Jahrhunderts aufgegeben und anschließend von den Römern feindlich gesonnenen Stämmen zerstört.

Die Römer liebten es, zu baden: Grundmauern der Badeanlagen der Kapersburg

@ Ihr wollt noch mehr wissen über den hessischen Teil des Limes und seine Befestigungsanlagen? Die Internetseite www.taunus-wetterau-limes.de beschreibt verständlich die Funktion des Grenzwalls, stellt die Geschichte aller hessischen Limeskastelle vor und erklärt, wo (wieder aufgebaute) Wachttürme zu finden sind.

Eine Bitte: Lauft beim Erkunden des Geländes nicht auf den Mauern herum. Die Ruinen des Kastells sind nach ihrer Wiederentdeckung Ende des 19. Jahrhunderts schon genügend beschädigt worden. Schaut euch nach der Rückkehr nach **Pfaffenwiesbach** (auf dem gleichen Weg wie eben beschrieben, in umgekehrter Richtung) die Schule und die Kirche genauer an. Zu ihrem Bau soll Material aus der Kapersburg verwendet worden sein. Sie diente zu diesem Zweck eine Zeit lang als Steinbruch.

Wanderung durchs märchenhafte Weiltal

Länge: 3 Std mit Unterbrechungen. **Bahn/Bus:** Bus 81 von Weilrod nach Weilrod-Altweinau Erbismühle. **Auto:** B275 Usingen – Wiesbaden bis Parkplatz Neuweilnau.

▶ Der Rundweg durch die Gemarkung Weilrod enthält nur wenige Steigungen, er ist daher auch schon für Kinder ab 3 Jahre geeignet. Von verschiedenen Punkten aus hat man eine fantastische Aussicht auf **Burg und Schloss** von Alt- und Neuweilnau.

Ausgangspunkt ist der Parkplatz des Sporthotels Erbismühle direkt im Weiltal zwischen Alt- und Neuweilnau. Über eine kleine Brücke quert man die Weil und läuft auf dem gut asphaltierten Weiltalweg entlang der Weil bis zum **Gertrudenhammer.** Dort verlässt die Strecke die Weil und führt nun an einem Fischteich vorbei entlang des kleinen Bachs Riedel bis zum **Kinderspielplatz von Neuweilnau.** Direkt nebenan liegt eine Minigolfanlage, deren Kiosk unter anderem auch kleine Snacks und Getränke anbietet. Nächste Station ist der **Wittscherspark** (heute Grillplatz) in Neuweilnau direkt unterhalb eines künstlich angelegten Turmes (Privatbesitz). Die kleine Wassertretanlage auf dem Gelände wird von Kindern gern auch als Planschbecken genutzt. Die letzte Etappe der Strecke führt durch das Schlossdorf Neuweilnau auf dem **Weiltalweg** (www.weiltalweg.de) wieder zurück zur Erbismühle.

697 m über dem Meer: Aussichtsturm Pferdskopf

Tourismus und Kulturverein Schmitten, Parkstraße 2, 61389 Schmitten-Treisberg. ✆ 06084/4623, Fax 46823. www.schmitten.de. tourismus@schmitten.de.
Bahn/Bus: RMV-Bus 50, 80 nach Schmitten. **Auto:** Von der L3025 bei Hunoldstal Richtung Treisberg.
▶ Gleich nachdem ihr nach Treisberg hineinkommt, geht es links den Berg hinauf an der Gaststätte »Zum Aussichtsturm« vorbei und wieder aus dem Ort hinaus bis zum Parkplatz am Waldrand. Dort steht ein Hinweisschild zum Aussichtsturm. Von hier sind es etwa 30 Minuten durch den Wald – zunächst geradeaus und bergauf. Bald mündet von rechts ein Weg ein, der mit einer weiteren Steigung direkt zum Ziel führt.
Zwischen 1895 und den 1960er Jahren stand schon einmal ein Turm aus Stahl auf dem 663 m hohen Pferdskopf. Die heutige massive Holzkonstruktion, die sich noch einmal 34 m über die Bergkuppe er-

Hunger & Durst
Trattoria EspaBar,
Schlossstraße 1, Neuweilnau. ✆ 06083/940273. Mo – So 10.30 – 22 Uhr. Kleine italienische Bar mit Terrasse und Snacks wie Panini und Kuchen.

Von Rittern, Berggeistern und Edelfräulein. Geschichten aus dem Weilnauer Land heißt eine Sammlung mit Märchen und Legenden, die alle rund um Weilrod spielen. Bestellen könnt ihr das Buch unter shuschke@altweilnau.de.

Hunger & Durst
Café Pension Marx,
Treisberg, ✆ 06084/3200. Di – So 11.30 – 19 Uhr, mit Sonnenterrasse.

Hunger & Durst
Café Sachs, Treisberg, ✆ 06084/2665, www.cafe-sachs-treisberg.de, Mi – Mo 11.30 – 18.30 Uhr, mit eigener Konditorei.

Weit und breit keine Pferde in Sicht: Ausblick vom Pferdskopfturm

© pmv, Foto: Alexander Kraft

Hunger & Durst

Taunushöhe, Hunoldstaler Straße 9, Treisberg. ✆ 06084/2366. www.treisberg.de. Mi – So 11.30 – 14.30, 17.30 – 22 Uhr. Restaurant mit Wild- und Fischspezialitäten.

hebt, wurde 1987 auf einer kleinen Lichtung im Buchenwald errichtet. Über die Baumkronen hinweg hat man nach dem Aufstieg im Osten einen großen Teil des Weiltals im Blick, während im Süden der Turm des Großen Feldbergs zu sehen ist.

Grillhütten

Grillhütte Kuhschwanzweiher, Eugen Nedwed, 35647 Waldsolms. ✆ 06085/2991, Fax 981018. www.asv-waldsolms.de. eugen.nedwed@web.de. **Auto:** Von der Landstraße Brandoberndorf – Hasselborn beim Bahnviadukt ab.
▶ Geschlossene Holzhütte für max 40 Personen. Stromgenerator, Wasser muss mitgebracht werden. Frei stehender Grill vor der Hütte, 2 Feuerstellen am Weiher. Gebühr und Kaution je 25 €.

Grillhütte Brandoberndorf, Freiwillige Feuerwehr, 35647 Waldsolms-Brandoberndorf. Fax 06085/981018. Handy 0172/6834672. www.waldsolms.de. info@waldsolms.de. **Auto:** Über den Bodenröder Weg.
▶ Geschlossene Holzhütte auf einem Hügel oberhalb des Ortes. Für max 50 Personen mit Sitzgelegenheiten, Toiletten, Küche, Wasser- und Stromanschluss. Terrasse kann bei Regen mit einer Plane überdacht

werden. Müllentsorgung durch die Benutzer. 50 €/Tag, Heizung 10 €, Strom 0,25 €/kWh.

Grillplatz Griedelbach, Horst Naute, 35647 Waldsolms-Griedelbach. ℰ 06085/1423, www.waldsolms.de. info@waldsolms.de. **Auto:** Asphaltweg von der Landstraße Brandoberndorf – Griedelbach. **Preise:** 20 €.
▶ Geschlossener Pavillon mit Terrasse am Waldrand. Schwenkgrill im Freien. Anmeldung 4 Wochen vorher.

Grillhütte Kraftsolms, Natur- und Grillfreunde Kraftsolms, Günter Niederhäuser, 35647 Waldsolms-Kraftsolms. ℰ 06085/1042 (ab 13 Uhr), www.waldsolms.de. info@waldsolms.de. **Lage:** In einem stillgelegten Steinbruch an der verlängerten Wehrstraße.
▶ Eine Grillstelle im Freien und eine weitere im Inneren der Hütte. Bei schlechtem Wetter kann zum Schutz vor dem Regen zusätzlich ein Zeltdach angebracht werden. Toiletten und Stromanschluss vorhanden, Wasser muss mitgebracht werden. Preise bei der Anmeldung erfragen.

Grillhütte Kröffelbach, Christian Berger, 35647 Waldsolms-Kröffelbach. Handy 0170/4145190. www.waldsolms.de. info@waldsolms.de. **Lage:** 1,5 km von Kröffelbach, dort ausgeschildert.
▶ Geschlossene Hütte am Waldrand im Mühlbachtal, mit Tischen und Bänken, Gaslampen, Toiletten. Platz für 70 Personen. Schwenkgrill und Wasseranschluss im Freien, 20 €.

Herbert-Rack-Hütte, Bürgerbüro Weilmünster, 35789 Weilmünster. ℰ 06472/9169-99, Fax -98. www.weilmuenster.de. rathaus@weilmuenster.de. **Lage:** Über die verlängerte Adamsbacher Straße.
▶ Offene Holzhütte mit großen Fenstern im Neuen Feld am Waldrand, Platz für 80 Personen. 2 gemauerte Grillstellen, Holzbänke und -stühle drinnen und draußen. Benutzung nach Anmeldung.

 In 2 Std könnt ihr Weilmünster und die Grillhütte umrunden: Von der Weilstraße in Dietenhäuser, dann Adamsbacher Straße bis zum Adamsbacher Hof. Links vorbei bergauf in die Felder und zum Waldrand mit der Herbert-Rack-Hütte. Dahinter links in den Wald bis zur Gabelung hinter der scharfen Linkskurve, dort links und langsam bergab durch die Felder und Wiesen nach Weilmünster.

Reiten & Kutsche fahren

Berghof Rod

Ulrike und Marie Wendel, Ziegelhütte 5, 61276 Weilrod-Rod an der Weil. ℂ 06083/940441, Fax 940466. www.Berghof-Rod.de. berghof-rod@berghof-rod.de. **Bahn/Bus:** RMV-Bus 50 Weilrod-Rod bis Ziegelhütte. **Auto:** B275 Usingen – Wiesbaden, bei Neuweilnau Richtung Rod an der Weil. Von Weilburg auf der L3025 Richtung Weilrod. **Preise:** Einzelunterricht 18 € pro Std, Pensionspferde ab 175 € pro Monat, Reiterferien inklusive VP und Unterricht 250 € in der Woche.

▶ Die Besitzer haben auf ihrem Hof eine Gangpferdezucht eingerichtet. Auf dem Gelände liegen ein offener Reitplatz, eine Pferdeschwemme für das Geländetraining und eine Round Pen für das Reiten an der Longe. In den Stallungen finden 20 hofeigene und 20 Gastpferde Platz. Kinder ab 10 Jahre erhalten Einzelunterricht. Das Gästehaus mit mehreren 2-Zimmer-Apartments und einem Blockhaus ist vor allem als Unterkunft für vorbeiziehende Wanderreiter gedacht. Jugendliche ab 14 Jahre und Familien mit Kindern können hier aber auch Ferien mit eigenem Pferd oder ohne machen.

Islandpferdegestüt Akazienhof

Andrew Fedorov, Teufelslai 1, 61389 Schmitten-Seelenberg. ℂ 06082/592, Fax 1202. www.akazienhof-ts.de. akazienhof@t-online.de. **Bahn/Bus:** Bus 80 oder 60 nach Schmitten-Seelenberg Im Kirchfeld. **Auto:** L3023 von Oberems oder Schmitten. **Preise:** 13 €/Std, Ausritt 20 €, Pensionspferde 140 € im Monat, Reiterferien in VP ab 90 € am Wochenende und 290 € für eine Woche.

▶ Der Hof besitzt etwa 50 der beliebten Islandpferde. Er bietet Gruppenunterricht für Kinder ab 7 Jahre auf einem offenen Reitplatz und Ausritte ins Gelände für Fortgeschrittene an. Für Kinder ab 8 Jahre gibt es die Möglichkeit, Reiterferien auf dem Islandpferdegestüt

Hunger & Durst

Landgasthof Ziegelhütte, Ziegelhütte 2, Weilrod-Rod an der Weil. ℂ 06083/95800. www.ziegelhuette.de. Mi – Mo ab 9 Uhr. Hessische Spezialitäten, große Kinderkarte. Forellen aller Art, Hausmacher Wurst, Honig vom Nachbarn und Holundergelee aus eigener Produktion gibt es zu kaufen.

zu verbringen. Außerdem werden noch Nachtwanderungen, Spieleabende und vieles mehr geboten.

Erlebniswelten

Freizeitanlage Möttauer Weiher

35789 Weilmünster-Möttau. ℗ 06472/91690, www.weilmuenster.de. rathaus@weilmuenster.de.
Bahn/Bus: VU-Bus 5414 bis Einhaus. **Auto:** Zwischen Weilmünster und Möttau nahe B456 Usingen – Weilburg, Parkplatz direkt vor der Anlage.

▶ Ein großer See, in dem sich reichlich Fische und Wasservögel tummeln, ist der Mittelpunkt der bei den Einheimischen auch »Wald und Wasser« genannten Anlage. An seinem einen Ende liegt eine Wassertretanlage, die Ufer werden von einer riesigen Liege- und Spielwiese begrenzt. Holzbänke und -tische sowie mehrere Feuerstellen laden zum Picknicken oder Grillen ein. Längs des Weges, der vom Parkplatz zum Gelände führt, wurden auf einem **Naturlehrpfad** für die Taunuswälder typische Bäume und Büsche gepflanzt, darunter verschiedene Nadelhölzer, Roteiche, Spitzahorn und Esche.

Die Lochmühle: Freizeitpark mit Stallgeruch

Freizeitpark Lochmühle, 61273 Wehrheim. ℗ 06175/790060, Fax 790075. www.lochmuehle.de. info@lochmuehle.de. **Bahn/Bus:** Taunusbahn (RMV-Linie 15) bis Saalburg/Lochmühle. **Auto:** A5 Darmstadt – Kassel, Ausfahrt 16 Friedberg/Friedrichsdorf, Richtung Friedrichsdorf, Usingen/Wehrheim; A3 Frankfurt – Köln, Ausfahrt Bad Camberg, Richtung Usingen, dort B456 Richtung Bad Homburg; A661 Ausfahrt Oberursel Nord, B456 Richtung Usingen. **Zeiten:** April – Okt 9 – 18, letzter Einlass 16.30, Fahrbetrieb 10 – 17.30 Uhr. **Preise:** Besucher unter 90 cm frei, 90 – 120 cm sowie Senioren ab 65 Jahre und Behinderte ab 80 % 10,50 €, ab

Die Eichen und Buchen, die eure Ururgroßeltern gepflanzt haben, werden – wenn ihr erwachsen seid – erst eure Kinder nutzen. So lautet eine leicht abgewandelte Faustregel der Forstleute für die Bewirtschaftung zweier Hauptbaumarten unserer Wälder. Dauer von der Pflanzung bis zur Hiebsreife (dem Zeitpunkt, an dem ein Baum gefällt werden kann): bei der Eiche 180, bei der Buche 140, bei der Kiefer 120 und bei der Fichte 100 Jahre.

Seit 2007 gibt es im Freizeitpark den Römer-Parcours, der daran erinnert, dass die Römer hier einmal ein Kleinkastell unterhielten. Hier könnt ihr das Leben und Arbeiten in der Antike erkunden.

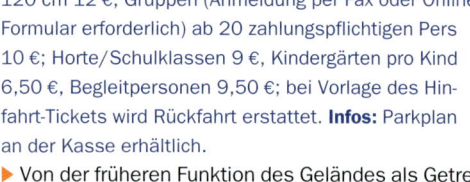

120 cm 12 €; Gruppen (Anmeldung per Fax oder Online-Formular erforderlich) ab 20 zahlungspflichtigen Pers 10 €; Horte/Schulklassen 9 €, Kindergärten pro Kind 6,50 €, Begleitpersonen 9,50 €; bei Vorlage des Hinfahrt-Tickets wird Rückfahrt erstattet. **Infos:** Parkplan an der Kasse erhältlich.

▶ Von der früheren Funktion des Geländes als Getreidemühle mit Landwirtschaft zeugen noch die Mühlräder und Wasserläufe oder das kleine Landwirtschaftliche Museum, die Ställe mit Schweinen, Eseln, Kühen, Pferden, Kaninchen und Hühnern sowie die zahlreichen Tiere in kleinen Gehegen; die Schafe dürft ihr sogar streicheln. Dank dieses Erbes könnt ihr im Bruthaus Küken beobachten, die gerade aus dem Ei geschlüpft sind, mit dem Traktor eine Runde durch ein Lehrfeld mit Getreide, Gemüse und Kräutern drehen oder mit dem Floß auf dem Bach fahren. In dieser Tradition stehen auch das Milchhaus mit Melkkühen und das Ponyreiten.

Darüber hinaus bietet die Lochmühle das Programm eines spannenden Freizeitparks u.a. mit schwindlig machenden Pilz- und Kettenkarussellen, einer hohen Helikopterbahn, Pendelbahnen, auf denen ihr euer Gleichgewicht testen könnt, schnellen Seilbahnen und einer wilden Achterbahn. Außerdem könnt ihr auf einem steil abfahrenden Wasserbob in einer schnellen 6-Bahn-Riesen- oder Röhrenrutsche in die Tiefe

In der Lochmühle geht beides: Gemütlich mit der Huschhusch …

© pmv, Eberhard Schmitt-Burk

134

rauschen und auf einem Groß-Trampolin oder Riesensprungkissen Salto vorwärts üben. Ihr könnt aber auch auf einer großen Spiel- und Liegewiese herumtollen oder Minigolf spielen.

© Freizeitpark Lochmühle

Zur Stärkung gibt es zum einen das SB-Restaurant mit Terrasse, das SB-Café und den Kiosk, zum anderen existieren aber auch Tische, wo Mitgebrachtes verzehrt werden kann, und eine größere Zahl von Grillplätzen und -hütten (im Eintritt eingeschlossen, aber Reservierung erforderlich).

… und rasant auf der wilden Achterbahn

Verwirrung im Irrgarten

Hof Köppelwiese, Klaus und Dagmar Keller, 61273 Wehrheim-Obernhain. ✆ 06081/57335, Fax 57335. www.keller-obernhain.de. keller-obernhain@t-online.de. **Bahn/Bus:** RMV-Bus 63 bis Wehrheim-Obernhain Klingelsmühle, dann 2 Min Fußweg. **Auto:** B456 Bad Homburg – Usingen, L3041. **Rad:** Vom Bhf Wehrheim ausgeschilderter Weg Richtung Hessenpark. **Zeiten:** Hof Mitte Mai – Ende Okt Fr – So 10 – 18 Uhr, Irrgarten Aug – Okt Mo – Fr nach Anmeldung. **Preise:** 3 €; Kinder 3 – 14 Jahre 2,50 €, Jugendliche 3 €; Schulklassen, Klassenfeste 2,50 € pro Person.

▶ Wenn die Väter je nach Laune beschwingt oder ungeduldig vor ihrem Schoppen in der Gartenwirtschaft sitzen, während die Mütter ein wenig verzweifelt nach ihren verloren geglaubten Sprösslingen Ausschau halten, dann ist es wieder so weit: Bauer Keller hat seinen **Irrgarten** geöffnet. Einen ganz besonderen Irrgarten, denn er besteht aus einem Feld von *Süßkartoffeln* (auch *Topinambur* genannt). Sobald diese Gewächse etwa Anfang August eine angemessene Hö-

Happy Birthday
Auf der riesigen Wiese hinterm Haus habt ihr genug Platz für Sackhüpfen oder Eierlaufen. Ob ihr euch danach in den Irrgarten begebt oder lieber ausgiebig die Tiere streichelt – hier ist vieles möglich. Terminabsprache unter ✆ 06081/57335.

Der Köppelhof verkauft in einem Laden Obst und Blumen aus eigenem Anbau, Kartoffeln, Käse und Wurst. Die Gartenwirtschaft ist am Wochenende geöffnet.

he erreicht haben, können sich die Besucher in das kreisrunde Gelände von etwa 200 m Durchmesser hineinwagen. Sie müssen zunächst versuchen, den Kreismittelpunkt zu finden. Auf dem Weg dorthin liegen fünf Suchpunkte, an denen man einen Stempel erhält. Hat man sich alle Stempel abgeholt und glücklich wieder aus dem Irrgarten herausgefunden, kann man an einer Verlosung teilnehmen.

Aber auch außerhalb der Irrgartensaison ist auf dem **Hof Köppelwiese** immer jede Menge los. Auf einer riesigen Wiese könnt ihr auch so richtig austoben. Es gibt Kletterbäume, Heuballen, Schreifässer und Sandkasten. Fußballtore laden euch zu einem Fußballspiel ein. Außerdem könnt ihr Spielgeräte gegen Pfand ausleihen z.B. für Fußballgolf oder Wiesentennis. Am Rand der großen Wiese gibt es Grillplätze mit Sitzmöglichkeiten. Das Gelände beherbergt außerdem jede Menge Tiere wie z.B. Minischweine, Minipony, Enten, Hühner, Hasen und Ziegen.

Freizeitgelände Lago Alfredo

65618 Selters-Münster. www.selters-taunus.de. info@selters-taunus.de. **Lage:** An der Landstraße kurz hinter der Ortsausfahrt Richtung Weilmünster. **Bahn/ Bus:** RMV-Bus 671, dann 15 Min Fußweg. **Auto:** B8, bei Brechen Richtung Weilmünster.

▶ Der idyllisch am Waldrand gelegene Teich mit dem witzigen Namen eignet sich gut für eine Picknickpause oder ein Grillfest. Am Ufer stehen Bänke und eine überdachte Grillhütte mit einer gemauerten Feuerstelle. Wenn ihr etwas für die Gesundheit tun wollt, könnt ihr eine Wassertretstelle durchwaten oder den Parcours des in der Nähe verlaufenden Waldsportpfads absolvieren.

Faxen: Paula und ihre Freundin amüsieren sich prächtig beim Grimasseschneiden

© Bernd Hiklsch

Klettern in den Felsen

Klettergarten Eschbacher Klippen

61250 Usingen-Eschbach. ✆ 06081/10240, www.usingen.de. stadt@usingen.de. **Bahn/Bus:** AST 66 (Sammeltaxi) von Michelbach bis Eschbacher Klippen, Sammeltaxi bis 60 Min vor Abfahrt anmelden (✆ 060801/686060). **Auto:** Parkplätze an der L3270 Usingen-Eschbach – Michelbach.

Drahtseilakt: Aber Lea, die Gams, kann's …

▶ Nördlich von Usingen erheben sich wie die Rückenzacken eines Drachens mitten aus der sanften Wald- und Wiesenlandschaft einige bis zu 12 m hohe Felsen aus dunklem Quarzgestein: die Eschbacher Klippen. Spaziergänger und Fahrradwanderer machen hier gern Pause, vielleicht für ein Picknick auf den ausgedehnten Wiesen am Fuß des schroffen Felsgrads. Auch immer mehr passionierte Freizeitkletterer haben die Klippen zum Ziel. Da sie nicht sehr hoch sind, bewegen sich die Routen meist im unteren Schwierigkeitsgrad – ideal für Anfänger. Es gibt kleinere Boulder-Möglichkeiten, und eine Querungspassage ist sogar ohne Sicherungen zu machen.

© Bernd Hiklisch

... und oben ist der Triumph groß! Paula hat's geschafft

© Bernd Hikisch

FAKS – Das Veranstaltungs-büro, Hanauer Straße 10, Friedberg. ✆ 06031/13245. www.usingen.de. Für Gruppen 6 – 8 Teilnehmern (ab 6 Jahre, 200 € pro Gruppe) werden Schnupperkletterkurse an den Eschbacher Klippen angeboten. Nach einer kurzen Einführung in Klettertechnik und Materialkunde geht es sofort los mit dem Klettern.

Jährlich ist dort auch der Schauplatz für die im Sommer stattfindenden Klippenkonzerte.

Die Felsen mussten an der Basis bereits mit einem Holzsteg umgeben werden, der Schutz vor Erosions- und Trittschäden bieten soll. Also, auch wenn es viel Spaß macht, auf den schroffen Gesteinsformationen herumzukraxeln: Ein wenig Umsicht kann dabei nicht schaden.

Früher erstreckte sich um die auch als *Buchstein* bekannten Klippen eine ausgedehnte Heidelandschaft. Reste davon seht ihr heute ein wenig nördlich der Felsen. Auf der abgegrenzten Fläche wachsen wieder typische Heidepflanzen wie Wacholder und Erika, Drahtschmiele, rundblättrige Glockenblume oder Borstgras, die sonst selten im Taunus anzutreffen sind. Außerdem bietet die Eingrenzung besonderen Tierarten, vor allem Insekten, einen wichtigen Lebensraum. Deswegen gilt auch hier: Rücksicht nehmen, die Einfriedung nicht übersteigen und der Versuchung widerstehen, zum Heide-Abenteurer zu werden.

Abenteuer-Steinbruch bei Cratzenbach

Klettergarten und Grillhütte Cratzenbach, 61276 Weilrod-Cratzenbach. www.naturpark-hochtaunus.de. info@naturpark-hochtaunus.de. **Bahn/Bus:** RMV-Bus 82, 62 bis Weilrod-Cratzenbach. **Auto:** L3025 bis Rod an der Weil und dann Richtung Cratzenbach.

▶ Rechts der Landstraße von Rod an der Weil liegt kurz vor Cratzenbach ein ehemaliger Steinbruch, in dem man heute klettern kann. Für das Anbringen von Seilen wurden Haken in die Felswand geschlagen.

Die Schwierigkeitsgrade in dem so entstandenen Klettergarten liegen zwischen 3 und 6. Achtung: Es besteht Helmpflicht wegen Steinschlaggefahr! Hungrige lädt hier eine Hütte mit überdachten Tischen und Bänken zum Grillen ein. Der gemauerte Kamin sollte nur mit Holzkohle bestückt werden. Für Lagerfeuer gibt es eine offene Feuerstelle.

Skilanglauf im Hochtaunus

Zweckverband Naturpark Hochtaunus, 61440 Oberursel. ✆ 06171/97907-0, www.naturpark-hochtaunus.de. info@naturpark-hochtaunus.de.

▶ Der Zweckverband Naturpark Hochtaunus präpariert in jedem Jahr bei genügend Schnee zahlreiche Langlaufloipen. Die folgenden Rundkurse führen durch das Hochtaunusgebiet. Die Strecken gelten als leicht und auch für Anfänger geeignet.

Loipe Langhals:
Start: hintere Ecke des Parkplatzes Hessenpark (Bus 63 bis Hessenpark; L3041 Wehrheim – Neu-Anspach), **Länge:** 15,3 km, verläuft teilweise durch wunderschöne Eichenwälder. Zunächst aufsteigend nach Süden, dann über den mittleren Hangweg, den Skiwanderweg und am Sandplacken vorbei. Nach dem Abzweig nach Südwesten eine lange Strecke allmählich bergab, weiter im Bogen um den Langhals herum, an den Parkplätzen Anspacher Schwimmbad und Am Steinchen vorbei in den Stalnhainer Grund. Nach dem Passieren der Talmühle am Waldrand zurück zum Hessenpark.

Loipe Sängelberg:
Start: Haus Brenner, Oberreifenberg (Busse 57, 80 bis Siegfriedsiedlung; L3025 Königstein – Schmitten, P Pfarrheckenfeld), **Länge:** 3 km. Von der Bushaltestelle oberhalb des Ski- und Rodelhanges in großem Bogen leicht abwärts, auf den Waldrand des

@ Noch mehr Ideen für Schneewanderungen, Langlaufrouten oder Rodelstrecken findet ihr unter www.taunus.info (Rubrik Sport/Outdoor, Wintersport).

Sängelbergs zu und in den Wald hinein. Über den Rundwanderweg um den Sängelberg nach einer Kehre in einem langen, aber schwachen, Anstieg zum Start zurück.

Loipe Billtalhöhe:
Start: Parkplatz Billtalhöhe (Bus 57, 80, 81 bis Eselsheck oder Billtalhöhe; B8), **Länge:** 5,8 km. Zunächst über Schneisen in nordwestliche Richtung und nach einem leichten Gefälle ein Stück parallel zur B8. Nach einer Spitzkehre Abfahrt bis zum Talweg hinunter, ein Stück den Talweg entlang und nach einem etwa 1 km langen Anstieg auf einem flachen Abschnitt zurück zur Billtalhöhe. Wegen starkem und langem Anstieg am Schluss nur bedingt für Anfänger geeignet.

Loipe am Sandplacken:
Start: Parkplatz Sandplacken (Bus 50, 57 bis Sandplacken; L3004 Oberursel – Schmitten), **Länge:** 4,5 km. Auf einem flachen Stück Richtung Osten, anschließend Abfahrt hinunter zum von der Saalburg kommenden Skiwanderweg. Diesem eine Zeit lang durch einen Fichtenwald folgen, letzte 300 m Anstieg bis zum Sandplacken.

UMWELT ERFORSCHEN

Bunte Vögel und flinke Tiere

Bunte Vögel: Der Papageienpark

Vogelburg, 61276 Weilrod-Hasselbach. ✆ 06083/1040, Fax 1845. www.vogelburg.de. info@vogelburg.de. **Lage:** An der Landstraße zwischen Weilrod und Bad Camberg. **Bahn/Bus:** RMV-Bus 62, 283 bis Weilrod-Hasselbach Vogelburg. **Auto:** L3030 Bad Camberg – Weilrod/Rod an der Weil. **Zeiten:** Mitte März – Anfang Nov täglich 10 – 18, sonst nur So, Fei 10 – 18 Uhr. **Preise:** 7 €, in Gruppen ab 20 Pers 5 €; Kinder 3 – 14 Jahre 5 €, in Gruppen ab 20 Pers 3 €.

▶ Der **Dachs** wohnt in einer Höhle, die er im Wald in die Erde gräbt. Er polstert sie an den tiefsten Stellen mit Moos aus, damit er auf weichem Untergrund liegen kann. Im Winter hält er eine Winterruhe. Auch im Sommer werdet ihr ihn kaum zu Gesicht bekommen, denn er ist nachts aktiv und schläft am Tag. Der Dachs ist ein Allesfresser, er hat einen extrem kräftigen Kiefer. Auch der **Fuchs** gräbt Bauten, die viele Fluchtröhren haben, damit er den Hunden der Jäger entkommen kann. Ihr könnt einen Dachsbau daran erkennen, dass es rundherum ganz sauber ist – der Fuchs dagegen ist sehr unordentlich, er lässt seine Essensreste vor dem Bau liegen. ◀

FÄHRTENLESER AUFGEPASST!

▶ Der mitten im Naturpark Hochtaunus gelegene besuchenswerte Vogelpark hat sich zu einem kleinen Paradies für Papageien entwickelt. Mehr als 700 der gefiederten Gesellen leben hier in 37 aus Natursteinen erbauten Häusern. Bei einigen Steinhäusern könnt ihr auch in das Innere hinein und die Vögel aus nächster Nähe betrachten. Manche der fliegenden Bewohner sind so zutraulich, dass sie sich gern füttern lassen (Automaten mit Futter stehen im Park). Im Selbstbedienungsrestaurant könnt ihr euch nach dem Besuch mit Kaffee und selbst gebackenem Blechkuchen oder Grillwürstchen, Spießbraten und Kartoffelsalat versorgen. Wer möchte, kann auch eigenen Proviant mitbringen.

Betriebe und Burgen

HANDWERK UND GESCHICHTE

Kelterei Heil

Martin Heil, An den Obstwiesen, 35789 Weilmünster-Laubuseschbach. ✆ 06475/9131-0, Fax 9131-40. www.kelterei-heil.de. info@kelterei-heil.de. **Bahn/Bus:** LM-Bus 671. **Auto:** B8 Königstein – Limburg, B456 Usingen – Weilburg. **Zeiten:** ganzjährig Besichtigungs-

🦋 Für Profi- und Hobbysportler veranstaltet die Kelterei Heil ihren Apfelbaumlauf. Die Teilnehmer an einem der größten hessischen Volksläufe können zwischen einer 5-km- und einer 10-km-Strecke wählen. Für Kinder bis 9 Jahre gibt es den kostenlosen Struwwelpeterlauf.

▶ Sie sitzt direkt an der Quelle: die Kelterei Heil, die sich für ihre Produktion zu einem beträchtlichen Teil aus der Ernte der Taunus-Streuobstwiesen bedient. Darüber hinaus stellt der Betrieb ein ganzes Sortiment von Getränken her, die aus den Früchten fernerer Gegenden stammen – egal ob Orangen-, Zitronen- oder Maracujasaft. Wie das im Einzelnen funktioniert, erfahrt ihr bei einem Rundgang über das Firmengelände. Unter sachkundiger Führung eines Mitarbeiters durchlauft ihr alle Stationen des Betriebs, vom Tanklager über das Labor und die Abfüllanlage bis hin zum Warenausgang. Besonders interessant ist ein Besuch im Herbst, wenn ihr mit einer kleinen Handkelter euren eigenen Apfelsaft herstellen könnt. Den Abschluss jeder Tour bildet eine Verkostung im Besucherraum, wo ihr die Gelegenheit habt, einige der etwa 70 verschiedenen Produkte zu probieren. Habt ihr schon einmal einen Apfelbaum gepflanzt? Eure Eltern oder Großeltern können jedes Jahr im

Hunger & Durst

Landsteiner Mühle, Landstein 1, direkt an der B275, Weilrod. ✆ 61276/346. landsteiner-muehle.de. Mo – Mi und Fr – So, Fei 12 – 24 Uhr. Das »weltweit erste« ApfelWeinBistrorant bietet Apfelweine aus aller Welt und leckere Rezepte aus der Region. Für Kinder gibt es Spätzle fürs Schätzle, Kanonenkugeln und Rote-Mönche-Teller.

Rezept für Kartoffelgulasch aus der Landsteiner Mühle

Zutaten: 4 kleine Kartoffeln, 1 Zwiebel, 1 Scheibe Fleischkäse, 40 g Margarine, klare Brühe, Paprika, Pfeffer, Salz.

▶ Margarine erhitzen; Zwiebel würfeln und kurz mitrösten, bis die Würfel goldgelb sind; geschälte, ebenfalls in Würfel geschnittene Kartoffeln dazugeben und schnell umrühren; mit der Brühe aufgießen und zugedeckt 20 Min köcheln lassen. In der Zwischenzeit Fleischkäse in Würfel schneiden und zum Schluss in das Kartoffelgulasch geben und erhitzen. Fertig – schmecken lassen!

Herbst einen Apfelbaum bei der Kelterei Heil bestellen (16 € pro Baum). Den dürft ihr dann auf eurem Grundstück einpflanzen. Durch diese jährliche Pflanzaktion konnten insgesamt schon fast 40.000 Bäume gepflanzt werden, die für Tiere und Pflanzen einen wichtigen Lebensraum bieten.

Antennen und Satelliten

Erdfunkstelle Usingen, 61250 Usingen. ✆ 06081/100-1000, Fax -1209. www.usingen.de. stadt@usingen.de. **Bahn/Bus:** Bus 59 und 65 bis Usingen Erdfunkstelle. **Auto:** L3063 zwischen Usingen-Wilhelmsdorf und B275 Usingen – Idstein. **Zeiten:** Besichtigung nach telefonischer Vereinbarung, nur für Gruppen mit Teilnehmern ab 15 Jahre (Schuljahrgangsstufe 10 und aufwärts). **Infos:** Besichtigungen auch über den DGB und die VHS, www.arbeit-und-leben-hochtaunus.de.

▶ Nur wenige Kilometer von Usingen entfernt stehen mitten im Wald auf dem Gelände eines ehemaligen Feldflugplatzes mehr als 100 bis 19 m große Antennen. Sie sorgen für die Übertragung von Millionen von Daten aus Rundfunk, Fernsehen und Internet via Satellit bis nach Amerika, Asien und ganz Afrika. Damit die Menschen in der Umgebung störungsfrei Radio hören, fernsehen und mit ihren Gesprächspartnern auf der ganzen Welt telefonieren können, werden von der Erdfunkstelle aus außerdem rund um die Uhr die Übertragungswege für die modernen Kommunikationsmedien überwacht.

Wie das im Einzelnen funktioniert, erfahrt ihr bei einer Besichtigung der Anlage, die etwa 2 Stunden dauert. Sie beginnt im Presse- und Informationszentrum mit einem Vortrag und einem Videofilm, bei denen die Aufgaben der Erdfunkstelle ausführlich vorgestellt werden. Daran schließt sich ein Rundgang durch das Gelände an, bei dem ihr unter anderem auch einen Blick auf das Kontrollzentrum werfen und die Antennenschüsseln aus der Nähe bestaunen dürft.

Die Erdfunkstelle Usingen ist weltweit eine der größten Anlagen für Satellitenkommunikation. 150 Beschäftigte arbeiten hier für die Media Broadcast GmbH, die der französischen Télédiffusion de France (TDF)-Gruppe gehört; www.media-broadcast.com.

Turmbesteigung auf der Burg Altweilnau

Kultur- und Förderkreis Burg Altweilnau e.V., 61276 Weilrod-Altweilnau. ✆ 06083/940280, Fax 940281. www.altweilnau.de. kfk@altweilnau.de. **Bahn/Bus:** RMV-Bus 50, 82. **Auto:** An der B275 Usingen – Wiesbaden. **Zeiten:** April – Okt täglich. **Preise:** Eintritt frei.

▶ Nach einer der Wanderungen durch das Weiltal könnt ihr in der ⤢ **Landsteiner Mühle** einkehren, euren Verdauungsspaziergang anschließend hinauf zur **Burg von Altweilnau** unternehmen. Von der Anlage stehen heute noch einige bis zu 2,65 m dicke Mauerreste und der Turm. Nach dem Aufstieg seht ihr von seiner Krone aus den benachbarten Torturm, der früher ebenfalls zur Stadtbefestigung von Altweilnau gehörte. Außerdem habt ihr hier einen sehr schönen Blick auf den Ort und das Weiltal. Der Kultur- und Förderkreis Burg Altweilnau organisiert besondere Veranstaltungen für Kinder auf der Burg, zum Beispiel Puppentheater oder Märchenstunden.

Museen und Dorfbesichtigungen

Dorf und Schloss Kransberg

BGSK – Betriebsgesellschaft Schloss Kransberg GmbH, Wilhemjstraße 1, 61250 Usingen-Kransberg. ✆ 06081/1024-0, Fax 1024-9032. www.usingen.de. stadt@usingen.de. **Bahn/Bus:** R15, RMV-Bus 64 und 62. **Auto:** K728 von Wehrheim-Pfaffenwiesbach oder B275 Bad Nauheim – Usingen bis Abzweig Kransberg.

▶ Eure Familie hat auf einem Ausflug zur Lochmühle, zu Hessenpark, Kapersburg oder Eschbacher Klippen noch ein wenig Zeit übrig? Dann solltet ihr unbedingt einen Abstecher zu dem verträumt im Tal des Wiesbaches gelegenen Örtchen Kransberg unternehmen. Zum gleichnamigen Schloss führt ein kurzer, steiler Asphaltweg von der Hauptstraße hinauf. Leider ist die restaurierte Burganlage nicht öffentlich zugänglich. Dennoch lohnt der Blick vom Schlossberg aus

Einer Legende nach hat Kransberg seinen Namen von einem jungen, zahm gewordenen Kranich, den einst im Mittelalter die früheren Schlossherren auf der Jagd verletzt gefunden und gesund gepflegt hatten. Die Bewohner des Orts berichten, dass sie noch heute im Frühjahr und Herbst öfter Kranichschwärme auf ihrem Flug gen Norden und Süden beobachten können.

die Mühen des Aufstiegs. Außerdem gibt es hier oben ein in Deutschland einmaliges Naturdenkmal zu sehen: eine vor mehr als 300 Jahren angepflanzte Hainbuchenallee! Von der Rückseite des Schlosses aus kann man unter den Bäumen in gerader Linie bis

 Motorisierte Ausflügler können bis zu den Parkplätzen an der Gaststätte hinterm Schloss fahren.

▶ Als 1618 der Dreißigjährige Krieg ausbrach, in dem sich damals die Anhänger der katholischen und evangelischen Konfession bekämpften, besaß **Wehrheim** schon seit fast 350 Jahren die Stadtrechte.

HEXENWAHN IM TAUNUS

Um den ganzen Ort lief eine Stadtmauer, sie hatte zwei Stadttore und mindestens zwei Türme. Im Turm am damaligen Obertor wurden in den folgenden Jahren, in der Zeit zwischen 1633 und 1688, öfter Gefangene festgehalten, die dort auf ein düsteres Schauspiel warteten: die Anklage als **Hexe** in einem Prozess ohne Verteidiger, währenddessen sie – falls sie ihre angeblichen Verbrechen leugneten – oft gefoltert wurden.

35 Prozesse wurden in dieser Zeit geführt und fast alle endeten mit Todesurteilen. Pestepedemien und die Verwüstungen des Krieges hatten die Bevölkerung von Wehrheim dezimiert, Brandkatastrophen viele Bewohner um ihre Häuser und ihre Existenz gebracht. In ihrer Not suchten die Menschen nach Sündenböcken, denen sie die Schuld für ihre verzweifelte Lage zuschieben konnten. Sie fanden sie in Menschen, die besondere Eigenschaften oder Fähigkeiten besaßen, die sich nicht in das Gemeinschaftsleben einfügen wollten, die schon immer als Sonderlinge galten – und verdächtigten sie als Hexen, die, mit dem Teufel im Bund, angeblich ihr Unglück herbeigeführt hätten.

Die Chronisten Wehrheims nennen den damaligen **Hexenwahn** ein besonders dunkles Kapitel der Stadtgeschichte, wobei die Bewohner des Ortes nicht schlechter waren als viele ihrer Zeitgenossen. In anderen hessischen Gemeinden fanden zur selben Zeit ebenfalls Prozesse gegen angebliche Hexen statt, die danach häufig hingerichtet wurden. Der Wehrheimer Turm, in dem die Angeklagten ihren Verfahren entgegensahen, ist inzwischen verschwunden. Geblieben ist das Wort von der »Hexenjagd«, das bis heute die Verfolgung Unschuldiger durch eine fanatische Gruppe von Menschen bezeichnet. ◀

Stadtinfos und Anfahrt Wehrheim ↗ Info & Verkehr.

zur am Berg oberhalb von Kransberg gelegenen Kreuzkapelle und wieder zurück spazieren (40 Min).

Leben auf dem Dorf: Der Hessenpark

Freilichtmuseum Hessenpark GmbH, Laubweg 5, 61267 Neu-Anspach. ✆ 06081/588-0, Fax 588-127. www.hessenpark.de. service@hessenpark.de. **Bahn/Bus:** Taunusbahn bis Wehrheim Bhf, von dort RMV-Bus 63. **Auto:** A5 Friedrichsdorf-Köppern Richtung Usingen/Wehrheim; A3 Bad Camberg Richtung Usingen/Bad Homburg, ausgeschildert. **Rad:** Vom Bhf Wehrheim ausgeschilderter, etwa 5 km geteerter Radweg ohne Steigungen über Wehrheim-Obernhain. **Zeiten:** März – Okt 9 – 18 Uhr, Nov – 1. Advent 10 – 17 Uhr, Dez – Feb Sa, So 10 – 17 Uhr, Einlass jeweils bis 1 Std vor Schließung. **Preise:** 6 €, in Gruppen ab 20 Pers 5 €; Kinder ab 6 Jahre 2,70 €; Familienkarte 12 €.

▶ Wie haben unsere Vorfahren auf dem Land in einer Zeit gelebt, als es kaum Maschinen, kein fließendes Wasser, keinen Strom und folglich noch kein Fernsehen gab? Begebt euch auf einen Rundgang über das Gelände dieses riesigen Freilichtmuseums – und ihr erhaltet eine Antwort auf diese Frage. In sieben Baugruppen haben die Museumsmacher mehr als 100 Originalgebäude aus unterschiedlichen hessischen Regionen errichtet und ihrer Zeit entsprechend mit Möbeln, Einrichtungsgegenständen und Werkzeugen bestückt: Zum großen Teil sind es Wohnhäuser, aber auch Werkstätten, ein Feuerwehrhaus, ein Postamt, mehrere Dorfkirchen und Scheunen oder zwei Synagogen sind wieder aufgebaut worden. Wie für viele hessische Dörfer üblich,

Über die Termine der Handwerksvorführungen, der Märkte und der Märchentage, die der Hessenpark anbietet, könnt ihr euch im jährlichen Veranstaltungskalender informieren. Direkt an der Museumskasse oder telefonisch nachfragen bzw. im Internet abrufen.

Landpartie-Tag im Hessenpark: Beim Fahrradrennen radeln die Kleinsten mit an der Spitze

© Freilichtmuseum Hessenpark, Foto: Christiane Solzer

überwiegen Fachwerkbauten. Sie wurden oft zu ganzen Hofanlagen zusammengestellt oder um einen Marktplatz gruppiert. Dadurch erhaltet ihr immer wieder das Gefühl, wirklich durch ein ganzes Dorf zu laufen. Im **Eindachhof** (Baugruppe Mittelhessen H – Lahn-Dill-Ohm), der

© Freilichtmuseum Hessenpark, Foto: Sibylle Rieder

aus dem nordhessischen Heskem hierher verpflanzt wurde, findet ihr beispielsweise eine alte Herdstelle mit den typischen Gerätschaften, die die bäuerlichen Hausfrauen zum Kochen benutzten. Im **Haus aus Runkel-Schadeck** (Baugruppe A – Marktplatz) wurde ein Laden eingerichtet, der das typische Sortiment eines Krämers aus den 1950er Jahren zeigt – mit Lebkuchen in Blechdosen, einer Waage zum Abwiegen loser Ware wie Mehl und Erbsen oder den Bonbongläsern, aus denen die Verkäuferin die süßen Köstlichkeiten für die Kinder einzeln abgezählt herausholte. Interessant sind die **Werkstätten,** die sich über das ganze Gelände verteilen: In regelmäßigen Vorführungen zeigen Seiler, Blechschmied, Korbmacher, Bäcker, Steinmetz, Küfer oder Blaufärber handwerkliche Arbeitstechniken, wie sie noch vor wenigen Generationen allgegenwärtig waren.

Auf den Feldern zwischen den Gebäuden wachsen Roggen, Dinkel, Weizen, Klee, Hafer und Hopfen. An der Westseite der Baugruppe Mittelhessen H dreht sich das Rad eines **Hammerwerks,** in dem früher Eisen verarbeitet wurde. Ein Stück weiter am Waldrand dampft mehrere Wochen im Jahr der **Meiler** eines Köhlers vor sich hin – in früheren Zeiten oft das einzige »Kraftwerk«, aus dem sich unsere Vorfahren mit Brennstoff bedienten.

Landwirtschaft in Echt: Im Hessenpark geborene Ferkel

Hunger & Durst

Zum Adler, im Hessenpark, Neu-Anspach. ℡ 06801/5515. www.wirtshaus-im-hessenpark.de. Mo – Fr 11 – 18, Sa, So 11 – 20 Uhr. Wie wär's mit hessischen Spezialitäten wie Quetschesupp', Schmierkäs wie bei Muttern (mit Schnittlauch angemachter Quark mit Quellkartoffeln) oder gebackenen Scheppklös' (aus Griesbrei mit Äpfeln, dazu Schmandsoße)?

147

BÜHNE, LEINWAND & AKTIONEN

Bing und Breuer, Klaubergasse 5 – 9, Usingen. ✆ 06081/ 2884. Neben Fahrrädern gibt es hier auch Skateboards, Roller, Inlineskates und Spielwaren zu kaufen.

@ Infos zu Tieren, Spiele und Basteltipps sowie neue Bücher werden auf der Internetseite www.kidsweb.de vorgestellt.

Ferienprogramm und Lesestoff

Ferienspiele der Stadt Usingen

Stadtverwaltung Jugendpflege, Wilhelmjstraße 1, 61250 Usingen. ✆ 06081/10240, www.usingen.de. stadt@usingen.de. **Preise:** 1. Kind 60 €, 2. Kind 40 €, 3. Kind kostenfrei. **Infos:** Anmeldung nur im Bürgerbüro, nicht telefonisch möglich.

▶ Für Kinder und Jugendliche von 9 bis 13 Jahre bietet die Stadt in den Sommerferien ein zweiteiliges Programm an: eine Woche mit Aktivitäten in und um Usingen, zum Beispiel mit einem Besuch beim Revierförster, und eine weitere Woche mit einer Fahrt auf eine Freizeit in ein Jugendcamp oder -gästehaus.

Stadtbücherei Usingen

Siglinde Hofmann-Kreutz, Marktplatz 23, 61250 Usingen. ✆ 06081/16444, www.usingen.de. hofmann-kreutz@stadtbuechereiusingen.de. **Lage:** Hugenottenkirche. **Bahn/Bus:** ↗ Usingen. **Zeiten:** Mo, Fr 15 – 18, Di 10 – 13, 17 – 19, Mi 10 – 13 Uhr.

▶ Im Gesamtbestand finden lesehungrige Kinder und Jugendliche 6000 Titel speziell für ihr Alter, dazu etwa 700 CDs, CD-ROMs, DVDs. Ein Platz für das Surfen im Internet steht zur Verfügung. Viermal im Jahr gibt es eine Puppentheateraufführung.

Gemeindebücherei Neu-Anspach

Konrad-Adenauer-Straße 2, 61267 Neu-Anspach. ✆ 06081/946976, www.neu-anspach.de. Stadtbuecherei@neu-anspach.de. **Bahn/Bus:** ↗ Neu-Anspach. **Zeiten:** Di 10 – 13, Mi 13 – 14.30, 17 – 19, Fr 15 – 18 Uhr, Sa 10 – 12 Uhr.

▶ Innerhalb des Gesamtbestandes gibt es hier etwa 4500 Kinder- und Jugendbücher. Außerdem können CDs, DVDs und Spiele ausgeliehen werden. Verschiedene Veranstaltungen für Kinder am Nachmittag, z.B. monatliche Vorlesestunden, Bastelnachmittage und Bücherflohmärkte.

Gemeindebücherei Wehrheim

Frau Rasch, Am Bürgerhaus, 61273 Wehrheim.
✆ 06081/5891010, www.wehrheim-taunus.de. gemeinde@wehrheim.de. **Bahn/Bus:** RMV-Bus 64 bis Wehrheim Obernhainer Weg. **Zeiten:** Di 16 – 18, Fr 10.30 – 11.30 Uhr.

▶ Im Bestand sind Printmedien für Kinder und Jugendliche. Auch für das jüngste Lesealter ist viel Interessantes vorhanden. Die Bücher können für vier Wochen ausgeliehen werden.

Feste & Märkte

Laurentiusmarkt in Usingen

Bahn/Bus: ↗ Usingen. **Zeiten:** 2. Wochenende im Sep.
▶ Früher ein traditioneller ländlicher Markt, heute eine Kombination aus Krammarkt, Kirmes und Kreistierschau. Termin ist jeweils das 2. Septemberwochenende. Dann mischen sich auf den Plätzen Usingens das Gewieher, Gemuhe und Geblöke der ausgestellten Pferde, Kühe oder Schafe mit den Rufen der Händler und dem Gebimmel der Karussells.

Apfelblütenfest in Wehrheim

Bahn/Bus: ↗ Wehrheim. **Auto:** B 456 Bad Homburg – Usingen bis Abfahrt Wehrheim, über Hauptstraße bis zur Rodheimer Straße. **Rad:** Mit dem Rad etwa 5 Min vom Bhf. **Zeiten:** 1. Wochenende im Mai. **Info:** www.wehrheim-taunus.de.

▶ Am ersten Wochenende im Mai findet im **Ludwig-Bender-Freibad** das Apfelblütenfest der Gemeinde Wehrheim statt. Ihr könnt die Inthronisation der Apfelblütenkönigin erleben. Außerdem gibt es ein buntes Rahmenprogramm mit vielen Attraktionen auch für die kleinen Gäste.
Ende Sep könnt ihr in einer großen gemeinsamen Aktion Äpfel von den Gemeindeobstbäumen pflücken und Saft oder Marmelade daraus machen.

Inthronisation
bezeichnet die Zeremonie, mit der früher ein neuer Monarch oder ein Papst in sein Amt eingeführt wurde. Hier wird eine neue Apfelkönigin durch die Inthronisation in ihr neues Amt eingeführt.

Bratäpfel backen: Entfernt mit einem Ausstecher das Kerngehäuse, ohne den Apfel zu halbieren. Nun in jeden Apfel zwei Dominosteine stecken und eine Butterflocke daraufgeben. Die Äpfel in eine feuerfeste Form stellen und für etwa 25 Min in den vorgeheizten Backofen bei 180 Grad backen. Anschließend mit Puderzucker bestreuen. Genießen.

Pflasterfest Altweilnau

Kultur- und Förderkreis Altweilnau e.V., 61276 Weilrod-Altweilnau. ✆ 06083/940280. www.altweilnau.de.
Bahn/Bus: RMV-Bus 50, 82. **Auto:** An der B275 Usingen – Wiesbaden. **Zeiten:** 3. Aug-Wochenende.

▶ Mittelpunkt des Dorffestes mit Axt- und Lanzenwerfen auf der Burg am Samstag und dem sonntäglichen Auftritt der Märchenfrau in der Burg bildet der **Pflasterfestlauf** mit eigenem Wettbewerb für Jugendliche.

Adventsmarkt im Hessenpark

Bahn/Bus: ↗ Hessenpark. **Zeiten:** 1. Adventswochenende Sa und So 11 – 19 Uhr.

▶ Am 1. Adventswochenende verwandelt sich der Marktplatz des Freilichtmuseums Hessenpark in eine vorweihnachtliche Kulisse. Es gibt zahlreiche Stände mit Kunsthandwerk sowie mit Speisen und Getränken. Für Kinder wird ein buntes Rahmenprogramm mit Musik und Attraktionen geboten.

FESTKALENDER NATURPARK HOCHTAUNUS

Mai:	1. Wochenende, Wehrheim: **Apfelblütenfest.**
Juni:	Ende des Monats, Weilmünster: **Märchentag und Sommersonnwendfeier,** Märchennacht, kleiner Markt, Kindertheater.
August:	Mitte des Monats, Usingen: **Schlossgartenfest.**
	3. Wochenende, Altweilnau: **Pflasterfest.**
September:	1. Wochenende, **Apfelversteigerung** in Wehrheim.
	2. Wochenende, Usingen: **Laurentiusmarkt,** traditioneller ländlicher Markt mit Kirmes und Kreistierschau.
Oktober:	Anfang des Monats, Neu-Anspach: **Ernte- und Apfelfest mit Herbstmarkt.**

LAHN & HINTERTAUNUS

N

12 km

45 · GIESSEN

Wetzlar

Lahn & Hinter-
taunus

Weilburg

Butzbach

48

3

5

KOBLENZ

Diez

Limburg

Naturpark
Hochtaunus

Bad Ems

Bad
Camberg

Bad Homburg &
Friedrichsdorf

Unterlahn &
NP Nassau

Limburg &
Mitteltaunus

Rund um den
Feldberg

Königstein

Bad
Vilbel

661

Kester

Bad
Schwalbach

3

Ober-
Ursel

Taunus-
vorland

FRANKFURT

WIESBADEN

66

3

61

Rüsselsheim

60

MAINZ

63

SÜDLICHER TAUNUSRAND

BAD HOMBURG & FRIEDRICHSDORF

RUND UM DEN FELDBERG

NATURPARK HOCHTAUNUS

LAHN & HINTERTAUNUS

LIMBURG & MITTELTAUNUS

UNTERLAHN & NATURPARK NASSAU

INFO & VERKEHR

FERIENADRESSEN

KARTEN & REGISTER

Sie hat gelegentlich etwas Geringschätziges: die Bezeichnung Hinter-Taunus, die sowieso nur aus der Sicht vom Süden, von der Rhein-Main-Ebene her, ihre Berechtigung hat. Doch die Bewohner der Region nehmen's gelassen – und verbuchen es eher als Vorteil, dass es bei ihnen ein wenig ruhiger zugeht als nah beim betriebsamen Frankfurt.

Das Lahntal zwischen Limburg und Wetzlar mit dem östlichen Hintertaunus präsentiert sich besonders abwechslungsreich, denn hier gesellen sich zu Wanderern und Radlern auch die Wassersportler. Auf Schritt und Tritt stößt man zudem auf Zeugnisse aus der noch gar nicht so lange zurückliegenden Vergangenheit der Region als Bergbaurevier.

Unterirdisch geht es auch in der Kubacher Kristallhöhle zu, wo ihr 70 m unter der Erde Perltropfsteine und Kristalle sehen und spannende Geschichten vom Teufel hören könnt.

Geschichte zum Anfassen und Staunen gibt es in Wetzlar, der Hessentagsstadt 2012 mit ihrer schönen Altstadt und dem Geburtshaus von Goethes Jugendliebe Charlotte Kestner sowie in den ehemaligen Residenzstädten Braunfels und Weilburg mit ihren Schlössern zu erfahren.

Frei- und Hallenbäder

Freibad Domblick Wetzlar

Karl-Kellner-Ring, 35576 Wetzlar. ✆ 06441/995710, Fax 995704. www.wetzlar.de. kontakt@enwag.de. **Lage:** Eingang Lahngalerie zwischen der Einkaufsmeile am Karl-Kellner-Ring und dem Lahnufer. **Bahn/Bus:** mit fast allen Wetzlarer Stadtbuslinien erreichbar, Haltestelle direkt vor dem Freibad. **Auto:** Nach Wetzlar über A45, B49, B227, in Wetzlar-Innenstadt (Eingang Lahngalerie), Parkplätze am Karl-Kellner-Ring. **Zeiten:** Mitte Mai – Mitte Sep täglich 10 – 19 Uhr, Ende Juni – Anfang Aug 8 – 19 / 20 Uhr, Kassenschluss 1 Std vor

OBER- UND UNTER-IRDISCH GUT: ÖSTLICHER HINTER-TAUNUS

Taunusklub e.V. und LVA Hessen: *Taunus – Östlicher Teil.* Topografische Freizeitkarte 1:50.000, ISBN 978-3894463083, 7 €.

TIPPS FÜR WASSER-RATTEN

TschuTschuu: Unterwegs mit dem Kleinbahnzug FGF der Grube Fortuna

Der gesonderte Eltern-Kind-Bereich macht das Freibad Domblick gerade für Familien mit kleineren Kindern zu einem besonderen Anziehungspunkt.

Ende. **Preise:** 2,50 €, Saisonkarte 55 €; Kinder, Jugendliche 5 – 18 Jahre 1,50 €, Saisonkarte 40 €; Familienkarte 3 Pers 5 €, 4 Pers 6,50 €, 5 Pers 8 €, jedes weitere Kind 1 €. Saisonkarte Familie 3 – 5 Pers 80 €.

▶ Das Wetzlarer Freibad besitzt ein großes Schwimmerbecken mit 1-m-Brett und 3-m-Sprungturm und ein Nichtschwimmerbecken mit Breitwellenrutsche. Zu beiden Becken existieren behindertengerechte Zugänge. Das Kinderbecken ist mit zwei Breitrutschen und Wasserpilz mit Schwalldusche versehen. Kinder haben ihre Freude an der Spielanlage mit Sandaufzug, Schiffssteuerrad, Herd, Kaufladentheke und Matschtisch. Die Liegewiesen bieten Volleyballnetz, Basketballkorb, Tischtennisplatte und Kletterwand. Zu den Badefreuden kommt noch die schöne Aussicht auf die Altstadt und den Dom.

Europabad Wetzlar

Frankfurter Straße 86, 35578 Wetzlar. ✆ 06441/995700, Fax 995704. www.wetzlar.de. kontakt@enwag.de. **Lage:** Am Europapark. **Bahn/Bus:** Bus 12 (ab Bhf Wetzlar, Richtung Büblingshausen Krankenhaus). **Auto:** In ↗ Wetzlar Richtung Butzbach, Parkplätze am Europabad. **Zeiten:** Mo 15 – 22, Di – Fr 8 – 22, Sa 8 – 18, So 9 – 13 Uhr, Kassenschluss 1 Std vor Ende, in den Sommerferien geschlossen. **Preise:** 3 €, 10er-Karte 27 €, 30er-Karte 72 €, 50er-Karte 105 €, Jahreskarte 185 €; Kinder, Jugendliche 5 – 18 Jahre 2 €, 10er-Karte 18 €, 30er-Karte 48 €, 50er-Karte 70 €; Familien mit Kindern bis 18 Jahre Jahreskarte 180 €.

Spielnachmittage für Kinder, Okt – März Sa 14 – 16 Uhr (Termine im Internet), Schwimmkurse für Kinder ab 6 Jahre.

▶ Große Glasfronten sorgen dafür, dass die Halle gut mit Tageslicht versorgt ist. Die Einrichtung ist großzügig und behindertengerecht. Das Schwimmerbecken von 50 x 21 m und mit 8 Bahnen hat olympische Ausmaße. Im Nichtschwimmerbecken kann man mit Massagedüsen und Schwalldusche entspannen, außerdem gibt es ein Planschbecken. In der wärmeren Jahreszeit kann sogar eine Liegewiese genutzt werden.

Frei- und Hallenbad Solmser Land

Am Schwimmbad, 35606 Solms-Burgsolms. ✆ 06441/
211618, Fax 926888. www.solms.de. stadtverwal-
tung@solms.de. **Bahn/Bus:** RMV-Bus 120 (Mo – Fr),
5403, Stadtbus 15 bis Hüttenplatz; vom Bhf 15 Min
Fußweg. **Auto:** B49 Wetzlar – Limburg, Abfahrt Solms
Richtung Burgsolms. **Rad:** Vom Lahnradweg via Bahn-
hofsallee, Brückenstraße, Hüttenplatz, Buderusstraße
und Am Schwimmbad. **Zeiten:** Freibad Ende Mai – Anfang Sep Mo – Fr 10 – 19 Uhr, Sa, So, Fei 9 – 19 Uhr in
den Sommerferien bis 20 Uhr; Hallenbad Sep – Mai Di,
Do 14 – 21, Mi, Fr 6 – 21, Sa 11 – 18, So 8 – 14 Uhr.
Preise: 3,50 €, 10er-Karte 30 €, Saisonkarte Freibad
70 €, Saisonkarte Hallenbad 120 €, Jahreskarte 150 €;
Kinder 7 – 18 Jahre: 2,50 €, 10er-Karte 20 €, Saisonkarte Freibad 50 €, Saisonkarte Hallenbad 80 €, Jahreskarte 100 €; Familiensaisonkarte Freibad 140 €;
Familiensaisonkarte Hallenbad 260 €; Familienjahreskarte 350 €; Solmser Bürger erhalten 10 % auf Jahreskarte bei Vorlage des Personalausweis; Schwerbehinderte ab 50% Behinderungsgrad Preise wie Kinder.

 Kurse im Hallen-
bad Sep – Mai:
Kinderwassergewöh-
nung für Säuglinge,
Schwimmkurse für Kin-
der ab 6 Jahre, Aquajog-
ging und Spielenachmit-
tage.

▶ Das ganze Jahr über sind hier Badefreuden garantiert: wenn es kühl ist, in der Halle, wenn es warm
ist, im Freien. In der Halle befindet sich ein 25 x
10 m großes Becken, das Wasser ist 30 Grad warm.
Im Freien könnt ihr dagegen zwischen Schwimmer-
und Nichtschwimmerbecken mit Sprudlern und Fontänen wählen. Es gibt hier auch ein separates
Sprungbecken mit 3-m-Turm und Großrutsche. Und
die ganz Kleinen können sich in einem Planschbecken tummeln. Ansonsten sind Liegewiese, Kinderspielplatz, Volleyballfeld, Tischtennis, Kiosk und
Gaststätte zu erwähnen.

Freibad Braunfels

Philippsteiner Straße, 35619 Braunfels. ✆ 06442/
6015, www.braunfels.de. touristinfo@braunfels.de.
Bahn/Bus: RMV-Bus 182 bis Braunfels, St. Georgen.
Auto: Auto ↗ Braunfels. **Zeiten:** Mai – Sep Mo, Mi, Fr

Hunger & Durst

Brauhaus Obermühle, Gebrüder-Wahl-Straße 19, Braunfels. ✆ 06442/4382. www.obermuehle-braunfels.de. Di – Sa ab 17, So ab 11 Uhr. Hier gibt es hessische Küche, Wild, Geflügel. Biergarten und Kinderspielplatz am Haus.

 Kreishallenbad Weilburg, Bahnhofstraße, www.kreishallenbad-weilburg.de. Mo – Mi 15 – 21.15, Do 12.30 – 17, Fr 12.30 – 18, Sa 10 – 18, So, Fei 8 – 12 Uhr. 2,60 €, 10er-Karte 21 €, Jahreskarte 125 €; Kinder 3 – 17 Jahre 1,60 €, 10er-Karte 13 €, Jahreskarte 85 €. Im 25-m-Becken ist ein Bereich für Nichtschwimmer abgegrenzt. Für Kinder ab 5 Jahre werden Schwimmkurse angeboten.

9 – 19, Di, Do 7 – 19, Sa, So 10 – 19 Uhr, Kassenschluss 18.30 Uhr. **Preise:** 3 €, 10er-Karte 25 €, Jahreskarte 60 €; Kinder 6 – 16 Jahre 2 €, 10er-Karte 12,50 €, Jahreskarte 30 €; Familienjahreskarte 90 €.

▶ Das Freibad Braunfels bietet alles, was das Wasserrattenherz begehrt: ein Edelstahlbecken mit Schwimmer- und Nichtschwimmerbereich, einen Sprungturm sowie einen Eltern-Kind-Bereich mit Planschbecken. Auf der Liegewiese wird es auch bei großem Besucherandrang nicht zu eng, etwas rar sind allerdings schattige Plätze. Für durstige Seelen und Leckermäuler hält ein Kiosk am Eingang alles Notwendige bereit.

Freibad Bermbach

Schwimmbadstraße, 35781 Weilburg-Bermbach. www.weilburg.de. info@weilburg.de. **Bahn/Bus:** Von ↗ Weilburg RMV-Bus 660. **Zeiten:** Mai – Sep täglich 14 – 19 Uhr. **Preise:** 2 €; Kinder bis 16 Jahre 0,80 €.

▶ Die Bermbacher haben ihr Freibad 1960 in Eigenarbeit anstelle des alten, nicht mehr benötigten Löschteiches geschaffen. Zur Ausstattung des neu sanierten Minibades gehören ein 15 x 15 m messendes Becken mit Schwimmer- und Nichtschwimmerbereich sowie eine 200 qm große Liegewiese mit einem Kinderspielplatz.

Freibad Weinbach

Weiherstraße 17, 35796 Weinbach. ✆ 06471/41863, 943015, Fax 943023. www.weinbach.de. arminlehwalder@gemeinde-weinbach.de. **Bahn/Bus:** Mo – Sa RMV-Bus 671. **Auto:** B456 Usingen – Weilburg, B49 Wetzlar – Limburg, Ortseingang aus Richtung Freienfels. **Zeiten:** Mitte Mai – Sep Mo – Fr 10 – 20, Sa, So, Fei 10 – 19 Uhr. **Preise:** 2,80 €, 10er-Karte 23 €, Jahreskarte 40 €; Kinder 6 – 15 Jahre 1,30 €, 10er-Karte 11 €, Jahreskarte 22 €; Familiensaisonkarte 75 €.

▶ Freunde des nassen Elements machen in den Sommermonaten hier gern Station. Während sich ausgewachsene Wasserratten im solarbeheizten Edelstahlbecken oder am Sprungturm vergnügen, versammeln sich Familien mit ihrem Nachwuchs am liebsten um das Planschbecken, den Sandkasten oder die Spielgeräte. Spätestens ab Mittag werden dann auch die Schlangen vor dem Kiosk länger, wenn es gilt, sich mit dem obligatorischen Vorrat an Eis, Süßigkeiten und Getränken zu versorgen.

 Das Schwimmbad bietet Kinderschwimmkurse ab 6 Jahre an.

Wassersport auf der Lahn

Lahntal Tourismus Verband e. V., Brückenstraße 2, 35576 Wetzlar. ✆ 03212/07000/5239508, Lahntal, Fax 1239508. www.daslahntal.de. info@daslahntal.de.
▶ Die Lahn hat sich in den letzten Jahren zu einem heiß begehrten Tummelplatz der Paddler, Kanuten und Kanadierfahrer entwickelt. Das gilt vor allem auch für den rheinland-pfälzischen Flussabschnitt Diez – Oberlahnstein. Die Tourist-Info hält eine Liste mit Ein- und Ausstiegsorten sowie Tipps zu Bahnhöfen, Bushaltestellen, Gaststätten in Lahnnähe, preisgünstigen Übernachtungsmöglichkeiten für Lahnpaddler bereit.

Wie man sieht: Paddeln auf der Lahn ist auch für Anfänger möglich

©dzt

Bootsverleih Rotana Touristik

Talstraße 1, 35606 Solms. ✆ 06442/23332, Fax 22723. www.rotanatouristik.de. rotana@t-online.de. **Bahn/Bus:** ↗ Solms, Zeltplatz Schooleck. Lahntalbahn bis Leun-Lahnbhf (eignet sich auch für Fahrten zwischen dem Einstieg am Schooleck und der Ausstiegsstelle). **Auto:** B49 Wetzlar – Limburg, Abfahrt Solms, Richtung Burgsolms zwischen Bahnlinie und Fluss bei Lahn-km 23. **Preise:** 1er-Boot 31 €, 2er-Boot 42 €, 3er-Boot 49 €, 4er-Boot 53 Euro.

▶ Der Verleih vermietet Kajaks (1er- bis 3er-) und Kanadier (2er- bis 4er-). Er hat seine Basis auf dem Zeltplatz Lahnblick in Solms Schooleck, ↗ Ferienadressen.

Bootsverleih Robin Tours

Kanubasis & Zeltplatz Schooleck, 35606 Solms-Burgsolms. ✆ 06442/922888, Fax 240096. www.robin-tours.de. info@robintours.de. **Bahn/Bus:** Lahntalbahn bis Leun-Lahnbhf (eignet sich auch für Fahrten zwischen dem Einstieg am Schooleck und der Ausstiegsstelle). **Auto:** B49 Wetzlar – Limburg, Abfahrt Solms, Richtung Burgsolms zwischen Bahnlinie und Fluss bei Lahn-Km 23. **Zeiten:** Mitte April – Ende Sep. **Preise:** Kanutagestour 16 € pro Person, Kanu Tagestour mit Grillplatznutzung und Zeltübernachtung in Robin's Aktiv Camp in Solms 22.50 € pro Person; Kanutagestour 13 € pro Person, Kanutagestour mit Grillplatznutzung und Zeltübernachtung in Robin's Aktiv Camp in Solms 18,50 € pro Person.

▶ Die Boote werden gegen einen Aufpreis zu beliebigen Startplätzen gebracht und auch vom Ziel abgeholt. Nach Beendigung der Tour braucht ihr das Boot nur an die vereinbarte Abholstelle zu legen, aber nicht auf Robin Tours zu warten. Auf den Hauspaddelstrecken, darunter auch Solms-Schooleck – Löhnberg oder Ahausen, wird täglich ein Bustransfer angeboten. Die Basis befindet sich auf dem Zeltplatz Schooleck. Ihr könnt dort auch übernachten.

Bootsverleih Residenztours

Lahnstraße 2, 35781 Weilburg. ✆ 06471/922725, Fax 922726. www.residenztours.de. ResidenzTours@googlemail.com. **Bahn/Bus:** ↗ Weilburg. **Preise:** 2er-Kanu/Kajak 37 €, 3er-Kanu 44 €, 4er-Kanu für 2 Kinder und 1 Erw 49 €, 4er Kanu groß 54 €, 10er-Kanu 128 €, Bootstransport inklusive; Angebote für Vereine und Jugendgruppen ab 15 Pers auf Anfrage, wechselnde Pauschalangebote auf der Internetseite.

▶ Im Angebot sind neben kompletten Standardtouren Kanadier und Kanus für ein- und mehrtägige Touren auf Strecken nach eigener Wahl. Der Transport der Boote ist im Preis bereits inbegriffen. Der Bootsverleih bietet auch die Vermietung von Fahrrädern an. Auf Wunsch gibt es auch einen Rückholservice für die Räder.

Paddeltouren auf der Lahn

FMG Weilburg, Tourist-Information Weilburg, Mauerstraße 6 – 8, 35781 Weilburg. ✆ 06471/31467, 31473, Fax 7675. www.weilburg.de. tourist-info@weilburg.de. **Lage:** Einstiegsstelle ist der Bootsverleih an der Bahnhofstraße. **Bahn/Bus:** ↗ Weilburg. **Preise:** Kajaks und Kanadier für 1 – 10 Pers, Preisstaffel 18 €/21 € (Tagestour Mo – Do bzw. Fr – So im 1er-Kajak) bis 42 €/45 € (Tagestour 4er-Kanadier. Mo – Do bzw. Fr – So) bzw. 140 € (10er-Kanadier 1 Tag). Hin- und Rücktransport der Boote ab 20 €. Aktivangebote, Sonderangebote für Gruppen ab 16 Pers, Pauschalen für mehrtägige Touren inkl. Übernachtung.

▶ Egal ob flussaufwärts Richtung Wetzlar und Gießen oder gen Westen bis Runkel, Limburg oder Lahnstein: Weilburg ist der ideale Ausgangspunkt für einen Lahnausflug auf dem Wasser. Anfänger, die das erste Mal in ein Kajak oder einen Kanadier steigen, entscheiden sich am besten für eine Tagestour. Sie können zunächst lahnaufwärts fahren und den Umgang mit ihrem Boot lernen, wenden und nach der Durchquerung des Weilburger Schiffstunnels so weit

Alle Boote, die mit Paddeln bewegt werden, heißen Kanu. Es gibt Kajaks, die sind ringsrum geschlossen, an der Sitzluke abgedichtet und werden mit einem Doppelpaddel bewegt. Kanadier hingegen sind offen und man benutzt ein Stechpaddel, um vorwärts zu kommen.

Hunger & Durst

Restaurant Bürgerhof, Bogengasse 8, Weilburg. ✆ 06471/7997. www.buergerhof-weilburg.de. Mi – Mo 11.30 – 14.30 und ab 18 Uhr. Mit Gartenlokal. Hauptgerichte ab 9 €, Kindergericht Biene Maja (Schnitzel mit Pommes und Salat) 5,50 €.

Der Verleih vermietet auch 1er- und 2er-Kajaks, 2er-, 3er- und 10er-Kanadier sowie 4er- für Familien ein- und mehrtägige Touren. Buchung über ↗ Tourist-Information Weilburg.

In Diez hat der Paddeltour-Veranstalter einen weiteren Posten, an dem geliehene Boote abgeholt werden können.

paddeln, wie sie möchten. Geübte Paddler können auch an mehreren Tagen den Fluss befahren und dabei Einstiegs- und Ausstiegspunkt selbst bestimmen – die Boote werden hingebracht und auch wieder abgeholt.

Tret- und Ruderbootfahrten in Weilburg

Fremdenverkehrs-Marketing GmbH Weilburg, Tourist-Information, Mauerstraße 6, 35781 Weilburg. ✆ 06471/31467, 2277, Fax 7675. www.weilburg.de. tourist-info@weilburg.de. **Lage:** Bootsverleih am Kreishallenbad. **Zeiten:** Mai – Sep. **Preise:** 4 € pro Person.
▶ Alle, die nur einmal ganz kurz Lahnwasser schnuppern wollen, können hier Ruder- und Tretboote für Kurztouren leihen. Eine halbe Stunde reicht übrigens aus, um einmal zum Schiffstunnel hin- und zurückzufahren. Und das ist ein spannendes Erlebnis.

Lahntours Aktivreisen

Campingplatz Runkel, Auf der Bleiche, 65594 Runkel. ✆ 06426/9280-0, Fax 9280-10. www.lahntours.de. info@lahntours.de. **Bahn/Bus:** Station der Lahntalbahn Gießen – Limburg; Bus LM 640, RMV 5410. **Auto:** B8, B49, in Limburg Richtung Runkel/Villmar. **Rad:** Am Lahntalradweg. **Zeiten:** April – Okt täglich. **Preise:** pro Person inklusive Rücktransfer im 2er- bzw. 3er-Kanadier 1 Tag 29,50 €, 2 Tage 59 €, 3 Tage 81 €, 4 Tage 98 €, jeder weitere Tag 16 €; Sa, So und Fei 4 € Zuschlag pro Person und Tag; Kinder bis 12 Jahre 60 % des Preises (für Familien gibt es ein 4er- oder 5er-Kanadier), Wochenende und Fei Aufschlag 4 € pro Person und Tag; Familiensonntag: pro Erw ein Kind kostenlos. **Infos:** Lahntalstraße 45, 35096 Roth. Zusätzlich zum Verleih Tourenprogramm für Familien mit Kindern und Jugendgruppen, teilweise mit Reisebegleitung, Termine und Preise auf Anfrage.
▶ Der **Campingplatz Runkel,** die Basis von Lahntours vor Ort, ist ein idealer Ausgangspunkt für ein- oder mehrtägige Paddeltouren auf der Lahn. Bis Lim-

burg sind es flussabwärts nur wenige Km – auf einem Stück, das noch einige leichte Stromschnellen aufweist. Hinter der Domstadt wird das Wasser merklich ruhiger. Ihr fahrt nun an den bewaldeten Berghängen des Taunus im Süden und des Westerwalds im Norden vorbei. Eine Eintagestour führt euch zum Beispiel bis Laurenburg zwischen Diez und Nassau. Von dort werdet ihr samt Boot wieder abgeholt. Das Gleiche gilt für Touren, bei denen ihr länger unterwegs seid und an einer anderen Stelle aussteigt. Selbstabholer können die Kanadier in Runkel aufs Auto packen und eine andere Einsstiegsstelle wählen. Sehr beliebt sind geführte Touren: eine 2-tägige Fahrt am Wochenende (Start samstags in Weilburg, in Runkel auf dem Campingplatz oder im Hotel) oder die Eltern-Kind-Wochentouren während der Sommerferien (in einer Gruppe von 15 – 20 Pers von Wetzlar – Obernhof, Ü in 2-Personenzelten).

© pmv, Foto: Alexander Kraft

Ein langer, ruhiger Fluss: Die Lahn von der Burg Runkel aus

Schiffstouren auf der Lahn

Mit der »Wilhelm von Nassau« von Weilburg nach Selters und zurück

Tourist-Information Weilburg, Mauerstraße 6 – 8, 35781 Weilburg. ✆ 06471/31467, 31473, Fax 7675. www.weilburg.de. tourist-info@weilburg.de. **Bahn/Bus:** ↗ Weilburg, Anlegestelle Ahäuser Weg an der Brauerei

Deutschlands einziger Schiffstunnel wurde im 19. Jahrhundert gebaut. Früher nutzten ihn auch große Schiffe, die den Fluss mit ihrer Ladung bis Wetzlar befuhren. Er ist 195,26 m lang, 5,60 m hoch und 5,60 m breit. Der Unterschied im Wasserspiegel zwischen Ein- und Ausfahrt beträgt 4,65 m. Dies wird durch eine Doppelkammerschleuse mit 3 Toren bewältigt.

Helbig. **Zeiten:** Mai – Sep Sa, So und Fei 14 Uhr oder als Vollcharter möglich, 50 Plätze, Dauer 2 Stunden. **Preise:** 10,50 €; Kinder bis 16 Jahre 6,50 €; Familienkarte für 2 Erw und 2 Kinder 21,50 €, in Gruppen ab 30 Pers 9 €. **Infos:** Kalte Getränke sind an Bord, Speisen vorbestellen.

▶ Es geht zunächst lahnaufwärts. Nach 3 km kommt ihr durch die **Schleuse von Löhnberg.** Das ist für Kinder ein ganz spannender Vorgang. Die Fahrt flussaufwärts führt bis Selters. Danach kehrt ihr wieder nach Weilburg zurück. Ganz am Schluss wird es richtig abenteuerlich, wenn die lange Flussschleife um Weilburg durch den knapp 200 m langen **Schiffstunnel** abgekürzt wird. In dieser spärlich beleuchteten Röhre sich zu bewegen, das Wasser geheimnisvoll glucksen und rauschen hören, ist eine wahre Geisterfahrt. Dieses unheimliche Gefühl lässt sich noch steigern, wenn ihr das mal mit dem Paddelboot probiert.

FRISCHE LUFT UND SPORT

Radwanderweg Lahntal, VUD Verlag, ISBN 3-923719-63-9, Wegbeschreibungen vom ADFC erstellt, topografische Karten 1:75.000. Von der Lahnquelle bis zur Mündung in einzelnen Tourenabschnitten.

Radeln, wo's Spaß macht: Lahn-Radweg

Bahn/Bus: Die Lahntalbahn pendelt auf der Strecke Gießen – Wetzlar – Weilburg – Limburg – Bad Ems – Lahnstein – Koblenz und hält in jedem größeren Ort. **Auto:** B49 Wetzlar – Limburg, B417 und B260 Limburg – Lahnstein.

▶ Ab **Wetzlar** bis zur Mündung in den Rhein bei **Lahnstein** führt der untere Abschnitt dieses ab der Lahnquelle durchgängig ausgeschilderten Radwegs immer an der nördlichen Taunusgrenze entlang. Sein Vorteil: Er verlässt – bis auf wenige Ausnahmen wie die Strecke zwischen Villmar und Aumenau – kaum die Talsohle und besitzt daher nur wenige Steigungen. Meistens geht es getrennt von den Autostraßen, die einem anderen Verlauf als dem gewundenen Flusstal folgen, gemächlich bergab. Die Strecke lässt sich gut in für Kinder geeignete Teilabschnitte zerlegen (Wetzlar – Weilburg 25 km, Weilburg – Limburg

32 km, Limburg – Laurenburg 22,5 km, Laurenburg – Bad Ems 22 km, Bad Ems – Lahnstein 13,5 km). Die Trasse der Lahntalbahn verläuft fast parallel zum Lahn-Radweg.

Lahn-Radtour: Wetzlar – Weilburg

Länge: 25 km, 4 kleinere Steigungen, also nicht schwer, aufgrund der Länge lediglich für radelfreudige Kinder ab 10 oder 11 Jahre; Wetzlar – Oberbiel – Leun – Tiefenbach – Biskirchen – Löhnberg – Weilburg.
Bahn/Bus: Die Lahnbahnstrecke begleitet fast den gesamten Radweg Wetzlar – Limburg – Lahnstein.

▶ Ihr startet an der Alten Lahnbrücke in **Wetzlar** und radelt der Beschilderung folgend zunächst auf der Straße, bis ihr aus der Stadt seid und schließlich wieder die Lahn erreicht. Das Tal ist hier – wie fast auf der ganzen Tour – recht weit. Die Route führt dann 1,5 km an dem Flüsschen entlang, bevor es rechts zur B49 hinaufgeht. Weiter geht's bis an den Ostrand von **Oberbiel** parallel zu dieser stark befahrenen Verkehrsader. Dort zweigt rechts eine Straße zum wenige 100 m entfernten ehemaligen *Kloster Altenberg* ab, wo es auch ein Restaurant (Mo geschlossen) gibt. Der Lahn-Radweg führt nun gut 1 km auf einer Ortsstraße durch den Südosten von Oberbiel. Danach verläuft er wieder parallel zur B49. Es geht am Südwestrand von Oberbiel und an *Niederbiel* entlang. Nach 10 km Fahrt wechselt ihr am Südrand von **Leun** wie die Bundesstraße für 4,5 km auf das linke Ufer, um eine Flusskurve abzukürzen. Ab **Tiefenbach** verläuft der Radweg bis Löhnberg wieder auf dem rechten Ufer. Er führt zunächst an *Stockhausen* und dann **Biskir-**

Hunger & Durst

Paulaner Wirtshaus am Haarplatz, Haarplatz 1, Wetzlar. ℗ 06441/ 3097070. www.paulaner-wetzlar.de. Mo – Do 11 – 24 (warme Küche bis 22 Uhr), Fr, Sa 11 – 1 (Küche bis 23 Uhr). Restaurant und großer Biergarten mit bayerischer Küche, Kinderspielplatz.

Über 7 Brücken … und die Alte Lahnbrücke von Wetzlar musst du radeln

chen entlang. Hier lohnt sich ein Abstecher zum nördlich dieses großen Ortes richtig schön im Ulmbachtal gelegenen *Minigolfplatz:* Mi, Fr ab 17 Uhr, Sa ab 16 Uhr, So, Fei 14 Uhr (letzter Einlass 19 Uhr). Hinter Biskirchen könnt ihr euch einmal 1 km etwas von der B249 lösen. Auf dem Wege nach **Löhnberg** sind zwei kleinere Steigungen zu bewältigen. Die Route verlässt dann endlich die B249 und führt am Ostrand des Städtchens entlang. Kurz vor der Lahnbrücke geht es an der hoch über dem Fluss angelegten mittelalterlichen Laneburg vorbei. Die letzten 3,5 km bis zu dem Residenzstädtchen **Weilburg** verlaufen dann wieder einmal auf dem linken Ufer. Das ist landschaftlich eine ausgesprochen schöne Strecke. Vor Weilburg habt ihr einen tollen Blick auf das Schloss.

Wandern

Wanderung zum Stoppelberg-Turm

Lage: 45 Min südlich von Wetzlar. **Bahn/Bus:** Im Sommerhalbjahr Bus 12A. **Auto:** Über Frankfurter und Forsthausstraße, 2. Parkplatz links nach Abfahrt Richtung Kirschenwäldchen. **Zeiten:** frei zugänglich. **Infos:** Weitere Infos ↗ Tourist-Info Wetzlar.

Was gibt's zu sehen? Mit dem Fernglas gibt es immer was zu beobachten

▶ Der abseits der Autostraßen, 401 m hoch gelegene Turm im Staatsforst Stoppelberg südlich von **Wetzlar** ist nur über eine etwa 45-minütige Wanderung durch den Wald zu erreichen. Vom Parkplatz an der Straße zum **Kirschenwäldchen** folgt ihr dem mit einem Roten Vogel gekennzeichneten Wald-

© Stadtmarketing Wetzlar

lehrpfad im Uhrzeigersinn. An der zweiten Wegkreuzung geht es rechts den Stoppelberg hinauf. Auf seiner Kuppe steht der massive Steinturm, der im Untergeschoss einen Schutzraum bietet. Die über eine breite Treppe zu erreichende Aussichtsplattform ist ebenfalls überdacht. Wer den als Rundweg angelegten Lehrpfad anschließend zurück zum Parkplatz laufen will, sollte für die gesamte Strecke inklusive Aufstieg zum Turm etwa 1,5 Stunden einkalkulieren.

Märchenhafte Begegnungen: Wanderung von Burg Philippstein zum Märchensee

Burg Philippstein – Märchensee – Burg Philippstein, Burg- und Heimatverein Philippstein e.V., Bonbadener Straße 18, 35619 Braunfels-Philippstein. ✆ 06442/6879, www.burg-philippstein.de. info@burg-philippstein.de. **Länge:** 1 Std Gehzeit. **Bahn/Bus:** RMV-Bus 182, steiler, viertelstündiger Fußweg zur Burg. **Auto:** ↗ Braunfels.

▶ Ausgangspunkt ist der unter Bäumen gelegene Parkplatz vor der **Burg Philippstein.** Den Parkplatz im Rücken, müsst ihr zunächst die geradeaus in den Wald führende Asphaltpiste nehmen. Nach etwa 200 m biegt ihr nach links in einen Schotterweg ein, der leicht abfallend immer geradeaus bis zu einer Kreuzung mit Schutzhütte verläuft. Dort nehmt ihr von den drei nach links abzweigenden Wegen den mittleren. Nach etwa 50 m gabelt sich der Weg, ihr haltet euch rechts und lauft bergab am Waldrand entlang Richtung Philippstein. Hinter einer scharfen Linkskurve führt eine Abzweigung nach links wieder unter die Bäume, bis ihr nach wenigen 100 m den **Märchensee** erreicht habt: einen verwunschen gelegenen, von Schilf gesäumten, moorigen Teich. Durchaus vorstellbar, dass sich nachts an seinen Ufern Elfen und Waldgeister versammeln!

Wer nicht mehr zu seinem Auto an der Burg zurückmuss, kann von hier aus direkt nach **Philippstein** laufen – der Ort beginnt etwa 200 m unterhalb des Mär-

Café Dern, Kirschenwäldchen 8, Wetzlar. ✆ 06441/23011. www.hotel-dern.de. Sa – Do 11.30 – 23 Uhr, Anfang Nov Betriebsferien. Das Café und Restaurant bietet vom Stachelbeerkuchen bis zum Schlachtfest alles für Leib und Magen; Sonnenterrasse, Spielwiese; Übernachtung EZ 50, DZ 80 € inklusive Frühstück.

Freizeitregion Lahn-Dill e.V. und Hessisches LVA: *Topografische Freizeitkarte Lahn-Dill* (Nord und Süd), Rad- und Wanderwege, Ferienstraßen; Begleitheft mit Ortsbeschreibungen und Vorstellung touristischer Attraktionen. ISBN 3-89446-288-4, 9,50 €.

@ Eine detaillierte Beschreibung der beiden Lahn-Marmor-Wege inklusive einer Karte findet ihr im Internet unter www.lahn-marmor-museum.de.

chensees. Für Rundwanderer geht es zurück aus dem Wald und wieder bergauf bis zum ersten Abzweig nach rechts, an dem ein Schild einen anderen Weg durch den Wald nach Philippstein weist. Er verläuft etwa 10 Minuten geradeaus bis zu einer Spitzkehre. Nach einem Aufstieg von weiteren 5 Minuten Richtung Burgberg ist der Spaziergang am Parkplatz der Burg zu Ende.

Der Lahn-Marmor-Weg von Villmar

Länge: 1,5 Std Gehzeit. **Bahn/Bus:** Lahntalbahn bis Bhf Villmar. **Auto:** B8, B49. **Info:** www.lahn-marmor-museum.de.

▶ Im Zusammenhang mit der Einrichtung des ↗ **Lahn-Marmor-Museums** haben die Initiatoren zwei Wanderwege rund um Villmar ausgewiesen. Sie führen zu Stationen, die einen Einblick in Entstehungsgeschichte, Abbau und Verarbeitung des Natursteins bieten. Einer dieser Wege beginnt an der Villmarer Konrad-König-Halle (südliches Lahnufer, Landstraße Richtung Runkel). Vor dem Gebäude steht ein Findling mit Darstellungen vom Marmorabbau. Ihr folgt dem Bürgersteig und biegt gegenüber dem nächsten Haus links auf den Pfad in den Wald ab. Auf ihm lauft ihr oberhalb eines ehemaligen Marmorbruchs und an einem Gedenkkreuz vorbei parallel zur Straße. Der Pfad steuert auf den **Bodenstein** zu, einen etwa 40 m hohen Felsen über dem Fluss mit Ausblick auf das Lahntal. Die Landstraße beschreibt an dieser Stelle eine scharfe Linkskurve. 50 m dahinter nehmt ihr den Weg, der links in die Felder führt. Nach weiteren 100 m wendet ihr euch erneut nach links. Ihr passiert einen Aussiedlerhof und stoßt nach kurzer Zeit auf einen weiteren Feldweg, in den ihr wieder nach links abbiegt. Er wird gesäumt von drei – natürlich – aus Marmor gefertigten Gedenkkreuzen. An der nächsten Kreuzung könnt ihr zunächst euren Weg geradeaus bis zu einem Kapellchen unter Bäumen fast am Ortsrand von Villmar fortsetzen. Danach geht's das kurze Stück zurück bis zur Kreuzung und nach rechts wieder Richtung Lahn. An dem kurz später nach links abzweigenden Weg solltet ihr an der Stelle, an der ein gemauerter **Bildstock** steht, noch einmal haltmachen. Von hier aus habt ihr einen schönen Blick auf das Flusstal und Villmar. Nach diesem Miniabstecher kehrt ihr um, biegt ein letztes Mal nach links ab und erreicht nach etwa 200 m die Landstraße kurz vor der Konrad-König-Halle.

Grillen im Grünen

Grillhütte Braunfels, Rainer Bär (Hüttenwart), Alte Leuner Straße 1, 35619 Braunfels. ✆ 06442/32847, Fax 934422. www.braunfels.de. touristinfo@braunfels.de. **Auto:** ↗ Braunfels, 500 m vom Ortsausgang Richtung Philippstein. **Preise:** 80 €, Kaution 100 € zzgl. 10 € Wasser/Kanal, Strom nach Verbrauch 0,3 €/kWh.
▶ Steinhaus mit 80 Plätzen an einem Sportgelände. Küche, Kühlschrank, Herd, Kamin. Toiletten, Wasser- und Stromanschluss. Vor dem Haus Spielwiese und offene Feuerstelle mit Schwenkgrill.

Grillhütte Altenkirchen, Harry Männer (Hüttenwart), Wiesenstraße 21, 35619 Braunfels-Altenkirchen. ✆ 06472/1002, Fax 934422. www.braunfels.de. touristinfo@braunfels.de. **Auto:** ↗ Braunfels, an der Landstraße Altenkirchen – Ernsthausen. **Preise:** 150 € Kaution, Mietkosten 30 € 1. Tag, 20 € 2. Tag zzgl. Verbrauch von Wasser und Strom.
▶ Geschlossene Holzhütte für etwa 30 Personen, neben einem Sportplatz in einem alten Steinbruch. Komplette Küche vorhanden. Offene, gemauerte Feuerstelle, zweiter gemauerter Grillplatz auf der überdachten Terrasse.

Grillhütte Philippstein, Berthold Michel, Möttauer Straße 18, 35619 Braunfels-Philippstein. ✆ 06442/5690, www.braunfels.de. touristinfo@braunfels.de. **Auto:**

 Braunfelser Kur GmbH, Am Kurpark 11, Braunfels. ✆ 06442/934411. April – Okt Mo – Fr 10 – 18, Sa 10 – 14, So 14 – 18 Uhr, Nov – März Mo – Fr 10 – 18, Sa 10 – 14 Uhr. **Geführten Naturwanderunge**n in die Umgebung von Braunfels könnt ihr euch einmal monatlich am Samstag-Nachmittag anschließen. Infos auch bei Wolfgang Gerstein, ✆ 06442/5262.

© Annette Sievers

Elfenreich: Der Märchensee mit seinen schönen Seerosen ist nicht weit vom Grillplatz Philippstein entfernt

↗ Braunfels, Beschilderung Richtung Burg. **Preise:** 30 € Kaution, 30 € pro Tag zzgl. Wasser und Strom.

▶ Holzhütte, Platz für 40 Personen, mit überdachter Terrasse, auf einer Waldlichtung nahe Burg und Sportplatz. Strom- und Wasseranschluss, behindertengerechte Toiletten, Kühlschrank, Heizung. Schwenkgrill im Freien.

Grillhütte Tiefenbach, Karin Debus, Kammerwies 20, 35619 Braunfels-Tiefenbach. ✆ 06473/1405, Fax 934422. www.braunfels.de. touristinfo@braunfels.de. **Auto:** ↗ Braunfels, an der Landstraße Tiefenbach – Braunfels. **Preise:** 100 € Kaution, 40 € pro Tag zzgl. Wasser & Stromkosten.

▶ Hütte mit 40 Sitzplätzen (bei zusätzlicher Bierzeltgarnitur) im Wald gegenüber von Sportlerheim und Schützenhaus. Strom- und Wasseranschluss, Heizung, Toilette. Grillstelle im Freien.

Grillpavillon Weilburg, Hainallee, 35781 Weilburg. ✆ 06471/31467, 31473, Fax 7675. www.weilburg.de. info@weilburg.de. **Preise:** Tagesmiete 90 €, Kaution 100 €.

▶ Vor allem für größere Gruppen geeignet (Platz für max 60 Personen). Getränkevorrat ist vorhanden, der Konsum wird mit der hinterlegten Kaution verrechnet. Kinderspielplatz direkt nebenan. Vorherige Anmeldung bei der Touristinfo Weilburg.

Grillhütte Hirschhausen, Kurt Caspari, Auf dem Bühl, 35781 Weilburg-Hirschhausen. ✆ 06471/8603, Fax 7675. www.weilburg.de. fmg@weilburg.de. **Auto:**

↗ Weilburg, Teerweg ab Hirschhausen ausgeschildert.
Preise: 50 €/Tag, Wasser 5 €, Strom nach Verbrauch.
▶ Feste Hütte im Wald, Platz für max 45 Personen. Holzkohlegrill und offene Feuerstelle, beide überdacht. Rechtzeitige Anmeldung nötig.

Grillhütte Kubach – Am Birkenkopf, Kur- und Verkehrsverein Kubach, 35781 Weilburg-Kubach. ☎ 06471/42139, www.weilburg.de. fmg@weilburg.de. **Auto:** ↗ Weilburg, Richtung Sportplatz. **Preise:** Miete 28 € pro Tag inklusive 18 € für Müllentsorgung; Kaution 25 €.
▶ Die idyllisch gelegene Grillhütte besteht aus einem Holzhaus und einem seitlich geöffneten, überdachten Pavillon im Wald. Im Holzhaus ist Platz für 30 bis 40 Personen auf einer Bierzeltgarnitur. Im Pavillon gibt es eine große offene Feuerstelle, z.B. um Stockbrot zu grillen. Um die Feuerstelle befinden sich Sitzbänke für etwa 45 Leute. Neben der Hütte liegt ein kleiner Spielplatz mit Wippe und Schaukel.
In der Hütte gibt es kein fließendes Wasser und keinen Strom, dafür aber ein Wald-Plumps-Häuschen.

Grillhütte Odersbach, Karl-Peter Wirth, 35781 Weilburg-Odersbach. ☎ 06471/2123, www.weilburg.de. Karlpeterwirth@gmail.com. **Lage:** Auf der Bornheck Richtung Runkel rechts von der Kreisstraße. **Auto:** ↗ Weilburg, Richtung Runkel am Waldrand. **Preise:** 100 € inklusive 50 € Kaution.
▶ Überdachte Hütte für etwa 60 Personen mit einer Grillstelle, Wasser und Strom, Toilettenanlage, im Freien außerdem ein Schwenkgrill.

Grillhütte Selters, Hans Peter Ketter, 35792 Löhnberg-Selters. ☎ 06471/8382, Fax 9866-44. info@gemeinde-loehnberg.de. **Lage:** An der Landstraße Richtung Drommershausen. **Preise:** 40 €, 100 € Kaution.
▶ Geschlossene Holzhütte mit Küche (Wasseranschluss, Geschirr, Gasofen) und Toiletten, Grillplatz mit offener Feuerstelle. Sportplatz nebenan.

🐢 Grillhütten haben oft keinen Stromanschluss. Bei vielen Baumärkten oder Internetanbietern, z.B. www.rentinorio.de, habt ihr die Möglichkeit, Stromgeneratoren zu mieten. Pro Tag ab 30 €.

Grillhütte Weinbach, Jürgen Stahl, 35796 Weinbach. ✆ 06471/41182, Fax 943023. www.gemeinde-wein-bach.de. info@gemeinde-weinbach.de. **Lage:** Verlänger-ter Grüner-Plan-Weg Richtung Freienfels, dort Schotter-weg nach rechts. **Preise:** 30 €, inklusive 10 € für Strom.

▶ Wander- und Schutzhütte in einer Tannenschonung mit Möglichkeit zum Unterstellen. Schwenkgrill und Feuerstelle im Freien. Benutzung des abgeschlosse-nen Innenraums nach Voranmeldung; Strom- und Wasseranschluss, Toiletten.

Grillhütte Edelsberg, Roland Schliffer, 35796 Wein-bach-Edelsberg. ✆ 06471/6294633, www.gemeinde-weinbach.de. info@gemeinde-weinbach.de. **Lage:** Über den Wisentweg. **Preise:** Kaution 40 €, Strom-, Wasser- und Holzverbrauch wird verrechnet.

▶ 2 offene Grillstellen am Waldrand, Strom- und Was-seranschluss, Toiletten. Anmeldung 14 Tage zuvor.

Reiten und Spielen

Reiten lernen

Gilt auch, wenn man verkehrtrum sitzt: Das Glück dieser Erde liegt auf dem Rücken der Pferde

Reitanlage Weber, Reiner und Cornelia Weber, Oben vor Limburg, 35781 Weilburg-Drommershausen. ✆ 06471/981745, Fax 626482. www.reitanlage-we-ber.de. post@reitanla-ge-weber.de. **Bahn/Bus:** RMV-Bus 660. **Auto:** Nordöstlich von ↗ Weilburg.

▶ Für den Reitunter-richt stehen eine Reit-halle, ein Spring- und ein Dressurplatz zur Verfügung. Zu den Kursen werden Kin-der ab 8 Jahre ange-

nommen, die sich zur regelmäßigen Teilnahme bereit erklären. Anfänger nehmen zunächst Einzelstunden an der Longe (30 Min 20 €), Fortgeschrittene erhalten Unterricht (Dressur und Springen) in Gruppen bis zu 5 Teilnehmern (15/16 €).

Europapark

Frankfurter Straße 86, 35578 Wetzlar. ✆ 06441/99-6801, Fax 99-6804. www.wetzlar.de. stadtbetriebsamt@wetzlar.de. **Bahn/Bus:** Bus 12 bis Büblingshausen. **Auto:** In Wetzlar Richtung Butzbach. **Preise:** Minigolf 2 €; Kinder bis 16 Jahre 1 €.

▶ Wenn ihr eure Ausrüstung selbst mitbringt, könnt ihr euch auf dem großzügigen Freizeitgelände einen ganzen Tag lang sportlich betätigen. Neben dem ↗ Europabad liegen ein Bolzplatz, eine Tischtennisanlage, eine Rollschuhbahn, Half Pipe und Funpark für Skater. Zwischen April und September hat nachmittags der Minigolfplatz geöffnet.

Wilde Tiere

Bei den wilden Schweinen

Tiergarten Braunfels, Tiergartenstraße 26, 35619 Braunfels. ✆ 06442/4444, Fax 5306. www.forsthaus-tiergarten.com. forsthaus-tiergarten@t-online.de. **Bahn/Bus:** ab ↗ Braunfels St. Georgen etwa 15 Min Fußweg. **Zeiten:** täglich. **Preise:** freier Eintritt.

▶ Das Zentrum des Parks bildet ein **Wildschweinehege**, das in einem 30-minütigen Spaziergang umrundet werden kann. Seine Bewohner kommen gern direkt an die Umfriedung und lassen sich aus nächster Nähe bestaunen. Etwas schwieriger wird es schon, die Damhirsche und Mufflons zu entdecken, die sich meist zwischen den riesigen Bäumen verstecken. Am besten zu sehen sind sie während der **Wildfütterungen:** Sa, So, Fei, im Sommer um 17 und im Winter um 16 Uhr.

UMWELT ERFORSCHEN

Hunger & Durst

Forsthaus Tiergarten, Tiergartenstraße 26, Braunfels. ✆ 06442/4444. www.forsthaus-tiergarten.com. Mi – Fr ab 17, Sa ab 15, So, Fei ab 11 Uhr. Spielplatz, im Sommer mit Biergarten.

Immer am letzten Mi im Monat findet im Tiergarten um 18 Uhr eine Wanderung für Kinder zu verschiedenen Themen statt. Infos bei der ↗ Tourist-Info.

Hunger & Durst
Gaststätte Im Tiergarten, ✆ 06471/8455, Mo Ruhetag, mit Sommergarten.

Einzelne Luchspaare hat man auch in Deutschland wieder auswildern können: Luchs aus dem Harz

Besuch bei einer großen Tierfamilie
Tiergarten Weilburg, Tiergartenstraße, 35781 Weilburg-Hirschhausen. ✆ 06471/626284, www.wildparkweilburg.de. info@wildpark-weilburg.de. **Bahn/Bus:** RMV-Bus 66 bis Weilburg-Hirschhausen Tiergarten. **Auto:** An der B456 Usingen – Weilburg. **Zeiten:** täglich 9 – 19 Uhr, im Winter bis Einbruch der Dunkelheit, Führungen nach Vereinbarung. **Preise:** 5 €; Kinder 4 – 14 Jahre 2,50 €; Familien mit Kindern bis 14 Jahre 14 €, Schulklassen 2 € pro Person.

▶ Ursprünglich wurde der Tierpark von den Grafen von Nassau unterhalten. Heute wird er vom Hessischen Forstamt betrieben, das auf dem Gelände großzügige Gehege, vor allem für Tierarten aus Europa, angelegt hat. Darunter sind einige, die in freier Wildbahn nicht mehr vorkommen, wie Auerochse oder Wisent. Andere, zum Beispiel Elch oder Fischotter, waren früher auf unserem Kontinent weitverbreitet, wurden aber durch uns Menschen immer mehr zurückgedrängt. Sie leben heute in der Nachbarschaft von Wildschweinen, Damhirschen, Steinböcken, Muffelwild, Luchsen, Wildkatzen und Wildpferden. Vervollständigt wird die Weilburger Tierfamilie durch zahlreiche Wasservögel, die sich an zwei Teichen tummeln. Zwei Rundwege führen in 45 bzw. 90 Minuten durch das Gelände.

Zur Beobachtung der manchmal zwischen den Bäumen gut versteckten Tiere hat die Verwaltung an einigen Stellen Holztürme oder -plattformen errichtet. Zur Einrichtung des schönen Parks gehören außerdem ein Kinderspielplatz am Eingang und die **Gaststätte Im Tiergarten**.

© Bad Harzburg, aus »Harz mit Kindern«

Unter- & Überirdisches

Ein Ausflug 70 Meter unter die Erde: Kubacher Kristallhöhle

Höhlen- und Freilichtsteinmuseum, Höhlenverein Kubach e.V., Uwe Mathes (Vorsitzender), Auf dem Kalk 1, 35781 Weilburg-Kubach. ✆ 06471/94000, 94001 (Restaurant Höhlenhaus), Fax 94000. www.kubacher-kristallhoehle.de. hoehlenverein@kristallhoehle.de.
Bahn/Bus: Mo – Sa RMV-Bus 660. **Auto:** B456 Usingen – Weilburg, 4 km südöstlich von Weilburg bei Kubach an der Landstraße nach Weinbach-Freienfels.
Zeiten: April – Okt Mo – Fr 14 – 16, Sa, So, Fei 10 – 17 Uhr, für Gruppen nach Vereinbarung, Dauer der Führung 45 Min. **Preise:** 4,50 €, Gruppen bis 20 Pers 76 €, jede weitere Person 3,80 €; Kinder 3 – 5 Jahre 0,50 €, Schüler mit Ausweis 3 €, Gruppen bis 20 Pers 50 €, jede weitere Person 2,50 €; Schüler, Studenten, Schwerbehinderte (B) 3 €. **Infos:** Konstant 9 – 10 Grad, rutschfeste Schuhe und warme Kleidung anziehen, für Kinder ab 5 Jahre geeignet.

▶ »Mama, wie lang sollen wir denn noch runterlaufen?« war von einem kleinen Mädchen zu hören, das an einem Septembersamstag gemeinsam mit uns staunenden Besuchern in die Tiefen unterwegs war. Um genau zu sein: Insgesamt müsst ihr 457 Stufen hinabsteigen, bis ihr den äußersten heute zugänglichen Punkt dieses beeindruckenden Naturdenkmals erreicht – die 30 m hohe Südhalle. Sie liegt 70 m unter der Erde. Auf dem Weg dorthin kommt ihr an einer kleinen Höhle, der »Kapelle« vorbei, durchquert den 23 m hohen »Dom«, in dem es unzählige Perltropfsteine und Kristalle gibt, die sich im Domsee spiegeln. Ihr seht eine schöne Tropfsteingruppe, einen kleinen Felsen, der wie ein Pudel aussieht, hohe, mit Perltropfsteinen geschmückte Felsenspalten und in der Südhalle nochmals Mio von Perltropfsteinen. Aber am aufregendsten ist schon allein der Abstieg in den tiefen Schlund.

Im 19. Jahrhundert berichteten Kubacher Bergleute von einer märchenhaft schönen Tropfsteinhöhle. Sie wurde vermutlich durch Bergbau verschüttet, ihre Lage ging vergessen. 1960 ließ das einem Weilburger Gymnasiallehrer und Hobbyforscher keine Ruhe. Bei Probebohrungen stieß er schließlich 14 Jahre später auf die unbekannte, bergmännisch unberührte Kubacher Kristallhöhle. Die gesuchte geheimnisumwobene Märchentropfsteinhöhle aber wartet immer noch auf ihre Entdeckung…

LAHN & HINTERTAUNUS

Wenn ihr am Ende der etwa 45 Minuten dauernden Führung die vielen Stufen zum Eingang hinaufgestiegen seid und eine Pause im Höhlenrestaurant eingelegt habt, seht euch das informative **Museum** im Obergeschoss des um den Höhleneingang errichteten Gebäudes an. Es beherbergt eine interessante Sammlung von Mineralien und farbenprächtigen Kristallen aus der ganzen Welt, eine versteinerte Fledermaus und zeigt einen Videofilm über die Entde-

▶ Entdeckt wurde die Kubacher Kristallhöhle erst 1973 bei der Suche des Weilburger Gymnasiallehrers Karl-Heinz Schröder nach einer anderen Höhle, die 1881 beim Bergbau entdeckt worden war und die man bis heute nicht wiedergefunden hat. Karl-Heinz Schröder hatte

VON KOLKEN, STALAKTITEN UND STALAGMITEN:

Nachforschungen nach ihr angestellt, eine Interessen-

KRISTALLHÖHLE KUBACH

gemeinschaft, später den Kubacher Höhlenverein gegründet und Bohrfirmen für unentgeldliche Suchbohrungen gewinnen können. So wurde 1973 die Kristallhöhle angebohrt und 1974 durch einen Bohrschacht zum ersten Mal von Menschen betreten. In der Nähe des »Doms« ist heute noch eines der Bohrlöcher und die Kamera zu sehen, die damals heruntergelassen wurde, um das Innere zu erkunden. Die etwa 30 Jahre, seit denen die Höhle wieder von Menschen erforscht wird, sind verschwindend kurz im Vergleich zu ihrem beeindruckenden Alter. Entstanden ist sie im Diluvium – so heißt das Erdzeitalter von vor 2 Mio bis vor 10.000 Jahren. Damals drang Sickerwasser in den Kalkstein ein, der noch einmal 150 Mio Jahre älter ist. Er bildete sich im sogenannten Devon aus den Resten von Korallen, Schnecken und Muscheln – diese Lebewesen hatten ein tropisches Meer bevölkert, das vor 370 Mio Jahren die Landschaft um Weilburg und Kubach bedeckte.

Das in den Kalk eindringende Wasser enthielt Kohlendioxid, das es aus der Luft und dem Humusboden aufgenommen hatte. Es griff den Stein an und löste ihn auf. Dieser chemische Prozess heißt Korrosion.

ckungsgeschichte. Im Freilichtsteinmuseum schließlich sind aus verschiedenen Erdzeitaltern stammen-
de Gesteinsarten und Bergwerksloren ausgestellt.

Mekka für Sterngucker

Volkssternwarte Burgsolms, Astronomischer Arbeits-
kreis Wetzlar e.V., Lindenstraße 11 (Postanschrift),
35606 Solms-Burgsolms. ℂ 06442/1039, Fax
927641. www.sternwarte-burgsolms.de. info@sternwar-

So entstanden allmählich Risse, die sich zu Spalten, Röhren und Höhlen verbreiterten. In sie drang nun immer mehr Wasser ein, das sich
teilweise staute und die Hohlräume noch vergrößerte. Manchmal bildete es auch Strudel, wusch runde Vertiefungen an den Decken, sogenannte Kolken, aus und ließ dabei bizarre Formen entstehen. Bei dieser mechanischen Abtragung des Steins sprechen die Experten von
Erosion. Noch ein drittes Phänomen trug zur Entstehung der riesigen
Höhlenräume bei: Lockere Gesteinsbrocken fielen von den Decken
und blieben zunächst am Boden liegen. Im Laufe der Zeit löste das
Wasser sie auf und schwemmte ihre Überreste fort.

Die Bildung von **Tropfsteinen** – *Stalaktiten* und *Stalagmiten* – ist übrigens genau der umgekehrte Vorgang zu dem der Erosion. Dabei
bringt das in die Höhle sickernde Wasser den Kalk schon mit. Er löst
sich nach einem komplizierten chemischen Prozess aus dem Wasser
und bleibt an der Tropfstelle als Ring zurück. Viele solcher Ringe bilden die von der Decke herabwachsende Röhre des Stalaktiten, der für
einen Millimeter Wachstum etwa zehn Jahre braucht. Der Stalagmit
entsteht unterhalb des Stalaktiten aus den Kalkresten der einzelnen
Tropfen. Er wächst nach oben – weil das Wasser beim Auftreffen
spritzt, jedoch etwas mehr in die Breite als der spitze Stalaktit. Sie gehen kaputt, wenn man sie mit der bloßen Hand anfasst.

Die in der Kubacher Höhle in großer Menge zu sehenden **Perltropfsteine** schließlich entstehen, wenn etwa im Winter oder Frühjahr wär-
mere Luft aus der Tiefe an kälteren Wänden mit kleinen Unebenhei-
ten (zum Beispiel vorher entstandenen Kristallen) entlangströmt und
sich dadurch direkt Calcit aus der mit bis zu 95 % Luftfeuchtigkeit au-
ßergewöhnlich feuchten Höhlenluft absetzt. ◄

te-burgsolms.de. **Lage:** Oberhalb des Orts an einem von der Beethovenstraße abzweigenden Feldweg.
Bahn/Bus: Bus 120, 5403 bis Post; Lahntalbahn bis Solms Bhf, 20 Min Fußweg. Nach Ende der abendlichen Vorträge fährt um etwa 23 Uhr nur noch 1 Zug der Lahntalbahn Richtung Gießen. **Auto:** B49 Wetzlar – Limburg, Abfahrt Solms Richtung Burgsolms. **Zeiten:** Öffentliche Abende jeden 1. Fr im Monat, Führungen für Gruppen nach telefonischer Vereinbarung. **Preise:** 4 €, Führungen mindestens 60 €/Gruppe.

▶ Ins Weltall hinausschauen und erkennen, aus welchen Sternen die Bilder des Großen und Kleinen Bären oder der Leier bestehen. Herausfinden, welche Sternbilder zum Beispiel im Winter besonders gut zu sehen sind (u.a. der Orion). Mehr erfahren über die Entstehung unseres Sonnensystems, die Zusammensetzung von Meteoriten oder Asteroideneinschläge auf der Erde. Möglich macht dies alles ein Kreis von Hobbyastronomen, die sich in der 1965 errichteten Sternwarte zusammenfinden und dort regelmäßig höchst spannende Abende veranstalten. Bei klarem Wetter hat natürlich die Beobachtung Vorrang: Es geht sofort hinauf in den Raum unter dem Rolldach, in dem u. a. ein großes Spiegelteleskop und ein sogenannter Coudé-Refraktor (ein Linsenfernrohr) stehen. Anhand von Sternkarten stellen die Besucher zunächst den aktuellen Sternhimmel ein. So orientiert, dürfen sie nun einen Blick durch die beiden Instrumente in den Nachthimmel werfen. Doch auch bei verhangenem Himmel, wenn das Beobachten wenig lohnt, bieten die Mitarbeiter der Sternwarte ein interessantes Programm: Wenn Kinder und Jugendliche zu Gast sind, setzen sie spielerische Elemente und Medien (Filme, Dias, Modelle) ein, um ihnen die Grundzüge der Astronomie näherzubringen. Jeden 1. und 3. Montag (außer in den Ferien) trifft sich in der Sternwarte außerdem eine Gruppe von jungen Nachwuchsastronomen. Teilnehmer ab 10 Jahre sind jederzeit willkommen.

»Mein Vater erklärt mir jeden Sonntag unseren Nachthimmel«. Mit diesem Satz merkt ihr euch leicht die Reihenfolge der Planeten unseres Sonnensystems in Beziehung zu ihrer Entfernung zur Sonne: Es beginnt mit Merkur und geht weiter über Venus, Erde, Mars, Jupiter, Saturn, Uranus zu Neptun.

Bahnen und Bergwerke

Wo alte Loks und Loren locken

Feld- und Grubenbahnmuseum Fortuna, ↗ Grube Fortuna. **Zeiten:** Mitte April – Ende Okt Mi, Do 11 – 16, Sa, So, Fei 10 – 16 Uhr, an anderen Tagen Führungen für Gruppen nach Vereinbarung; Fahrtage im Internet. **Preise:** Museum 1,50 €, Fahrt Grubenzug 3 €, Fahrt Kleinbahnzug 4 €; Kinder Museum 1 €, Grubenzug 1,50 €, Kleinbahn 2 €.

▶ In unmittelbarer Nachbarschaft des Zechenhauses der Grube Fortuna steht eine einzigartige Fahrzeugsammlung bestehend aus etwa 50 seltenen Schmalspurlokomotiven: Dampf-, Diesel-, Akku-, Fahrdraht- und Druckluftloks. Es gibt sogar eine Grubenlok mit Schneeflug. Sie stammt aus einem Braunkohlebergwerk in Österreich. Außerdem sind fast 100 Klein-, Feld- und Grubenbahnwagen sowie Schienenfahrräder, Untertage-Fahrlader und eine Handhebel-Draisine zu sehen. Bei einer Besichtigung führt ein Mitglied des Fördervereins durch die zwei Museumshallen, in denen diese Modelle überholt, gewartet und präsentiert werden. Besonders an den im Sommer regelmäßig veranstalteten **Fahrtagen** kommt dann auch ein wenig Eisenbahnromantik auf, wenn die Besucher auf den teilweise aus dem Ruhrgebiet hierher verlegten Gleisanlagen eine 2,4 km lange Tour mit einem Zug unternehmen können.

Mit dem Förderkorb unter Tage: Besucherbergwerk Grube Fortuna

35606 Solms-Oberbiel. ℅ 06443/8246-0, Fax 2043. www.grube-fortuna.de. info@grube-fortuna.de. **Lage:** Nördlich von Oberbiel im Wald. **Bahn/Bus:** Mo – Fr RMV-Bus 120, Mo – Sa Bus 5405 Wetzlar – Beilstein bis Abzweigung Altenburg, etwa 30 Min Fußweg. **Auto:** B49 Wetzlar – Limburg, kurz nach Abzweig Solms-Oberbiel ausgeschildertes Sträßchen. **Rad:** Vom Lahntalradweg in Oberbiel der Ausschilderung »Besucherbergwerk

Museumspädagogische Angebote in der Grube Fortuna für Jugendgruppen und Schulklassen: Erkundungsspiele, Führungen über den Lehrpfad oder Vorführungen historischer Filme.

Fortuna« folgen. **Zeiten:** Mi, Do, Sa, So 11 – 16 Uhr, Fahrtage mit Dampfbetrieb unter www.grube-fortuna aufgeführt. **Preise:** Eintritt Museum 1,50 €, Eintritt und Fahrt im Kleinbahnzug 4 €; Kinder bis 15 Jahre 1 €, Eintritt und Fahrt im Kleinbahnzug 2 €; Schülerklassen 4 €/Kopf, museumspädagogische Führung für Schulklassen 7 €/Kopf. **Infos:** Interessenten für die letzte

BERGMANNS-ABC

Abbau: Stelle, wo Erz abgebaut wird.

Abteufen: Einen Schacht in die Tiefe bauen.

Fäustel: Schwerer, spitz zulaufender Hammer der Bergleute. Er wurde vor dem Aufkommen von Maschinen benutzt, um das Gestein wegzuhauen.

Füllort: Hier trifft die Sohle auf den Schacht.

Glück auf: Traditioneller Gruß der Bergleute. Hat sich entwickelt aus dem Wunsch »Mögest du Glück haben beim Aufschließen des Berges«, d.h. bei der Suche nach neuen erz- bzw. kohlehaltigen Gesteinsschichten.

Hunt: Name für die unter Tage eingesetzten Förderwagen. Der Begriff »auf den Hund (eigentlich: Hunt) kommen« hat hier seinen Ursprung. Bergleute, die sich unkollegial oder unvorsichtig verhalten hatten, mussten zur Strafe eine Zeit lang die Hunte schieben.

Kaue: Raum, in dem sich die Bergleute waschen und umziehen.

Rolle, Rollloch: Steile Verbindung für den Transport von Gestein in der Grube.

Schacht: Senkrechte Verbindung in der Grube.

Schrapper: Kastenartiges Gerät ohne Boden zum Bewegen von weggesprengtem Erz.

Schrapperhaspel: Motorseilwinde.

Sohle: Unterste Schicht einer Grube. In ihr wird das abgebaute Erz in Förderwagen zum Schacht und in einem Förderkorb nach oben transportiert. Von ihrem Ende her gesehen fällt die Sohle immer ein wenig in Richtung Schacht ab. Das erleichtert den Transport der vollen Förderwagen und Wasser kann dahin ablaufen.

Stollen: Eingang in ein Bergwerk.

Türstock: Holzgerüst, das die Decke abstützt.

Einfahrt und Gruppen ab 10 Pers vorher anmelden; Kinder unter 6 Jahre dürfen an den Untertageführungen nicht teilnehmen.

▶ Schutzkittel an, Helm mit Grubenlampe auf, ins Stollenmundloch hinein und im Förderkorb durch den Maschinenschacht 150 m in die Tiefe! Bevor es überhaupt richtig los-

© Besucherbergwerk Grube Fortuna

Aufregend: Mit der Grubenbahn unter Tage

geht mit der Besichtigung »unter Tage«, haben die Besucher der Fortuna bereits einiges zu tun und können sich allmählich an die besondere Atmosphäre des ehemaligen Erzbergwerks gewöhnen. Anschließend geht es, teils zu Fuß und teils mit der original erhaltenen Grubenbahn, durch die Strecken auf den Spuren der Bergleute, die hier jahrhundertelang bis zur Betriebsschließung 1983 die reichhaltigen Eisenerzlager abbauten.

Fachkundige Führer, meist selbst ehemalige Bergmänner, erzählen dabei von der mühevollen, manchmal gefährlichen Arbeit. Sie zeigen ihre Werkzeuge wie Fäustel und Eisen, mit denen vor der Benutzung von Sprengstoff in Handarbeit der erzhaltige Roteisenstein weggehauen wurde, und die Maschinen, die den Bergleuten nach und nach ihre Tätigkeit etwas erleichterten. Sie führen vor, wie unter Höllenlärm und in großer Staubwolke Löcher für den Sprengstoff gebohrt wurden. Hört zu, was es mit der morgendlichen Fahrt mit dem Grubenfahrrad auf sich hatte – dabei durchquerte ein Bergmann auf dem Rücken liegend die Sohle und kontrollierte, ob sich über Nacht nicht etwa Risse in den Gesteinsschichten an der Decke gebildet hatten. Dies war neben dem Anbringen von Holzstempeln mit Kappe oder Gebirgsankern ei-

Bei der Großen Führung durch die Grube sind robuste Kleidung und festes Schuhwerk nötig, Helm und Lampe werden gestellt. Temperatur unter Tage konstant 13 Grad.

Hunger & Durst

Zum Zechenhaus, auf dem Gelände der Grube Fortuna, Solms-Oberbiel. ✆ 06443/824655. Di – So ab 11 Uhr.

Happy Birthday!
Im Schloss Braunfels könnt ihr zwischen verschiedenen Erlebnis-Geburtstagsfeiern wählen z.B. *Prinzessin Luise und Ritter Gustav*, *Härmel das kleine Gespenst*, *Vom Leben und Treiben der Ritter und Prinzessinnen*. Grundgebühr: je 60 € und natürlich dürft ihr euch alle verkleiden!

ne der Maßnahmen, mit denen sich die Bergleute vor den gefährlichen Bewegungen des Berges schützten. Körperlich einigermaßen fit sollten die Besucher wegen der gerade bei längeren Führungen nicht immer unbeschwerlichen Tour schon sein. Aber wenn sie dann – müde, rot eingepudert und mit den Grundbegriffen des Bergmanns-ABC vertraut – wieder ans Tageslicht kommen, werden die Mühen angesichts der bleibenden Erinnerungen an ein faszinierendes Denkmal der Industriegeschichte schnell vergessen sein. Wer danach noch nicht genug hat, kann die Dokumentation zur Geschichte des Bergbaus samt 3D-Modell der Grube Fortuna im ehemaligen **Zechenhaus** betrachten oder den bergbaukundlichen **Lehrpfad** durchwandern. Er führt in etwa 70 Minuten vom Zechenhaus aus über das Grubengelände vorbei an markanten Punkten wie dem Alten Maschinenhaus, dem Ende des Tagebaus oder dem Neuen Tiefen Stollen.

Burgen und Schlösser

Dein Geburtstag im Schloss Braunfels
Fürstliche Rentkammer, Belzgasse 1, 35619 Braunfels. ✆ 06442/5002, Fax 5306. www.schloss-braunfels.de. info@schloss-braunfels.de. **Länge:** 90 Min. **Bahn/Bus:** RMV-Bus 171, 180, 181, 182, VVB-Bus 403. **Auto:** ↗ Braunfels. **Zeiten:** Mitte März – Ende Okt täglich Führungen ab 11 Uhr jeweils zur vollen Stunde, 1. Nov – 14. März nur am Wochenende und Fei und in den hessischen Schulferien ab 11 Uhr jeweils zur vollen Stunde oder wochentags für Gruppen nach Absprache, Museum täglich ab 8 Uhr bis Dämmerung. **Preise:** Schlossführung etwa 50 Min 6 €, Gruppen ab 20 Pers 5,50 €, Turmbesteigung 2 €; Kinder 5 – 10 Jahre Schlossführung 2 €, Turmbesteigung 1 €; Familienkarte Schlossführung 14 €, Schüler, Studenten mit Ausweis 3 €, Turmbesteigung 1 €.

▶ Schon einmal davon gehört, wie die Prinzessin *Luise von Braunfels* den schrecklichen Ritter *Gustav* besiegte? Wenn nicht, dann ladet doch einfach eure Freunde zu einer Märchenführung durch das Schloss ein – zum Beispiel an eurem nächsten Geburtstag. Zur

© Schloss Braunfels, Foto: Beate Quilitzsch-Schuchtmann

Vorbereitung könnt ihr euch auf der Webseite ein PDF herunterladen. Darin sind viele der sehenswerten Dinge und Orte erwähnt, die ihr bei der Schlossführung zu sehen bekommt: den Schlosshof, den Rittersaal sowie den Ahnengang. Oder die Rüstung des Ritters mit der Delle am Bauch, sein Schwert mit dem Adlerkopf am Griff und Luises Porträt, das ihr von einem Braunfelser Hofmaler zu ihrem dritten Geburtstag geschenkt wurde. Und die Stücke aus der Kunstsammlung der Schlossbesitzer, der Grafen von Solms: ein Glaskasten, in dem drei Würfel spielende Eichhörnchen sitzen, die Traumteppiche aus dem Gobelinzimmer und die vielen Tiergemälde.

Wer sich bei der Führung als vornehme Prinzessin oder zünftiger Ritter fühlen möchte, kann sich gern zuvor verkleiden. Aber auch diejenigen, die es lieber gruselig mögen, kommen auf ihre Kosten: Beim Gespenstergeburtstag können sie sich in Bettlaken hüllen und ihre Gesichter anmalen lassen. Wenn sie Glück haben, entdecken sie auch den scheuen Schlossgeist!

Märchen- und Gespensterführung sind nur zwei Beispiele aus dem umfangreichen Besichtigungsprogramm, das gerade für jüngere Besucher angeboten wird. Auch bei kleineren Gruppen – zum Beispiel im Rahmen einer Familienführung – gehen die Schlossmitarbeiter gern auf die Fragen der Kinder ein und

Wir lassen bitten: Audienz auf Schloss Braunfels

Hunger & Durst

Café im Schloss, Braunfels. ☏ 06442/5002. Täglich ab 11 Uhr. Kaffee und Kuchen, Eis. Mit Sommergarten.

LAHN & HINTERTAUNUS

machine sie auf Einzelheiten aufmerksam, mit denen sich spannende Geschichten verbinden lassen.

Burg Philippstein

Burgverein Philippstein e.V., Reinhold Zimmerschied, Köpperweg 10, 35619 Braunfels-Philippstein. ✆ 06442/4071, www.burg-philippstein.de. info@burg-philippstein.de. **Lage:** Im Wald oberhalb des Ortes, zu erreichen über die Straße Am Burgberg. **Bahn/Bus:** RMV-Bus 182, etwa 15 Min Fußweg. **Zeiten:** frei zugänglich, kostenlose Führungen und Schlüssel für den Aufstieg zum Bergfried nach Voranmeldung. **Preise:** 1,50 € (Turm); Kinder frei.

▶ Über 200 Jahre lang, von 1390 bis 1618, wachten die Verwalter der Grafen von Nassau von hier aus eifersüchtig darüber, dass ihnen das benachbarte Geschlecht der Solmser nicht ihr Land wegnahm. Heute dient die renovierte ehemalige Grenzbefestigung vor allem als schöner Aussichtspunkt. Ihr könnt auf die gut gesicherten Plattformen längs der Wehrmauer oder die überdachte Turmkrone hinaufsteigen. Von hier oben seht ihr das Iserbach- und das Lahntal sowie im Norden das beeindruckende Braunfelser Schloss.

Der offene Hof oder die Grillhütte in der Nähe eignen sich gut für eine Rast. Die Ruine ist Ausgangspunkt für eine Wanderung zum ↗ Märchensee.

Der Schatz auf der Laneburg

Förderverein Laneburg, Obertorstraße 5, 35792 Löhnberg. ✆ 06471/9866-22, Fax 9866-44. www.laneburg.de. a.linet@loehnberg.de. **Lage:** Am südöstlichen Rand der Altstadt, auf einem Felsen über der Lahn. **Bahn/Bus:** Lahntalbahn bis Bhf Löhnberg, RMV-Bus 666. **Auto:** B49 Wetzlar – Limburg. **Zeiten:** Führungen für Gruppen nach vorheriger Anmeldung (in den Sommermonaten nur unter der Woche).

▶ Bis 2000 verbarg die Laneburg ein kleines Geheimnis: einen richtigen Schatz. Entdeckt wurde er bei den Renovierungsarbeiten an der baufällig gewordenen Ruine. Zwei Männer fanden damals in einem Mauerloch einen Leinensack mit mehr als 200 Silbermünzen aus dem 16. und 17. Jahrhundert! Zwar weiß man bis heute nicht genau, wer ihr Besitzer war und warum er sie dort versteckt hat, doch dürfte er wohl aus dem Umfeld der Burgbesitzer, der Grafen von Nassau-Dillenburg und der Stadtvögte von Löhnberg gekommen sein. Sie lebten hier seit 1321. Heute erstrahlt die frisch restaurierte Anlage in neuem Glanz. Bei einem geführten Rundgang könnt ihr die freigelegten Keller sehen, einen Blick in die heimelig eingerichtete Turmstube werfen und vom glasüberdachten Burghof oder der Aussichtsterrasse auf dem Turm auf die Lahnlandschaft schauen.

Burg Freienfels

Förderverein zur Erhaltung der Burgruine Freienfels e.V., Hof Freiblick, 35796 Weinbach-Freienfels. ✆ 06471/ 4481, Fax 492502. www.ritterspiele-freienfels.de. burgruine@ritterspiele-freienfels.de. **Lage:** Am östlichen Ortsrand von Freienfels, ein wenig unterhalb des Dorfs. **Bahn/Bus:** Mo – Sa RMV-Bus 671. **Auto:** B49 Limburg – Gießen, B456 Usingen – Weilburg, Parkplatz für Burgbesucher in Freienfels. **Zeiten:** täglich Mitte März – Mitte Okt. **Preise:** freier Eintritt. **Infos:** Förderverein, Hof Freiblick, 35796 Weinbach-Freienfels.

▶ Seit dem Mittelalter thront die Burg auf einem Felsen über dem Weiltal. Zugänglich ist sie heute vom Dorf Freienfels aus. Erbaut wurde die Burg vermutlich Ende des 12. oder Anfang des 13. Jahrhunderts. Zum ursprünglichen Aussehen der Burg gibt es keine Quellen. Anhand der vorhandenen Mauern und Türme und Reste von Mauern im Innen- und Außenbereich wurde eine Ansicht erstellt, wie die Burg früher ausgesehen haben könnte. Die Burg hatte früher zum Schutz gegen Angreifer einen Wehrgraben und eine Schildmauer mit eingesetztem Bergfried. Alle drei Teile der Wehranlage könnt ihr noch sehen – genauso wie die Reste eines Torflankenturms am Eingang. Vom Bergfried aus ist der Wehrgang zu erreichen, der sich im südöstlichen Teil der Burg befin-

Jedes Jahr um den 1. Mai herum finden die **Freienfelser Ritterspiele** statt. Die Mitwirkenden treten in Kostümen als Edelleute, Ritter, Krieger, Handwerker, Händler, Hofmusiker, Gaukler oder Bauern auf. Besonders imposant ist die Feldschlacht. Außerdem gibt es viele Mitmachaktionen bei den Handwerkerständen (Töpfern, Korbflechten, Kerzenziehen, Steinbearbeitung, Hornverzierung, Schmuckherstellung und vieles mehr). Kinderreiten, Kinderbogenschießen, Falknervorführungen usw.

Da preschen sie heran, die Edlen von Freienfels! Wenigstens einmal im Jahr …

det. An der Rückseite der Festung schließt sich an die Schildmauer noch die Mantelmauer mit Schießscharten an. Die Verlängerung der Mantelmauer in östlicher Richtung bildet den ehemaligen Wohntrakt, bestehend aus einem aufgebrochenen Rundturm mit davorliegendem Arbeitsraum, dem angrenzenden sogenannten Palas (Wohnraum) und den darüber gelegenen Räumen, vermutlich den Schlafräumen. Der Rundturmraum besitzt auch einen Ausgang zum Zwinger, der als Aufenthaltsraum der Burgfrauen, als Kräutergarten und Kinderspielplatz genutzt wurde. Vom Palas aus führt ein Treppenabgang zum »Butterkeller«, der als Vorratsraum genutzt wurde. Zum größeren Burgkeller führt der Treppenabgang aus dem Burghof, der ebenfalls besichtigt werden kann. Der mehrgeschossige Bergfried ist über steile Treppen bis zur Aussichtsplattform begehbar, ebenso im ersten Stockwerk der Übergang zum Torflankenturm.

Burg Runkel

Burgverwaltung, Schlossplatz 2, 65594 Runkel. ✆ 06482/941472, 4222, Fax 607154. www.burg-run-kel.de. rathaus@stadtrunkel.de. **Bahn/Bus:** Station der Lahntalbahn Gießen – Limburg; LM-Bus 640, RMV-Bus 5410. **Auto:** B8, B49, in Limburg Richtung Runkel/Vill-mar. **Rad:** Abstecher vom Lahntalradweg. **Zeiten:** Kar-freitag – Okt Di – So 10 – 17 Uhr, Führungen 45 Min, nach Vereinbarung auch außerhalb der Öffnungszeiten. **Preise:** 3,50 €, in Gruppen ab 15 Pers 3 €; Kinder bis 14 Jahre 2,50 €; Familienkarte (2 Erw und bis zu 3 Kin-der) 10 €. **Infos:** Am Eingang gibt es ein Rundgang-Falt-blatt, das alle Bereiche der Burg kurz erläutert.

▶ Mit seiner hoch über dem Lahntal thronenden Burg sieht das Örtchen Runkel wie ein romantisches Fel-sennest aus. Besonders beeindruckend wirkt es vom nördlichen Flussufer aus, an dem auch der Bahnhof liegt. Wenn ihr über die alte Brücke und durch die Gassen zur Burg hinaufgelaufen seid, empfängt euch das äußere Torgebäude mit seinen beiden mächti-gen Rundtürmen. Über eine Fallbrücke, die früher beim Anrücken von Feinden hochgezogen wurde, überquert ihr den grün bewachsenen Burggraben. Durch einen zweiten Torturm kommt ihr schließlich in den Burghof.

Die **Unterburg** könnt ihr besichtigen. Hier liegen Ah-nensaal, Kapelle und verschiedene als Museum her-gerichtete Räume. Schaut euch die Wohngemächer, die mittelalterlichen Waffen, Gewehre oder Modelle von Kanonen in Ruhe an. In den Gewölben steht eine alte Weinpresse, sogar eine Folterkammer ist zu be-sichtigen. Wie sich die Bewohner in Zeiten ohne Te-lefon von Raum zu Raum verständigten, könnt ihr an alten, gemauerten Sprechrohren ausprobieren.

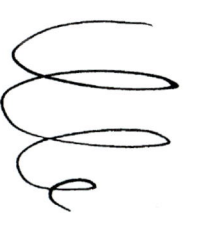

Der obere, im Dreißigjährigen Krieg zerstörte Teil der Burg ist **Ruine** geblieben. Offene Verliese gähnen euch entgegen, auf der Wiese innerhalb der impo-santen Wehrmauern liegen einige nicht mehr brauch-bare Kanonenkugeln herum. Außerdem erheben sich

hier die drei Türme der Burg. Auf einen könnt ihr hinaufsteigen – ein guter Ausblick auf die gegenüberliegende Burg Schadeck und das Lahntal ist garantiert.

Museen und Stadtführungen

Johann und Lotte

Lottehaus in Wetzlar, Lottestraße 8 – 10, 35578 Wetzlar. ☏ 06441/994131, 994140, Fax 994134. www.wetzlar.de. museum@wetzlar.de. **Zeiten:** Di – So 10 – 13, 14 – 17 Uhr. **Preise:** 3 €, Gruppe ab 10 Pers 2 €/Person, Familienticket (2 Erw mit bis zu 3 Kindern) 7 €; Kinder, Jugendliche 6 – 17 Jahre 2 €, Gruppe ab 10 Pers 1,50 €/Person; Kinder unter 6 Jahre, Schwerbehinderte Eintritt frei. **Infos:** Eintrittskarte gilt auch für Jerusalemhaus.

▶ Im Museum Lottehaus könnt ihr den Menschen und Ereignissen des Sommers 1772 nachspüren. Dies war der Sommer, in dem *Johann W. Goethe* hier fast täglich im Lottehaus zu Gast war. Dieses Haus ist nämlich das Geburtshaus von Goethes Jugendliebe *Charlotte Kestner* geb. *Buff,* deren Familie das ehemalige Verwalterhaus über drei Generationen hinweg bewohnte. Aus den Ereignissen dieses Sommers 1772 ging *Johann Wolfgang Goethes* erster **Roman** *Die Leiden des jungen Werther* (1774) hervor. Dieses weltberühmte Werk machte Wetzlar zur Goethestadt.

In dem Museum könnt ihr einen Eindruck von dem Leben einer Familie im 18. Jahrhundert erhalten. Ihr seht die kleinen Zimmer, in de-

Alte Liebe: Im Lottehaus wallen die Gefühle der Romantiker

© Stadtmarketing Wetzlar

nen die Familie gewohnt hat und die winzige Küche, in der für die Großfamilie Buff mit ihren 12 Kindern gekocht wurde. Außerdem beherbergt das Lottehaus auch eine Dauerausstellung, die den Werken Goethes gewidmet ist.

Stadtmuseum Obermühle

Heimatkundliche Arbeitsgemeinschaft Braunfels e.V., H. Schmitz, Obermühle 4, 35619 Braunfels. ✆ 06442/6386, 6696, Fax 932670. www.stadtmuseum-obermuehle.de. info@stadtmuseum-obermuehle.de. **Bahn/Bus:** RMV-Bus 180 bis Kaiser-Friedrich-Straße, 10 Min Fußweg. **Zeiten:** Jan – Nov 1., 3. So im Monat 14 – 18 Uhr, sonst für Gruppen nach Voranmeldung. **Preise:** Eintritt frei, Spenden willkommen. **Infos:** Anmeldung von Führungen außerhalb der festen Öffnungszeiten: Braunfelser Kur GmbH.

▶ Die Hauptattraktion des schmucken Museums ist das 2000 gefertigte Mühlrad, das durch den Iserbach an der Rückseite des Gebäudes in Schwung gehalten wird. Sein Vorgänger trieb im 17. Jahrhundert ein Hammerwerk an. Im Inneren könnt ihr durch eine Glasplatte im Fußboden Reste der hölzernen Tragepfeiler des Eisenhammers und im »Wasserraum« sein Antriebswerk sehen, das heute Strom für die Stadt Braunfels liefert. Hier steht auch die letzte Pumpe, mit der bis 1971 Wasser zum Schloss hinaufbefördert wurde – die Mühle diente lange als »Wasserwerk« für die Gegend.

Die sonstigen Ausstellungsstücke des Museums vergegenwärtigen euch das Leben der hiesigen Bürger, Handwerker und Bauern im 19. und zu Anfang des 20. Jahrhunderts. Zu sehen sind u.a. ein Webstuhl, Werkzeuge von Schuster, Küfer, Schreiner, Schmied und Hufschmied und Geräte für den Erzabbau und die Eisenverarbeitung. Hauswirtschaftliche Geräte lassen etwas von den Mühen erahnen, die es früher bereitete, Lebensmittel ohne Kühlschränke zu konservieren und eine Ladung schmutziger Hemden oh-

*Das Wort **Roman** kommt aus dem Französischen und bezog sich ursprünglich auf eine alte, romanische Volkssprache. Das Adjektiv romantisch entwickelte sich im 17. Jahrhundert daraus und bezog sich zunächst auf mittelalterliche Rittergeschichten. Romantiker zu Goethes und Lottes Zeiten waren verträumte, fantasiebegabte Menschen.*

ne Waschmaschine wieder sauber zu bekommen. Nicht entgehen lassen solltet ihr euch schließlich die Puppen- und Spielzeugsammlung im Dachgeschoss des Museums.

In der Luft und unter Tage

Bergbau- und Stadtmuseum Weilburg, Herr Wienand, Schlossplatz 1, 35781 Weilburg. ✆ 06471/379447, Fax 3794-52. www.weilburg.de. museum@weilburg.de. **Bahn/Bus:** ↗ Weilburg, City-Bus bis Marktplatz, VU-Bus 5414 bis Landtor. **Zeiten:** April – Okt Di – So 10 – 12, 14 – 17 Uhr; Nov – März Mo – Fr 10 – 12 und 14 – 17 Uhr. 20. Dez – 20. Jan geschlossen. **Preise:** Museum und Tiefer Stollen 3 €; Kinder ab 6 Jahre 2 €; Schulklassen 1,50 €, Führung Schulklassen nur Museum 1 €; Familienkarte ab 7 €; in Gruppen ab 10 Pers 2,50 €, mit Führung Gruppen ab 10 Pers 3 €, ohne Museum (50 Min) 2,50 €.

Wie wurde das Eisenerz transportiert, bevor der Förderwagen erfunden wurde? Auf welche Weise beleuchteten die Bergmänner ihren Arbeitsplatz, als es noch keinen elektrischen Strom gab?

▶ Weilburg war in der Frühzeit der Ballonfahrt beliebt als Start- oder Zielort. Die erste Ballonfahrt in Deutschland, die *Jean-Pierre Blanchard* von Frankfurt aus unternahm, endete am 3. Oktober 1785 in dem Städtchen an der Lahn. Im Herbst 1836 wählte jener aus London kommende Ballon, der als Erster nachts den Kanal überquerte, Weilburg als Landeplatz. Und an einem Augustnachmittag 1906 startete die berühmte Ballonfahrerin *Käthchen Paulus* aus Frankfurt eine Pionierfahrt vom Marktplatz der Stadt. Die Abteilung für Stadtgeschichte in der ersten Etage des Weilburger Museums besitzt zu alldem interessante Ausstellungsstücke. Anhand von Fotos und einigen Originalteilen könnt ihr außerdem die Geschichte eines 1910 bei Weilburg verunglückten Zeppelins verfolgen.

Im Parterre ist dann die »**Unterwelt**« dran: Hier geht es um die harte, oft auch gefährliche Arbeit der Bergleute. Es ist nämlich noch gar nicht so lange her, da gab es in Mittelhessen zahlreiche Bergwerke. Bis Anfang der 1950er Jahre war Weilburg ein Zentrum des

Eisenerzbergbaus, im Westerwald wurde Ton, im Taunus Schiefer abgebaut – und der Lahnmarmor war einst so begehrt, dass er bis nach Russland und Italien transportiert wurde, um dort Paläste und Kirchen zu verschönern.

Neben historischen Fotos seht ihr Originalwerkzeuge und Arbeitskleidung der Bergleute, Fördermaschinen und Ausrüstungsgegenstände wie Messgeräte oder Sprengpatronen. Ein wenig Grubenatmosphäre schnuppern könnt ihr während der Führung durch den »Tiefen Stollen«, ein naturgetreu nachgebautes, etwa 200 m langes Bergwerk auf zwei Sohlen. Lasst euch erzählen, was alles für den Schachtausbau nötig war und wie es bei den Bohr- und Sprengarbeiten zuging. Oder betrachtet die Signal- und Fernsprechanlagen der Bergleute und lasst euch die Funktion der hier ausgestellten Maschinen – von der Druckpumpe bis zur Schrapperhaspel – erklären. Mit den Informationen der Ausstellung ausgerüstet könnt ihr dort unten auf eine spannende Entdeckungstour gehen.

Schloss Weilburg

Schlossverwaltung, Schlossplatz 3, 35781 Weilburg. ℅ 06471/91270, Fax 912720. www.weilburg.de. info@schloesser.hessen.de. **Bahn/Bus:** ↗ Weilburg, Schloss. **Zeiten:** März – Okt 10 – 17, letzte Führung 16 Uhr, Nov – Feb 10 – 16, letzte Führung 15 Uhr. **Preise:** 4 €, in Gruppen ab 10 Pers 2,50 € (anmelden); Kinder ab 6 Jahre 2,50 €; Schulklassen 1,25 €, Kindergärten 1 € pro Person, Familienkarte 9,50 €.

▶ Zwischen dem 16. und 19. Jahrhundert residierten in dem aus der Renaissance stammenden Weilburger

Thront herrschaftlich über der Lahn: Schloss Weilburg

Schloss die Fürsten und Grafen von Nassau. Das war in einer Zeit, als Fürsten und Adlige sehr mächtig waren und im Gegensatz zu der Masse ihrer sehr armen Untertanen im Luxus schwelgten. Auf dem Rundgang durch die 30 Räume erlebt ihr einen Abglanz dieses Reichtums. Ihr seht u.a. eine Küche aus der Barockzeit, den Salon und das Arbeitszimmer des Herzogs, den Salon der Herzogin, ein edles Badezimmer mit der riesigen Badewanne aus schwarzem Marmor, den Speisesaal und die Obere **Orangerie.**

Wenn nicht allzu viel Besucherandrang herrscht, schließen euch die freundlichen Schlosswächter auch den vom Innenhof her zugänglichen **Stadtpfeiferturm** auf, auf den ihr hinaufsteigen könnt, außer im Juni/Juli während der Zeit der Schlosskonzerte. **Schlosshof** und **-garten** sind ab 8 Uhr bis zum Einbruch der Dämmerung frei zugänglich. Das **Café** auf der unteren Terrasse des Gartens bietet sich zum Abschluss des Rundgangs an.

Lahn-Marmor-Museum

Marmorbruch Unica, 65606 Villmar. ✆ 06482/9121-0, Fax 5782. www.lahn-marmor-museum.de. lmm@naturstein-netz.de. **Lage:** Hinter dem Bhf am nördlichen Lahnufer. **Bahn/Bus:** Lahntalbahn bis Villmar. **Auto:** B8, B49; in Villmar über Weilburger Straße, Grabenstraße und Lahnbrücke, Parkplatz am Bhf. **Zeiten:** Frei zugänglich, Führungen nach telefonischer Vereinbarung unter ✆ 06482/607720 oder über fuehrungen@lahn-marmor-museum.de. **Preise:** Eintritt frei. **Infos:** Verein Lahn-Marmor-Museum e.V., Rathaus, Peter-Paul-Straße 30, 65606 Villmar.

▶ Vom Ortszentrum aus spaziert ihr in etwa 15 Minuten zu dem etwas versteckt gelegenen ehemaligen Marmorbruch am jenseitigen Lahnufer. Achtet beim Überqueren der Brücke auf die aus Lahnmarmor gefertigten Pfeiler und die Verkleidung. Die Villmarer sind sehr stolz auf das Bauwerk: Es ist die einzige Marmorbrücke Deutschlands!

Eine Orangerie *(französisch für »Orangenbaum-Haus«) ist ein Gewächshaus, in dem Pflanzen aus südlichen Regionen überwintern können. Man findet sie in vielen Adelsschlössern aus dem 18. und 19. Jahrhundert.*

Steinmetzbetriebe am Ort:
Wolfgang Höhler, ✆ 06482/4902,
Gerhard Höhler, ✆ 06482/941885,
Jörg Hawig, ✆ 06482/911636, **Egon Negd,** ✆ 06431/75484,
Winfried Stürmer, ✆ 06431/52141.

Vom Bahnhof jenseits der Brücke weist ein Hinweisschild zur *Unica,* einem **Freilichtmuseum,** das nicht nur Geologen als einzigartig gilt. Es besteht aus mehreren gesägten Wänden aus dem intensiv roten, polierten Lahnmarmor. Sie stehen heute vor Regen geschützt unter einem Zeltdach. Stufen führen zu einem Podest hinauf, von dem ihr das Farbenspiel und die Strukturen des Steins aus nächster Nähe betrachten könnt.

In Villmar, zum Beispiel an der Straße Am Lahnufer, findet ihr zahlreiche Ausstellungsgegenstände, die an die Tradition der Marmorverarbeitung in der Gegend erinnern. Der Stein wird zwar nur noch begrenzt abgebaut, die zahlreichen Steinmetzbetriebe arbeiten aber mit noch vorhandenem Material. Nach telefonischer Anmeldung öffnen sie Besuchern gern ihre Werkstätten und zeigen ihnen die Arbeit mit dem Marmor.

Schon gewusst?: Geologisch gesehen ist der Lahnmarmor kein echter Marmor, sondern Massenkalk. Schön anzuschauen ist er dennoch.

Theater, Kino und Kultur

Ferienpass. Sommerferien in Wetzlar und Kinderkulturtage

Magistrat der Stadt Wetzlar, Jugendamt, Neues Rathaus, Ernst-Leitz-Straße 30, 35578 Wetzlar. ✆ 06441/995160, Fax 99-5164. www.wetzlar.de. jugendamt@wetzlar.de.

▶ Teilnehmen an den während der gesamten Sommerferien andauernden Aktivitäten können die Inhaber des Ferienpasses: Kinder und Jugendliche 6 – 12 Jahre aus Wetzlar, Aßlar und Lahnau. Das Programm umfasst Freizeiten und Tagesfahrten, Workshops und Schnupperkurse (Softball, Angeln, Wasserski), Aktivitäten in der Natur, Museumsführungen und zahlreiche Sportangebote. Eine Broschüre mit allen Terminen wird jährlich vom Jugendamt herausgegeben. Dort gibt es auch Infos zum Erwerb des Passes.

BÜHNE, LEINWAND & AKTIONEN

Spielmobil Fridolin Express Wetzlar

Magistrat der Stadt Wetzlar, Jugendamt, Neues Rathaus, Ernst-Leitz-Straße 30, 35578 Wetzlar. ✆ 06441/52531. www.wetzlar.de. spielhausdalheim@gmx.de.
Zeiten: Mai – Okt, für Kinder 6 – 13 Jahre.

▶ In der warmen Jahreszeit ist in Wetzlar nachmittags das Spielmobil des Jugendamtes unterwegs in alle Stadtteile. An Bord haben die Mitarbeiter Inlineskates, Rollenrutsche, Fallschirme, Trampolin, Stelzen, Bastelmaterial und Spiele. Für Vereine in Wetzlar kann das Spielmobil kostenlos gemietet werden.

Ferienprogramm der Stadt Solms

Stadtverwaltung, Oberndorfer Straße 20, 35606 Solms. ✆ 06442/910-18, www.solms.de. Stadtverwaltung@solms.de.

▶ Sechswöchiges Programm für Kinder und Jugendliche bis 14 Jahre während der Sommerferien in allen Stadtteilen von Solms. Kunterbuntes Programm mit etwa 70 Veranstaltungen. Kreativangebote wie Kochen, Sport oder naturwissenschaftliche Exkursionen unter Beteiligung von Spielpädagogen und Mitgliedern der Solmser Vereine.

Kinderprogramm Braunfels

Stadtjugendpflege, Ramona Hasselbach, Hüttenweg 3, 35619 Braunfels. ✆ 06442/30333, Fax 30337. www.braunfels.de. ramona.hasselbach@braunfels.de.

▶ Innerhalb des Veranstaltungsprogramms der Stadt finden für Kinder über das Jahr verteilt besondere Veranstaltungen statt wie z.B. spezielle Stadtführungen für Kinder oder Ferienspiele. Die Termine könnt ihr bei der Stadtjugendpflege erfragen.

Ferienspiele der Stadt Braunfels

Stadtverwaltung Braunfels, Ramona Hasselbach, Hüttenweg 3, 35619 Braunfels. ✆ 06442/30333, Fax 30337. www.braunfels.de. ramona.hasselbach@braunfels.de.

▶ Während der gesamten Sommerferien, für Braunfelser Kinder und Jugendliche im Alter von 6 bis 16 Jahre. Angebote in den Ortsteilen der Gemeinde durch ehrenamtliche Mitarbeiter der Braunfelser Vereine und Betreuer der Stadt (von Pizzabacken über Basteln bis hin zu Tagesausflügen).

Alte Kunst: Bei Mittelalterfesten kommen in Braunfels die Fahnenschwenker zum Zuge

Weilburger Ferienspiele

Städtische Jugendarbeit, Ralf Hajdu, Kruppstraße 4, 35781 Weilburg. ✆ 06471/918880, Fax 91880. www.weilburg.de. jugendpflege-weilburg@gmx.de.
▶ Zwei Wochen in den Sommerferien organisiert die Stadt Weilburg für Kinder von 6 – 10 und von 10 – 18 Jahre Ferienspiele in der ↗ Jugendherberge Odersbach. Zum Programm gehören Aktivitäten vor Ort und Ausflüge.

Für Bücherwürmer

Hier ist jedes Buch fantastisch!

Phantastische Bibliothek Wetzlar, Bettina Twrsnick, Turmstraße 30, 35578 Wetzlar. ✆ 06441/40010, Fax 400119. www.phantastik.eu. mail@phantastik.eu.
Bahn/Bus: Bus 11, 12/13, 18. **Auto:** A45, B49, B277, in Wetzlar über Karl-Kellner-Ring oder Bergstraße. **Zeiten:** Mo – Do 14 – 18, Mi zusätzlich 9 – 12 Uhr und nach telefonischer Vereinbarung. **Preise:** freier Eintritt, Lesungen und Filmvorführungen kostenpflichtig.
▶ In einem großen Haus am Rande der Altstadt liegt ein Rückzugsraum für die Liebhaber von Märchen, Sagen, Sciencefiction, Fantasy-Literatur, Reise- und

Happy Birthday!
Es werden Kindergeburtstage am Wochenende thematisch gestaltet. Inklusive Kakao, Saft, Kuchen kostet dies pro Kind 10 €.

© Peter Meyer

Kreativtag: Bei Aktionen der Büchereien könnt ihr König oder Zauberlehrling werden

Abenteuerromanen. In der Phantastischen Bibliothek könnt ihr unter mehr als 200.000 gebundenen Büchern, Taschenbüchern, Heftromanen oder Zeitschriften wählen – von Winnetou bis Harry Potter, von Jules Verne bis Perry Rhodan. Wer gleich mit dem Schmökern loslegen möchte, kann das an den Tischen des Cafébereichs tun. Es besteht aber auch die Möglichkeit zur kostenlosen Ausleihe. Daneben bietet das Bibliotheksteam Führungen durch die Räume an, die auf Wunsch unter einem bestimmten Thema (Pippi Langstrumpf, die Welt der Drachen, Piraten, Hexen und vielem mehr) stehen können. Gelegentlich sind auch Kinderbuchautoren zu Gast, die aus ihren Büchern vorlesen oder es werden Filme gezeigt.

Stadtbücherei Braunfels

Fürst-Ferdinand-Straße 4a, 35619 Braunfels. ℡ 06442/9344-0, Fax 934422. www.braunfels.de. touristinfo@braunfels.de. **Lage:** Im Haus des Gastes. **Zeiten:** Mo – Fr 10 – 12, 15 – 17 Uhr, Mi 15 – 18, Do 10 – 12, 15 – 18 Uhr. **Infos:** Umzug von KG ins EG.
▸ Etwa 1600 Kinder- und Jugendbücher.

Kreis- und Stadtbücherei Weilburg

Christiane Henss, Mauerstraße 1, 35781 Weilburg. ℡ 06471/30339, Fax 922177. www.buecherei-weilburg.de. buecherei@weilburg.de. **Zeiten:** Mo 10 – 13, Di 13 – 18, Mi 9 – 13 und 15 – 17, Fr 14 – 19 Uhr.
▸ Knapp 10.000 Medien für Kinder und Jugendliche, darunter Bücher, CDs, DVDs und Spiele. Über das ganze Jahr verteilt Lesungen und andere Veranstaltungen. 3 Internetarbeitsplätze stehen für 2 € pro Stunde zur Verfügung. Jeden Tag Internetcafé.

Die Bibliothek befindet sich im Gymnasium Philippinum, benannt nach Philipp III. von Nassau-Weilburg, der es 1540 als Lateinschule gründete. 1776 wurde das Gymnasium durch Friedrich Ludwig Gunkel umgestaltet und zählt seither zu den künstlerisch qualitätsvollsten Bauten des Louis-Seize-Stiles in Nassau.

Feste & Märkte

Gallusmarkt

Stadtmarketing Wetzlar, Rainer Dietrich, Domplatz 8, 35578 Wetzlar. ℰ 06441/998040, Fax 99-867. www.wetzlar.de. rainer.dietrich@wetzlar.de.
▶ Am 3. Oktoberwochenende auf der Lahninsel. Traditioneller, aus dem Mittelalter herrührender Markt. Verkaufsstände und großer Vergnügungspark.

Weihnachtsmarkt Wetzlar

Stadtmarketing, Rainer Dietrich, Domplatz 8, 35578 Wetzlar. ℰ 06441/998040, Fax 99867. www.stadt-marketing-wetzlar.de. stadtmarketing@wetzlar.de.
Zeiten: 1. Advent.
▶ Die auf Plätzen und in Gassen der Wetzlarer Altstadt aufgebauten Stände bieten Geschenkartikel, Weihnachtsschmuck, Essen und Getränke. Für das Vergnügen der kleineren Besucher sorgen mehrere Karussells.

Christkindelsmarkt in Braunfels

Braunfelser KurGmbH, Am Kurpark 11, 35619 Braunfels. ℰ 06442/93440, Fax 934422. www.braun-fels.de. touristinfo@braunfels.de. **Bahn/Bus:** ↗ Braunfels. **Zeiten:** Jedes 2. Adventswochenende.
▶ Stände auf dem Marktplatz und in der Altstadt, Ponyreiten, Karussell. Schulen stellen sich mit ihren Projekten vor.

Weihnachtsmarkt Weilburg

Fremdenverkehrsmarketing GmbH, Mauerstraße 6 – 8, 35781 Weilburg. ℰ 06471/1330, Fax 38159. www.weilburg.de. info@weilburg.de. **Bahn/Bus:** ↗ Weilburg, vom Bhf 10 Min Fußweg. **Zeiten:** 2., 3., 4. Adventswochenende Sa 10 – 20, So 11 – 20 Uhr.
▶ Auf dem historischen Marktplatz und auf dem Schlossplatz stehen zahlreiche Stände. Für Kinder gibt es viele Aktivitäten.

Adventsfest Albshausen

35606 Solms-Albshausen. ✆ 06442/9100, Fax 91050. www.solms.de. stadtverwaltung@solms.de.
Zeiten: Am 1. Adventssamstag.
▶ Aktivitäten der örtlichen Vereine (zum Beispiel Brotbacken im Backhaus), Verkaufsausstellung.

FESTKALENDER LAHN & HINTERTAUNUS

Februar, März:	5 Wochen vor Ostern, **Braunfelser Ostermarkt,** im Haus des Gastes, mit vielen Ideen zum Ostereiergestalten.
Mai:	Ende Mai, Weilburg: **Stadtfest,** rund um das Weilburger Schloss.
Juni:	2. Wochenende, Wetzlar: **Kulturtage an der Lahn.** Mit Sport, Spiel, verkaufsoffenem So, Karussell und Hüpfburgen. Letztes Wochenende, Braunfels, **Weinfest.**
Juli:	2012, alle 3 Jahre, 1. Wochenende, Wetzlar: **Ochsenfest.**
September:	Anfang Sep, Braunfels, **Stadtfest** mit Musik, vielen Ständen und Spielwiese im Kurpark.
Oktober:	2. Wochenende, Weilburg **Residenzmarkt.** Stände im gesamten Altstadtbereich, u.a. mit Landwirtschaftsmarkt, Streichelzoo, Karussell. 3. Wochenende, Wetzlar: **Gallusmarkt,** mittelalterlicher Markt.
Dezember:	1. Advent, Wetzlar, **Weihnachtsmarkt.** 1. Advent, Sa, Albshausen, **Adventsmarkt**. 1. Advent, Sa, So, Burgsolms, **Adventsmarkt** mit Besuch des Nikolaus, Ponyreiten, Karussell. Jedes 2. Adventswochenende, Braunfels, **Christkindelsmarkt** in der Altstadt, Ponyreiten, Karussell. 2., 3., 4., Advent Sa, So, Weilburg **Weihnachtsmarkt.**

LIMBURG & MITTELTAUNUS

SÜDLICHER TAUNUSRAND

BAD HOMBURG & FRIEDRICHSDORF

RUND UM DEN FELDBERG

NATURPARK HOCHTAUNUS

LAHN & HINTERTAUNUS

LIMBURG & MITTELTAUNUS

UNTERLAHN & NATURPARK NASSAU

INFO & VERKEHR

FERIENADRESSEN

KARTEN & REGISTER

An der Spitze des folgenden Abschnitts steht die Kreis- und Domstadt Limburg, die euch mit zahlreichen Freizeitmöglichkeiten (besonders für Wasserratten) an die Lahn lockt. Von den Niederungen des Limburger Beckens steigt der Taunus allmählich wieder an und bildet eingeklemmt zwischen zwei großen Verkehrs-Trassen den Mitteltaunus:

Im Osten überqueren bei Niedernhausen die A3 und die ICE-Strecke nach Köln den Taunuskamm. Idstein mit dem Hexenturm und der Kurort Bad Camberg im Emsbachtal sind zwei wichtige Anlaufpunkte für euch. Durch das Emsbachtal windet sich auch der Fernradweg R8.

Im Westen entspringt am Taunuskamm die *Aar*. Von ihrer Quelle bei Taunusstein über Bad Schwalbach bis zur Mündung in die Lahn in der Altstadt von Diez plätschert sie durch Wiesen und Wälder. Abseits der B54 wurde in ihrem Tal der Aartal-Radweg angelegt. Action versprechen hier außerdem das Abenteuerland der Sinne Taunusstein und die Domäne Hohlenfels, eine alte Mühle, die heute als Jugendbegegnungsstätte dient, ↗ Ferienadressen.

Frei- und Hallenbäder

Freibad Taunusstein

Zum Schwimmbad, 65232 Taunusstein-Hahn. ✆ 06128/934695. www.taunusstein.de. freibad@taunusstein.de. **Lage:** Im Kotzebachtal zwischen Hahn und Bleidenstadt. **Bahn/Bus:** Mo – Fr RTV-Bus 501, Mo – Sa ORN-Bus 5474 bis Hahn Altenpflegeheim, dann 10 Min Fußweg. **Auto:** B54/Aarstraße, Hahner Weg, ab Taunusstein-Hahn ausgeschildert. **Rad:** Am Radweg Hahn – Watzhahn. **Zeiten:** Mai – Mitte Sep täglich 8 – 20 Uhr, letzter Einlass 19 Uhr. **Preise:** 5 €, Kurzzeitkarte ab 17 Uhr 2,50 €, 10er-Karte 45 €, Saisonkarte 115 €; Kinder 4 – 18 Jahre 2,50 €, 10er-Karte 20 €, Saisonkarte 35 €; Einzel-Familienkarte 10 €, Saison-

DAS GROSSE DREIECK IN DER MITTE

 *Einen lustigen Namen trägt die B417, die seit altersher mittenmang den Mitteltaunus erschließt: Sie wird* Hühnerstraße *genannt. Warum, weiß kein Mensch mehr.*

TIPPS FÜR WASSERRATTEN

Happy Birthday!
Kindergeburtstage können hier nach telefonischer Absprache gefeiert werden, allerdings ohne Animation durch das Badpersonal.

Nasses Vergnügen:
Auf der Rutsche in Bad Schwalbach

Familienkarte 150 €, Behinderte (ab 50 %) 2,50 €, Begleitperson frei.

▶ Das solarbeheizte Bad hat ein 50 m langes Schwimmerbecken mit Sprungbucht, die zu Salti vom 1-m, 3-m und 5-m-Sprungturm einlädt. Im großen Nichtschwimmerbecken wird mit langer Wellenrutsche, Nackenduschen, Kletternetz, Schaukelbucht, Bodensprudlern und Wasserfall jede Menge Spaß geboten. Der Kleinkinderbereich besitzt ein eigenes Planschbecken, dazu Kindertoiletten und Wickeltisch. Zum Sonnen lädt die große Liegewiese ein. Beachvolleyballfeld, Tischtennisplatte, Basketballfeld und Klettergeräte sprechen die aktiveren Besucher an. Ein Kiosk befriedigt süße Gelüste.

Freibad im Heimbachtal

Heimbacher Straße, 65307 Bad Schwalbach. ✆ 06124/723966, 1520 (Schwimmmeister). www.bad-schwalbach.de. stadt@bad-schwalbach.de. **Bahn/Bus:** Mo – Fr RTV-Bus 207, Mo – Sa ORN-Bus 5478 bis Kreishaus. **Auto:** B54, B260, B275, am Nordostrand im Heimbachtal, an der L3456 in Richtung Heimbach. **Zeiten:** Mai – Anfang Sep täglich 9 – 20 Uhr, Kassenschluss um 19 Uhr. **Preise:** 4,50 €, ab 17 Uhr außer So und Fei 2,50 €, 10er-Karte 35 €, Saisonkarte 80 €; Kinder und Jugendliche von 3 – 17 Jahre 2 €, 10er-Karte 15 €, Saisonkarte 35 €; Familiensaisonkarte ab 1 Kind 100 €, Alleinerziehende ab 1 Kind 90 €, 3-Bäder-Karten; Schüler ab 18 Jahre, Studenten bis einschließlich 27 Jahre und Schwerbehinderte zahlen halben Preis.

▶ Das inmitten von viel Grün gelegene, beheizte Freibad kann mit einigen Attraktionen aufwarten. Die großen Edelstahlbecken für Schwimmer und Nichtschwimmer sind durch einen kurzen Kanal miteinander verbunden, über den ein Brückchen führt. In das Springerbecken kann man vom Sprungturm mit seinen 3- und 1-m-Brettern eintauchen. Zu den verschiedenen Extras des Nichtschwimmerbeckens gehören ein Strömungskanal und zur großen Freude vieler Kin-

Die 3-Bäder-Karte schließt den Eintritt in die Freibäder der Stadt Taunusstein, der Gemeinde Aarbergen und der Stadt Bad Schwalbach ein.

der und Jugendlicher auch eine 60-m-Riesenrutsche. Das ausgedehnte Kleinkinderbecken ist terrassenförmig auf drei Ebenen angelegt. Auf der geräumigen Liegewiese spenden genügend Bäume Schatten. Es gibt hier auch einen Spielplatz. Bei Hunger und Durst hilft ein Besuch des Kiosks. Ihr könnt dort auch Platz nehmen.

Waldschwimmbad Aarbergen

Stefan Heilhecker, 65326 Aarbergen-Michelbach. ✆ 06120/92587. www.rheingau-taunus.de/schwimmbaeder/aarbergen.asp. info@aarbergen.de. **Lage:** Verlängerte Festerbachstraße. **Bahn/ Bus:** Bus 207, 245, 246, 247, 248 bis Kraufeld. **Auto:** B54, ab Michelbach ausgeschildert, Parkplätze direkt vor dem Schwimmbad. **Rad:** Aartalradweg, ab Michelbach ausgeschildert. **Zeiten:** Mai – Sep täglich 10 – 20 Uhr. **Preise:** 3 €, 10er-Karte 22 €, Saisonkarte 50 €; Kinder 6 – 14 Jahre 1,50 €, 10er-Karte 11 €, Saisonkarte 20 €; Saisonkarte für Eheleute mit allen Kindern bis 17 Jahre 90 €; Schüler und Studenten, Azubis, Schwerbehinderte ab 50 % 1,50 €, Saisonkarte 25 €.

▶ Das Waldschwimmbad Aarbergen ist neu saniert und bietet kleinen und großen Wasserratten jede Menge Unterhaltung. Euch steht hierfür ein kombiniertes Schwimmer- und Nichtschwimmerbecken zur Verfügung. Spaß habt ihr sicherlich in der Schaukelbucht, mit der 46-m-Rutsche und den Nacken- und Schwallwasserduschen. Für die Kleineren unter euch gibt es ein Kinderplanschbecken mit Rutsche. Zwischen den Abkühlphasen könnt ihr Beachvolleyball, Boule, Tischtennis, Tischfußball, Basketball oder Freiluftschach spielen.

Zeit im Thermalfreibad Schlangenbad

Staatsbad Schlangenbad GmbH, Nassauer Allee 1, 65388 Schlangenbad. ✆ 06129/2064, 463065 (Bistro), Fax 4854. www.der-ort-mit-zeit.de. staatsbad@schlangenbad.de. **Bahn/Bus:** ORN-Bus 5475, 5476,

Hunger & Durst
Hunger und Durst könnt ihr am schwimmbadeigenen Kiosk stillen.

© Staatsbad Schlangenbad, Foto: Dagmar Rittner

Wenn der Vater mit dem Sohne: Wasserspaß im Thermalfreibad

Der Name Schlangenbad rührt von der *Äskulapnatter* her. Sie ist auch auf dem Abzeichen der Ärzte, dem Äskulapstab, zu sehen. Äskulap (Asklepios) war der griechische Gott der Heilkunde.

Das Tournesol bietet für Erwachsene einen großen Beauty & Wellness Bereich an – die Kinderbetreuung passt zeitlich dazu.

5483 bis Landgrafenplatz, dann 5 Min Fußweg. **Auto:** Ab A66 bzw. B42 nordwärts auf die Bäderstraße/B260 Richtung Bad Schwalbach, 7 km. **Zeiten:** ab 15. April, Sep – 15. Okt 8 – 18 Uhr, Mai – Aug 8 – 20 Uhr, letzter Einlass 1 Std vor Badeschluss. **Preise:** 6 €, mit Kurkarte 5 €, 10er-Karte 54 €; Kinder 4 – 6 Jahre 1 €, Schüler ab 7 Jahre 3 €, 10er-Karte Schüler 27 €, Sommerferientarif Schüler 2 €; Schwerbehinderte ab 70 % 5 €. **Infos:** Das Thermalwasser ist für Kinder unter 4 Jahre nicht geeignet.

▶ In das Schwimmbecken und das gesonderte Kinderbecken mit Rutsche und Wasserspritzschlange wird täglich frisches, 27 Grad warmes Thermalwasser eingeleitet, das gegen Hautkrankheiten helfen soll. Eine große Liegewiese am Waldrand oberhalb des Kurparks bietet viele schattige Plätze. Ein großes Spielschiff lädt euch zum Toben ein. Im Bistro mit großer Terrasse gibt es kleine regionale Speisen.

Erlebnisbad Tournesol Idstein

Weldertstraße 7, 65510 Idstein. ✆ 06126/505770. www.tournesol-idstein.de. info@tournesol-idstein.de. **Lage:** Navi Rudolfstraße. **Bahn/Bus:** Bus 225 oder 230 bis Rudolfstraße. **Auto:** über B275. **Zeiten:** Mo, Mi, Fr 8 – 23, Di, Do 7 – 23, Sa, So und Fei 8 – 23 Uhr. **Preise:** Schwimmbad Tageskarte 7,50 €, mit Sauna 19 €, Sa, So, Fei 2 € Zuschlag; Kinder bis 1 m frei, danach 5,50 €, Sa, So, Fei 1 € Zuschlag; Familienkarte 24 €. **Infos:** Kinderbetreuung in Spielzimmer Mi – Fr 9 – 12 und 15 – 19, Sa, So 15 – 19 Uhr.

▶ Insgesamt 5800 qm Badefläche bieten Action und Entspannung gleichermaßen: Das Hallenbad hat ein 25-m-Sportbecken mit Sprungturm, ein Erlebnisbecken mit Massagedüsen und ein Kinderbecken. Die Kleinsten planschen ausgiebig im 31 Grad warmen Babybecken mit Sprühdelphinen. Bei sonnigem Wetter (ab 22 Grad) wird die riesige Kuppel über dem Hallenbad geöffnet – ein tolles Erlebnis. Wenn ihr dann nach draußen schwimmt, erwarten euch mehre Außenbecken, eine Trio-Slide-Rutsche, eine große Liegewiese, ein Beachvolleyballfeld und ein Kinderspielplatz. Wer Durst bekommt, kann sogar an einer Wasserbar mitten im Pool Platz nehmen.

Freizeit- und Erholungsbad Bad Camberg

Freibad, Am Eltwerk 2, 65520 Bad Camberg. ✆ 06434/1661. www.bad-camberg.de. magistrat@bad-camberg.de. **Bahn/Bus:** S20 oder Bus 31, 32, 5465 bis Bhf, Bus 32, 283 bis Beethovenstraße. **Zeiten:** Mitte Mai – Mitte Sep Mo 10 – 19, Di – So 10 – 20 Uhr, bei Wassertemperatur über 30 Grad – 21 Uhr. **Preise:** 2,80 €, 10er-Karte 25 €, Saisonkarte 65 €; Kinder 6 – 18 Jahre 1,20 €, 10er-Karte 9,50 €, Saisonkarte 30 €; Familiendauerkarte für Eheleute mit Kindern 90 €, Alleinerziehende mit Kindern 60 €.

▶ Wenn ihr eine Runde durch sämtliche 5 Becken des Freibads drehen wollt, seid ihr einige Zeit beschäftigt. Ans Wasser gewöhnen könnt ihr euch zunächst im kreisrunden Planschbecken oder im teilweise überdachten Nichtschwimmerbecken. Nach einem kühnen Köpper vom 1-m-Brett oder gar einem Salto vom 3-m-Turm und einigen Bahnen im Schwimmerbecken könnt ihr euch in einem Massagebecken mit Unterwasserdüsen erholen. Anschließend ist Pause auf der Terrasse vor dem Kiosk angesagt.

Waldschwimmbad Niedernhausen

Quellenweg 11, 65527 Niedernhausen. ✆ 06127/903-0. www.niedernhausen.de. gemeinde@niedernhausen.de. **Bahn/Bus:** S2, Stadtbus 22 bis Ulmenstraße, dann 7 Gehminuten. **Auto:** A3 Niedernhausen, ab Ortsmitte ausgeschildert. **Zeiten:** Mai – Anfang Sep täglich

Hunger & Durst

Eatstein im Tournesol, Welderstraße 7, Idstein. www.tournesol.de. Mo – Fr 11 – 22, Sa, So, Fei 10 – 22 Uhr. Kleine und große Gerichte, Kindergerichte wie z.B. Piratenspieße oder Captain Cook.

 Hallenbad Bad Camberg, Im Kurhaus, Bad Camberg. ✆ 06434/202-424. www.bad-camberg.de. Okt – Mai Mo 9 – 11, 15 – 18, Di, Do 15 – 20, Mi 9 – 12, 15 – 20, Fr 9 – 12, 16 – 20, Sa 10 – 14, So 9 – 15 Uhr. 1 Wertmarke 2,50 €, 10 Stück 22 €, Kinder 6 – 18 Jahre 1 Wertmarke 1,50 €, 10 Stück 12,50 €. Kleine Halle für die kalte Jahreszeit.

Hunger & Durst

Der Schwimmbadkiosk versorgt die Badegäste mit Snacks und Getränken.

 *Die Becken werden mit frischem Quellwasser versorgt, das durch eine Solaranlage beheizt wird.*

10 – 19.30 Uhr, bei besonders schönem Wetter 8 – 20.30 Uhr, Kassenschluss jeweils 1 Stunde früher. **Preise:** 4,50 €, Abendkarte ab 17 Uhr 2 €, 10er-Karte 35 €, Dauerkarte 110 €; Kinder und Jugendliche 4 – 21 Jahre 2 €, 10er-Karte 15 €, Dauerkarte 50 €; Familiendauerkarte 150 €, Ermäßigungsberechtigte 3,50 €.

▶ Die leicht ansteigende Liegewiese hat im oberen Bereich sehr schöne, schattige Plätze unter alten Bäumen. Von dort aus überblickt ihr das ganze Bad mit seinem 50-m-Becken für Schwimmer, der Sprunganlage und dem Nichtschwimmerbecken mit Rutsche. Auf der unteren Etage liegt ein Kleinkinderplanschbecken mit Minirutsche, Wasserpfeifen und einem Seehund, von dem ihr euch nass spritzen lassen könnt. Dort findet ihr auch Spielgeräte, Sandkasten und eine Kindertoilette.

Parkbad Limburg

Am Haustein, 65549 Limburg. ✆ 06431/2880609. www.limburg.de. info@stadt.limburg.de. **Bahn/Bus:** Stadtbus 601, 605, 606. **Auto:** A3 Limburg-Nord. **Rad:** Radweg am Lahnufer Richtung Dietkirchen. **Zeiten:** Mai – Mitte Sep 8 – 20 Uhr, Einlass bis 45 Min vor Schluss. **Preise:** 2,50 €, 10er-Karte 20 €, Saisonkarte 55 €; Kinder 6 – 17 Jahre 1,50 €, 10er-Karte 12 €, Saisonkarte 33 €; Familiensaisonkarte je Elternteil 37 €, für das 1. und 2. Kind bis 17 Jahre je 22 €, weitere frei.

▶ Die Limburger nennen es stolz ihr »Erlebnisbad«: Vor einer terrassenförmigen Liegewiese verteilen sich am Nordufer der Lahn ein 50 m langes Schwimmerbecken samt Sprungbereich mit 1-m-Brett und 3-m-Brett, eine 45-m-Wasserrutsche, ein Nichtschwimmerbecken mit Wasserfall, Massagedüsen und Insellandschaft sowie ein Planschbecken. Wem es im 24 Grad warmen Wasser dennoch zu langweilig wird, findet Abwechslung an Tischtennisplatten, Basketballkörben, beim Schachspiel oder beim Beachvolleyball. Den kleinen Hunger und den großen Durst stillen die Badegäste am Kiosk.

Schwimmschule Kleiner Pinguin: Die Schwimmschule organisiert Kurse für Anfänger und Fortgeschrittene vom Babyschwimmen bis zum Seepferdchen-Aufbaukurs. ✆ 0171/8393392.

Oranienbad Diez

Am Hallenbad 1, 65582 Diez-Freiendiez. ✆ 06432/
62626. www.oranienbad.de. info@oranienbad.de.
Bahn/Bus: Nahe Bhf Diez-Ost auf der Strecke Limburg – Au (Sieg) oder RMV-Bus 5425. **Auto:** B54, B417,
zwischen Diez und Limburg. **Zeiten:** Mo – Fr 6.45 –
7.45, 14 – 21, Sa, So, Fei 9 – 19 Uhr, Sauna Mo – Do
14 – 22.30, Fr 14 – 21, Sa 9 – 19, So, Fei 9 – 20.30
Uhr. **Preise:** Schwimmbad inkl. Solarium 3 Std 4 €,
11er-Karte 40 €, Kurzschwimmen 1 Std 11er-Karte
26 €, Halbjahreskarte 140 €; Sauna inkl. Hallenbad
und Solarium 4 Std Erw und Kinder ab 6 Jahre 8,50 €,
11er-Karte 85 €; Kinder 6 – 18 Jahre für Schwimmbad
inklusive Solarium 2,30 €, 11er-Karte 23 €; Schüler,
Studenten, Schwerbehinderte ab 70 % ermäßigt.
▶ Das kombinierte Hallen- und Freibad ist mit einem
Sportbecken mit 5 25-m-Bahnen sowie mit einem
Sprungbecken samt 3-m-Brett und 1-m-Brett ausgestattet. Ein auf zwei Ebenen angelegtes Nichtschwimmerbecken verfügt über Bodensprudler, Rutsche, Wasserkanonen, Massage- und Gegenstrom-
düsen. Kleine Badegäste planschen im 34 Grad
warmen Wasser des Baby-Beckens. Fürs perfekte
Wohlbefinden der Großen sorgen Whirlpool, Sonnen-
landschaft mit Liegen und Sonnenbänken, Heißluft-
dusche und Sauna. Im Sommer wird das Oranienbad
zum Freibad – dann könnt ihr euch auf einer großen
Liegewiese im Freien ausbreiten.

Freibad Kirberg

Weiherweg 2, 65597 Hünfelden-Kirberg. ✆ 06438/
83841. www.huenfelden.de. **Bahn/Bus:** RMV-Bus
5413 (Mo – Fr), 5472, 5473. **Auto:** B417. **Zeiten:**
Mai – Sep täglich 10 – 20, Fr 10 – 21 Uhr, Di Früh-
schwimmen ab 8 Uhr. **Preise:** 2,60 €, 10er-Karte 21 €,
Saisonkarte 47,50 €; 6 – 17 Jahre 1,10 €, 10er-Karte
8,40 €, Saisonkarte 21 €; Saisonkarte Familie 100 €.
▶ Innerhalb des weitläufigen Bades unterhalb des
Rathauses von Kirberg liegen ein 25 m langes

 **Freibad Dau-
born,** Am
Schwimmbad, Hünfel-
den-Dauborn.
✆ 06438/5707.
www.schwimmbadfreun-
de.de. Mai – Sep täglich
10 – 20, Fr 10 – 21
Uhr. 2,60 €, 10er-Karte
21 €, Saisonkarte
47,50 €; Kinder 6 – 17
Jahre 1,10 €, 10er-
Karte 8,40 €, Saison-
karte 21 €; Saisonkarte
Familie 100 €.

Hunger & Durst
Ein Kiosk auf dem Ge-
lände liefert den nötigen
Vorrat an Eis, Snacks
und Getränken.

Schwimmer- und ein separates Nichtschwimmerbecken (beide beheizt). Am 1-m-Brett oder vom 3-m-Turm können die Badegäste ihre Sprungkunststücke üben. Zur Ausstattung zählen weiterhin Tischtennisplatten und Spielgeräte.

Im und auf dem Wasser unterwegs

Baggersee Diez

Brigitte Kraft-Haberer, In der Au 40, 65582 Diez-Altendiez. ✆ 06432/82417. www.baggersee-diez.de. www.urlaubsregion-diez. **Bahn/Bus:** Bus 001 von Diez. **Auto:** Südlich der B417 am Westrand von Diez, ab Kreisel Diez ausgeschildert, großer Parkplatz. **Zeiten:** je nach Wetterverhältnissen April – Okt täglich 10 – 20 Uhr, letzter Einlass 19 Uhr. **Preise:** 3 €, 10er-Karte 27 €, Taucher 6 €; Kinder bis 14 Jahre 2 €.

▶ Ihr findet hier zwar nicht besonders viel Komfort, dafür aber eine wildromantische Kulisse: In dem ehemaligen Steinbruch ist ein glasklarer, 18 m tiefer See entstanden. Das von Quell- und Grundwasser gespeiste Bade- und Tauchparadies ist umgeben von steilen, wildnishaft bewachsenen Felswänden – einfach schön. Große, zum Teil schattige Liegewiesen laden zum Liegen und Spielen ein. Praktisch sind die Toiletten und Kaltwasserduschen. Falls ihr Hunger und Durst bekommt, gibt es einen Kiosk und einen Imbiss-Stand.

Achtung! Da das Ufer steil abfällt, sollten sich nur Kinder, die wirklich sehr gut schwimmen können, ins Wasser wagen. Ansonsten ist der beliebte Steinbruchsee auch mit Gummibooten zu befahren.

Bootsverleih Wassersport-Danner

Roland Buch, Kanalstraße 10a, 65582 Diez. ✆ 06432/81389, Fax 83450. www.wassersport-danner.de. info@wassersport-danner.de. **Lage:** Lahnkilometer 84,1. **Auto:** An der Aarmündung bei LahnKm 84,1. **Preise:** zwischen 1 Tag und 3 Wochen 1er-Kajak 20 – 250 €, 2er-Kajak oder -Kanadier 30 – 300 €, 3er-Kanadier 50 – 350 €, 4er- 60 – 600 €, 5er- 80 – 650 €, 7er-Kanadier 110 – 950 €, Säcker-Nachen 2 – 3 Std

190 €. Bootstransport zum Start oder vom Ziel bis 25 km 3 €, bis 50 km 5 €, über 50 km 8 € pro Boot.

▶ Die Bootswerkstätte Danner ist mehr als ein Bootsverleih, hier könnt ihr auch Kanadier und Kajaks bauen lassen. Außerdem bekommt ihr hier alle Sportartikel, die Hobby- und Profi-Paddler so brauchen. Für die Touren gibt es eine Beratung, die im Preis inbegriffen ist. Für die viel befahrene Eintagesstrecke Diez – Laurenburg existiert sogar eine detaillierte Beschreibung. Die Ausleihe von Zelten und Ausrüstung ist möglich.

Schiffstour Limburg – Balduinstein

Fahrgastschiff »Wappen von Limburg«, H. R. Heldmann, Schleusenweg 2, 65549 Limburg. ℂ 06431/3984, Fax 26323. Handy 0171/7729105. www.lahnschiffahrt.de. info@lahnschiffahrt.de. Schiffsanleger am Eschhöfer Weg. **Bahn/Bus:** RMV-Bus 5410. **Auto:** A3 Limburg-Süd. **Zeiten:** Mitte April – Juni, Sep – Mitte Okt Di, Mi, Sa, So, Juli, Aug Di – Do, Sa, So Limburg/Eschhöfer Weg ab 13.20, Balduinstein an 15.05, ab 15.20, Limburg an 17.20 Uhr, auch an Himmelfahrt, Pfingstmontag und Fronleichnam; Rundfahrt Limburg – Dietkirchen – Dehrn – Limburg 17.30 – 18.40 Uhr. Abend- und Charterfahrten 19 – 23 Uhr ab 30 Personen auf Bestellung. **Preise:** Limburg – Balduinstein 15 €, Hin/Rück 20 €, Limburg – Diez, 12 €, H/R 16 €, Limburg – Fachingen 13 €, H/R 17 €, Diez – Fachingen 4 €, H/R 5 €, Diez – Balduinstein 6,50, H/R 9,50 €, Fachingen – Balduinstein 4 €, H/R 7 €; für Kinder, Fahrräder und Tiere zahlt man etwa 1/3 weniger; Familienkarte Limburg – Balduinstein und zurück für 2 Erw und 3 Kinder 49 €.

 Die Wappen von Limburg ist *32,36 m lang und 5,05 m breit. Sie hat einen Tiefgang von 1,20 m, ragt 4,40 m über die Wasserlinie hinaus und macht max. 14 km/h.*

Hunger & Durst

Es gibt Getränke, Kuchen und kleinere Gerichte an Bord. Das verköstigen aus dem eigenen Picknickkorb ist nicht unbedingt erwünscht, wird aber großzügig übersehen.

Nur über eine Schleuse kommt ihr am Limburger Dom vorbei

© pixelio, Foto: Claudia Hauturm

Im einstigen **Schloss der Ora-nier** *herrscht Luxus pur. Die Residenz gehört heute der Bundeswehr. Ein Teil kann besichtigt werden, allerdings nur im Rahmen einer Führung. Zu sehen sind u.a. der blaugoldene Saal, der Marschallsaal, das Gartenkabinett, die Schlosskapelle, die Gartenterrasse und das Museum Nassau-Oranien.*

Museum Nassau-Oranien, Kaserne, 65582 Diez. ✆ 06432/940-1666, 501275. www.urlaubsregion-diez.info.

▶ Auf eurer Fahrt mit der »Wappen von Limburg« schippert ihr 90 Minuten flussab- und zwei Stunden flussaufwärts auf einem der schönsten Abschnitte der Lahn. Zunächst durchfahrt ihr die Schleuse bei Limburg und habt bald schon **Schloss Oranienstein** und die Altstadt mit dem Grafenschloss von Diez im Blick. Nachdem es in der dortigen Schleuse 3,50 m nach unten gegangen ist, legt das Schiff unterhalb der neuen Brücke einen ersten Halt ein. Ab Diez wird das Lahntal sehr kurvenreich. Bei schönem Wetter könnt ihr auf dem offenen Oberdeck ein Sonnenbad nehmen oder nach den alten Verladestellen der Steinbrüche Ausschau halten. Nach einem weiteren Stopp in Fachingen schlängelt sich die Lahn noch eine Zeitlang durch ihr enges Tal, bis die Schaumburg bei Balduinstein in Sicht kommt. Hier wendet das Schiff und legt erneut an. Dann beginnt das große Aus- und Einsteigen – und eine Viertelstunde später steuert die Wappen von Limburg wieder ihren Heimathafen in der Domstadt an.

Wenn die Rückfahrt von Balduinstein auf dem Schiff zu langweilig zu werden droht, gibt es zwei Alternativen. Ihr könnt mit dem Fahrrad zurück nach Limburg, die neue Aktivität bringt garantiert auch neuen Tatendrang. Oder ihr nehmt ab Balduinstein den Zug und seid in einer Viertelstunde wieder am Ausgangspunkt eurer Tour.

Radeln und Skaten

Skater-Anlage Bad Schwalbach

Kinder- und Jugendarbeit, Stadtverwaltung, Adolfstraße 38, 65307 Bad Schwalbach. ✆ 06124/500-0. www.stadt-bad-schwalbach.de. Stadt@Bad-Schwalbach.de. **Bahn/Bus:** NVG-Bus 203, VU-Bus 284, ORN-Bus 5474, 5477, 5478, 5481 Bahnhofstraße. **Auto:** Beschilderung Kreisverwaltung folgen. **Zeiten:** 8 – 20 Uhr, So erst ab 9, Ruhezeiten 13 – 15 Uhr.

FRISCHE LUFT & SPORT

▶ Die Skater-Anlage mit mehreren Mini-Ramps befindet sich im Heimbachtal vor dem großen Parkplatz des Kreishauses. Vergesst nicht, Helm und Gelenkschutz anzulegen!

Fahrradtour nach Bad Camberg

Limburg-Eschhofen – Ennerich – Niederbrechen – Oberbrechen – Niederselters – Oberselters – Erbach – Bad Camberg. **Länge:** 21 km. Markierung R8. Die meist flache Route nutzt überwiegend Wald- und Wirtschaftswege. Eine Verlängerung entlang dem R8 nach Idstein ist möglich, plus etwa 13 km. **Auto:** In Limburg Richtung Eschhofen.

▶ Vor dem Bahnhofsgebäude in **Eschhofen** kreuzt ihr die Straße und nehmt den Weg neben den Bahngleisen. Ihr überquert die erste Brücke, biegt nach 40 m rechts ab und erreicht so den Fernradweg R8. Diesem folgt ihr durch Felder, über einen kleinen Anstieg im Wald und die Eisenbahnbrücke bis nach **Ennerich.** Um belebte Straßen zu meiden, verlasst ihr kurz den durch den Ort verlaufenden R8. Dazu biegt ihr am Ortsanfang rechts ab (Am Schlösschen). Beim Parkplatzschild wieder rechts, auf einen Feldweg und schräg rechts über die nächste Straße auf einen weiteren Feldweg (Holzschild Radweg). Ihr müsst jetzt einen kurzen Anstieg hinauf und stoßt wieder auf den R8. Ihm folgen, bis ihr den Bahnübergang an der B8 erreicht. Hier bleibt keine andere Wahl, als der Bundesstraße ein Stück nach **Niederbrechen** hinein zu folgen. Beim Supermarkt biegt der R8 rechts ab, ihr folgt ihm 2 x rechts, 1 x links bis zur Bahnhofstraße mit der Kelterei Hoppe.

Zur Weiterfahrt nehmt ihr den Feldweg unterhalb der Kelterei. Ihr folgt dem R8, bis ihr das zu eurer Linken liegende **Oberbrechen** streift. Dort fahrt ihr rechts über den Emsbach, wieder links und weiter am Bach entlang. Es folgt ein steiler Anstieg im Wald (Achtung: bei Nässe glatt), der auf eine Autosperre zuführt. Ab hier ist der Weg bis zur ersten Ortsstraße

 Skater-Anlagen: **Bleidenstadt,** alter Festplatz; **Hahn,** neue Jahnhalle, **Wingsbach,** Verbindungsweg Auf der Leimenkaut.

Rhein- und Taunusklub e.V., Hessisches LVA: Topografische Freizeitkarte Taunus, mittlerer Teil, 1:50.000, 8,50 €. Mit Rad- und Wanderwegen, Angaben zu den Orten von Schwimmbädern, Burgen und Ausflugslokalen. www.taunusklub.de.

Hunger & Durst

Café Blütentraum, Limburger Straße 153, Niederbrechen. ✆ 06438/ 836434. www.cafe-blütezeit.de. Sa, So, Fei 10 – 17 Uhr. Direkt am R8, hinterm Bahnübergang. Frühstück und hausgemachter Kuchen in hübschem, skandinavisch anmutenden Ambiente.

Hunger & Durst

Alte Mühle, Mühlstraße 1B (Am Radweg), Holzheim. ℂ 06432/1067. www.alte-mühle-holzheim.de. Sa bei schönem Wetter ab 14, sonst ab 17 Uhr, So ab 10 Uhr, ab 6 Pers nach Anmeldung am Vortag auch unter der Woche. Sa ab 18 Uhr à la Carte, So Frühstücksbuffet für 7,90 €; außerdem Mittagstisch mit preiswerten Gerichten für Kinder, Kaffee, Kuchen, Waffeln im Wintergarten oder auf der Sommerterrasse. Organisiert für Gruppen Touren mit dem Aartal-Express.

@ Eine lustige Gespenstergeschichte vom Bierbrauer Seipel, den eine Geisterkutsche auf Burg Ardeck abgeladen hatte, könnt ihr unter www. holzheim.net Kultur – Burg Ardeck nachlesen.

von **Niederselters** wieder asphaltiert. Im Ort geht es rechts und gleich wieder links (Am Mittelberg). Ihr folgt der Straße neben der Bahnlinie bis zur nächsten Kreuzung (Bolzplatz gegenüber), biegt an ihr nach links ab und haltet euch nach dem Passieren der Bahnunterführung weiter auf dem R8 durch den Ort bis zum **Bhf Niederselters.** Gegenüber führt eine steile Abfahrt hinunter zu einer Holzbrücke, die ihr nur schiebend überqueren könnt. Am ↗ *Schwimmbad Niederselters* vorbei geht es auf dem R8 kurz rechts neben der Bundesstraße weiter. Ihr folgt dem Radweg am Betriebsgelände von *Oberselters* vorbei bis zum Ortsanfang von **Bad Camberg-Erbach.** Hier fehlt an der Tankstelle ein Stück Radweg. Vorsichtig fahrt ihr am Gelände vorbei auf der Straße und biegt dahinter rechts ab. Der leicht abschüssige Weg führt auf die Hof-Gnadenthal-Straße zu, die ihr überqueren müsst (hier fehlt die R8-Beschilderung!). Danach folgt ihr weiter dem R8, bis **Bad Camberg** erreicht ist. Zum Bhf geht es rechts eine Anlieger-Straße hinauf, zum Zentrum fahrt ihr auf dem R8 weiter bis zur Bahnhofsstraße und biegt dann nach links ab.

An der Aar entlang zur Burg Ardeck

Diez – Burg Ardeck – Diez. **Länge:** Einfache Fahrzeit etwa 45 Min. **Bahn/Bus:** ↗ Diez.

▶ Die durchgängig flache Strecke nutzt das nördliche Teilstück des Aartal-Rad- und Wanderwegs. Da die Mitnahme von Fahrrädern in den Bussen auf der Aartalstrecke nicht möglich ist, empfiehlt sich die Rückfahrt zum Bahnhof Diez.

Die Unterführung am Diezer Bahnhof mündet in eine Fußgängerbrücke über die Limburger Straße. Hier müsst ihr eure Räder einige Stufen hinauf- und hinabtragen. Hinter der Brücke haltet ihr euch links und fahrt parallel zu einem schmalen Bach, bis ihr euch nach etwa 500 m nach rechts wendet. Ihr kommt an einem Spielplatz vorbei und biegt nach der **Brücke** über die Aar nach links ab. Nun geht es eine Zeit durch die Felder am Ortsrand von Freiendiez entlang, bis ihr auf eine etwas erhöht liegende Landstraße stoßt. Hier trefft ihr auf das erste Schild des Aartal-Radwegs. Nach etwa 100 m überquert ihr auf einer Brücke die Landstraße. Euer Weg führt weiter an zwei

© Johannes Robalotoff

Parkplätzen vorbei und durch eine Unterführung unter der B54 hindurch. Nachdem ihr noch einmal die Aar überquert habt, strampelt ihr gemütlich auf dem sich parallel zum Fluss hinziehenden Asphaltweg bis Holzheim. Oberhalb des Ortes liegt auf einem Basaltfelsen die **Burg Ardeck**. Wenn ihr hinauf wollt, ist allerdings Schieben angesagt. Der Aufstieg durch die Dorfstraßen ist ziemlich steil. Die Burg ist schon lange eine Ruine; der Zugang zu ihrem Innenhof ist frei.

Von Efeu überwuchert: Ruine der Burg Ardeck

Wandern und Picknicken

Wanderung von Bad Camberg zur Kreuzkapelle

Bad Camberg – Kreuzkapelle – Bad Camberg. **Länge:** 1,5 Std Gehzeit. **Bahn/Bus:** ↗ Bad Camberg. **Rad:** Fernradweg R8.

▶ Ausgangspunkt ist der Obertorturm am östlichen Rand der Altstadt. Von ihm aus führt die Kapellenstraße in die Felder am Friedhof, dem alten jüdischen Friedhof und einem Aussiedlerhof vorbei geradewegs zur **Kreuzkapelle**. Auf diesem ersten Drittel läuft man stetig bergan, dafür aber durchgängig auf asphaltierten Wegen. Wer das Schieben nicht scheut, kann die Tour also auch mit dem Kinderwagen zurücklegen. Für den Anstieg wird man oben mit einem herrlichen

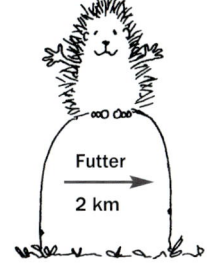

Futter
→
2 km

Hunger & Durst

Waldschloss, An der Hochtaunusstraße, Bad Camberg-Usingen. ✆ 06434/930740. www.hotel-waldschloss.de. Restaurant, Café, Hotel mit regionaler und saisonaler Küche, Wildgerichten, Kaffee und Kuchen. Von hier aus ist ein Spaziergang zur Kreuzkapelle in 20 Min möglich.

Blick auf die Kurstadt und die umliegenden Wiesen und Wälder belohnt. An windigen Tagen versammeln sich vor dem Kapellenhügel Scharen von Drachenbesitzern, die ihre Flieger hier in den Himmel steigen lassen.

Auf der Anhöhe zieht sich der Weg nun in südlicher Richtung fast bis zur Landstraße nach Usingen. Kurz vor der Straße biegt man nach rechts ab und läuft auf einer leicht abschüssigen Allee wieder auf **Bad Camberg** zu. An einer Kurklinik ist der Ortsrand erreicht. Etwa 400 m geht es auf einem Bürgersteig zum Kurpark, durch den man das letzte Stück bis zum Obertor spazieren kann.

Spaziergang an der Limburger Lahn: Vom Bahnhof zur Obermühle

Länge: Limburg – Eschhofen etwa 3 km, flach und einfach, auch für Kinderwagen.

▶ Ihr könnt den Spaziergang an der Lahn mit einem Bummel durch die Limburger Altstadt mit den vielen schönen Fachwerkhäusern verbinden. Wer vom Bahnhof kommt, läuft schnurstracks via Bahnhofsstraße und Kornmarkt in die Altstadt. Dort wird links in die Salzgasse eingebogen. Anschließend geht ihr über den Fischmarkt und durch Fahrgasse und Erbach zum Fluss hinunter. Die Lahn ist hier richtig breit. Es gibt sogar eine große Insel. Der Spaziergang führt dann am Südufer aufwärts. Bald darauf schaut ihr rechts auf den Dom, der sich auf einem Fels hoch über dem Fluss erhebt. Es ist schön, die Flusslandschaft noch ein Stück zu erleben, d.h. die gemütliche Wanderung bis etwa zur hohen Autobahnbrücke auszudehnen. Unterwegs kommt ihr am **Wirtshaus Obermühle** und der *Anlegestelle Eschhöfer Weg* (Bootsverleih) vorbei, Gelegenheit zum Einkehren bzw. mit einem geliehenen Boot ein wenig auf der Lahn herumzuschippern. Ihr kehrt auf der gleichen Route in die Altstadt und zum Bahnhof zurück oder geht auf dem Radweg zum Bahnhof Eschhofen.

Hunger & Durst
Wirtshaus Obermühle, Am Huttig 3, Limburg. ✆ 06431/5840084. www.obermuehle-limburg-lahn.de. Di – So 11 – 24 Uhr. Ehemalige Mühle, jetzt Restaurant, am Lahnufer, wenige 100 m vom Dom flussaufwärts, gegenüber vom Campingplatz. Terrasse mit Domblick. Ein paar Schritte weiter gibt es noch eine **Pizzeria**.

Picknick am Beuerbacher Erholungssee

Lage: An der Landstraße zwischen Hünstetten-Beuerbach und Wallrabenstein. **Auto:** A3, B8, B417.

▶ Der einsam am Waldrand gelegene See ist der ideale Ort für eine Picknickpause. Rund um das Ufer stehen Bänke, ein Spazierweg führt in etwa einer halben Stunde ums Wasser herum. Am nördlichen Ende des Geländes liegt eine Streuobstwiese. Vom See nimmt ein 4,8 km langer Waldlehrpfad seinen Ausgang. Die Uferzonen wurden teilweise als Schutzgebiete für Amphibien und Insekten abgesperrt, die hier ihren Lebensraum haben. Das Schwimmen ist im See nicht möglich, zum Schutz der Tiere sollte auch auf Grillpartys verzichtet werden.

@ Auf der Webseite der Gemeinde Hünstetten findet ihr 7 schöne **Grillhütten** verzeichnet, www.gemeinde-huenstetten.de.

Erlebnisparks und Spielorte

Abenteuerland der Sinne Taunusstein

Kinderhaus im Hängl, Familie Wegener, Im Hängl 7 und 11, 65232 Taunusstein-Wehen. ✆ 06128/86846, Fax 480496. www.abenteuerland-taunusstein.de. abenteuerland-der-sinne@gmx.de. **Bahn/Bus:** RTV-Bus 0501 (Mo – Fr), ORN-Busse 5461 (Mo – Sa), 5473 bis Weiher-Center. **Auto:** A3 Abfahrt Idstein, B275 Bad Schwalbach, in Wehen 1. Ampel rechts und gleich wieder links. Von Wiesbaden B417. **Zeiten:** Mo – Fr 9.30 – 12.30 und 15 – 17 Uhr. Termine für Gruppen telefonisch vereinbaren.
Preise: 5 €; Kinder 4 €.

▶ Zwei märchenhaft gestaltete Häuser, in denen es unglaublich viel zu entdecken, ausprobieren und spielen gibt. Ich kann nur andeuten, was euch hier alles erwartet.

© Abenteuerland der Sinne

Nun sag schon, was siehst du? Naturforscher im Abenteuerland

© Abenteuerland der Sinne

Prinzessinnen mit allem Drum und Dran: Verkleiden im Abenteuerland

Es beginnt im tiefen Keller des alten **Bauernhauses,** der mit seinen bunten Lichtern wie ein Zaubertunnel wirkt. Hier könnt ihr Münzen aus einem Teich angeln, im Kiesboden baggern und graben, aber auch klettern, rutschen und verschiedene Schaukeln ausprobieren. Interessant ist die *Wolkenmaschine.*

Auch der Garten hinter dem Bauernhaus ist nicht ganz ohne. Für die *Nebelwand* im Garten braucht ihr etwas Mut. Ein Kunstpavillon lädt zum Basteln und Gestalten und zu kleinen chemischen Versuchen ein. Und Häschen gibt es im Garten, die sich anfassen und streicheln lassen. In der *Kammer der schwarzen Magie* geht es richtig gruselig zu, lasst euch überraschen! Ihr könnt auch ausprobieren, wie früher Wäsche gewaschen wurde, auf verschiedenen Waagen wiegen und sicher noch einiges mehr entdecken.

Im gegenüberliegenden **Kinderhaus** gibt es auf drei Etagen ebenfalls jede Menge tolle Dinge: Zum Beispiel ein Zimmer mit zahlreichen Musikinstrumenten zum Ausprobieren der unterschiedlichen Klänge oder ein Augen-blick-mal-Zimmer mit Kaleidoskopen, bunten Kreiseln, Sanduhren und vielen anderen Objekten, die in Bewegung gesetzt und beobachtet werden können. Und da ist auch noch das Duftlädchen. Eine Wand an der Treppe ist mit verschiedenen Materialien verkleidet und dem Tastsinn gewidmet. Unterm Dach landet ihr schließlich in einem Kuschelzimmer mit ganz vielen Kissen und Kuscheltieren.

Ihr könnt im Kinderhaus euren Geburtstag feiern und in der kleinen **Teeküche** die mitgebrachten Köstlichkeiten verspeisen. Auch im Garten gibt es Sitzecken. Diese unkonventionellen, fantastischen Spielhäuser wurden von einem Elternpaar und seinen Kindern selbst entworfen und gestaltet. Es ist ausgerichtet auf sinnliche Wahrnehmung in spielerischen Situationen, regt die Fantasie an und verzaubert, macht einfach Spaß! Und was Erwachsenen hier und da kitschig anmuten mag, sehen Kinder sicher ganz anders.

Taunus Wunderland Freizeitpark

Taunus Wunderland Freizeitpark GmbH, Haus zur Schanze 1, 65388 Schlangenbad. ℰ 06124/4081, Fax 4861. www.taunuswunderland.de. taunuswunder-land@t-online.de. **Bahn/Bus:** ORN-Bus 5474 bis Taunus Wunderland. **Auto:** A66 WI – Rüdesheim Ausfahrt Schlangenbad, 10 km über die B260 und Schlangenbad den »Wambacher Stich« hinauf, oben auf dem Kamm rechts, Parken kostenlos. **Zeiten:** April – Okt täglich 9.30 – 18 Uhr (Einlass bis 17 Uhr), Fahrgeschäfte 10 – 18 Uhr in Betrieb. **Preise:** Tageskarte 17 €, Jahreskarte 45 €; Kinder unter 1 m frei, 1 – 1,3 m 15,50 €; Blinde, Rollstuhlfahrer, 100 % Behinderte Eintritt frei, Fr Familientag pro Pers 12,50 € (außer Fei und in den hessischen Ferien), Geburtstagskinder freier Eintritt, ab 60 Jahre 17 € und zusätzlich eine gratis Jahreskarte. **Infos:** Ein vor Ort erhältlicher Parkplan erleichtert die Orientierung.

▶ Das Taunus Wunderland ist ein stark besuchter *Action- und Funpark,* also hauptsächlich etwas zum Toben. Die Auswahl an Geräten ist groß. Praktisch alle Jahrgänge von 3 bis 13 Jahre werden hier fündig. Die ganz Kleinen können mit dem Käferkarussell, Käpt'n Kid oder der Western-Eisenbahn Runden drehen, sich im Rutschenparadies oder Baby-Ballpool vergnügen. Größere Kinder schießen lieber auf der Wildwasserbahn mit viel Tempo zu Tal. Auf der Drachenachterbahn, im Wasserski-Rondell oder dem Taunusblitz muss man den Zentrifugalkräften bei den schnellen Fahrten durch Kurven trotzen. Auch das Kinderkarussell Rhein-Main-Flieger (von denen haben wir ja eigentlich genug …) und das Riesentrampolin sind in dieser Altersgrup-

Happy Birthday!
Das Geburtstagskind hat freien Eintritt, sonst 12,50 € pro Person (für Gruppen ab 5 Kindern, min 2 Tage vorher reservieren).

Auch große Kinder dürfen mal: Rutsche im Taunus Wunderland

© Taunus Wunderland Freizeitpark GmbH

Hunger & Durst

Es gibt ein Restaurant mit Terrasse, zwei Kioske und eine Crêperie sowie Picknick- und 4 Grillplätze, an denen Mitgebrachtes brutzeln darf.

pe sehr beliebt. Etliche wagen selbst die schnellen Rutschpartien durch die steilen, schlangenförmigen Röhren – oft gemeinsam mit Vater oder Mutter. Dagegen ist die extrem steile, ganz hohe Rutschröhre nur etwas für sehr Wagemutige ab 12 – 13 Jahre. Diese sieht man auch zuhauf in der rasanten Wildwasserbahn.

Neben so viel Rummel geht's im **Märchenwald** oder beim **Spukhaus** stiller zu. Andrang herrscht wieder bei der Schaubühne, wo es täglich mehrere Vorstellungen gibt. Auf dem Programm stehen Puppentheater, Zauberei und Clownerei. 2011/2012 wurde umfangreich umgestaltet und modernisiert, so auch die Vogelvolieren und das Hexenhaus. Auf dem Programm stehen Ritter- oder Star-Wars-Feste.

Minigolf im Kurpark

Herr Wattler, 65520 Bad Camberg. ✆ 06434/904848, www.bad-camberg.de. kurverwaltung@bad-camberg.de. **Bahn/Bus:** ↗ Bad Camberg. **Zeiten:** witterungsbedingt von Ostern – Okt 10 – 18, bei warmen Wetter bis 22.30 Uhr. **Preise:** 2 €; Kinder 1,50 €.

▶ Die Anlage ist sehr schön unter Bäumen im Kurpark gelegen. Vor dem Eingang lädt ein Kaffeestübchen mit Terrasse zu einer Pause ein.

Märchenwald Burgschwalbach

65558 Burgschwalbach. www.burgschwalbach.de. info@burgschwalbach.de. **Lage:** Im Wald oberhalb der Burg, am Sportplatz. **Bahn/Bus:** RMV-Bus 5425, 30 Min Fußweg steil bergauf. **Auto:** B54, Anfahrt in Burgschwalbach ausgeschildert. **Zeiten:** täglich bis Einbruch der Dunkelheit. **Preise:** freier Eintritt. **Infos:** Hüttenreservierungen bei Volker Roth, ✆ 06430/5446.

▶ Besonders Familien mit kleineren Kindern nutzen die Nachmittagsstunden gern für einen Besuch des Geländes oberhalb von Burgschwalbach. Mitten zwischen Bäumen stehen hier ein Knusperhäuschen mit Hänsel und Gretel und der Hexe davor, die steinerne

www.gutenberg2000.de/maerchen/maerchen.htm: Elektronische Bibliothek, u.a. mit Märchentexten der Brüder Grimm, von Hans Christian Andersen oder Wilhelm Hauff. Außerdem Fabeln und Sagen.

Miniaturausgabe eines Märchenschlosses, ein Schiffsmodell und verschiedene Kletter- und Spielgeräte.

Schlittschuh laufen

Eissporthalle Diez

Am Hallenbad 4, 65582 Diez. ✆ 06432/62231, 2255 (ERC Diez). www.eissportdiez.de. info@eissportdiez.de. **Bahn/Bus:** Zwischen Diez und Limburg beim Bhf Diez-Ost an der Strecke Limburg – Au (Sieg), RMV-Bus 5425. **Zeiten:** Publikumslauf Mo – Fr 9 – 12.30, Mo – Do 14 – 17, Fr 14 – 18, Sa 14.15 – 18, So 12.30 – 18.30 Uhr, Fun Night Sa 20 – 23.30 Uhr. **Preise:** Mo – Fr 4 €, So 4,50 €, Fun Night 5 €, Schlittschuhverleih 3 €; Kinder bis 4 Jahre frei. **Infos:** Schlittschuhverleih nur gegen Personal- oder Kinderausweis, Führerschein oder Barkaution. Besucher zahlen halben Preis.

▶ In der Eissporthalle Diez gibt es eine 30 x 60 m große Eisfläche zum Schlittschuhlaufen. Falls ihr keine eigenen Schlittschuhe habt, könnt ihr euch welche gegen Gebühr ausleihen. Im Sommer gibt es hier ein Sommercamp *Zielorientiertes Hockeytraining*. Im Juli und August werden zu verschiedenen Terminen Kurse zum Thema Lauftraining/Powerskating, Scheibenführung, Schusstechnik etc. angeboten.

Hunger & Durst

Zum Eiszappe, Am Hallenbad 4, Diez. ✆ 06432/62231. Mo – Fr ab 9, Sa 11 – 0.30, So 11 – 0 Uhr. Bistro.

Wenn ihr Eiskunstlauf, Rollkunstlauf oder Inline-Skating professionell erlernen möchtet, könnt ihr über den Verein *ERC Diez* verschiedene Anfängerkurse belegen (ab Vorschulalter). Näheres unter ✆ 06432/225.

Auf Lehrpfaden wandeln

Getreideanbau vor 200 Jahren: Feldflora-Reservat bei Hausen

Kulturlandschaftsverein Hausen vor der Höhe, Irina Heck, Birkenweg 7b, 65388 Schlangenbad-Hausen vor der Höhe. ✆ 06129/502536, Fax 502538. www.feldflora-taunus.de. vorstand@feldflora-taunus.de. **Lage:** Das Feldflora-Reservat liegt am Ortsrand von Hausen v.d.H., Richtung Bärstadt in Verlängerung der Finken-

UMWELT ERFORSCHEN

Spannendes Sommer-
programm mit Bogen-
baukursen für Kinder
oder Schnupperkurs
beim Bio-Bäcker.

2 Gertrud Scherf,
*Wiesenblumen –
Der etwas andere Natur-
führer.* Leicht verständli-
cher Führer zu heimi-
schen Wiesenblumen,
mit vielen Detailfotos.
blv verlag, 9,95 €, ISBN
987-3-405-16909-1.

Jeden 1. Do im
Monat **Wald-
spaziergang** mit dem
Förster von Bad Cam-
berg. Treffpunkt 15 Uhr
am Parkplatz gegenüber
dem Hotel Waldschloss
an der Landstraße Rich-
tung Usingen (kosten-
los). Anmeldung bei
Försterei Bad Camberg
✆ 06434/4751.

straße, die zum Feldweg wird. **Bahn/Bus:** ORN-Bus
5476, 5477 Hausen. **Auto:** Anfahrt nicht möglich, 2
Parkplätze in Hausen als Ausgangspunkt zum Wandern.
Zeiten: Immer zugänglich. 1. Sa im Monat ab 9 Uhr ist
Arbeitstag im Feldflora-Reservat und auf dem Kultur-
landschaftspfad – Helfer sind stets willkommen, Treffpunkt am Bauwagen.

▶ Weizen und Hafer kennt ihr sicher. Aber Dinkel,
Emmer, Einkorn, Flachs, Färberwaid und Hanf, was
ist das nun wieder? Ich muss gestehen, ich habe diese Getreidearten auch nicht alle gekannt, bevor ich
dieses Reservat gesehen habe. Das ist ja auch nicht
ganz verwunderlich, denn das sind Kulturen aus der
Taunus-Landwirtschaft vor etwa 150 – 200 Jahren.
Zwischenzeitlich hat sich bekanntermaßen viel verändert. So hat sich z.B. der Geschmack der Leute
geändert und Weizen wurde immer mehr zu einem wi-
derstandsfähigen Getreide gezüchtet. So verschwan-
den andere Mehlsorten allmählich aus den Backstu-
ben. Doch inzwischen ist man des hellen Weizen-
mehls auch wieder überdrüssig und Dinkel und
Roggen erleben eine Renaissance, also eine Wieder-
belebung.
Die alten Getreidesorten sind in schmalen Streifen
angebaut, so dass ihr sie vergleichen könnt. Neben-
bei lernt ihr die früher angewandte Drei-Felder-Wirt-
schaft kennen: Im ersten Jahr lag ein Feld brach (war
also unbestellt), im zweiten Jahr wurden Hülsenfrüchte (z.B. Linsen) angebaut, im dritten Jahr war Getreide an der Reihe. Dann fing alles wieder von vorne an.
So konnte sich der Boden ohne chemische Zusatz-
mittel jeweils erholen. Ich fand das Brachfeld ganz
toll, es ist voller farbenprächtiger Ackerwildkräuter,
aber auch in den anderen Feldern geht es keines-
wegs monoton zu. Ihr könnt im Feldflora-Reservat eine ganze Reihe selten gewordener Ackerwildkräuter
kennen lernen wie das Ackerlöwenmäulchen, die
Saatwucherblume oder den Gefurchten Feldsalat.
Namenstafel helfen euch, die Getreidearten und die

DIE ÄSKULAPNATTER – NAMENSPATRONIN VON SCHLANGENBAD

Hülsenfrüchte schnell zu erkennen. Für die Wildkräuter braucht ihr jedoch eine Führung.

Bienenlehrpfad Bad Schwalbach

65307 Bad Schwalbach. ✆ 06124/500-160, Fax -260. www.bad-schwalbach.de. Staatsbad.gmbh@bad-schwalbach.de. **Bahn/Bus:** RTV-Bus 0202 (Mo – Sa), NVG-Bus 203, 284, ORN-Bus 5474, 5475, 5477, 5478, 5480, 5481, 5483 bis Kurhaus.

▶ Im Bereich des Waldsees liegt ein kurzer Bienenlehrpfad, zu dem außer Infotafeln auch ein Bienenstand gehört. Ihr erfahrt allerlei über das Bienenvolk, die Produktion und die diversen guten Eigenschaften des Honigs.

Waldlehrpfad und Barfußpfad

Kräuterwanderung, Doris Tyson, 65307 Bad Schwalbach. ✆ 06128/41969, Handy 0152/01709951. www.bad-schwalbach.de. petra.mergner@bad-schwalbach.de. **Bahn/Bus:** RTV-Bus 0202 (Mo – Sa), NVG-Bus 203, 284, ORN-Bus 5474, 5475, 5477, 5478, 5480, 5481, 5483 bis Kurhaus.

@ Mehr zur Äskulapnatter unter www.hessen-forst.de. www.bund-hessen.de.

Bad Schwalbach/Ts. und Umgebung. Rundwanderwege durch Wälder und Täler, Wiesen und Höhen, Waldsee und Trimm-Dich-Pfad, Waldlehrpfad, Kur- und Verkehrsverein e.V. Bad Schwalbach (Hg.), 1:15.000, 2,70 €.

HANDWERK UND GESCHICHTE

Der Heimatbahnhof Wiesbaden-Dotzheim dient als **Aartalbahn-Museum.** Im Freien seht ihr Dieselloks, eine Dampflok, verschiedene Sonderfahrzeuge, Reisezugwagen und Güterwagen und im Gebäude könnt ihr auf alten Fotos das Eisenbahnleben sehen.

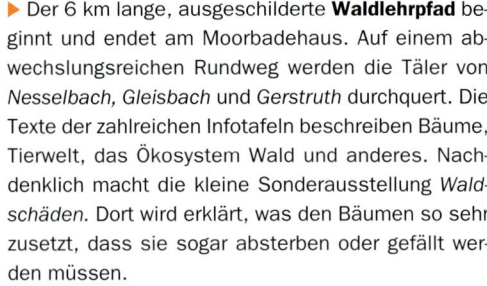

▶ Der 6 km lange, ausgeschilderte **Waldlehrpfad** beginnt und endet am Moorbadehaus. Auf einem abwechslungsreichen Rundweg werden die Täler von *Nesselbach, Gleisbach* und *Gerstruth* durchquert. Die Texte der zahlreichen Infotafeln beschreiben Bäume, Tierwelt, das Ökosystem Wald und anderes. Nachdenklich macht die kleine Sonderausstellung *Waldschäden.* Dort wird erklärt, was den Bäumen so sehr zusetzt, dass sie sogar absterben oder gefällt werden müssen.

Um den Lehrpfad abzuwandern, braucht ihr gut 2 Stunden, an verschiedenen Stellen sind Abkürzungen mit direktem Rückweg nach Bad Schwalbach möglich. Zur Rast bieten sich die beiden Schutzhütten *Moeller-* (Km 2,7) und *Boperts-Hütte* (Km 4) an. Zurück, könnt ihr im Kurpark den **Barfußpfad** ausprobieren. Beim Laufen mit nackten Füßen über Holz, Moor, Rinde oder Gras können eure Füße regenerieren, d.h. sich erholen.

Bahnen für große und kleine Leute

Unter Dampf über die Taunushöhe nach Burg Hohenstein

Nassauische Touristik-Bahn e.V., Moritz-Hilf-Platz 2, 65199 Wiesbaden-Dotzheim. ✆ 0611/1843330. www.aartalbahn.de. ntb@aartalbahn.de. **Bahn/Bus:** ESWE-Bus 23, 24, 27, 64 Bhf Dotzheim. **Strecke:** 0,0 Wiesbaden-Dotzheim – 3,8 Chausseehaus – 8,0 Eiserne Hand – 10,5 Hahn-Wehen – 12,1 Bleidenstadt – 17,4 Bad Schwalbach – 22,1 Breithardt – 23,9 Hohenstein (Nassau). **Zeiten:** April – Okt So und Fei bis Hohenstein, ab Dotzheim 10 und 14, ab Hohenstein 12 und 16 Uhr. An Dampfloktagen ab Dotzheim auch 12, 16, ab Hohenstein auch 14, 18 Uhr. Nov – März fast nur am 1. So im Monat, zusätzlich Osterhasen-, Sommernachts- und Nikolausfahrten. Charterfahrten sind möglich. **Preise:** hin und zurück ab Dotzheim zwischen

2,60 € (bis Chaussee-
haus) und 11 € (Ho-
henstein). Einfache
Fahrt 1,60 – 6,20 €;
Kinder 6 – 14 Jahre
0,80 € – 3,10 €; Fami-
lienkarte hin und zu-
rück ab Dotzheim zwi-
schen 6,50 € (bis
Chaussehaus) und
26 € (Hohenstein), ein-
fach zwischen 4 € und

© Nassauische Touristik-Bahn e.V.

15 €. **Infos:** Mitnahme von Fahrrad, Kinderwagen, Roll-
stuhl und Hund kostenlos.

▶ Einst fuhr die schmucke **Aartalbahn** von Wiesbaden nach Diez an der Lahn, bis sie 1983 stillgelegt
wurde. Eisenbahnfreunde aber machten bereits wenige Jahre später das spektakuläre südliche Teilstück ab Wiesbaden-Dotzheim mit der steilen Ser-
pentinentrasse über den Taunuskamm für Sonntags-
touren nach Burg Hohenstein wieder flott. Das
Bähnchen, das jetzt *Nassauische Touristik-Bahn*
heißt, wird normalerweise von einer Diesellok gezo-
gen. Am ersten Sonntag im Monat wird es aber richtig nostalgisch, dann übernimmt nämlich eine
Dampflok diese Aufgabe. Während der 45 bzw. 35
Minuten langen Fahrt könnt ihr an 6 Stationen zu-
und aussteigen.
Am **Chaussehaus** und in **Hohenstein** (nahe gelege-
ner ↗ Landgasthof Wiesenmühle) gibt es Restaurants. Nicht nur für Kinder ist die Fahrt durch die bewaldeten Taunusberge ein Erlebnis. Viele Familien
fahren nur Teilstrecken und kombinieren diese mit
Wanderungen oder Radtouren.

Bad Schwalbacher Kurbahn

Bad Schwalbacher Kurbahn-Verein e.V., Geschäftsstelle, Reitallee 18, 65307 Bad Schwalbach. ✆ 06124/
726342, Fax 726342. www.kurbahn.info. info@kur-

*Wintervergnügen: Viel-
leicht steigt sogar der
Nikolaus in die Aartal-
bahn zu …*

Hunger & Durst

Waffenschmiede, Burg-
straße 12, Hohenstein.
✆ 06120/5222.
www.burghohenstein-
hessen.de. Di ab 17,
Mi – So 11.30 – 22 Uhr,
EZ 60 €, DZ 90 €. Hotel
und Restaurant in der
Burg-Hohenstein von
1190. Ob Räuberteller
oder Burgherrenschnit-
zel – gekocht wird regio-
nal. Wem's etwa nicht
schmeckt, kann auch
einen Kochkurs belegen
und es selbst versu-
chen.

Früher wurde die Heilerde von den Gruben im Gerstruthtal ins Badehaus gebracht. Heute kommt das Heilmoor aus dem hessischen Ried. Was ihr in den 11 Gruben seht, ist verbrauchtes Moor aus dem Moorbadehaus.

Falls ihr nach der Besichtigung noch Lust auf eine kleine Wanderung habt, könnt ihr vom Parkplatz aus einen 2,5 km langen Spaziergang auf dem **Limesrundwanderweg** unternehmen. Dabei erwartet euch ein archäologischer Lehrpfad mit vielen Schautafeln.

bahn.info. **Bahn/Bus:** ↗ Waldlehrpfad Bad Schwalbach. **Zeiten:** Ende März – Okt So, Fei 10.30 – 17 und 17.45 Uhr, Mai – Sep 10 – 17.45 Uhr, alle 45 Min, Rückfahrt jeweils 20 Min später; Dauer einfache Fahrt 12 Min. **Preise:** Einfache Fahrt 2 €, hin und zurück 3 €; Kinder 4 – 14 Jahre einfach 1 €, hin und zurück 1,50 €; Familienkarte einfach 4,50 €, hin und zurück 7 €, Gruppentarif ab 10 Pers.

▶ Das Bad Schwalbacher Kurbähnchen bringt euch auf einer 1,3 km langen Tour durch eine Park-, Wald- und Wiesenlandschaft vom Start oberhalb des Moorbadehauses im Kurpark bis zu den Moorgruben im Gerstruthtal. Weitere Stationen mit der Möglichkeit zum Ein- und Ausstieg sind das Golfhaus, der Schwalbenbrunnen und der Waldsee.

Römerkastell und Hexenturm

Römerkastell und Römerturm Zugmantel

Stadtverwaltung Taunusstein, Am Zugmantel (Navi-Adresse), 65232 Taunusstein-Orlen. ✆ 06128/ 241-0, Fax 241172. www.taunusstein.de. info@taunusstein.de. **Bahn/Bus:** ORN-Bus 5473 bis Waffelfabrik Löser, dann 400 m zu Fuß, oder bis Ehrenbach Brunnen, beide ganz selten; ORN-Bus 5463 Ehrenbach-Brunnen Mo – Fr recht häufig, Sa nur 1 x, 2,5 km zu Fuß dem Roten Punkt folgen. **Auto:** B417 Wiesbaden – Limburg, Parkplatz Römerturm gegenüber Abfahrt Taunusstein-Orlen. **Zeiten:** Turmführungen Apr – Okt 3. So im Monat 11 Uhr. Termine im Winter im Web unter Bildung&Kultur/Limes. Für Gruppen nach Vereinbarung, Frau Allert ✆ 06127/997385, Frau Benischke-Muhr ✆ 06123/72477, Erlebnisführungen nach Vereinbarung über Frau Klingelhöfer/Herr Augustini ✆ 06120/ 6472. **Preise:** 6 €; Kinder unter 14 Jahre frei. **Infos:** www.taunusstein.de (Bildung&Kultur, Limes).

▶ Wo die Hühnerstraße (die heutige B417) den **Limes** schneidet, wurden in den 1960er Jahren die

Fundamente eines steinernen Wachturms gefunden. Zu Zeiten der Römer dienten der Turm und das nur wenige 100 m südlich gelegene Kastell zur Überwachung eines Grenzübergangs in das Gebiet der germanischen Stämme im Norden. Vom Kastell sind nur noch wenige Spuren übrig geblieben. Zu sehen sind Rundschanzen und die Reste eines kleinen Amphitheaters, in dem früher Tierkämpfe stattfanden. Ein Stück der Holzpalisade des Limes und der begehbare Turm (zurzeit gesperrt) wurden in den 1970er Jahren 350 m nördlich vom Parkplatz nachgebaut, damit ihr euch ein Bild machen könnt von den Grenzanlagen, die die Römer im ganzen Taunus errichtet hatten.

Zusätzlich zu den Turmführungen habt ihr die Möglichkeit, an speziellen **Erlebnisführungen** teilzunehmen, bei denen ihr in die Welt des 3. Jahrhunderts eingeführt werdet. Dabei erfahrt ihr von Göttern und Speisen und seht u.a. Ausrüstungsgegenstände von Soldaten.

Bis noch vor wenigen Jahren waren die Besuchszeiten für den Hexenturm eingeschränkt, weil hier jedes Jahr ein Turmfalkenpärchen nistet. Inzwischen sind für die Falken extra stabile Brutkästen gebaut worden, damit sie in Ruhe ihre Falkenkinder großziehen können. Deshalb ist der Hexenturm nun ganzjährig zu besichtigen.

Zeugt von brutaler Vergangenheit: Hexenturm Idstein

Hexenturm in Idstein

Tourist-Info Idstein, 65510 Idstein. ✆ 06126/78620, Fax 78865. www.idstein.de. tourist-info@idstein.de.
Bahn/Bus: Regionalbahn Frankfurt – Limburg, Bhf Idstein, Bus RMV-Fahrplan bis ZOB Schulgasse. **Auto:** Ausfahrt Autobahn Köln – Frankfurt A3; B8, B275, B417. **Zeiten:** Di, Mi 8 – 12 und 14 – 17, Do, Fr 8 – 12 und 14 – 18, Sa 11 – 16, So, Fei 14 – 17 Uhr (montags geschlossen). **Preise:** freier Eintritt, den Schlüssel zum Hexenturm erhaltet ihr in der Tourist-Info Idstein. **Infos:** Tourist-Info Idstein ✆ 06126/78215.

▶ Der Hexenturm ist der frühere Bergfried der Idsteiner Burg, die später zum Schloss umgebaut wurde. Er gilt als Wahrzeichen der Stadt. Ihr könnt bis zur ehemaligen Türmerstube hinaufsteigen. Hier oben liegen euch die Dächer der Altstadt und das Schloss zu Füßen. Seinen Namen erhielt der Turm nach den ↗ **Hexenprozessen,** die 1676 in Idstein stattfanden.

© Johannes Robalotoff

*Zum **Hexenwahn** im Taunus auch Wehrheim, ↗ Naturpark Hochtaunus.*

An die Frauen, die damals aus religiösem Fanatismus umgebracht wurden, erinnert eine Gedenktafel zu Füßen des Turms. Warum das Gebäude allerdings seitdem seine Bezeichnung trägt, ist nicht ganz klar. Als Gefängnis hat es jedenfalls nie gedient. Die gefangenen Frauen mussten die Zeit bis zum Ende ihrer Prozesse in einem anderen Raum ausharren, der im Torbogengebäude am König-Adolf-Platz liegt.

Hunger & Durst

Wirtshaus im Schloss, Weiherstraße 6, Taunusstein-Wehen. ✆ 06128/853888. www.wirtshaus-im-schloss.de. Di – Fr ab 16, Sa, So, Fei ab 11 Uhr. Im großen Hof werden ab und zu Feste gefeiert.

Museen und Stadtführungen

Museum im Wehener Schloss

Stadt Taunusstein Amt 40, Museum, Harald Lubasch, Weiherstr. 6, 65232 Taunusstein-Wehen. ✆ 06128/968696. www.taunusstein.de. harald.lubasch@taunusstein.de. **Bahn/Bus:** RTV-Bus 0501, ORN-Bus 5473, 5474, 5461 bis Wehener Schloss. **Zeiten:** Di 10 – 13, Mi 10 – 20, Sa, So 14 – 17 Uhr, hess. Schulferien Mi 12 – 17, Sa, So 14 – 17 Uhr (an Fei, die auf Mo – Fr fallen, geschlossen). **Preise:** Eintritt frei.

▶ Das kleine Heimatmuseum im 1. Stock des Schlosses zeigt die Ausstellung *Vom Barbier, dem Rohrstock, der Kochkiste und wie die Stadt zu ihrem Namen kam*. Dabei erfahrt ihr, wie die Leute früher gelebt haben. Beispielsweise erzählt euch der Rohrstock vom Schulalltag anno 1900. Damals mussten die Kinder auf ihren harten Schulbänken sitzen und es herrschte eine gnadenlose Disziplin. Oder ihr lernt die Aufgaben des früheren Gemeindedieners kennen, der mit dem Ruf »Bekanntmachung!« die Neuigkeiten im Dorf verbreitete.

Drogen aus Bad Schwalbach

KurStadtApothekenmuseum, Pestalozzistraße 16a, 65307 Bad Schwalbach. ✆ 06124/723760, Fax 7237666. www.museum-bad-schwalbach.de. info@museum-bad-schwalbach.de. **Bahn/Bus:** NVG-Bus 203, VU-Bus 284, ORN-Bus 5474, 5477, 5478, 5481 bis

Adolfstraße beim Rathaus. **Zeiten:** April – Okt Mi – So 14 – 18 Uhr, Nov – März Mi, Sa, So 14 – 18 Uhr. **Preise:** 2 €; Kinder unter 12 Jahre und Bad Schwalbacher Schulklassen frei. **Infos:** Das Museum ist behindertengerecht. Nach Vereinbarung sind Führungen durch die Apothekenabteilung möglich (✆ 06124/ 8493, Rudolf Kocher).

Drogen aus dem Hause Natur: Kräuter
© pmv

▶ Das Thema Gesundheit steht in diesem Museum im Vordergrund. Ein Schwerpunkt liegt auf der Geschichte Bad Schwalbachs als Heilbad und der Entwicklung des Kurwesens. Weiter gibt es Informationen zur Gewinnung des Mineralwassers, das von Bad Schwalbach aus in die ganze Welt versandt wurde. Zu sehen sind zum Beispiel eine Sammlung von Trinkgläsern oder alte Mineralwasserkrüge und -flaschen. Anhand von Menüplänen und Ausstattungsstücken aus Hotelzimmern können sich die Besucher schließlich ein Bild vom örtlichen Hotel- und Gastronomiewesen verschaffen, das zwischen dem 17. und 19. Jahrhundert einen bedeutenden Wirtschaftszweig für den Kurort darstellte.

Eine eigene – für Kinder besonders interessante – Abteilung ist der wieder aufgebauten, 1642 in Bad Schwalbach gegründeten historischen Adlerapotheke mit ihren Arbeits- und Verkaufstischen gewidmet. Zu bewundern sind Arbeitsgeräte wie eine Pillenmaschine mit Pillenmörser, altertümliche Waagen und Gewichte. Ferner gibt es noch einige Sonderbereiche wie ein Labor mit alten Retorten und die Sammlung von Drogen, Chemikalien und Medikamenten. Mit Drogen waren übrigens ursprünglich bloß getrocknete Pflanzen wie Tee und Gewürze gemeint, denn das Wort kommt aus dem Holländischen (droog) und heißt trocken.

Eine Retorte nennt man ein birnenförmiges Glasgefäß mit abgebogenem Hals. Man benutzt es in Chemielaboren zum Destillieren (Trennen durch Erhitzen) von Flüssigkeiten. Ein Retortenprodukt ist ein künstlich hergestelltes Produkt.

Stadtmuseum Idstein

Killingerhaus, König-Adolf-Platz, 65510 Idstein. ✆ 06126/78620. www.idstein.de. tourist-info@id-stein.de. **Bahn/Bus:** RB Frankfurt – Limburg, Bhf Id-

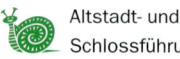 Altstadt- und Schlossführung in Idstein So, Fei um 14.30 Uhr, teilweise mit Besuch des Hexenturms, und spezielle Führungen für Kinder (3,50 € pro Person, Kinder bis 12 Jahre frei).

stein, mit dem Bus RMV-Fahrplan bis ZOB Schulgasse. **Auto:** Autobahn Köln – Frankfurt A3, B8, B275 und B417. **Zeiten:** Di, Mi 8 – 12 und 14 – 17, Do, Fr 8 – 12 und 14 – 18, Sa 11 – 16 Uhr, So, Fei 14 – 17 Uhr. **Preise:** freier Eintritt.

▶ Unter den schönen Fachwerkhäusern Idsteins ragt das prächtig bemalte Killingerhaus mit dem Stadtmuseum heraus. Die Räume im ersten Stock widmen sich der Geschichte von Stadt und Schloss, der Religionsgemeinschaften und des Schulwesens. Hier könnt ihr anhand von Plänen und eines Modells die Entwicklung Idsteins vom Dorf zur Stadt verfolgen. Was alles nötig war, damit das Leben am Ort sicher und bequem verlief, wird durch Ausstellungsstücke wie den Abschnitt einer alten hölzernen Wasserleitung, Laternen und Petroleumlampen, Werkzeuge für den Hausbau oder Feuerwehrgerätschaften anschaulich. Bekannte Pädagogen, die am Gymnasium und am Lehrerseminar von Idstein gewirkt haben, haben eine eigene Abteilung für sich. Der zweite Stock gibt Einblick in Wohnkultur, Handel und Gewerbe Idsteins. Zu sehen sind hier Blaudruckmodeln für das Färben, ein Strumpfwirkstuhl oder Werkzeuge für die Lederbearbeitung. Neben einem komplett möblierten Biedermeierzimmer gibt es eine Sammlung von Essgeschirr, Gefäßen, Gläsern und Krügen, die die Menschen früher im Haushalt benutzt haben.

Stadt- und Turmmuseum Bad Camberg

Hohenfeldkapelle, Am Amthof, 65520 Bad Camberg. ✆ 06434/6174, Fax 8991. www.obertorturm.de. vhc@obertorturm.de. **Bahn/Bus:** ↗ Bad Camberg. **Zeiten:** April – Okt So 10 – 12, 15 – 17 Uhr. **Preise:** kostenlos, es wird um Spende gebeten.

▶ Die Ausstellungsbereiche des Museums verteilen sich auf drei Gebäude: die Hohenfeldkapelle, den Amthof und den Obertorturm. Unter den vielen Ausstellungsstücken ist nicht weniges dabei, das auch für Kinder interessant ist: Erster Höhepunkt ist z.B die Spielzeugvitrine auf der Empore der Kapelle. Als nächstes stellt sich eine ganz besondere Schule mit einem komplett eingerichteten Klassenraum vor: die Freiherr-von-Schütz-Schule, die Bad Camberg zu einem Zentrum für die Erziehung Gehörloser und Schwerhöriger macht. Hier können gut hörende Besucher mithilfe moderner Medien ausprobieren, wie sie den Kontakt mit hörgeschädigten Menschen herstellen und dadurch deren Isolation mildern können. Eine Abteilung des Museums widmet sich dem Thema außerdem mit Schautafeln und Gegenständen wie Hör-Sprechanlagen von früher und heute oder Hörgeräten und Trainingsvorrichtungen.

In der **Galerie Handwerk** und in den Räumen des **Obertorturms** kann man sich anhand von Werkzeugen und Maschinen ein Bild der Arbeit von Schuster, Wagner, Küfer oder Zimmermann machen. Sind die 101 Stufen zum Obergeschoss des Turms geschafft, kommt es mit dem Besuch der Türmerwohnung zum krönenden Abschluss des Museumsrundgangs. Eine Vitrine mit Fastnachtstrachten und das Werk der alten Turmuhr haben hier zusätzlich ihren Platz gefunden.

Puppenstube Diez:
Überm Marktplatz ragt
das Schloss auf

Puppenhaus in Diez

Ingrid Diehl, Emmerichstraße 5, 65582 Diez. ✆ 06432/8524, 8524, Fax 924275. www.puppenhaus-diez.de. info@puppenhaus-diez.de.
Bahn/Bus: ↗ Diez, am Kasernenplatz.
Zeiten: Di – Do 15 – 18, Sa 10 – 13 Uhr oder nach Vereinbarung.

▶ Das Puppenhaus verkauft zwar auch hochwertige Puppen, Marionetten, Teddybären, Puppenkleider und -schuhe. Aber viele Besucher kommen einfach nur in das auf drei Etagen in einem 350 Jahre alten Haus untergebrachte Lädchen, um zu

© Peter Meyer

Im Puppenhaus könnt ihr auch eure Puppe reparieren lassen.

schauen oder sich eine der Puppengeschichten der engagierten Inhaberin anzuhören. Sie lösen bei den Großeltern Erinnerungen und nostalgische Gefühle aus und bringen Kinder zum Staunen und zu allerlei witzigen Fragen.

Das Mühlenmuseum der Wambacher Mühle

Ursula & Karlheinz Luft, 85388 Schlangenbad-Wambach. ☎ 06129/1227, Fax 6181. www.wambachermuehlenmuseum.de. muehlzeit1service@aol.de. **Bahn/Bus:** ORN-Bus 5475, 5476, 5477. **Auto:** 1 km nördlich von Schlangenbad an der Bäderstraße B260. **Preise:** Eintritt frei.

▶ Die ehemalige Wambacher Mühle am *Wallufbach* ist nicht nur ein viel besuchtes Ausflugslokal, sondern seit ein paar Jahren auch ein Mühlenmuseum. Ihr könnt den alten Mühlgraben sehen und verfolgen, wie er oberläufig ein großes Mühlrad antreibt, das sich heute zur Stromerzeugung dreht. Im Museumsgebäude gibt es eine Menge zu sehen. Nicht nur Kinder schauen mit großer Neugierde auf die landwirtschaftliche Schrotmühle, die übrigens noch richtig mahlen kann. Insgesamt ist viel Handwerk zu sehen: eine Schmiede, eine Möbelschreinerei, eine Maler- und eine Schusterwerkstatt und sogar historische Apothekengeräte. Es ist darüber hinaus lohnend, in das Kellergeschoss hinabzusteigen, wo eine gut gemachte Ausstellung zeigt, dass im Tal der Walluf einmal sage und schreibe 28 Mühlen klapperten.

Hunger & Durst
Wambacher Mühle, Wambacher Mühle 1, Schlangenbad-Wambach. ☎ 06129/1227. Täglich ab 7 Uhr bis der letzte Gast geht; EZ 45 €, DZ 80 €. Wild und Forelle in verschiedenen Ausführungen, Schlemmertage Nov, Jan – März Mo – Do mit Fleisch- oder Fischplatte bis nichts mehr geht ab 15 €, Kinder 6 – 12 Jahre 5 €.

Beim Betreten des Geländes der Wambacher Mühle ist euch sicher sofort aufgefallen, dass in großer Zahl überall Mühl- und Schleifsteine herumstehen – von ganz klein bis riesengroß und aus ganz verschiedenem Gestein und auch für ganz verschiedene Aufgaben. Das ist kein Zufall, denn hier befindet sich gleichzeitig ein **Mühl- und Schleifsteinmuseum.** Nach Meinung der Betreiber soll es sogar das größte in ganz Deutschland sein.

Ein besonderer Spaß ist der neue Barfußpfad rund um das Mühlenmuseum.

Theater, Kino und Kultur

Theatergruppe Wundertüte e.V.

Kathleen Hornjak, Zugmantelstraße 9, 65232 Taunusstein-Orlen. ℰ 06128/73485, www.theater.hornjak.de. kontakt@kindertheater-orlen.de. **Bahn/Bus:** RTV-Bus 0501, 0503, ORN-Bus 5473. **Auto:** Hühnerstraße B417. **Zeiten:** Termine der Aufführungen auf Anfrage oder im Internet. **Preise:** Erw und Kinder 6 €.

▶ Die aus 30 Kindern und 25 Erwachsenen bestehende, Mitte der 1990er Jahre gegründete Theatergruppe Wundertüte hat sich mit ihren Aufführungen in Taunusstein und Umgebung längst einen Namen gemacht. Im November und Dezember zeigt die Truppe an mehreren Wochenenden in der Stadthalle von Orlen und im Bürgerhaus Taunusstein-Hahn ihre Inszenierung eines Weihnachtsmärchens. Gezeigt werden Stücke wie Pippi Langstrumpf bei den Seeräubern, Peter Pan oder Aladin und die Wunderlampe.

Kino Bambi & Camera Bad Schwalbach

Adolfstraße 120, 65307 Bad Schwalbach. ℰ 06124/12109, Fax 508114. www.kino-bad-schwalbach.de. webmaster@kino-bad-schwalbach.de. **Bahn/Bus:** ↗ Kur-, Stadt- und Apothekenmuseum. **Zeiten:** Mo – Do pro Kino 1 – 2 Vorstellungen, Fr – So 3 – 4 Vorstellungen ab 15 Uhr. **Preise:** 5 – 6 €; Kinder unter 12 Jahre 1 € Ermäßigung, Kinderkino 4 €.

▶ Vor allem an Samstag- und Sonntagnachmittagen, aber auch zu angenehmen Zeiten während der Woche laufen hier Kinderfilme oder Streifen, die ab 6 oder 12 Jahre freigegeben sind.

Taunusbühne Bad Schwalbach

Hardtstraße 44, 65307 Bad Schwalbach. ℰ 06124/720666, 06486/8212 (Kindergruppe), Fax 720677. www.taunusbuehne.de. kontakt@taunusbuehne.de. **Bahn/Bus:** NVG-Bus 203, VU-Bus 284, ORN-Bus 5478, 5481 Brodelbrunnen. **Zeiten:** Termine im Internet.

▶ Das Ensemble der engagierten Amateurtheater-
truppe spielt im Sommer (Juni, Juli) auf der Freilichtbühne in der ↗ Burg Hohenstein und geht mit einer
jährlich wechselnden Inszenierung auf Tournee durch
den Taunus. Ab Ende November gibt es bis kurz vor
Weihnachten 10 – 12 Vorstellungen eines Märchen-
stücks für Kinder im Kurhaus von Bad Schwalbach.
Das Theater betreibt intensive Nachwuchsarbeit mit
drei Kinder- und Jugendgruppen.

Kreativ in Idstein

Jugendkunstschule Octopus, Ina Müller, Black-und-
Decker-Straße 17, 65510 Idstein. ✆ 06126/979737,
Fax 979738. www.jugendkunstschule-octopus.de. in-
fo@jugendkunstschule-octopus.de. **Bahn/Bus:** ↗ Idstein. **Zeiten:** Büro Di, Mi, Fr 9 – 12, Do 15 – 17 Uhr.
Preise: Kursgebühren zwischen 20 und 73 €.
▶ Die Jugendkunstschule Octopus ist eine künstlerische Bildungseinrichtung, die seit 1986 zum Stadt-
profil von Idstein gehört. Träger der Einrichtung ist
seit 2006 der ASB-Landesverband Hessen. Rund 20
qualifizierte Dozenten stellen gemeinsam mit der Lei-
tung das halbjährlich wechselnde Angebot zusammen.
Als außerschulischer Bildungsort finden hier nicht
nur Kinder künstlerische Freiräume und individuelle
Förderung, sondern auch Erwachsene und Familien.
Euch wird ein abwechslungsreiches Programm mit
Kursen, Workshops und Ferienspielen in den Berei-
chen Malen und Zeichnen, Bildnerisches Gestalten,
Kreatives Schreiben und Medien geboten.

Komm rein. mach mit

Kulturring Idstein e.V., Herr Ohlenschläger, Gerberhaus
am Löherplatz 13, 65510 Idstein. ✆ 06126/56143,
Fax 789620. www.kulturring-idstein.de. info@kulturring-
idstein.de. **Zeiten:** 1 x Monat, Theaterpause Juni –
Aug. **Infos:** Gerberhaus, Löherplatz, 65510 Idstein
Information und Beratung zu Veranstaltungen, Marian-

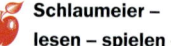
**Schlaumeier –
lesen – spielen –
lernen,** Grunerstraße
16, Idstein. ✆ 06126/
959596. www.schlau-
meier-idstein.de. Mo –
Fr 9 – 12.30 und 15 –
18, Sa 9 – 13 Uhr, Mi-
Nachmittag geschlos-
sen. Ein bunter, schön
dekorierter Laden mit
Kinder- und Jugendbü-
chern zum Lesen, Ler-
nen, Schmökern, Lern-
hilfen und -Software,
Hörspielen zum Zuhö-
ren, Gesellschaftsspie-
len für Kinder und für
die Erwachsenen ausge-
wählte Geschenkartikel.

ne Diefenbach ✆ 06126/
78-622, Fax 78-9620,
marianne.diefenbach@id-
stein.de.

▶ Einmal im Monat fin-
det im *Idsteiner Gerber-
haus* eine Aufführung für
Kinder statt. Auf der
Bühne präsentieren sich
Künstler wie Wolfgang
Hering oder der Zaube-
rer Manioli.

© Kulturring Idstein e.V.

Geheimnisvoll: Zauber-
künstler Manioli

Open-Air-Kino Limburg

Tal Josaphat, 65549 Limburg. ✆ 06431/203274,
203460, Fax 2037274. Handy 0151/19549974.
www.limburg.de. info@stadt.limburg.de. **Bahn/Bus:**
Vom Bhf ↗ Limburg 10 Min zu Fuß. **Zeiten:** Aug, Fr nach
Einbruch der Dunkelheit. **Preise:** freier Eintritt.

▶ Wenn das Wetter mitmacht, wird an Freitagen des
Sonnenmonats August auf einer großen Wiese des
Limburger Tals *Josaphat* eine Leinwand aufgebaut.
Nach Einbruch der Dunkelheit könnt ihr dann gemütlich auf einer Decke liegend und die lauwarme Abend-
luft genießend Filme sehen, die natürlich alle für Jugendliche freigegeben sind. Schön, wenn da auch
der Picknickkorb gut gefüllt ist.

Kinderzirkus LIKIZI Cocolores Limburg

Wiesbadener Straße 13, 65549 Limburg. ✆ 06431/
203251, www.limburg.de. thomas.krug@stadt.lim-
burg.de. **Bahn/Bus:** Vom Bhf ↗ Limburg 10 Min zu Fuß.
Zeiten: Mi 15.30 – 17 Uhr. **Preise:** pro Halbjahr 25 €
Beitrag. **Infos:** Stadtjugendpfleger Thomas Krug, Wer-
ner-Senger-Straße 10, 65549 Limburg.

▶ Kinder aus Limburg und Umgebung ab 8 mit einem
Faible für den Zirkus haben in der Turnhalle der Al-
bert-Schweitzer-Schule einmal in der Woche ihren
Treff: Es wird jongliert oder Einrad gefahren, Stelzen-

Einmal im Jahr
findet im Juni
eine kulturelle Veran-
staltungsreihe im Idstei-
ner Land statt. Hierbei
werden in verschiede-
nen Nachbargemeinden
für Erw und Kinder Aus-
stellungen, Malerei,
Theater und Musik in
alten Scheunen oder an-
deren schönen Lokalitä-
ten angeboten. Mehr
dazu unter www.tart-
orte.de.

laufen oder das neueste Akrobatikkunststück geübt. Je nach Laune und Stand der Vorbereitungen gibt der Zirkus eigene Aufführungen zum Besten.

Hünfelden aktiv und kreativ

Jugendpflege Hünfelden, Georg Schardt, Le-Thillay-Platz, 65597 Hünfelden. ℗ 06438/83839, Fax 3883. www.huenfelden.de. jugendpflege@huenfelden.de.
▶ Die Jugendpflege bietet verschiedene Freizeit-, Kultur- und Bildungsangebote für Kinder und Jugendliche unterschiedlicher Alters- und Zielgruppen im Rahmen ihres Jahresprogramms an. Hier sind u.a. Kanutour, Fahrradtour, Waldtag, Kinderkulturtage, Sportschnupperkurse und Workshops zu finden.

@ Aktuelle Informationen und Veranstaltungsangebote findet ihr auf www.huenfelden.de unter der Rubrik »Aus dem Rathaus/Jugendpflege«.

Kreml Kulturhaus

Burgschwalbacher Straße 8, 65623 Hahnstätten-Zollhaus. ℗ 06430/929724. www.kreml-kulturhaus.de. info@kreml-kulturhaus.de. **Bahn/Bus:** RMV-Bus 5425. **Auto:** B54, B274. **Rad:** Aartal-Rad- und Wanderweg. **Zeiten:** Mo 19 – 24, Di – Fr 12 – 2, Sa 17 – 24, So 10 – 23 Uhr.
▶ Das Kulturzentrum beherbergt eine Kneipe, Räume für Ausstellungen und Musikveranstaltungen sowie ein Kino. Hier laufen regelmäßig auch Filme für Kinder ab 6 Jahre aufwärts (Vorführungen außerhalb der Öffnungszeiten des Zentrums, Termine auf Anfrage). Innerhalb des zusätzlich angebotenen Kinderkulturprogramms gibt es Lesungen und Theateraufführungen oder Musikworkshops. Im Sommer lädt der Biergarten und der großzügig angelegte Spiel- und Bewegungsraum für Kinder zum Verweilen ein.

@ www.blinde-kuh.de: Suchmaschine für Kinder, Liste von Links zu anderen spannenden Seiten. Vorstellung interessanter Spiele, elektronisches Magazin mit Reportagen über Tiere und Berichten vom Alltagsleben der Kinder in anderen Ländern.

Für Bücherwürmer

Gemeindebücherei Niedernhausen

Marion Schmitt, Wilrijkplatz (im Rathaus), 65527 Niedernhausen. ℗ 06127/903150, Fax 903182.

www.niedernhausen.de. info@niedernhausen.de.
Zeiten: Mo 13.30 – 16, Mi 14 – 18 Uhr.

▶ Etwa 2500 Romane und Sachbücher für Kinder, dazu noch einmal 400 Bilderbücher. Die Bücherei veranstaltet Führungen für Gruppen und Bücherflohmärkte, außerdem organisiert sie gemeinsam mit der Gemeinde einmal jährlich im November einen Mal- und im Dezember einen Lesewettbewerb (Infos bei Frau Voll, ✆ 06127/903117).

Feste & Märkte

Fahr zur Aar — Autofrei im Tal der Aar
Lage: Zwischen Diez und Taunusstein-Bleidenstadt auf der B54. **Zeiten:** letzter So im Mai 10 – 18 Uhr. **Info:** www.fahr-zur-aar.de. info@fahr-zur-aar.de.

▶ »Autofrei und Spaß dabei« – so lautet das Motto immer am letzten Sonntag im Mai. Dabei dürft ihr auf der Strecke zwischen Diez und Taunusstein-Bleidenstadt endlich einmal alles machen, was ansonsten nicht erlaubt ist. Egal ob mit dem Radel, Roller, Inliner oder einfach nur zu Fuß. Die Strecke ist insgesamt 39 km lang und auch gut für Familien mit Kindern geeignet. Außerdem gibt es jede Menge Veranstaltungen für Groß und Klein wie z.B. Livemusik und Kinderprogramm.

Christkindlmarkt Limburg
Zeiten: 1. Advent – 23.12. Mo – Sa 10 – 20, So 12 – 20 Uhr.

▶ Während der gesamten Adventszeit bestimmt der Weihnachtsmarkt mit seinen zahlreichen Holzhäusern das Bild der Altstadt um Neumarkt und Kornmarkt. Besonders fallen die große Weihnachtspyramide, die große Krippe und der festlich dekorierte Georgsbrunnen ins Auge. Das Rahmenprogramm ist ausgiebig, darunter fällt auch ein Kinderanimationstheater.

Ein Spektakel ganz besonderer Art ist die historische Stadtführung mit Fackeln: Fr 19, Sa 17, 19, So 14 und 16.30 Uhr.

Mittelalterlicher Weihnachtsmarkt Diez

Zeiten: 2. Adventswochenende Fr 16 – 22, Sa 11 – 22, So 11 – 18 Uhr.

▶ Es gibt allerlei Mittelalterliches: Ritter, Gaukler, Barden, Kräuterfrauen, Handwerker, Händler etc. Natürlich ist zur Genüge für Essen und Trinken gesorgt.

FESTKALENDER LIMBURG & MITTELTAUNUS

Mai: Monatswechsel: **Mittelalterliches Burgspektakel** auf Burg Hohenstein mit Bogenschießen, Kräuterkochen, Handwerk und Alchimisten-Zauberei.

Letzter So, Hohenstein: **Fahr zur Aar,** autofreies Radeln zwischen Diez und Taunusstein-Bleidenstadt.

Juni: Mitte, **Handwerkermarkt** in der Wambacher Mühle.

Letztes Wochenende, Limburg: **Altstadtfest.**

August: Anfang des Monats, Bad Camberg: **Kunsthandwerkmarkt** in den Straßen mit Oldtimertreffen.

Oktober: Fr – Di, Limburg: **Oktoberfest.** Viel »bayerische« Gaudi, aber Di Kinder- und Familientag; www.limburger-oktoberfest.de.

Ende des Monats, Aarbergen: **Rückershäuser Markt,** Festumzug am Nachmittag.

November: um den 22., 7.30 – 18 Uhr **Katharinenmarkt** in Limburg, ein Krammarkt mit rund 100 Verkaufsständen in der Altstadt.

Dezember: 1. Wochenende Fr 17 – 21, Sa 10 – 21, So 11 – 20 Uhr, Idstein **Weihnachtsmarkt** in der festlich geschmückten Altstadt mit lebender Krippe und familiengerechtem Rahmenprogramm.

1. Advent – 23. Dez, Limburg, großer **Christkindlmarkt** in der Altstadt.

2. Advent, Sa 10 – 20, So 11 – 18 Uhr, **Weihnachtsmarkt** in Bad Schwalbach auf dem Rathausplatz mit Spielmannszug und Kinderchor-Auftritten; Sa kommt der Nikolaus.

2. Advent, Sa, So: **Mittelalterlicher Weihnachtsmarkt** in Diez.

UNTERLAHN & NP NASSAU

SÜDLICHER TAUNUSRAND

BAD HOMBURG & FRIEDRICHSDORF

RUND UM DEN FELDBERG

NATURPARK HOCHTAUNUS

LAHN & HINTERTAUNUS

LIMBURG & MITTELTAUNUS

UNTERLAHN & NATURPARK NASSAU

INFO & VERKEHR

FERIENADRESSEN

KARTEN & REGISTER

Der westliche Hintertaunus liegt ganz in Rheinland-Pfalz und umfasst praktisch den Naturpark Nassau. Im Osten schließt er an den Mitteltaunus an, im Westen führt er bis an den Rhein heran und nordwestlich bis Lahnstein, der Mündung der Lahn in den Rhein. Deswegen nennt man das Gebiet auch den Rhein-Lahn-Taunus.

Die Landschaften hier tragen so blumige Namen wie »Einrich« (rund um Katzenelnbogen) und »Blaues Ländchen« (um Nastätten). Die Hügel voller Felder und Wälder abseits der großen Verkehrsachsen bietet viel Raum für individuelle Entdeckungen. Auf den Bergen stehen mächtige Burgen und Ruinen wie die Marksburg, Lahneck oder Katz und Maus.

Entlang der Lahn könnt ihr prima radeln und wandern, vorbei an gemütlichen Örtchen und der mondänen Kreis- und Kurstadt Bad Ems. In der Umgebung von Obernhof wird Wein angebaut. Campingplätze, Ausflugslokale und Schwimmbäder sind genügend vorhanden. Die Bad Emser Kurwaldbahn fährt euch auf die 220 m hoch gelegene Bismarckhöhe und lässt euch das Gebiet von oben überblicken.

Frei- und Hallenbäder

Freibad Lahnstein

Am Burgweg, 56112 Lahnstein-Oberlahnstein. ℗ 02621/2500, 629182. www.lahnstein.de. stadtverwaltung@lahnstein.de. **Bahn/Bus:** Stündlich VIA25014 Ffm – Neuwied bis Oberlahnstein. **Zeiten:** Mai – Sep täglich 9.30 – 20 Uhr. **Preise:** 3,50 €, 10er-Karte 30 €, 30er-Karte 75 €; Kinder 4 – 18 Jahre 1,70 €, 10er-Karte 12 €, 30er-Karte 30 €; Feierabendschwimmen ab 17.30 Uhr Erw 1,50 €, Kinder 1 €, Familienkarte (2 Erw, max 3 Kinder) Einmalbesuch 9 €.

▶ Die ausgedehnte, von viel Grün umgebene Badelandschaft in der Nähe der Burg Lahneck hat sage und schreibe 1690 qm Wasserfläche. Zu den Einrich-

WEIN, WALD UND WASSER

Katzenelnbogen war viele Jahre Sitz des Peter Meyer Verlages!

TIPPS FÜR WASSERRATTEN

Bei ihm Lateinunterricht, das wär's! An Aktionstagen sitzt ein fast echter Römer in der Schreibstube des Limeskastells Pohl

tungen gehören ein großzügiges Schwimmerbecken mit 50-m-Bahnen, eine Sprunganlage (1, 3 und 5 m), Lehrschwimmbecken und ein großer Nichtschwimmerbereich. Für Familien mit Kindern sind besonders die 55 m lange Riesenrutsche, das Planschbecken mit Wasserfontäne, der Babywickelraum, der Kinderspielplatz und die große, schattige Liegewiese sowie der Kiosk mit Gastronomie interessant.

Strandbad Kamp-Bornhofen

Rheinuferstraße, 56341 Kamp-Bornhofen. ✆ 06773/ 7405. www.kamp-bornhofen.de. touristik@ kamp-bornhofen.de. An der B42. **Bahn/Bus:** Stündlich VIA25014 Ffm – Neuwied bis Kamp-Bornhofen. **Zeiten:** Mai – Ende Aug Mo – Fr 11 – 19, Sa – So 10 – 19 Uhr, Sommerferien 10 – 20 Uhr. **Preise:** 3,50 €, 10er-Karte 30 €; Kinder und Jugendliche bis 18 Jahre 2,50 €, 10er-Karte 20 €; Gruppenkarte ab 12 Pers 2 €/ Person.

▶ Das solarbeheizte Freibad liegt direkt am Rheinufer. Es bietet neben Schwimmer- und Nichtschwimmerbereich eine Sprunganlage, eine Minirutsche und ein Planschbecken – und das Tuckern der vorbeiziehenden Rheinschiffe.

Freibad Katzenelnbogen

56368 Katzenelnbogen-Ebertshausen. ✆ 06486/ 9179-14, 902413. www.verbandsgemeinde-katzenelnbogen.de. dweyand@vg-katzenelnbogen.de. **Lage:** An der L318 Katzenelnbogen – Diez, gegenüber dem Abzweig Ebertshausen. **Bahn/Bus:** NVG-Bus 580 bis Ebertshausen/Schwimmbad. **Auto:** Großer Parkplatz am Schwimmbad. **Zeiten:** Mai – Sep Mo, Mi, Fr 13.30 – 19, Di, Do 13.30 – 20, Sa, So, Fei und Sommerferien 11 – 19 Uhr, an Schlechtwettertagen 17 – 19 Uhr. **Preise:** 2,50 €, 10er-Karte 20 €, Jahreskarte 40 €; Kinder 7 – 17 Jahre 1,50 €, 10er-Karte 10 €, Jahreskarte 25 €; Familien mit Kindern bis 17 Jahre 70 €.

▶ Ein 25 m langes Kombibecken für Schwimmer und Nichtschwimmer, ein Planschbecken mit Wasserspeier, die große Liegewiese und ein Kiosk mit geräumiger Terrasse locken im Sommer Besucher aus der Umgebung ins renovierte Katzenelnbogener Freibad.

Freibad Nassau

Furth 4, 56377 Nassau. ✆ 02604/7177. www.vgnassau.de. poststelle@vgnassau.de. **Bahn/Bus:** Nahe der Bahnstation an der Lahnstrecke. **Zeiten:** Mitte Mai – Sep täglich 9 – 19, Sommerferien bis 20 Uhr, bei schlechtem Wetter nur 9 – 11 und 17 – 19 Uhr. **Preise:** 3 €, nach 17 Uhr 1,50 €, 10er-Karte 25 €, Saisonkarte 50 €; Kinder und Jugendliche 3 – 18 Jahre 2 €, nach 17 Uhr 1 €, 10er-Karte 15 €, Saisonkarte 30 €.

▶ Das Bad am Nordufer der Lahn ist rundum modernisiert worden. Euch erwarten ein 50 m langes Kombibecken mit verschiedenen Extras. In einen angeschlossenen Bereich mündet eine Breitrutsche. Es existiert ein separates Sprungbecken mit 3- und 5-m-Brett. Für die ganz Kleinen gibt es ein Planschbecken, für Größere einen Spielplatz mit Rutsche und Schaukel. Die Liegewiese ist groß und teilweise schattig. Ganz in der Nähe befindet sich ein Skate-Platz mit Quarterpipe.

Freibad Singhofen

56379 Singhofen. ✆ 02604/6635. www.vgnassau.de. info@nassau-touristik.de. **Lage:** An der Landstraße Singhofen – Berg. **Bahn/Bus:** Von Nassau Bus 542. **Zeiten:** Mo, Mi, Fr 10 – 19.30, Di, Do 7 – 19.30, Sa, So, Fei 9.30 – 19.30 Uhr. **Preise:** 2,50 €, 10er-Karte 18 €, Saisonkarte 31 €; Kinder ab 3 Jahre 1,50 €, 10er-Karte 10 €, Saisonkarte 18 €; Familienkarte 55 €, nach 17 Uhr Erw 1,50, Kinder 1 €. **Infos:** Lisa Dörn, l.doern@vgnassau.de.

▶ In der heißen Jahreszeit kommen die Singhofener Familien und ihre Gäste gern in das beheizte Freibad im Dermbachtal, um sich abzukühlen. Sie haben dazu Gelegenheit in einem 25-m-Becken mit Minirut-

Hunger & Durst

Die benachbarte Pizzeria ist vom Bad aus zugänglich. Hier könnt ihr bei warmem Wetter auch auf der Terrasse sitzen.

sche und Wasserpilz. Die Kleinsten der Kleinen planschen im eigenen Becken unter einem zweiten Wasserpilz oder vergnügen sich an den Spielgeräten. Sportliche Badegäste nehmen häufiger das Beachvolleyballfeld in Beschlag. Ihren Matches können die übrigen Besucher von der Terrasse des Schwimmbadrestaurants zuschauen.

Freibad Birlenbach

Schulstraße 55, 65626 Birlenbach. ℡ 06432/82956, Fax 501-242. www.freibad-birlenbach.de. verwaltung@vgdiez.de. **Bahn/Bus:** NVG-Bus 588 Diez – Katzenelnbogen. **Auto:** Von der Landstraße Diez – Katzenelnbogen in der Ortsmitte von Birlenbach Richtung Fachingen. **Zeiten:** Mitte Mai – Anfang Sep täglich 10 – 19 Uhr. **Preise:** 3 €, 10er-Karte 27 €, Saisonkarte 50 €; Kinder 5 – 17 Jahre 1,50 €, 10er-Karte 13 €, Saisonkarte 28 €; Familiesaisonkarte 90 €.
▶ Beheiztes Freibad mit Sprungturm, große Doppelwasserrutsche, Spielwiese, Volleyballfeld, Schaukel, Torwand, Tischtennisplatte und Kiosk.

Wassersport

Bootsvermietung Bad Ems

Thomas Kreutz, Auf der Au 29b, 56132 Dausenau. ℡ 02603/13964, Fax 919935. www.canutours.de. info@canutours.de. **Bahn/Bus:** VEC25558 auf der Lahnstrecke. **Preise:** 2er-Kanu 30 €/Tag, 3er-Kanu 35 €/Tag, 4er-Kanu 40 €/Tag, 10er-Kanu 115 €/Tag inkl. Transport, Einweisung, Rettungswesten und Wertsachenbehälter.
▶ Der Kanuverleih verfügt über Steganlagen in Dausenau und Bad Ems, die beide jeweils nur 250 m vom Bahnhof entfernt, also bequem zu erreichen sind. Es werden die Touren Obernhof – Dausenau, Paddelzeit 3 – 3,5 Std für 11 km, und Laurenburg – Dausenau, 5 – 6 Std für 19 km angeboten. Die erste

Bei Canutours könnt ihr auch Tourenfahrräder ausleihen (7-Gangschaltung und Rücktritt).

ist für Familien mit Kindern empfehlenswert, da 3 – 3 1/2 Std mit kleinen Kindern durchaus machbar sind. Es sind auch andere Strecken und Mehrtagestouren möglich.

Boot fahren auf der Lahn in Nassau

Bootsverleih Hofmann, Kaltbachtal 2, 56377 Nassau. ✆ 02604/942083, Fax 942084. www.kanucharter.de. info@kanucharter.de. **Bahn/Bus:** Station der Lahntalbahn. **Zeiten:** Mitte April – Anfang Okt. **Preise:** Kajak- und Kanadiermiete 14 € pro Person und Tag, Fahrräder 10 € pro Person und Tag; Kinder 5 – 15 Jahre 10 € pro Person und Tag, Kinderfahrrad bis 15 Jahre 7 € pro Person und Tag; Familientage und verlängerte Wochenenden zu günstigen Preisen.

▶ Der Verleih an der Lahnbrücke vermietet einerseits stundenweise an Kurzausflügler Tret-, Ruder- und Elektroboote sowie Paddelboote und Kanadier, andererseits aber auch ein- und mehrtägig an Paddler 2er, 3er, 4er und 10er-Kanadier. Ferner verleiht er Fahrräder.

Floßfahrten auf der Lahn

Touristik im Nassauer Land, Schlossstraße 6, 56377 Nassau. ✆ 02604/9525-0, Fax 9525-25. www.nassau-touristik.de. info@nassau-touristik.de. **Bahn/Bus:** Station der Lahntalbahn. **Preise:** ab 24 € inklusive

UNTERLAHN & NATURPARK NASSAU

Stadtführung, Mittagessen, 1 Korn, 1 Bier, 1 Schmalzbrot.

▶ Eine populäre – aber lokal sehr begrenzte – Aktivität sind Floßfahrten auf der Lahn. Die Veranstalter bieten »Musik und Tanz, Speis und Trank« und nennen es selbst Gaudi. Das ist vielleicht nicht die Atmosphäre, die sich Kinder wünschen, wenngleich ihnen das Floßfahren sicherlich reichlich Spaß bereiten dürfte. Die Floße sind recht groß, sodass es Familien durchaus möglich ist, sich mit ihren Kindern abzukoppeln. Angeboten werden verschiedene Themenfloßfahrten wie z.B. »Partyspaß auf der Lahnarche« auf einem 25 m langem und 5 m breitem Floß für bis zu 90 Personen. Oder »Floßfahrt mit Grillvergnügen«. Hier gibt es an Land nach der 3-stündigen Floßfahrt noch eine Grillparty.

Boot fahren auf der Lahn in Obernhof

Bootsvermietung Wolff, 56379 Obernhof.
✆ 02604/7260 (Büro), 950055 (Betrieb), Fax 7260. www.lahn-kanu-spass.de. kanuwolff@aol.com. an der Lahn gegenüber der Pizzeria Titanic. **Bahn/Bus:** VEC25558 bis Obernhof. **Zeiten:** Ostern – Sep täglich 10 – 18 Uhr. **Preise:** 4er-Kanus pro Boot 40 €/Tag, 3er-Kanus pro Boot 30 €/Tag, Transportkosten pro Kanu 2 €; Schulklassen und Jugendgruppen erhalten Ermäßigung.

▶ Verleih von Kanus für Familien, Vereine, Jugendgruppen und Schulklassen. Die Bootsvermietung stellt auf Wunsch auch Tagesoder Mehrtagestouren zusammen. Ein Grillplatz steht gegen Voranmeldung auf der Lahnterrasse zur Verfügung. Hier gibt es dann auch einen Kinderspielplatz.

©dzt

Radeln und Wandern am Fluss

Radeln an der Lahn

www.lahn-radweg.de. **Bahn/Bus:** Der gesamte rheinland-pfälzische Lahnabschnitt wird von der Bahnlinie Limburg – Koblenz begleitet.

▶ Seit ein paar Jahren gibt es den Lahnradweg, der das Flüsschen von der Quelle bis zur Mündung begleitet – 242 km, von 628 m auf 61 m hinunter. Der letzte Abschnitt, von Diez nach Lahnstein, wo die Lahn in den Rhein mündet, führt durch Rheinland-Pfalz. Dieser Teil der Route ist fast durchweg flach und verläuft nahezu immer in Flussnähe. Nur zwischen Geilnau und Laurenburg sowie Obernhof und Naussau sind stärkere Steigungen zu überwinden. Familien mit sportlichen Jugendlichen können Diez – Oberlahnstein, 51 km, gut als Tagestour bewältigen. Familien mit kleineren Kindern bis 11 Jahre sollten sich auf kurze Abschnitte beschränken und die Radtour mit einer Bahnfahrt kombinieren. Empfehlenswerte Teilstrecken sind:

- Diez – Balduinstein, 6 km: vollkommen flach, idyllischer Flussabschnitt, Einkehrmöglichkeit und Bahnstation in Balduinstein;
- Nassau – Bad Ems, 12,5 km: malerisch der Ort Dausenau, dort auch Einkehrmöglichkeiten;
- Bad Ems – Lahnstein, 13,5 km.

Links und rechts der Lahn gibt es den Lahnhöhenweg, auch ihn könnt ihr gut mit der Bahn kombinieren. Beschrieben findet ihr ihn in *Weitwandern Hessen,* pmv, ISBN 978-3-89859-306-9, 16 € oder als einzelne Tour im pmv-Datenshop (PDF).

An der Lahn entlang von Nassau nach Lahnstein

Nassau – Dausenau – Bad Ems – Nievern – Miellen – (Ruppertsklamm –) Nieder- und Oberlahnstein. **Länge:** 26 km, leicht, von einer kurzen Steigung abgesehen durchweg flach, wegen der Länge aber nur für Kinder ab 11 Jahre. Nassau – Dausenau – Bad Ems – Fachbach – Niederlahnstein. **Bahn/Bus:** RE, VEC25558 auf der Lahnstrecke Koblenz – Limburg bis Nassau, in Lahnstein RE und VIA auf der Rheinstrecke Koblenz – Wiesbaden.

Schöne Kurzabschnitte für Familien mit ganz jungen Radlern sind die 6 km Dausenau – Bad Ems und die 9,5 km Nievern – Lahnmündung/ Niederlahnstein.

Hunger & Durst
Historisches Wirtshaus an der Lahn, Am Hirschsprung 12, Lahnstein. ✆ 02621/3627. www.wirtshaus-an-der-lahn.info. Mi – Mo ab 11 Uhr, durchgehend warme Küche. In dem 300 Jahre alten Fachwerkhaus werden regionale und saisonale Spezialitäten geboten, Kaffee, Kuchen, im Sommer Biergarten. Weitere Einkehrmöglichkeiten in Bad Ems, Miellen sowie vor und in Lahnstein.

▶ Ihr startet an der Brücke in Nassau. Es geht auf der linken Seite auf Radweg flussabwärts, bis **Dausenau** 4,5 km in Lahnnähe, zumeist ist aber die Eisenbahnlinie dazwischen. Es geht größtenteils durch Wald. Etwa auf halbem Wege müsst ihr mal kräftig bergauf. Schön ist der Blick auf die mittelalterliche Häuserzeile von Alt-Dausenau, das sich zu einem Abstecher anbietet. 1 km vor dem Kurstädtchen Bad Ems bieten Abstecher zur Schleuse rechts und bald darauf zum *Ausflugslokal Schützenhof* links (Hinweisschild) Abwechslung.

In **Bad Ems** ist es sinnvoll, bereits in Höhe Bahnhof über die Kurhausbrücke auf das rechte Ufer zu wechseln und das Städtchen auf dieser Seite zu durchqueren, dann seht ihr nämlich das altgediente Kurviertel, das in der Zeit vor dem ersten Weltkrieg mal eine erste Adresse der russischen Aristokratie war. Auf welcher Route auch immer ihr die Kreisstadt durchquert, es geht auf jeden Fall am Westrand (Anfang der Insel Silberau) auf ufernahen Radwegen. Danach sind es noch 13,5 km bis nach Lahnstein und zur Lahnmündung. Die Route führt immer am rechten Ufer am Fluss entlang. Nach 4 km kommt ihr an **Nievern** vorbei, auf der Insel Oberau steht noch das Gebäude der ehemaligen Eisenhütte und Gießerei. Kurz danach taucht **Miellen** auf, zu dem ein Brückchen hinüberführt. Dort befindet sich auch ein Gasthaus. Auf dem Schlussabschnitt habt ihr lange die *Burg Lahneck* im Blick. Die Lahn fließt zwischen **Nieder- und Oberlahnstein** hindurch. Am nördlichen Ufer befinden sich mehrere Lokale und ein Spielplatz.

Große Lahn-Radtour nach Nassau
Limburg – Diez – Balduinstein – Holzappel – Laurenburg – Kalkofen – Obernhof – Kloster Arnstein – Nassau; 20,5 km ohne den Abschnitt Balduinstein – Laurenburg, dann erheblich leichter, da nur noch 2 Steigungen in Diez und Obernhof, für radelfreudige Kinder ab 10 Jahre. **Länge:** 32 km.

▶ Die Route führt von ↗ **Limburg** bis kurz vor Diez durch ein weites Becken auf Radweg immer am linken Ufer der Lahn entlang. Am Rand von **Diez** biegt ihr vor dem Campingplatz links ab und steigt bergauf. Auf der Höhe ist *Schloss Oranienstein* ganz nahe. Die Route hält sich nur kurz da oben und führt sodann in die hübsche Altstadt hinunter. Hier geht es über die Alte Brücke auf das rechte Flussufer. Dort habt ihr einen tollen Blick auf die ganze Stadt, die von der hohen *Burg Grafen-*

schloss Diez überragt wird. Hinter der folgenden neuen Brücke führt der Lahn-Radweg wieder auf einen separaten Fahrradweg. Auf den nächsten 6 km verläuft dieser – stets am rechten Ufer – immer dicht an der Lahn entlang. Etwa nach 1 km wird das Tal eng und dicht bewaldet. 2 km weiter führt der Radweg an *Fachingen* vorbei, das für sein Mineralwasser bekannt ist. Danach ist das Tal ein Stück weit und offen.

Schließlich radelt ihr noch einen Abschnitt unter Schatten spendenden Bäumen, bevor sich 6 km hinter Diez das Lahntal linker Hand zu einer spektakulären Szene auftut: am Fluss das beschauliche Dorf **Balduinstein** mit Burgruine, hoch oben im Hintergrund die gut erhaltene *Schaumburg*. Es besteht hier Gelegenheit zum Einkehren. Am Balduinsteiner Ufer gibt es auch einen kleinen Spielplatz. Die Route folgt noch 3,5 km dem Flüsschen, diesmal auf der Straße. Dann geht es in *Geilnau* rechts ab und in einem steilen 3 km langen Aufstieg zu dem ehemaligen Bergbaustädtchen **Holzappel** hinauf. Dort könnt ihr euch den Grubenlehrpfad und das Heimatmuseum ansehen oder ein Bad im nahegelegenen *Herthasee* nehmen. Anschließend geht es auf einer 5 km langen

© pmv, Foto: Eberhard Schmitt-Burk

Privatgemach: Im Anhänger können selbst die Kleinen mit auf Große Tour

Hunger & Durst

Hotel Lahnblick, Lahntalstraße 4, Balduinstein. ✆ 06432/81556. März – Okt Do – Di ab 11.30 Uhr, für Gruppen auch zu anderen Zeiten. Stilvolles Lokal mit Blick auf die Lahn; natürlich Fisch (Forelle), aber auch Fleisch, Salatvariationen und Vegetarisches, Kinderschnitzel mit Pommes 5,50 €. DZ ab 55 € für 2 Pers.

Um den 3 km langen Aufstieg von Geilnau nach Holzappel zu vermeiden, legen viele Radler den Abschnitt Balduinstein – Laurenburg mit der Regionalbahn zurück.

© Annette Sievers

Pulsierende Natur: Durch die Pulsbachklamm

Hunger & Durst
Goldner Stern, Rheinstraße 38, Kestert. ☏ 06773/7102. www.hotel-goldner-stern.de. Rustikales Ambiente, Wild, Fisch, Kaffee und Kuchen; Terrasse zum Rhein an der Straße. DZ ab 75 €, Kinder bis 6 Jahre gratis, Fahrradgarage.

Abfahrt wieder zur Lahn hinunter nach **Laurenburg.** Dabei führt die Route ziemlich nahe an der gleichnamigen Burg vorbei.

Anschließend fahrt ihr auf den nächsten 7 km wieder mal am Lahnufer entlang, zunächst noch 2 km auf Straße, dann aber ab **Kalkofen** auf einem ganz neuen Radweg. Dann seid ihr in **Obernhof,** das rechts von einem Weinberg überragt ist – eine ganz ungewohnte Szene an der Lahn. In Obernhof könnt ihr in mehreren Lokalen einkehren, es gibt einen Spielplatz und einen Grillplatz. Dort wechselt die Route nun auf das linke Ufer. Hinter dem Ort müsst ihr auf dem Weg zum Kloster Arnstein kräftig bergauf. Von der Höhe sind es dann bis nach **Nassau** nur noch 4,5 km, flache Abschnitte und Gefällstrecken sind mit 4 Anstiegen gemixt. Es geht – vom Schlussteil abgesehen – großenteils durch Wald.

Von Kestert am Rhein durch die Pulsbachklamm

Länge: 6 km, schwer, für wandererfahrene Kinder ab 10 Jahre, nur bei trockenem Wetter, Vorsicht in der Klamm, feste Schuhe notwendig. **Bahn/Bus:** In Kestert halten die Nahverkehrszüge Koblenz – Lahnstein – Wiesbaden. **Auto:** Von St. Goarshausen auf der B42 etwa 5 km rheinabwärts.

▶ Ihr wandert zunächst von **Kestert** auf Bürgersteig knapp 2 km an der B42 und dem Rheinufer entlang flussaufwärts Richtung Wellmich und biegt dann nach links am Schild zum **Pulsbach** ein. Danach geht es auf schmalem Pfad das üppig bewachsene Bachtal steil aufwärts. Efeu hängt herab. Bei genügend Wasser seht ihr drei Wasserfälle. Alte Weinbergsmauern sind zu erkennen. Über Stege quert ihr auch mal den Bach. Nach 1,5 km verlasst ihr die wilde Schlucht nach scharf links Richtung Ober-Kestert (Hinweis). Es geht immer geradeaus auf einem breiten Forstweg durch Wald aufwärts. Ihr stoßt hier auf den **Rheinsteig-Hauptweg** und folgt diesem in die offene Flur. Durch Felder nähert ihr euch dem noch gut 500 m entfernten **Ober-Kestert** mit seinem tollen Ausblick auf den Hunsrück. Am Hang des *Hahnbergs* (302 m) führt der Rheinsteig aus dem Ort heraus; dort wo er auf die Landstraße stößt, geht es in steilen Serpentinen abwärts nach **Kestert.** Oder ihr geht auf der Landstraße weiter und mit ihr links in den Ort runter, was weniger rutschig und gefährlich ist.

LVA RLP: Naturpark Nassau Blatt 4 (Süd), topografische Karte 1:25.000, erhältlich über poststelle@lverma.rlp.de.

Grillspaß in Nassau

Grillhütte Niederlahnsteiner Wald

56112 Lahnstein. ✆ 0261/914-171, Fax -340. tourist-info@lahnstein.de. **Preise:** 20 €, 10 € Kaution.

▶ Überdachte Grillhütte für 50 Pers, am oberen Ende der Ruppertsklamm im Niederlahnsteiner Wald. Chemieklo vorhanden. Anmeldung über Verkehrsamt Lahnstein.

Grillen am Mühlbach

Grillhütte Nassau, Touristik im Nassauer Land e.V., 56379 Nassau. ✆ 02604/ 95250, Fax 952525. www.vgnassau.info. info@nassau-touristik.de. **Auto:** Von Nassau über die Brücke in Richtung Dausenau, im Gewerbegebiet Koppelheck links in den Wald abbiegen. **Preise:** Reservierung über die Touristinfo Nassau, für Nassauer Bürger 40 €, für Auswärtige 50 €.

▶ Geschlossene Grillhütte für 60 Pers (30 Sitzplätze drinnen, 30 draußen). Unterhalb des Burgfelsens am Mühlbach gelegen, Zugang von der Straße Koppelheck her.

Grillplatz Obernhof

56379 Obernhof. ✆ 02603/13964, Fax 919935. www.nassau-touristik.de. verkehrsverein@obernhof.de.

▶ Überdachter Platz für 30 – 40 Pers im Biergarten auf dem Campingplatz Obernhof-Arnstein. Sanitäre Anlagen vorhanden, Preis auf Anfrage.

Reiten und Kutsche fahren

Reiten lernen

Förderverein Therapeutisches Reiten Nassau e.V., Reitstall Koppelheck, Frau Dr. Banzhaf, Koppelheck, 56377 Nassau. ✆ 02604/4633, 4873, Fax 99527-689. **Bahn/Bus:** ↗ Nassau. **Infos:** www.fthr-nassau.de.

Planwagenfahrt: Das Fohlen läuft einfach hinterher

▶ Reiten in der Halle und im Freien, Ausbildung für Kinder und Erwachsene. Voltigieren 5 €, Reitstunde 9 €. Therapeutisches Reiten für behinderte Kinder.

Ponys, Kutschen und Planwagen

Ponyhof Ludwig, Braubacher Straße 18, 56377 Schweighausen. ✆ 02604/7304. www.ponyhof-ludwig.de. ponyhof-ludwig@t-online.de. **Preise:** Reiterferien 1 Woche inkl. 6 Std Reiten 250 €.

▶ Kutschfahrten bis zu 6 Personen 1. Stunde 50 €, Planwagenfahrten bis zu 12 Personen 1. Stunde 1 € pro Pers. Eine Stunde Ponyreiten kostet 9 €, Kinderreiten ab 6 Jahre 10 €. Außerdem werden die Gestaltung von Kindergeburtstagen, begleitete Geländeritte und Reiterferien angeboten.

Hoch zu Ross

Zucht-, Reit- und Fahrverein Singhofen und Umgebung e.V., Reitanlage, 56379 Singhofen. ✆ 02604/8928, Fax 8928. www.reitverein-singhofen.de. info@reitverein-singhofen.de. **Auto:** Abzweig am Kreisel an der Landstraße Richtung Nassau. **Preise:** 30 Min Einzelreiten zum Kennenlernen 15 €, Einzelstunde 60 Min 30 €.

▶ Reithalle, außerdem Reitplatz und Paddock unter freiem Himmel. Reiten auf Vereinspferden, Reitstunden und Voltigieren auf Anfrage.

Hunger & Durst

Der Ponyhof unterhält auch ein Gasthaus mit Biergarten.

Winterspaß

Langlauf auf der Hohen Kanzel

Naturpark Rhein-Taunus, 65527 Niedernhausen.
www.naturpark-rhein-taunus.de. info@naturpark-rhein-taunus.de. **Länge:** 9 km. **Bahn/Bus:** Von Wiesbaden ESWE-Bus 50. **Auto:** B417, Parkplatz Trompeterstraße.

▶ Wenn genug Schnee liegt, könnt ihr bei Niedernhausen auf Langlaufloipen durch die winterliche Landschaft gleiten. Die Routen haben Mitarbeiter des Naturparks Rhein-Taunus gemeinsam mit den Forstbehörden und dem TUS WI-Rambach ausgewiesen. Am Start und auf Waldparkplätzen längs der Strecken stehen Tafeln, die ihren Verlauf anzeigen. Los geht es vom 470 m hoch gelegenen Parkplatz Trompeterstraße an der Siedlung Wildpark bei Engenhahn über die Alte Idsteiner Straße, den Rheinhöhenweg bis zur Schutzhütte Am Achteck, weiter durchs Theistal und dann mit Anstiegen zum 591,8 m hohen Gipfel der Hohen Kanzel. Von dort 2 km hinab zum Ausgangspunkt.

Weitere Loipen gibt es rund um den Kellerskopf und die Wiesbadener Platte, siehe pmv-Buch *Wiesbaden Rheingau mit Kindern,* pmv, ISBN 978-3-89859-431-8, 12,95 €.

UMWELT ER-FORSCHEN

Naturerfahrung

Helfen, ein Biotop zu pflegen

NABU Rhein-Lahn, Naturschutzbund Deutschland (NABU), 65626 Birlenbach. www.naburheinlahn.de.
nabu.rhein-lahn@nabu-rlp.de.

▶ Der Naturschutzbund Deutschland setzt sich nachhaltig für den Erhalt und Schutz der Natur ein. Die Gruppe NABU Rhein-Lahn betreut seit 2007 ein eigenes Biotop in **Birlenbach.** Biotop nennt man einen bestimmten Lebensraum einer in diesem Gebiet vorkommenden Lebensgemeinschaft. Auf dem 13.000 qm großen Nabu-Gelände wurde ganz früher mal Wein und Obst angebaut und intensiv Landwirtschaft betrieben. Davon ist ein typischer Halbtrockenrasen übriggeblieben, auf dem sonst seltene

Hunger & Durst
Zum Zapfhahn, Hauptstraße 27, Birlenbach. Hier findet jeden 1. Mo im Monat um 20 Uhr der Umweltstammtisch des Nabu statt, er ist offen für alle Naturschutzinteressierten, Info ✆ 06432/920400.

**Wer hat gute Augen?
Smaragdeidechsen lieben
verwilderte Weinberge
und Streuobstwiesen**

 Der NABU
Rhein-Lahn
plant einen Rundweg
zwischen Birlenbach
und Fachingen. Der Weg
führt dabei an Steinbrü-
chen und Weinanbauge-
bieten des Mittelalters,
am Fachinger Mineral-
brunnen, sowie an
Streuobstwiesen vorbei,
die aus Sicht des Natur-
schutzes bedeutsam
sind.

© pmv, Foto Weber

Blumen und Insekten leben. Wenn sich aber keiner
um die Fläche kümmert, wird sie zuwachsen und ver-
buschen. Der NABU geht also hin und entbuscht das
Gelände wieder. Wenn ihr Lust habt, könnt ihr dabei
helfen.
Bisher wurden zwei Heckenzüge sowie 51 Obstbäu-
me gepflanzt. Feldlerchen, Goldammer, Neuntöter
und ein Turmfalkenpaar haben dieses Revier bereits
für sich entdeckt. Woran man die schönen, schlan-
ken Falken erkennt, erfahrt ihr ebenfalls bei NABU.

HANDWERK
UND
GESCHICHTE

Bahnen und Bähnchen

Mit der Bad Emser Kurwaldbahn vom
Lahntal auf die Bismarckhöhe

Kurwaldbahn Bad Ems GmbH, Römerstraße 18, 56130
Bad Ems. ✆ 02603/973-0, www.kurwaldbahn.de.
kwb@staatsbad-badems.de. **Bahn/Bus:** ↗ Bad Ems.
Zeiten: 6.15 – 22.30 Uhr alle 10 Min, Mo 8 – 9 Uhr
kein Fahrbetrieb. Sonderfahrten nach Vereinbarung.
Preise: Einzelfahrt 2 €, Berg- und Talfahrt 3 €, 10er-Kar-
te 12,50 €, Wochenkarte 15,50 €.
▶ In wenigen Minuten bringt euch die Kabinenseil-
bahn vom Lahntal (132 m) auf die Bismarckhöhe
(220 m). Von hier oben besteht eine schöne Aus-

sicht auf das Kurstädtchen und die Lahn. Es gibt mehrere Lokale und es können allerlei Spaziergänge und Wanderungen unternommen werden, zum Beispiel zum Ausflugslokal Schöne Aussicht oder zu dem nahe gelegenen Spielplatz auf der Bismarckhöhe.

Hunger & Durst
Bismarcks Café, am Bismarckturm, ℡ 02603/508282. www.bismarcks-bad-ems.de.

Unterwegs mit dem Marksburg-Express

Firma Ruckes, Im Sanderweg 4, 56341 Filsen. ℡ 06773/587, Fax 7490. Handy 0171/7065537. www.rucke-reisen.de. info@ruckes-reisen.de. **Bahn/Bus:** Bahnstrecke Wiesbaden – Koblenz bis Bhf Braubach. **Zeiten:** Ostern – Mitte Okt, genaue Zeiten auf Anfrage nach Bedarf ab 7 Pers, Mo Ruhetag. **Preise:** einfache Fahrt 2,50 €, Hin- und Rückfahrt 4,50 €; Kinder bis 12 Jahre einfache Fahrt 2,50 €, Hin- und Rückfahrt 3,50 €.

▶ Von der Abfahrtstelle an der Rheinstraße neben der Barbarakirche (Schild Abfahrt Marksburg-Bahn) in Braubach rattert ein Bähnchen auf kürzestem Wege in zehn Minuten zur Marksburg hinauf. Auf dem Rückweg lässt es sich etwas Zeit und wählt den interessanteren »Umweg« durch die historische Altstadt, braucht dann aber auch 20 Minuten.

Burgen am Rhein

▶ Die Region Mittelrhein von Bingen bis Bonn gilt als das Land des romantischen Rheins. Zur Entstehung dieses Bildes haben neben der schönen Flusslandschaft nicht zuletzt auch die zahlreichen Burgen in exponierter Lage beigetragen. Das war aber überhaupt nicht die Absicht der Erbauer dieser Bauwerke. Wie andernorts in Deutschland bestanden auch am mittelalterlichen Mittelrhein viele Klein- und Kleinststaaten, deren Herrscher nichts Wichtigeres zu tun hatten, als ihre Zollburg zu errichten, um Gelder zu kassieren. Für die Handelsschiffe war die Fahrt von Bingen bis Bonn eine teure Angelegenheit.

 Der hintere Waggon der Marksburg-Bahn hat eine große Tür, durch die auch Kinderwagen oder Rollstühle eingeladen werden können.

1 Ticket für die 10 Burgen Rheinstein, Sooneck, Pfalzgrafenstein, Kurfürstliche Burg Boppard, Rheinfels, Marksburg, Lahneck, Stolzenfels, Ehrenbreitstein, Brömserburg kostet für Erw 19 €, Kinder 6 – 14 Jahre 9,50 €; der Hit: das Ticket ist 2 Jahre lang gültig.

© Holger Weinandt

Zinnen und Türmchen: Burg Lahneck hat alles, was eine Burg braucht

April – Okt könnt ihr in der Burg Lahneck eine Führung bei Kerzenschein erleben (ab 22 Uhr). Erw 8 €, Kinder ab 6 Jahre 6 €. Buchbar über Touristinformation ☎ 02621/914171.

Hunger & Durst

Burgrestaurant Lahneck, Am Burgweg, Lahnstein. ☎ 02621/2244. www.burgrestaurant-lahneck.de. April – Nov 10 – 22, Nov – März Sa, So, Fei ab 11 Uhr. Terrasse mit Aussicht auf Lahn und Rhein.

Den Rhein im Blick: Burg Lahneck

Am Burgweg, 56112 Lahnstein. ☎ 02621/ 2789, 2244 (Burggaststätte), Fax 914-340. www.burg-lahneck.de. info@burg-lahneck.de. **Zeiten:** April – Ende Okt, Führungen 10 – 17 Uhr. **Preise:** 4 €, Gruppen ab 10 Pers 3 € pro Person; Kinder ab 6 Jahre 2 €, Gruppen ab 10 Pers 1 € pro Person. **Infos:** Führungen über Tourist-Information Lahnstein, ☎ 02621/914-171.

▶ Das Wahrzeichen Lahnsteins steht hoch über der Stadt. Die Burg stammt aus dem Mittelalter, wurde im Dreißigjährigen Krieg zerstört und nach der Mitte des 19. Jahrhunderts schließlich wieder aufgebaut. Deshalb enthält sie Elemente der englischen Neugotik. Auf den geführten Rundgängen könnt ihr gehobene Wohnkultur aus dem 17. – 19. Jahrhundert kennen lernen und vom Turm des fünfeckigen Bergfrieds den Rundblick genießen.

Die Uneinnehmbare: Die Marksburg

Deutsche Burgenvereinigung e.V., 56338 Braubach. ☎ 02627/206 (Besucherservice), 536, Fax 8866. www.marksburg.de. dbv.marksburg@deutsche-burgen.org. **Länge:** zu Fuß 1,5 km bergan, zurück 1,5 bis 2 km abwärts; wegen des anstrengenden Aufstiegs nur für wanderfreudige Kinder ab 9 Jahre. **Bahn/Bus:** ↗ Braubach. **Auto:** bewachter Parkplatz. **Zeiten:** Führungen Sommermonate täglich zwischen 10 – 17 Uhr in kurzen Abständen Wintermonate täglich zwischen 11 – 16 Uhr zu jeder vollen Stunde. **Preise:** 6 €, in Gruppen ab 20 Pers 5,50 €; Kinder 6 – 18 Jahre 4 €, in Gruppen 3,50 €, Schüler/Studenten 5,50 €, in Gruppen 5 €; Familienkarte 15 €. **Infos:** Die Führer gehen auf Kinder ein, erzählen ihnen vom Leben und Wohnen auf mittelalterlichen Burgen. An der Kasse gibt es ein Faltblatt für Kinder, das die Burg zeigt und die Gebäudeteile benennt (auch im Web zum Herunterladen).

▶ Die einzige mittelalterliche Höhenburg am Rhein, die niemals zerstört wurde, liegt hoch über dem Rheintal. Ihre ältesten Teile stammen aus dem 12. Jahrhundert. Dank verschiedener Restaurierungen ist die viel besuchte Burg baulich in einem guten Zustand. Auf dem Rundgang, für den die Führung obligatorisch ist, könnt ihr viel über die Ausstattung (Küche, Kemenate, Rittersaal, Rüstkammer) und das Leben auf mittelalterlichen Burgen erfahren. Ein Erlebnis ist auch der **Kräutergarten** mit über 160 Gewürz-, Heil- und Zauberpflanzen.

Auf einer ausgeschilderten Route gelangt ihr über Altstadtgassen, Treppen und Pfade auch zu Fuß zur Burg hinauf. Bequemer ist es, den Aufstieg mit dem Marksbähnchen zu machen und dann hinabzulaufen.

 In geraden Jahren findet auf der Marksburg ein *Living History*-Wochenende statt. Dabei zeigen rund 50 Mitwirkende vom Tor bis zur Küche wie der Alltag auf einer spätmittelalterlichen Burganlage ausgesehen haben mag.

Hunger & Durst

Marksburg-Schänke, ☎ 02627/971240. www.marksburg-schaenke.de. Ostern – Allerheiligen 10 – 18, Winter 11 – 17 Uhr. Reservierungen für Rittermahle möglich.

Römer und noch 'ne Burg

Das römische Leben an der Grenze: Limeskastell Pohl

Wolfgang Crecelius, Kirchstraße (Navigationsadresse), 56337 Pohl. ☎ 06772/9680768, www.limeskastell-pohl.de. wolfgang.crecelius@t-online.de. **Bahn/Bus:** ↗ Nassau. **Auto:** B260, Bäderstraße (Deutsche Limes-Straße). **Zeiten:** Mai – Sep Di – So 10 – 18 Uhr, April – Okt Di – So 10 – 18 Uhr, Nov – März Sa und So 10 – 16 Uhr, Montag Ruhetag außer an Fei, für Gruppen mit Voranmeldung auch andere Termine möglich. **Preise:** Tageskarte 4 €; Kinder 7 – 14 Jahre 2 €; Familienkarte 10 € (2 Erw und eigene Kinder bis 14 Jahre), Schüler, Studenten, Behinderte und Gruppen ab 20 Pers 3 €. **Infos:** Führungen für Gruppen aller Altersklassen mit max 25 Pers nach Voranmeldung zu verschiedenen

© Limeskastell Pohl, Foto: Thomas Steffen

Ganz schön beeindru-ckend: Limeskastell Pohl

Themengebieten 35 €, für Schulklassen pauschal 30 €.

▶ Sah das Leben der Römer wirklich aus wie in den Asterix-Comics? Im Limeskastell Pohl könnt ihr dieser Frage nachgehen. Im Herbst 2011 wurde es nach 2-jähriger Bauzeit eröffnet. Ihr seht einen nach heutigem Forschungsstand authentischen Nachbau eines römischen Holz-Erde-Kastells mit Wachtturm, das ursprünglich höchstwahrscheinlich zu Beginn des 2. Jahrhunderts n.Chr. errichtet wurde. Das Kleinkastell Pohl lag an einer Stelle, wo sich zwei wichtige Handelswege trafen. Den Verkehr an der Grenze konnte man so leicht im Auge behalten, man konnte Zölle erheben und Waren für die Armee aufkaufen. Von hier aus wurde der Limes überwacht, die Wachtturmbesatzungen wurden ausgewechselt und die Grenzstreifen eingesetzt. Flaggen und Hornsignale, bei Nacht auch Fackeln, dienten zur raschen Nachrichtenübermittlung von Wachtturm zu Wachtturm bis ins nächstgelegene Kastell.

Auf dem Weg durch das Limeskastell besucht ihr eine original eingerichtete Römerstube in der 8 Legionäre auf engstem Raum leben mussten. Das konnte ziemlich ungemütlich sein, denn Betten, eine Feuerstelle und eine kleine Stube zum Aufwärmen und zur Waffenpflege lagen dicht beieinander. Spannend ist auch die Besichtigung des Wachtturms. Hier seht ihr eine Wachstube, in der sich die Römer den ganzen Tag aufhielten, wenn sie Dienst hatten. Gezeigt werden Fackeln, Hörner und Flaggen.

Für 2012 ist im Limeskastell die Eröffnung eines kleinen **Museums** geplant. Auf euch wartet dann eine römische Zollstube, in der die Situation einer Grenz-

 Freilicht-museum, Mai – Okt 10 – 18, Nov – April 10 – 16 Uhr. Erw 4 €, Kinder bis 6 Jahre frei, Familienkarte 10 €, ermäßigt 3 €. Es gibt ein *Kulinarium* mit römischer Speisekarte.

kontrolle nachgestellt wird. Außerdem gibt es militärisch gekleidete Römer mit Kettenhemden und Bewaffnung sowie in zivil gekleidete mit Tunika. Darüber hinaus erfahrt ihr in dem Museum allerhand über das römische Essen. Und wenn ihr möchtet, könnt ihr es sogar probieren.

Burg Nassau

56377 Nassau. ✆ 02604/942954, Fax 942956. www.burgnassau.de. info@burgnassau.de. **Bahn/Bus:** ↗ Nassau. Serpentinenwanderweg von der Lahnbrücke durch den Wald. Oder Mo – Fr Bus 542 bis Bergnassau. **Auto:** Schmales, steiles Sträßchen von Bergnassau aus. **Rad:** Abstecher vom Lahnradweg. **Zeiten:** Restaurant Mi – So ab 11.30 Uhr, Burg frei zugänglich. **Infos:** Arne Sponholtz.

▶ Die um 1100 erbaute, in den 1970ern und -80ern teilweise wiederhergestellte Burg Nassau steht auf einem bewaldeten Berg hoch über dem Lahntal und dem Städtchen Nassau. Der Burghof ist geräumig, Kinder können hier herumtollen. Wo die Mauern Lücken lassen, öffnet sich ein wunderbarer Rundblick. Auf die überdachte Plattform des Bergfrieds geht es über eine schmale, steile Wendeltreppe hinauf – leider ist die Sicht hier etwas durch Mauern und Zinnen eingeschränkt. In der **Burgschänke,** die den Rittersaal des Palas einnimmt, könnt ihr in originellem Ambiente speisen. Auf Wunsch werden zünftige Rittermahle veranstaltet.

© Holger Weinandt

Hängende Ausgucktürmchen: Der hübsche Bergfried der Burg Nassau

Museen

Bergbaumuseum Friedrichssegen

Egon Korn, Ahler Hof, 56112 Lahnstein-Friedrichssegen. ✆ 02621/50848, Fax 914-330. www.bergbaumuseum-friedrichssegen.de. stadtverwaltung@lahnstein.de. **Auto:** B260 über Lahnbrücke Friedrichssegen und dann erste Abfahrt rechts. **Zeiten:** April – Ende Okt

Di 14 – 17 Uhr sowie nach Vereinbarung. **Preise:** Eintritt frei.

▶ Schon die Römer sollen im Friedrichssegener Tal nach Erz gegraben haben. Ab 1880 wurde die Anlage mit 8 Stollen und 2 Schächten durch eine Gruben-zahnradbahn (die erste im Königreich Preußen) und mit einer Streckenlänge von 2509 m erweitert. Außerdem wurde um die Grube eine für damalige Verhältnisse vorbildliche Sozialstruktur geschaffen wie z.B. Volksschule, Kirche, Arbeiterkasino mit Kegelbahn, Krankenanstalt, Apotheke, Badeanstalt und Wäscherei.

Im **Bergbaumuseum Friedrichssegen** seht ihr eine große Anzahl an Grubenbildern aus den Jahren 1905 bis 1910. Spannend anzusehen ist ein 7,25 m langes Modell des Friedrichssegener Tals mit Gebäuden und Werkanlagen aus der Zeit um 1900. Zu bewundern gibt es auch über 40 Exponate echter Friedrichssegener Mineralien.

Wenn ihr im Anschluss an den Besuch des Bergbaumuseums noch Lust habt, könnt ihr eine Wanderung durch das reich bewaldete Friedrichssegener Tal unternehmen. Hier weisen Hinweistafeln mit Bildern und Wandertipps den Weg zu ehemaligen Anlagen des früheren Bergbauortes Friedrichssegen.

Fastnachtsmuseum im Martinsschloss Oberlahnstein

Carneval Comité Oberlahnstein, Schlossstraße 1, 56112 Lahnstein-Oberlahnstein. ✆ 02621/4775, www.cco-lahnstein.de. ebonn@onlinehome.de. **Zeiten:** Ende Mai – Anfang Okt So 15 – 16.30, außerdem Sondertermine mit Führung nach Vereinbarung unter ✆ 0171/9557169. **Preise:** Eintritt frei, Spenden erwünscht.

▶ Das Museum liegt am Oberlahnsteiner Rheinufer, der Besuch lässt sich also gut mit einer kurzen Wanderung am Fluss verbinden. Es ist ein Museum der besonderen Art, das genau richtig ist in einer Stadt, in der die Fastnacht das größte Volksfest ist. Natürlich sind hier alle Narrenattribute ordentlich vertreten: Karnevalsorden, Narrenkappen, Zepter, Uniformen, Faschingskostüme, Masken und andere bekannte Symbole. Die meisten Objekte kommen aus Lahnstein.

Flößer- und Schifffahrtmuseum

Rheinuferstraße 34, 56341 Kamp-Bornhofen. ✆ 06773/573, 9404, Fax 9374. www.kamp-bornhofen.de. touristik@kamp-bornhofen.de. **Zeiten:** April – Okt Mi 14.30 – 17 Uhr, sonst nach Vereinbarung. **Preise:** freier Eintritt.

▶ Das Museum erzählt die Geschichte der Flößer, von denen früher viele im Ortsteil Kamp lebten. Beeindruckend sind die riesigen Flöße, mit denen Holz aus den süddeutschen Wäldern an den Niederrhein und nach Holland transportiert wurde. Auch über andere Zweige der Rheinschifffahrt vergangener Zeiten gibt es in diesem interessanten Spezialmuseum einiges zu sehen.

Leben und Arbeiten

Regionalmuseum, Heimatpflegeverein Blaues Ländchen e.V., Museumsplatz 1 (Schulstraße 31), 56355 Nastätten im Taunus. ✆ 06772/2978, Fax 969758. www.museum-leben-und-arbeiten.de. info@museum-leben-und-arbeiten.de. **Bahn/Bus:** NVG-Bus 531, 537, 543, 546, 558, 580, 582, 583, 585, 586. **Auto:** Über die B274 von der B260 Richtung St. Goarshausen. **Zeiten:** Mo – Fr 9 – 13, So 13.30 – 17 Uhr. **Preise:** 2,50 €; Kinder 6 – 14 Jahre 1 €.

▶ In Nastätten könnt ihr ein Regionalmuseum besuchen mit vielen kleinen Ausstellungen über jene Zeit, in der noch Landwirtschaft mit Kuh- und Pferdegespannen betrieben wurde, Handwerk und kleine Läden das Leben im »Blauen Ländchen« bestimmten. Hervorgehoben seien hier die Schulstube von anno dazumal, in der nach vorheriger Absprache Unterricht

 Fremdenverkehrsverein e.V. Blaues Ländchen, im Museum Leben und Arbeiten, Nastätten. www.blaues-laendchen-info.de. Ansprechpartner für Nastätten und die umliegenden Gemeinden.

»nach alter Schule« gehalten werden kann. Die alte Dorfkneipe, der ehemalige Tante-Emma-Laden, die Waschstube ohne elektrische Waschmaschine, die Küche mit gusseisernem Herd, die gemütliche Wohnstube, die Ausstellung zu 16 alten Handwerksberufen sowie die Sammlung von landwirtschaftlichen Geräten aus Holz und Eisen werden detailgetreu lebensnah präsentiert. Bei der Entdeckungsreise in die vergangenen 200 Jahre erfahrt ihr natürlich auch, woher das »Blaue Ländchen« seinen Namen hat.

BÜHNE, LEINWAND & AKTIONEN

Kultur, Kultur & Weihnachtsmärkte

Lahneck Live

Lahnsteiner Musikszene e.V., 56112 Lahneck. ✆ 02621/623397, www.lahneck-live.de. info@lahnsteiner-musikszene.de. **Zeiten:** 4. So im Juni.

▶ Riesiges Kulturfest mit zuletzt 12.000 Besuchern in den Rheinanlagen an der Lahnmündung. Auf 7 Bühnen treten zahlreiche Gruppen auf. In einem Zelt treiben Kabarettisten und Komödianten ihre satirischen Späße und geheimnisvollen Spiele. Es findet auch ein großer Handwerkermarkt statt. Für Kinder ist ein großer eigener Bereich (inklusive separater Bühne) aufgebaut, wo Clownshows, Theater (zum Mitmachen), ein Spielmobil und viel Musik die Szene beleben. Und natürlich gibt es reichlich zu essen und zu trinken.

Städtische Bühne Lahnstein

Nassau-Sporkenburger Hof, Johannesstraße 20, 56112 Lahnstein. ✆ 02621/610645, Fax 623880. www.nassau-sporkenburger-hof.de. kultur@lahnstein.de. **Bahn/Bus:** Bus 570/571 bis Kirchplatz. **Auto:** B42, Abfahrt Niederlahnstein, Parkplatz.

▶ Eigene Produktionen im Kinder-, Jugend- und Erwachsenentheaterbereich, Werkstattarbeiten und Volkstheaterstücke stehen im Zentrum der Theaterarbeit. Kabarettabende, kleinere Konzerte und Literaturlesungen ergänzen den Spielplan. Im Foyer des Theaters gibt es jährlich wechselnde Ausstellungen heimischer und überregionaler Künstler zu sehen.

Freilichtspiele auf Burg Lahneck

Städtisches Kulturbüro, Kirchstraße 1, 56112 Lahnstein. ✆ 02621/610645, Fax 914-330. www.lahnstein.de. kultur@lahnstein.de. **Zeiten:** Juli – Aug, verschiedene Spielzeiten. **Preise:** 9 €; Kinder 5 €.

▶ Alljährlich finden von Anfang August bis Anfang September in der mittelalterlichen Kulisse von Burg Lahneck die Burgspiele statt.

Starke Mädchen

Jugend- und Kulturzentrum Lahnstein (JuKz), Wilhelmstraße 59, 56112 Lahnstein. ✆ 02621/50604, Fax 628556. www.jukz.lahnstein.de. Jukz@gmx.de. **Zeiten:** Jugendtreff Mo – Fr 9 – 12 und 14 – 17 Uhr (ab 12 Jahre), weitere Veranstaltungen nach Programm.

▶ Die Woche über kann man im täglich geöffneten Jugendtreff gemeinsam Musik hören, Tischfußball, Billard oder Tischtennis spielen oder den Austausch mit anderen suchen. Für jüngere Kinder gibt es Ferienfreizeiten (8 – 12 Jahre), Malkurse (6 – 9 Jahre und 10 bis 13 Jahre), Selbstbehauptungskurse für Mädchen ab 10 Jahre und vieles mehr. Wenn ihr mehr darüber erfahren wollt schaut ihr am Besten auf die Internetseite des JuKz.

Adventsmarkt Bad Ems

Zeiten: 1. Advent Fr 17 – 21, Sa, So 11 – 21 Uhr.

▶ Stände rund um die St.-Martins-Kirche. An allen drei Tagen Weihnachtsmusik von Musikchören und Turmbläsern, Aufführung der Weihnachtsgeschichte.

Weihnachtsmarkt Nassau

Zeiten: 2. Advent Fr 16 – 20, Sa 13 – 22, So 11 – 18 Uhr.

Hunger & Durst

Café Maxeiner, Römerstraße 37/38, 56130 Bad Ems, ✆ 02603/2590. www.cafe-maxeiner.de. Großes Café mit eigener Konditorei und Filiale in der Bahnhofsstraße. Mo – Sa 7 – 18, So, Fei 8 – 18 Uhr.

▶ Nassaus Weihnachtsmarkt sorgt am zweiten Adventswochenende drei Tage lang für festliche Stimmung am historischen Rathaus. Kinder freuen sich am Karussell und den Märchenaufführungen.

Weihnachtsmarkt Lahnstein
Zeiten: 1. Advent Sa, So 11 – 20 Uhr.
▶ Der Weihnachtsmarkt auf dem Salhofplatz ist klein und fast familiär. Kinder haben Spaß daran dem Glücksrad zu drehen. Der Erlös des Glückrads wird an hilfsbedürftige Lahnsteiner gespendet.

FESTKALENDER UNTERLAHN & NP NASSAU

Juni: 4. So 10 – 18 Uhr: **Tal to Tal**, autofrei von Bingen bis Koblenz B9 und von Rüdesheim bis Lahnstein B42. Insgesamt 120 km nur für Radler und Fußgänger.
4. Wochenende: **Lahnstein Live**.

August: Bis Ende Sep, Lahnstein, **Burgspiele** auf Burg Lahneck.
Ende des Monats, Bad Ems: **Bartholomäusmarkt.**

September: 1. Wochenende: Lahnstein, **Lehner Kirmes.**
1. Wochenende: Braubach, **Living History**, in geraden Jahren (2012, 2014), Darstellung mittelalterlichen Lebens auf der Marksburg.
2. Wochenende: Lahnstein, Oberlahnsteiner Stadtfest
2. Wochenende: Singhofen **Heimatfest**, So 14 Uhr Festumzug mit Motivwagen.
3. Wochenende: **Nassauer Michelsmarkt** in Nassau, 4 Tage großer Jahrmarkt mit Kirmes, Musik, Ballonumzug, Feuerwerk etc. 2012 zum 100. mal.

Oktober: 2. Wochenende, Lahnstein: **Hexenmarkt.**

Dezember: 1. Advent Sa, So 11 – 20 Uhr, **Weihnachtsmarkt** auf dem Salhofplatz in Lahnstein.
1. Advent Fr – So **Adventsmarkt** in Bad Ems rund um die St.-Martins-Kirche.
2. Advent Fr – So **Weihnachtsmarkt** in Nassau.

INFO & VERKEHR

SÜDLICHER TAUNUSRAND

BAD HOMBURG & FRIEDRICHSDORF

RUND UM DEN FELDBERG

NATURPARK HOCHTAUNUS

LAHN & HINTERTAUNUS

LIMBURG & MITTELTAUNUS

UNTERLAHN & NATURPARK NASSAU

INFO & VERKEHR

FERIENADRESSEN

KARTEN & REGISTER

Wer eine Unterkunft sucht, sich aktuell über örtliche Veranstaltungen informieren oder mehr über die Region erfahren will, schaut am besten beim Fremdenverkehrsamt oder Verkehrsbüro des betreffenden Ortes vorbei.

Bei den folgenden Adressen werden alle örtlichen Informationsstellen nach Griffmarken und Postleitzahl sortiert genannt. Beigefügt sind kurze Ortsbeschreibungen und die Anfahrt zum Ort.

TAUNUS-CON-NEXIONS

Südlicher Taunusrand

Steinbach

Magistrat der Stadt Steinbach, Rathaus, Gartenstraße 20, 61449 Steinbach a.Ts. ✆ 06171/7000-0, Fax -27. www.stadt-steinbach.de. info@stadt-steinbach.de. **Bahn/Bus:** Bus 251 Königstein – Nordwestzentrum, Bus 252 Rödelheim – Oberursel. **Auto:** Von Schwalbach L3005 – Kronberger Straße links auf L3367, von Eschborn Hauptstraße rechts weiter auf L3367, von Oberursel über L3006. **Zeiten:** Mo – Fr 8 – 12, Mo, Do 13 – 16, Di 13 – 18, Sa 9 – 12 Uhr (Bürgerbüro).

▶ Steinbach gehört zwar zum Hochtaunus-Kreis, geografisch aber eher zum Vordertaunus.

Hofheim

Stadtverwaltung Hofheim, Bürgerbüro, Chinonplatz 2, 65719 Hofheim a.Ts. ✆ 06192/202270, Fax 26320. www.hofheim.de. buergerbuero@hofheim.de. **Bahn/Bus:** Ab Ffm Hbf RE und RB nach Hofheim – Limburg, S2 Dietzenbach – Frankfurt Hbf – Hofheim – Niedernhausen, Bus 263 Glashütten – Hofheim. **Auto:** A66 Ausfahrt 11 Hofheim, Ausfahrt 14 Zeilsheim. **Zeiten:** Mo – Do 7.30 – 18, Fr 7.30 – 16, Sa 9 – 12 Uhr.

▶ Die belebte Kreisstadt ist der regionale Mittelpunkt des Vordertaunus. In ihrem Zentrum hat sich ein kleiner Altstadtkern um das Alte Rathaus an der Hauptstraße und die Burggrabenzeile an der Alten Bleiche

ORTE, INFOS, ANFAHRTEN

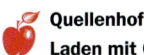 **Quellenhof – Laden mit Café-Bistro,** Kirchgasse 9, Steinbach a.Ts. ✆ 06171/78458. www.quellenhofladen. de. Mo – Fr 8 – 19, Sa 8 – 16.30 Uhr. Der Biobauernhof verkauft Obst, Gemüse und Getreide aus eigenem Anbau. Außerdem gibt es hier Rindfleisch aus ökologischer Tierhaltung und Kräuter, die fast das ganze Jahr über frisch geerntet werden.

Bilderbuch-Dorf: Am Hessenpark-Marktplatz

INFO & VERKEHR

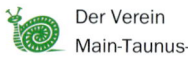

Der Verein Main-Taunus-Streuobst e.V. hat in Diedenbergen am Ortsrand (Nähe Speedwaybahn) einen Apfelsortengarten mit ca. 80 Bäumen angelegt. Hier findet ihr alte und neue Apfelsorten.

erhalten. Zwischen **Fachwerkhäusern** lässt es sich dort gut durch die Gassen und Fußgängerzonen schlendern. Ein Netz von Wander- und Radwegen führt von den Stadträndern aus in die Wälder im Norden und die Wiesen im Süden. Mit der **Rhein-Main-Therme** besitzt Hofheim vor seinen Toren ein modernes Freizeitbad, das als größte Schwimm- und Saunalandschaft Deutschlands gilt.

Kelkheim am Taunus

Stadtverwaltung, Gagernring 6, Rathaus, 65779 Kelkheim a.Ts. ✆ 06195/803-110, Fax -133. www.kelkheim.de. tourismus@kelkheim.de. **Bahn/Bus:** Königsteiner Bahn Frankfurt Hbf – Höchst – Kelkheim – Königstein. **Auto:** A66 Ausfahrt 16 Höchst B8 Richtung Königstein. **Zeiten:** Mo – Fr 8 – 12, auch Di 14 – 16, Do 16 – 18 Uhr.

Bad Soden am Taunus

Stadtverwaltung Bad Soden am Taunus, Der Magistrat, Königsteiner Straße 73, 65812 Bad Soden a.Ts. ✆ 06196/2080, Fax 208-151. www.bad-soden.de. info@bad-soden.de. **Bahn/Bus:** RB13 Ffm Hbf – Bad Soden, S3 Darmstadt – Bad Soden, RMV-Bus 811, 812, 828. **Auto:** A66, B8, L3266. **Zeiten:** Mo – Do 7 – 16, Fr 7 – 12 Uhr.

Hingucker: Das Hundertwasserhaus in Bad Soden

Schwalbach am Taunus

Magistrat der Stadt Schwalbach am Taunus, Marktplatz 1 – 2, 65824 Schwalbach a.Ts. ✆ 06196/8040, Fax 804300. www.schwalbach.de. info@schwalbach.de. **Bahn/Bus:** S3 Darmstadt – Bad Soden, R12 Ffm – Königstein, ab ↗ Hofheim Bus 263. **Auto:** A5/A66 Eschborner Dreieck. **Zeiten:** Mo, Do 8 – 12, Mi 8 – 12, 15 – 18, Fr 7 – 12 Uhr.

Kriftel

Gemeindeverwaltung Kriftel, Rat- und Bürgerhaus, Frankfurter Straße 33 – 37, 65830 Kriftel. ✆ 06192/

4004-0, Fax 45514. www.kriftel.de. gemeindeverwaltung@kriftel.de. **Bahn/Bus:** S2 Dietzenbach – Frankfurt Hbf – Hofheim – Niederhausen. **Zeiten:** Mo, Mi, Fr 8 – 12, Do 16 – 18 Uhr.

Hofheim am Taunus

Magistrat der Stadt Hofheim, Presse- und Öffentlichkeitsarbeit, Chinonplatz 2, 65719 Hofheim a.Ts. ✆ 06192/202-283, Fax 7654. www.hofheim.de. rathaus@hofheim.de. **Bahn/Bus:** RE, RB Ffm Hbf – Hofheim – Limburg, S2 Dietzenbach – Ffm Hbf – Hofheim – Niederhausen. **Auto:** A66 Ausfahrt Hofheim-Nord, Zeilsheim. **Zeiten:** Mo – Do 7.30 – 18 Uhr, Fr 7.30 – 16 Uhr, Sa 9 – 12 Uhr.

Eschborn

Magistrat der Stadt Eschborn, Rathausplatz 36, 65760 Eschborn. ✆ 06196/4900, Fax 490300. www.eschborn.de. info@eschborn.de. **Bahn/Bus:** S4 Langen – Ffm Hbf – Kronberg. **Auto:** A66 Ausfahrt 18 Eschborner Dreieck Richtung Eschborn, A648 Ausfahrt 17 Eschborn. **Zeiten:** Mo – Fr 8 – 12, Do auch 15 – 18 Uhr.

Bad Homburg & Friedrichsdorf

Bad Homburg vor der Höhe

Tourist Info und Service, Kur- und Kongress-GmbH, Louisenstraße 58, 61348 Bad Homburg v.d.H. ✆ 06172/178-3710, Fax 178-3719. www.bad-homburg-tourismus.de. tourist-info@kuk.bad-homburg.de. **Bahn/Bus:** S5 Ffm Süd – Hauptwache – Ffm Hbf – Oberursel – Bad Homburg Bhf – Friedrichsdorf, RB15 Taunusbahn Ffm Hbf – Bad Homburg – Usingen – Brandoberndorf. **Auto:** A661 Ausfahrt 3 Bad Homburg, Richtung Stadtmitte. **Zeiten:** Mo – Fr 8.30 – 18.30, Sa 10 – 14 Uhr.

▶ Ihre Lage am südöstlichen Rand des Taunus macht die Kurstadt zum idealen Ausgangspunkt für

@ Unter www.region-frankfurt.de bietet der Planungsverband Frankfurt Region Rhein/Main detaillierte Städtekarten sämtlicher Orte an, die zu seinem Gebiet gehören – darunter auch von vielen Taunusgemeinden. Die einzelnen Kartenblätter sind zum Ausdrucken geeignet und können zusätzlich als Luftbild aufgerufen werden.

Fahrrad Denfeld Radsport, Alte Sattelfabrik 8, Bad Homburg v.d.H. ✆ 06172/392910. www.denfeld.de. Mo – Fr 10 – 19, Sa 10 – 16 Uhr. Fahrradverleih 8 – 15 € pro Tag, MTB und E-Bikes 15 – 25 €.

Salve! »Sei gegrüßt«:
So lautete der Gruß der
Römer

Wanderungen und Ausflüge in die sich nördlich und westlich anschließenden Wälder und Höhenzüge. Zu ihrer Gemarkung gehören so bekannte Ziele wie die **Saalburg** und der **Hirschgarten**.

Im Zentrum Bad Homburgs kann man durch den ausgedehnten **Kurpark** spazieren oder kleinere Rundgänge durch die **Altstadt** mit ihren Fachwerkbauten und den Schlosspark unternehmen. Für einen Rundblick auf die Stadt lohnt der Aufstieg zum *Weißen Turm*. Er steht im Hof des **Landgrafenschlosses**, hinter dessen Mauern sich viele interessante »Geschichten aus der Geschichte« abgespielt haben.

Friedrichsdorf

Stadtverwaltung Friedrichsdorf, Kulturamt im Rathaus, Hugenottenstraße 55, 61381 Friedrichsdorf. ✆ 06172/731296, Fax 731282. www.friedrichsdorf.de. stadtverwaltung@friedrichsdorf.de. **Bahn/Bus:** RB16 Ffm Hbf und S5 Ffm Süd – Friedrichsdorf. **Zeiten:** Mo – Fr 8 – 12, außerdem Mo, Di 13.30 – 15.30, Do 13.30 – 18 Uhr.

Rund um den Feldberg

Kronberg

Stadtverwaltung Kronberg, Verkehrsamt, Katharinenstraße 7, 61476 Kronberg im Taunus. ✆ 06173/703-1101, Fax 703-1907. www.kronberg.de. stadt@kronberg.de. **Bahn/Bus:** S4 Langen – Kronberg, RMV-Bus 261, 73, Bus 251 Nordwestzentrum – Kronberg. **Auto:** A66, B455. **Zeiten:** Mo, Di, Do 8 – 12, Mi 14 – 17.30, Fr 7 – 12 Uhr.

▶ Bei genügend Zeit könnt ihr nach einem Besuch des Kronberger Waldschwimmbads oder der Burg einen Bummel durch die **malerische Altstadt** anschließen. Unterhalb ihres geschlossenen Kerns mit historischen Fachwerkbauten und Sehenswürdigkeiten wie der *Zehntscheune* oder dem *Eichentor* erstreckt sich der weitläufige **Viktoriapark.** Auf seinem Gelände liegen unter anderem zwei Teiche, ein großer Spielplatz und eine Minigolfanlage.

Glashütten

Gemeindeverwaltung Glashütten, Bürgerhaus, Schloßborner Weg 2, 61479 Glashütten. ✆ 06174/292-0, Fax 292-43. www.gemeinde-glashuetten.de. info@gemeinde-glashuetten.de. **Bahn/Bus:** ↗ Königstein, Bus 223 bis Glashütten Kirche. **Zeiten:** Mo, Mi, Fr 9 – 11.30, Di 16 – 18.15 Uhr.

Eppstein

Stadtverwaltung Eppstein, Der Magistrat, Hauptstraße 99, 65817 Eppstein. ✆ 06198/3050, Fax 305109. www.Eppstein.de. info@Eppstein.de. **Bahn/Bus:** RE20 ab Ffm Hbf, S2 Dietzenbach – Niedernhausen bis Eppstein. **Auto:** A3 Niedernhausen, B455 Richtung Eppstein. **Zeiten:** Mo, Fr 9 – 12, Mi 15 – 18 Uhr.

Schmitten

Tourismus- und Kulturverein der Gemeinde Schmitten, Parkstraße 2, 61389 Schmitten. ✆ 06084/4623, Fax 46823. www.schmitten.de. tourismus@schmitten.de. **Bahn/Bus:** ↗ Bad Homburg über Oberursel Bus 50, 245 bis Schmitten. **Auto:** B8 Königstein – Bad Camberg oder B275 Usingen – Wiesbaden und weiter auf der L3025 oder ab Oberursel auf der L3004. **Zeiten:** Mo – Fr 8.30 – 12, Do auch 14 – 18 Uhr.

Königstein im Taunus

Kur- und Stadtinformation, Hauptstraße 13a, 61462 Königstein. ✆ 06174/202251, Fax 202308. www.koenigstein.de. info@koenigstein.de. **Bahn/Bus:** SE12 der HLB von Ffm Hbf – Königstein (K-Bahn). **Auto:** A5, A3, A66, B8, B455, Parkplatz im Zentrum. **Zeiten:** Mo – Fr 9 – 18, Sa 9 – 13 Uhr.

▶ Nicht nur Kurgäste nutzen die Stadt wegen ihrer Auszeichnung als »Heilklimatischer Kurort« gern zu

HiBike Bär KG, Westerbachstraße 2, Kronberg im Taunus. ✆ 06173/92390. www.hibike.de. Mo – Fr 10 – 20, Sa 10 – 18 Uhr. Komplettäder, Fahrradteile (Rahmen, Lenker, Bremsen etc.), sonstiges Zubehör, Sportbekleidung.

Taunusklub-Stammklub, Eckenheimer Landstraße 57b, Frankfurt a.M. ✆ 069/559362. www.taunusklub-stammklub.de. Mo, Di, Fr 15 – 17 Uhr. Einer der ältesten Wandervereine in Deutschland, kümmert sich u.a. um die Markierung vieler Wanderwege im Taunus, bietet Wandertouren an. Programm unter www.taunusklubstammklub.de/Monatsprogramm.

einem Aufenthalt – auch Familien mit Kindern haben Königstein längst als beliebtes Ferien- und Ausflugsziel entdeckt. Ein Aufstieg zu den **Burgruinen** von **Königstein** und **Falkenstein** lohnt immer. Im Zentrum laden zahlreiche Geschäfte, die **Altstadt** um die Hauptstraße mit dem restaurierten *Historischen Rathaus* und der *Kurpark* (mit Spielplatz und Skater-Bahn) unterhalb der Burg zu einem Bummel ein. Dazu läuft fast während des ganzen Jahres ein interessantes Veranstaltungsprogramm mit Musik und Theater, Open-Air-Kino, Festen und Märkten.

Naturpark Hochtaunus

Waldsolms

Gemeindeverwaltung Waldsolms, Lindenplatz 2, 35467 Waldsolms. ✆ 06085/98100, Fax 981018. www.waldsolms.de. info@waldsolms.de. **Bahn/Bus:** Taunusbahn Linie 15 bis Hasselborn, ↗ Wetzlar Bus 160. **Auto:** B456 Usingen – Weilburg, Abfahrt Waldsolms oder A5 Butzbach. **Zeiten:** Mo – Fr 7.30 – 12, Do auch 16 – 18.30 Uhr.

Usingen

Magistrat der Stadt Usingen, Bürgerbüro, Wilhelmjstraße 1, 61250 Usingen. ✆ 06081/10243300, Fax 10249033. www.usingen.de. stadt@usingen.de. **Bahn/Bus:** Taunusbahn Linie R15 Bad Homburg – Grävenwiesbach; Bus 64 bis Usingen Schlossplatz. **Auto:** B275 Bad Nauheim – Wiesbaden, B456 Bad Homburg – Weilburg. **Zeiten:** Mo, Mi 7.30 – 17, Di, Do 7.30 – 18, Fr 7.30 – 12 Uhr. **Infos:** Faltblatt Stadtrundgang auch zum Herunterladen.

▶ Vor dem Aufbruch zu sportlichen Aktivitäten, zum Beispiel an den Eschbacher Klippen, lädt das Städtchen zu einem Rundgang ein. Die meisten interessanten Gebäude versammeln sich um den **Schlossplatz:** das historische Rathaus und das Goldschmidtshaus oder das ehemalige Schloss der Grafen und späteren Fürsten von Nassau. Weiter geht's durch das Gassenviertel rund um die evangelische **Laurentiuskirche.** Hier stehen liebevoll restaurierte Fachwerkhäuser. Auf dem Schlossplatz zurück, geht es nun durch die Obergasse, eine belebte Geschäftsstraße. Von ihr biegt man in die Kreuzgasse und läuft wenige 100 m bis zum **Alten Marktplatz** mit schönen Fachwerkhäusern aus dem Barock.

Wehrheim

Gemeindevorstand Wehrheim, Dorfborngasse 1, 61273 Wehrheim. ✆ 06081/589-0, Fax 589-4710. www.wehrheim-taunus.de. gemeinde@wehrheim.de. **Bahn/Bus:** ↗ Bad Homburg Taunusbahn R15, RMV-Bus in die Ortsteile. **Auto:** A5 Friedberg oder B456 Bad Homburg – Usingen, Abfahrt Wehrheim, Parkplatz am Bhf Wehrheim. **Zeiten:** Bürgerbüro Mo 7 – 18, Di – Do 7 – 16.30, Fr 7 – 12 Uhr. Übrige Ämter Mo – Fr 8 – 12 und Mo 13.30 – 18 Uhr und nach Vereinbarung.

▶ Um den schönen historischen Ortskern kennen zu lernen, lauft ihr am besten durch das historische Stadttor an der Usinger Straße, den letzten erhaltenen Durchgang der einstigen **Stadtbefestigung.** Im Stadttor befindet sich das *Museum des Geschichts- und Heimatvereins* u.a. mit einer rund 3000 Jahre alten Graburne und weiteren Grabbeigaben. Beim Gang durch die Gassen kommt ihr an der denkmalgeschützten evangelischen Barockkirche *St. Michael* und mehreren restaurierten Fachwerkhäusern vorbei. Ihr gelangt nun auf den **Rathausplatz** mit seinen Giebelhäusern, der evangelischen Barockkirche und dem an ein Schloss erinnernden Rathaus.

Weilrod

Gemeindevorstand Weilrod, Am Senner 1, 61276 Weilrod-Rod an der Weil. ✆ 06083/9509-0, Fax 9509-26. www.weilrod.de. rathaus@weilrod.de. **Bahn/Bus:** ↗ Bad Homburg Bus 50. **Zeiten:** Mo 7 – 12, 14 – 16,

 Momo Naturkost, Obergasse 6, Usingen. ✆ 06081/12700. www.momo-naturkost.de. Mo – Fr 8 – 19, Sa 8 – 14 Uhr. Ein wahrer Öko-Supermarkt, der von Fleisch und Wurst aus ökologischer Tierhaltung über Obst und Gemüse bis hin zu Milchprodukten, darunter 50 Sorten Käse, alles im Angebot hat. Außerdem finden umwelt- und gesundheitsbewusste Kunden hier Lebensmittel für Allergiker oder Babynahrung und Körperpflegemittel ohne chemische Zusätze.

 Fahrradshop Störkel, Klapperfeld 17, Weilrod-Rod an der Weil. ✆ 06083/1694. Hier kann man Fahrräder ausleihen, außerdem gibt es Fahrradzubehör aller Art, 5 € pro Tag, Kinderräder 4 €.

© pmv, Heike Katharina Ewald

Farbklecks im Hochtaunus: Bunter Ara in der Vogelburg von Weilrod, Speckis neue große Liebe

1,2 Mio Besucher waren 2012 auf dem größten deutschen Landesfest, dem Hessentag in Wetzlar.

Di, Do 9 – 12, 14 – 16, Mi 9 – 12, 14 – 19, Fr 9 – 12 Uhr. **Infos:** www.altweilnau.de, www.gemuenden-taunus.de.

Lahn & Hintertaunus

Wetzlar

Tourist-Information Wetzlar, Domplatz 8, 35573 Wetzlar. ✆ 06441/99-7755, Fax 99-339. www.wetzlar-tourismus.de. tourist-info@wetzlar.de. **Bahn/Bus:** SE/ RE40, Gießen – Kassel, RE Frankfurt, RB25 Weilburg – Limburg – Koblenz, RB/SE40, RB41 Dillenburg – Haiger – Siegen. Mehrere Stadt- und RMV-Busse. Citybus Mo – Fr 10 – 19, Sa 10 – 15 Uhr alle 20 Min, Haltestelle im Stadtgebiet. **Auto:** A45, B49, B277. **Zeiten:** Mo – Fr 9 – 17, Sa Mai – Okt 10 – 14, Nov – April 10 – 12 Uhr.

▶ Die Kreisstadt an der Lahn bietet im Zentrum eine ganze Palette von Freizeitmöglichkeiten für drinnen und draußen. Am Stadtrand beginnen ausgedehnte Grünflächen und Wälder, die zu Ausflügen einladen. Wetzlar ist aber auch stolz auf seine Vergangenheit. Die vom Dom, dem Wahrzeichen der Stadt, überragten Gassen und Plätze der **historischen Altstadt** werden von schön herausgeputzten Fachwerkhäusern gesäumt; die Geschichte der wichtigsten Gebäude ist auf Schautafeln nachzulesen. Am Kornmarkt, am **Domplatz** und im **Lottehaus** trifft man auf Spuren des jungen *Goethe,* der dort im Sommer 1772 ein und aus ging. An der **Brodschirm** sieht man ein Haus, in dem der Mitbegründer der Sozialdemokratischen Partei, *August Bebel,* zwischen 1846 und 1858 lebte. Moderne Geschichte haben in Wetzlar Techniker und Unternehmer wie *Karl Kellner* und *Moritz Hensoldt* geschrieben, die hier seit der Mitte des

19. Jahrhunderts mit der Herstellung von Teleskopen oder Linsen begannen. Aus dieser Tradition begründet sich heute die Stellung der Stadt als Zentrum der optischen Industrie.

Solms

Stadtverwaltung Solms, Oberndorfer Straße 20, 35606 Solms-Burgsolms. ℃ 06442/910-0, Fax 910-50. www.solms.de. stadtverwaltung@solms.de. **Bahn/Bus:** Lahntalbahn RB25 Gießen – Limburg bis Solms Bhf. **Auto:** B49 Wetzlar – Limburg. **Zeiten:** Mo, Di 8 – 12, 14 – 15.30, Mi 7.30 – 12, Do 8 – 12, 14 – 18.30, Fr 8 – 12 Uhr.

Braunfels an der Lahn

Braunfelser Kur-GmbH, Haus des Gastes, Am Kurpark 11, 35619 Braunfels. ℃ 06442/93440, Fax 934422. www.braunfels.de. touristinfo@braunfels.de. **Bahn/Bus:** Lahntalbahn RB25 Gießen – Limburg, der Bhf Leun liegt 3 km außerhalb des Ortes; RMV-Bus 171, 172, 180, 181, 182, 5403. **Auto:** B49 Wetzlar – Limburg, B456 Usingen – Weilburg. **Zeiten:** Mo – Fr 9 – 12, 14 – 17 Uhr.

▶ Da Braunfels ein wenig abseits der Hauptverkehrsrouten liegt, fahren viele Taunusbesucher bis heute an dem idyllischen Städtchen vorbei. Doch Kenner schätzen nicht nur das ans bayerische Neuschwanstein erinnernde Schloss, sondern auch die von viel restauriertem Fachwerk geprägte Altstadt und die Gasthäuser, deren Küchen und Keller einiges zu bieten haben. Ein Bummel durch Braunfels beginnt am besten auf dem im Sommer meist von zahlreichen Straßencafés gesäumten **Marktplatz** mit dem Brunnen und dem **Solmser Hof** (ehemaliges Gemeindebackhaus, heute Hotel und Restaurant). Von dort aus führt der Weg automatisch in eine der Altstadtgassen. Beim **Rundgang** lassen sich die Tore und Türme der alten Stadtbefestigung bestaunen, die schönen Bürgerhäuser und die Palais ehemaliger Ad-

@ Informationen zum Tourismus im gesamten hessischen Teil des **Lahntals:** Lahntal Tourismus Verband e.V., Geschäftsstelle, Brückenstraße 2, 35576 Wetzlar. ℃ 07000/5246825 (12,4 Cent/Min), Fax 1239508. www.daslahntal.de. info@daslahntal.de.

Hunger & Durst
Solmser Hof, Am Marktplatz 1, 35619 Braunfels, ℃ 06442/4235. www.solmserhof.de. Gediegenes Ambiente.

liger oder die **Fürstliche Rentkammer** in der Belzgasse. Letzteres ist ein Zeugnis dafür, wie sehr die Grafen von Solms dem Ort ihren Stempel aufgedrückt haben. Seit dem 13. Jahrhundert hat ihr Geschlecht hier seinen Stammsitz, der jüngste Nachfahr der Adelsfamilie lebt bis heute auf dem Schloss.

Weilburg

 Führungen durch die historische Altstadt von Weilburg Mai – Sep jeden Sa 10.30 Uhr ab Touristinfo. Für Gruppen auch zu anderen Zeiten nach Voranmeldung. Erw 3 €, Kinder und Schüler frei.

 Rollschiff, Weilburg. Mai – Sep So, Fei 14 – 17 Uhr, Pers 0,50 €, Fahrrad 0,50 €. Von der Weilburger Hainallee zum gegenüberliegenden Lahnufer setzt diese von einem Stahlseil gezogene Minifähre über.

Tourist-Information Weilburg, Kur- und Verkehrsverein, Mauerstraße 6 – 8, 35781 Weilburg. © 06471/ 31467, 7671 (Führungen), Fax 7675. www.weilburg.de. tourist-info@weilburg.de. **Bahn/Bus:** Lahntalbahn RB25 Gießen – Limburg. **Auto:** Parkplätze am Fuß der Altstadt und am Lahnufer. **Zeiten:** Mo – Fr 10 – 17, Sa 10 – 12 Uhr. **Preise:** Fahrradverleih 8 € pro Tag, 3 Tage 20 €.

▶ Als ehemaliger Stammsitz der Grafen und Fürsten von Nassau-Weilburg ist die »Residenzstadt« bis heute sehr stolz auf ihre Geschichte. Schon beim Gang durch die auf einem steilen Felsen über der Lahn gelegene Altstadt stoßen Besucher auf Schritt und Tritt auf **Historisches:** meist zu Zeiten der adligen Herrschaft errichtete Gebäude wie das ehemalige *Amtshaus* und die *Alte Reitschule* oder den zentralen **Markplatz** mit *Altem Rathaus* und *Neptunbrunnen.* Ziel aller Altstadtbummler ist natürlich das **Schloss,** das den Ort krönt und von dessen Garten aus sie den schönen Blick auf das Flusstal genießen.

Limburg & Mitteltaunus

Aartal

Touristikinformation Aartal, Agrar-Bio-Center in der ehemaligen Herrenmühle, Aarstraße 8a, 65329 Hohenstein. © 06120/904843, Fax 904843. www.touristik-aartal.de. info@touristik-aartal.de. **Bahn/Bus:** Wiesbaden Bus 274. **Zeiten:** Mo – Fr 8 – 18 Uhr.

▶ Allgemeine Infostelle zum Aartal.

Idstein im Taunus

Tourist-Info Idstein, Killingerhaus, König-Adolf-Platz, 65510 Idstein. ℅ 06126/78620, Fax 78865. www.idstein.de. tourist-info@idstein.de. **Bahn/Bus:** RB und RE ab FFm Hbf, Limburg, Bad Camberg, Vectus ab Niedernhausen und Wiesbaden. Wiesbaden Bus 271, ORN-Bus 103, 5460, 5461, 5462, 5463, 5465; Stadtbus 401 – 403, ZOB Bhf und Schulgasse. **Auto:** An der A3, B275. **Zeiten:** Di, Mi 8 – 12, 14 – 17, Do, Fr 8 – 12, 14 – 18, Sa 11 – 16, So, Fei 14 – 17 Uhr (Mo geschlossen).

▶ Im ganzen Bundesland bekannt wurde Idstein vielleicht erst 2002, als hier der Hessentag stattfand. Obwohl verkehrsgünstig an den Achsen von Straße und Zug zwischen Frankfurt/Wiesbaden und Limburg gelegen, hatte die 23.000-Einwohner-Stadt im Nordosten des Rheingau-Taunus-Kreises zuvor nichts so schnell aus ihrer Beschaulichkeit reißen können. Die Sträßchen im alten Ortskern heißen Himmelsgasse, Born- oder Kaffeegasse, die Restaurants und Hotels traditionsschwer *Historisches Gasthaus zum Schwanen, Felsenkeller* oder *Goldenes Lamm.* Zentrum ist der **König-Adolf-Platz,** an dem einige der schönsten Fachwerkhäuser in ganz Hessen stehen. Durch einen Torbogen erreicht man von hier mit wenigen Schritten die »Gebäudegruppe Burg«, in deren Häusern früher Vertreter der Obrigkeit wie Amtsschreiber und Vorsteher des Rechnungsamts residierten – und die auch heute noch größtenteils Ämter der Stadt beherbergen. Gleich nebenan **Burgturm** und **Schloss,** die Wahrzeichen Idsteins. Mit einem Besuch des **Höerhofs** – einer alten fränkischen Hofanlage, in der heute Hotel und Restaurant untergebracht sind – in der Obergasse kann man den Bummel durch die Altstadt dann beschließen.

Bad Camberg

Kurverwaltung Bad Camberg, Bürgerbüro/Touristinfo, Chambray-lès-Tours-Platz 1, 65520 Bad Camberg. ℅ 06434/202150, Fax 202155. www.bad-camberg.de.

Hunger & Durst

Höerhof, Obergasse 26, 65510 Idstein, ℅ 06126/50026. www.hoerhof.de. Restaurant Di – Sa 12 – 14 und 17.30 – 22, So 12 – 14, Mo 17.30 – 22 Uhr. Ausgezeichnete Küche in exklusivem historischen Ambiente drinnen oder lauschig draußen im Lindenhof und rustikal im Biergarten, wo Radler und Wanderer willkommen sind.

Jeden Sa, 13 Uhr, ab Kurhaus eine geführte Wanderung »mit offenen Augen«, Dauer 2,5 – 3 Std.

▶ Auch wer nicht zur Kneippkur in das staatlich anerkannte Heilbad kommt, kann Bad Camberg seine Reize abgewinnen. Ein Rundgang durchs **Zentrum** führt an malerischen historischen Gebäuden wie dem *Guttenberger Hof,* der *Alten Amtsapotheke,* dem 140 m langen *Amthof* oder dem von Fachwerkhäusern umschlossenen **Marktplatz** vorbei. Der von April bis Oktober sonntags geöffnete *Obertorturm* und der *Untertorturm* zeigen an, wo früher die Stadtbefestigung verlief. Letzterer gilt wegen seiner leichten Neigung als »Schiefer Turm von Bad Camberg«. Für den Rest des Tages bleibt genügend Zeit für einen Rad- oder Wanderausflug in die Umgebung oder den Besuch eines der beiden Schwimmbäder.

Limburg

Verkehrsverein Limburg e. V., Bahnhofsplatz 2, 65549 Limburg a.d. Lahn. ✆ 06431/203-222, 6166, Fax 3293. www.limburg.de. vv-Limburg@t-online.de. **Bahn/Bus:** ICE Köln – Frankfurt bis LM-Süd, Shuttle-Bus zum Hbf in der Stadt, dort Zugverbindungen mit Frankfurt, Wiesbaden, Koblenz, Gießen, Montabaur und Au an der Sieg; Buslinien in die umliegenden Gemeinden (ab Bhf und zentralem Busbhf an der Schiede); Stadtbusse 601 – 606. **Auto:** A3 Limburg-Nord und Süd, B8, B49, B54, B417. **Zeiten:** April – Okt Mo – Fr 9 – 17, Sa 10 – 12 Uhr, Nov – März Mo – Do 9 – 17, Fr 9 – 13 Uhr.

Stadtführung für max 25 Kinder durch die Altstadt Limburgs. Dauer etwa 1 Std. Anmeldung beim Verschönerungsverein Limburg, Brigitte Scharf (✆ 06431/203222). Kostet pauschal 40 €.

▶ Limburg ist der unbestrittene Mittelpunkt zwischen Taunus und Westerwald, Rheinland-Pfalz und Hessen. Zahlreiche Zuglinien und Straßen treffen hier zusammen. Die Lahn, die Limburg durchfließt, hat zwar ihre Bedeutung als Transport- und Handelsweg verloren, dafür ist sie bei Urlaubern und Ausflüglern umso beliebter. Von außen bietet die Stadt mit dem auf einem Felsen über dem Fluss aufragenden siebentürmigen **Dom** und der Alten Lahnbrücke ein wunderschönes Panorama. Das Zentrum nimmt die komplett erhaltene **Altstadt** ein, in der einige der ältesten Fachwerkhäuser Deutschlands stehen.

Diez

Tourist-Information Diez, Wilhelmstraße 63, 65582 Diez. ℃ 06432/501-275, Fax 924275. www.urlaubsregion-diez.info. mail@urlaubsregion-diez.info. **Lage:** 200 m vom Bhf Richtung Altstadt rechts. **Bahn/Bus:** Alle Züge (Vectus 25558) auf der Lahnstrecke Koblenz – Nassau – Limburg – Gießen; RMV- und NVG-Busse, u.a. von Bad Schwalbach, St. Goarshausen – Katzenelnbogen. **Auto:** A3 Diez oder Limburg-Nord, B54, B417. **Zeiten:** Mo – Do 8 – 12, 14 – 16, Fr 8 – 12.30 Uhr, April – Sep zusätzlich Fr 15 – 17, Sa 10 – 13 Uhr.

▶ Den stolzen Beinamen Oranierstadt bezieht Diez aus der Tatsache, dass hier das gleichnamige Adelsgeschlecht zu Hause war, aus dem das seit 1815 regierende Königshaus der Niederlande erwachsen ist. Dass die früheren Herren und ihre Untertanen geschmackvoll zu bauen wussten, davon zeugen nicht nur das **Barockschloss Oranienstein** und die Burg aus dem 11. Jahrhundert, sondern auch das schmucke Zentrum um den **Alten Markt** und das Alte Rathaus. Wer es nicht bei einem Ausflug in die Geschichte bewenden lassen will, für den bieten moderne Freizeiteinrichtungen wie das Oranienbad oder die Eissporthalle zusätzlich Möglichkeiten für Erholung und sportliche Aktivitäten.

Hahnstätten

Verbandsgemeinde Hahnstätten, Abt. Fremdenverkehr, Austraße 4, 65623 Hahnstätten. ℃ 06430/9114-0, Fax 9114-170. www.vg-hahnstaetten.de. baerbel.voelker@vg-hahnstaetten.de. **Bahn/Bus:** Bus 567 Limburg – Rückershausen. **Auto:** B54. **Rad:** Aartal- und Lo-

Von weither sichtbar und daher sehr bekannt: Der Limburger Dom

reley-Aar-Radweg. **Zeiten:** Mo – Fr 8 – 12, Mo, Mi 14 – 16, Do 14 – 19 Uhr.

Bad Schwalbach

Touristinformation der Stadt Bad Schwalbach, Parkstraße 11, 65307 Bad Schwalbach. ✆ 06124/502-0, -430, Fax -464. www.bad-schwalbach.de. kontakt@kurbad-schwalbach.de. **Bahn/Bus:** Wiesbaden Bus 274, RTV-Bus 0202 (Mo – Sa), NVG-Bus 203, 284, ORN-Bus 5474, 5475, 5477, 5478, 5480, 5481, 5483 bis Kurhaus. **Auto:** B54, B260, B275. **Zeiten:** Mo, Mi, Fr 9 – 14, Do 11 – 16 Uhr.

▶ Die heilende Wirkung der eisen- und kohlensäurehaltigen Mineralquellen um das Taunusdorf Langenschwalbach hatte schon im 16. Jahrhundert der Arzt Theodor, genannt *Dr. Tabernae Montanus,* festgestellt. Zwischen dem 17. und dem 19. Jahrhundert war Langenschwalbach einer der bedeutendsten Kurorte Europas. Kränkelnde Adlige und reiche Bürger aus dem In- und Ausland gaben sich hier an den Heilbrunnen und in den Kliniken ein Stelldichein. Seit 1927 heißt der Ort Bad Schwalbach. Inzwischen hat hier auch die Verwaltung des Rheingau-Taunus-Kreises ihren Sitz – doch noch immer spielt alles, was sich um Gesundheit und Kur dreht, die wichtigste Rolle. So ist auch das am Kurhaus und am Rothenburger Schlösschen beginnende Viertel um den **Kurpark** herum der schönste Teil Bad Schwalbachs. In den Sommermonaten gibt es hier Feste wie z.B. das Moorspektakel oder das Sommernachtsfest.

Hunger & Durst

Waldgaststätte Golfhaus, Badweg 19, Bad Schwalbach. ✆ 06124/2667. www.golfhaus-bad-schwalbach.de. Di – Fr 14 – 22.30, Sa 11 – 22.30, So 10 – 22.30 Uhr, warme Küche Di – Fr 18 – 20, Sa, So 12 – 14, 18 – 20 Uhr. Am Südrand, mit Biergarten. **Minigolfplatz,** in der Nähe, Di – So 14 – 18 Uhr, 2 €, Kinder 1 €, Kinder unter 14 Jahre nur in Begleitung Erw.

 Gegenüber der Waldgaststätte Golfhaus befindet sich ein Abenteuerspielplatz (ab etwa 6 Jahre).

Unterlahn & Naturpark Nassau

Lahnstein

Tourist-Information Lahnstein, Salhofplatz 3, 56112 Lahnstein. ✆ 02621/914-171, Fax 914-129. www.lahnstein.de. touristinfo@lahnstein.de. **Bahn/Bus:** RB VIA Ffm Hbf – Wiesbaden Bhf – Niederlahnstein – Koblenz – Neuwied. **Zeiten:** April – Okt Mo – Mi, Fr 9 – 17, Do 9 – 18, Sa 10 – 12 Uhr, Nov – März Mo – Fr 9.30 – 13, 14 – 16.30 Uhr.

Bad Ems

Stadt- und Touristikmarketing Bad Ems e.V., Tourist-Info, Römerstraße 1, 56130 Bad Ems. ✆ 02603/ 94150, 19433, Fax 941550. www.bad-ems.info. info@bad-ems.de. **Bahn/Bus:** Alle Züge (Vectus 25558) auf der Lahnstrecke Koblenz – Limburg – Gießen; RB21, 25 Ffm Hbf bis Eschofen, dort RE3484 Bad Ems; Montabaur Bus 456. **Zeiten:** Mo – Fr 9 – 13, 14 – 17 Uhr, April – Ende Okt Sa, So, Fei 10 – 16 Uhr und Nov – Ende März Sa, So, Fei 11 – 14 Uhr.

▶ Zu den Sehenswürdigkeiten von Bad Ems gehören das barocke Kurhaus, die Spielbank, das Kursaalgebäude mit Marmorsaal und Kurtheater, die Kurwaldbahn und der Bergbaustollen der Emser Hütte.

Braubach

Tourist-Information Braubach, Rathausstraße 8, 56338 Braubach. ✆ 02627/976001, Fax 976005. www.braubach.de. info@braubach.de. **Bahn/Bus:** RB VIA Ffm Hbf – Wiesbaden Bhf – Braubach – Koblenz – Neuwied. **Auto:** 4 km südlich der Lahnmündung an der rechtsrheinischen B42. **Zeiten:** Ostern – Ende Okt Mo – Fr 9.30 – 18, Sa 9.30 – 13.30 Uhr, Nov – Ostern Mo – Fr 9.30 – 17, Sa 9.30 – 13.30 Uhr.

▶ An Orten wie der 8000-Seelen-Gemeinde Braubach kann man verstehen, warum das Mittelrheintal von der UNESCO zum Welterbe ernannt worden ist. Der breite Strom vor den Taunushängen, die imposante **Marksburg** und das mittelalterlich anmutende Wein- und Rosenstädtchen – hier finden die Besucher alles auf engstem Raum zusammen. Wer die Braubacher Altstadt nicht sowieso schon mit der zur Burg fahrenden Kleinbahn erkundet hat, kann dies auch in einem gemütlichen Spaziergang tun. Erste Stationen sind das Obertor, einst Teil der Stadtmauer, das his-

Rhein-Lahn-Taunus, www.rhein-lahn-info.de. Zuständig für den Rhein-Lahn-Kreis, also das gesamte Gebiet zwischen Lahn, Rhein und hessischer Landesgrenze.

Sporthütte – Outdoor & Zweirad, Viktoriaallee 23, Bad Ems. ✆ 02603/ 919570. sporthuette.com. Mo – Fr 9 – 12.30 und 13.30 – 18, Sa 10 – 12.30 Uhr. Tourenräder mit 3- und 7-Gang-Naben- und 21-Gang-Kettenschaltung, Kinderräder. Fahrrad leihen 7 €, Kinderrad 5 € pro Tag.

Von Schloss Philippsburg zur Marksburg ist ein **Burgenlehrpfad** ausgewiesen, der euch an 14 Stationen in Wort und Bild alles über Burgenbau, Leben und Arbeiten im Mittelalter erklärt. Zur Vorbereitung könnt ihr euch die Texte herunterladen: www.marksburg.de/burgenlehrpfad/plan.htm.

22 MTB-Touren Rheingau Rheinhessen. Dieser Freizeitführer bietet 22 ausgewählte MTB-Touren mit ausführlichem Material rund um Wiesbaden und Mainz. pmv, ISBN 978-3-89859-323-6, 16 €.

Lahn-Taunus-Touristik, bietet Infos auch zu Diez, Hahnstätten, Katzenelnbogen, Lahnstein, Nassau und Nastätten.

torische Wirtshaus *Zum Weißen Schwanen* und die ehemalige Getreidemühle, in der heute ein kleines Bauernmuseum untergebracht ist. Markante Fachwerkhäuser am und um den Marktplatz und die **Philippsburg** dürfen bei der Runde nicht fehlen, die im Frühsommer in den Rosengärten am Rheinufer enden kann.

Kamp-Bornhofen

Gemeindeverwaltung Kamp-Bornhofen, Rheinuferstraße 34, 56341 Kamp-Bornhofen. ✆ 06773/9373, Fax 9374. www.kamp-bornhofen.de. buergermeister@kamp-bornhofen.de. **Bahn/Bus:** RB VIA Ffm Hbf – Wiesbaden Bhf – Kamp-Bornhofen – Koblenz – Neuwied. **Zeiten:** Mo – Sa 9 – 12, Mo – Fr 15 – 17 Uhr, Mi geschlossen.

Katzenelnbogen

Verbandsgemeinde Katzenelnbogen, Abt. Fremdenverkehr, Burgstraße 1, 56368 Katzenelnbogen. ✆ 06486/9179-14, Fax -21. www.verbandsgemeinde-katzenelnbogen.de. post@vg-katzenelnbogen.de. **Bahn/Bus:** Wiesbaden Hbf Bus 200 bis Kemel, Bus 203 bis Katzenelnbogen; ↗ Diez Bus 588. **Zeiten:** Mo – Mi 8 – 15.30, Do 8 – 18.30, Fr 8 – 12 Uhr.
▶ Zuständig für Katzenelnbogen und den Einrich.

Nassau

Touristik im Nassauer Land, Schlossstraße 6, 56377 Nassau. ✆ 02604/9525-0, Fax 9702-24. www.nassau-touristik.de. info@nassau-touristik.de. **Bahn/Bus:** Bahnstation an der RB-Linie Gießen – Limburg – Koblenz, Busverbindungen mit Bad Ems (VRM-Bus 456, 533), Montabaur (456), Nastätten (537), Katzenelnbogen (532), Koblenz (576). **Auto:** Lahntal, B260, B417. **Zeiten:** Mai – Okt Mo – Fr 9 – 13, 14 – 18, Sa 10 – 13 Uhr, übrige Zeit Mo – Fr 9 – 13, 14 – 17 Uhr.
▶ Von jeder Ecke des Lahnstädtchens aus geht der Blick fast zwangsläufig hinauf zur Burg, die den Ort

und das Flusstal überragt. Hoch auf einem Bergkegel gelegen, ist sie die Stammburg des Grafenhauses von Nassau, aus dem sowohl das niederländische Königshaus als auch die Großherzöge von Luxemburg hervorgegangen sind.

Der Ort Nassau wurde zwischen dem 15. und dem 18. Jahrhundert mehrmals von Feuersbrünsten heimgesucht und während des Zweiten Weltkriegs durch Bombenangriffe schwer zerstört. Einige **historische Bauwerke** haben dennoch überdauert – an erster Stelle zu nennen sind der *Adelsheimer Hof* (seit 1912 Rathaus) und das *Stein'sche Schloss.* Von der alten Stadtbefestigung sind der *Graue Turm,* einst Gefängnis und Folterkammer, der *Eimelsturm* und die *Mühlpforte,* beide oberhalb des Schlossparks, übrig geblieben. Der 45-minütige Rundgang kann auch noch durch den kleinen Kurpark westlich des **Stein'schen Schlosses** und an einigen schönen Fachwerkhäusern vorbeiführen.

 Die Tourist-Information Nassau verleiht einfache Tourenräder 7 €, E-Bikes 20 € pro Tag.

 Boots- und Fahrradverleih Hofmann, Nassau. ✆ 02604/942083. www.kanucharter.de. Mitte April – Okt. Ruder- oder Tretboot 5 €/30 Min, Elektroboot 8 €/30 Min, Kanadier 8 €/Std, 30 €/Tag, Tourenräder 7 € pro Tag.

Taunus ist RMV-Gebiet

RMV Rhein-Main-Verkehrsverbund GmbH, Alte Bleiche 5, 65719 Hofheim. 01801/7684636 (3,9 Cent pro Min), www.rmv.de.

▶ Außer dem rheinland-pfälzischen Rhein-Lahn-Taunus gehört das gesamte Gebiet zum RMV.

Alle in diesem Buch genannten Bus-Nummern des RMV findet man – unter eben dieser Nummer – samt genauer Linienführung in in den genannten Fahrplanbüchern, denen auch detaillierte Liniennetzkarten mit allen Haltestellen beiliegen. Die Investition von jeweils 3,95 € lohnt also gewiss! Ebenso sind die Fahrpläne über www.rmv.de auf dem Handy abrufbar. Neu ist die RMV-App für iPhone und Android-Smartphone. Hierbei kann anhand einer GPS-Lokalisierung z.B. der Haltestellenname automatisch bestimmt werden. Außerdem gibt es die Möglichkeit, Fahrkarten direkt über das Smartphone zu kaufen.

MIT BAHN & BUS UNTERWEGS

@ www.rmv.de und www.vrminfo.de: Fahrpläne, Haltestellen, Informationszentren, Tarife.

INFO & VERKEHR

www.bahn.de:
Seite der Deutschen Bahn mit Fahrplanauskunft und Sonderangeboten; www.hessenticket.de.

🍎 **Das Landkartenhaus, Buchhandlung Angermann,** Mauergasse 21, Wiesbaden. ✆ 0611/376061. www.landkartenhaus.de Bietet eine besonders üppige Auswahl an Regionalia und Reisebüchern sowie eine top Beratung.

Das **Hessenticket** der DB bietet für 31 € mit bis zu 5 Pers ohne Kilometerbegrenzung beliebig viele Fahrten in allen Verkehrsmitteln des RMV, NVV und des VRN sowie außerhalb Hessens u.a. auch in Diez und den Verbandsgemeinden Diez und Hahnstätten. Gültig 1 Tag, Mo – Fr 9 Uhr bis Betriebsende und Sa, So, Fei in Hessen ganztags.

Mit Bahn und Bus im südlichen Taunusrand

Main-Taunus-Verkehrs GmbH, Mobilitätszentrale, Bahnhof, 65719 Hofheim a.Ts. ✆ 06192/9510916, 01803/201213, Fax 9510950. www.mtv-web.de. service@mtv-web.de. **Zeiten:** Mo – Fr 8 – 17 Uhr.

▶ Auf dem nördlichen Mainufer verkehren in dichter Folge Regionalexpresse, Regionalbahnen und durchgängig die S-Bahnen der Linie S1 Rödermark – Frankfurt – Wiesbaden. Ein Teil der Züge und die S9 fahren allerdings (Hanau -) Frankfurt – Rüsselsheim – Mainz-Kastel – Wiesbaden. Regionalexpresse halten lediglich in Mainz-Kastel und Höchst. Richtung Taunus fahren:

S2: Frankfurt – Kriftel – Hofheim – Eppstein – Niedernhausen. RE auf dieser Strecke fahren durch bis Limburg und halten bis zum Taunuskamm in Hofheim

K-Bahn: Frankfurt-Königsteiner Eisenbahn, von Frankfurt Hbf bzw. Höchst über Liederbach und Kelkheim nach Königstein; andere Linie zwischen Höchst und Bad Soden

S3 und S4: Frankfurt nach Bad Soden bzw. Kronberg

▶ **Bus:** Das dichte Bahnnetz wird von von einem noch engmaschigeren Busnetz ergänzt. An kaum einer Stelle in diesem Gebiet ist man weiter als 1 km von der nächsten Haltestelle entfernt.

Bahn & Bus im Hochtaunus

Zweckverband Verkehrsverband Hochtaunus (VHT), Ludwig-Erhard-Anlage 1 – 5, 61352 Bad Homburg v.d.H. ✆ 06172/999-4444, Fax -9808. www.verkehrs-verband-hochtaunus.de.

▶ **Bahn:** Die Hochtaunusgemeinden am Südhang sind per U- und S-Bahn von Frankfurt aus erreichbar, zum Beispiel Oberursel mit der U3 (bis Hohemark) und der S5, Kronberg mit der S4 oder Bad Homburg mit der U2 und S5 und Friedrichsdorf mit der S5. Königstein wird von der Königsteiner Bahn angesteuert, die ebenfalls in Frankfurt beginnende, bis nach Brandoberndorf reichende Linie der Taunusbahn verbindet Oberursel, Bad Homburg, Friedrichsdorf, die Saalburg bzw. die Lochmühle, Wehrheim, Neu-Anspach, Usingen und Grävenwiesbach.

▶ **Bus:** Von den gerade genannten Orten aus fahren Busse des RMV in die übrigen Orte des Hochtaunus, die keine Bahnanbindung haben. Fahrtbeginn ist häufig an den Zugbahnhöfen und das Busnetz ist so dicht, dass man zumindest im dicht besiedelten Südteil nur selten weiter als 1 km von der nächsten Bushaltestelle entfernt ist.

▶ **Fahrplan:** Alle Verbindungen sind auf den Internetseiten www.rmv.de oder www.verkehrsverband-hochtaunus.de enthalten. Die Internetseite vom Verkehrsverband Hochtaunus bietet noch zusätzliche Informationen wie zum Beispiel zu aktuellen Baustellen oder auch Ausflugszielen.

Lahn & Hintertaunus

Verkehrsverbund Lahn-Dill, Karl-Kellner-Ring 49, 35576 Wetzlar. ✆ 06441/4071877, Fax 4071876. www.vdl-wetzlar.de. verkehrsverbund-lahn-dill@t-online.de. **Zeiten:** Mo – Fr 9 – 18 Uhr.

▶ **Bahn:** Das Zentrum der Region ist bahnfrei, nur die Ränder sind per Zug zu erreichen: Waldsolms-Brandoberndorf im Süden ist Endstation der von Frankfurt kommenden Taunusbahn. Entlang der Lahn fährt die – allerdings an Wochenenden oft überlastete – *Lahntalbahn:* Gießen – Wetzlar – Solms-Burgsolms, Leun – Löhnberg – Weilburg – Limburg – Koblenz.

Alle Bahn- und Buslinien sind im RMV-Fahrplanbuch »Main-Taunus-Kreis, Hochtaunuskreis, Bad Homburg v.d.H.« enthalten.

@ *www.connexions.de:* Informationen zur Reisevorbereitung und Links zu Verkehrsmitteln in aller Welt.

RMV-Fahrplanbuch »Main-Taunus-Kreis, Hochtaunuskreis, Bad Homburg«.

▶ **Bus:** Die Landkreise Lahn-Dill und Limburg-Weilburg sind Mitgesellschafter des Rhein-Main-Verkehrsverbundes. Dementsprechend fahren überall Busse des RMV, einige Gemeinden werden aber nur Mo – Fr angesteuert. Viele Busse fahren sternförmig von zentralen Busbahnhöfen (ZOB) in den größeren Orten los, zum Beispiel von Wetzlar, Weilmünster oder Weilburg. In Wetzlar sind die Verbindungen dank eines eigenen Stadtbusnetzes sehr gut.

RMV-Fahrplanbuch »Lahn-Dill-Kreis« für den Nordosten und »Limburg-Weilburg« für den Westen des Gebietes. Auch erhältlich bei der Nassauischen Verkehrsgesellschaft NVG, Bahnhofstraße 20, 56355 Nastätten, ✆ 06772/8207, Fax 2916.

🍎 **Niedernhausener Fahrradladen,** Lenzhahner Weg 8, Nähe Lochmühle, Niedernhausen. ✆ 06127/8888. www.niedernhausener-fahrradladen.de. Mo – Mi und Fr 9.30 – 12, 15 – 18, Do 9.30 – 12, 15 – 20, Sa 9.30 – 14 Uhr. Trekkingräder, MTB 7,50 – 10 € pro Tag, 12,50 – 15 € pro Wochenende, 35 – 48 € pro Woche, Helm 4 € pro Tag.

Bahn & Bus in Limburg & im Mitteltaunus

Verkehrsgesellschaft mbH Untermain VU, Bahnhofsplatz 2, 65549 Limburg. ✆ 06431/938730, Fax 938730. www.untermainbus.de. info@vu-gmbh.de.
Infos: für den Südteil des Gebietes auch bei der Rhein-Taunus-Verkehrs GmbH, RTV, Heimbacher Straße 7, 65307 Bad Schwalbach, ✆ 06124/510-885, Fax 510-379, Mo – Do 8 – 12 und 14 – 15.30, Fr 8 – 12 Uhr.
▶ **Bahn:** Niedernhausen im Süden ist Endstation der von Frankfurt kommenden S2 und der Regionalbahn von Wiesbaden. Dort umsteigen in den RE oder die RB Richtung Limburg. RE halten in Idstein, Bad Camberg, Niederbrechen und Limburg-Eschhofen, RB zusätzlich in Wörsdorf, Niederselters, Oberbrechen und Lindenholzhausen. Am nördlichen Rand verläuft die Lahntalbahn von Koblenz über Diez (nicht RMV!), Diez-Ost, Limburg und Runkel nach Weilburg und weiter nach Wetzlar – Gießen.
Bus: Die Busse des RMV steuern die Gemeinden im Zentrum des Mitteltaunus an. Das Aartal wird ebenfalls vom RMV und von den Bussen der NVG bedient. Gerade an Wochenenden sind die Verbindungen hier aber oft ausgesprochen schlecht. Limburg hat ein eigenes Stadtbusnetz, das auch Diez umfasst.
Fahrplan. Außer dem zu Rheinland-Pfalz gehörenden unteren Aartal ist das gesamte Gebiet dem RMV angeschlossen, dessen regionale Verbindungen stehen in den Fahrplan-Büchern »Limburg-Weilburg« und »Rheingau-Taunus«.

FERIENADRESSEN

SÜDLICHER TAUNUSRAND

BAD HOMBURG & FRIEDRICHSDORF

RUND UM DEN FELDBERG

NATURPARK HOCHTAUNUS

LAHN & HINTERTAUNUS

LIMBURG & MITTELTAUNUS

UNTERLAHN & NATURPARK NASSAU

INFO & VERKEHR

FERIENADRESSEN

KARTEN & REGISTER

Aus der Vielzahl von Unterkünften, die sich für erlebnisreiche Wochenenden und Ferienaufenthalte eignen, haben wir eine Auswahl vorgenommen, bei der die Bedürfnisse von Kindern, Jugendlichen und Familien im Vordergrund stehen.

Die Unterkünfte werden nach Art gegliedert und regional sortiert mit Adresse und Preisen vorgestellt, von der Familienferienstätte über Urlaub auf dem Bauernhof bis zu Jugendherbergen und anderen Gruppenunterkünften sowie Jugendzelt- und Campingplätzen.

KINDERFREUNDLICHE UNTERKÜNFTE

Abkürzungen bei Unterkünften: bf – behindertenfreundlich, Näheres erfragen!
DZ – Doppelzimmer
EZ – Einzelzimmer
FH – Ferienhaus
FeWo – Ferienwohnung
HP – Halbpension
JH – Jugendherberge
MBZ – Mehrbettzimmer
Ü – Übernachtung
ÜF – Ü mit Frühstück
(jeweils pro Person)
VP – Vollpension
bf – behindertenfreundlich

Hotels

Hotel und Restaurant Feldberghof, Familie Stürtz, Großer Feldberg 5, 61389 Schmitten. ✆ 06174/9234-0, Fax -25. www.feldberghof.com. info@feldberghof.com.
Bahn/Bus: RMV-Bus 57. **Auto:** Von Frankfurt und Bad Homburg A661 bis zum Ende, dann auf B455 Beschilderung Großer Feldberg folgen. Von Wiesbaden und Königstein kommend über B455, ebenfalls den Schildern folgen. Die Parkplätze auf dem Feldbergplateau sind mit 50 Pkw- und 4 Busparkplätzen begrenzt. Auf den Zufahrtsstraßen stehen rund 400 Parkplätze zur Verfügung. Von dort aus sind es 5 – 10 Gehminuten zum Feldberghof. **Zeiten:** Ostern – Okt Mo – Sa 11 – 22 Uhr, So, Fei ab 10 Uhr. Im Winter Mo – Sa 11 – 18 Uhr, So, Fei ab 10 Uhr. Kein Ruhetag, durchgehend warme Küche, bodenständig und den Jahreszeiten angepasst.
Preise: ÜF in DZ 100 €.
▶ Einmal auf dem höchsten Gipfel des Taunus zu übernachten, hat sicher seinen Reiz. Im Hotel stehen dafür 4 DZ mit Dusche/WC, Farbfernseher und Telefon zur Verfügung.

Landgasthof Ziegelhütte, Karsten Ch. Kleinschmidt, Ziegelhütte 2, 61276 Weilrod-Rod an der Weil. ✆ 06083/95060, Fax 950618. Handy 0178/4905248. www.ziegelhuette.de. info@ziegelhuette.de.

FERIENADRESSEN

Strohschlacht:
Schlafen im Heu sieht anders aus …

Preise: EZ ab 25 €, DZ ab 45 €, HP ab 5 Tage ab 8 €, VP ab 5 Tage ab 16 €.

▶ 7 DZ und 1 EZ mit Dusche und WC, 4 DZ und 3 EZ mit Waschgelegenheit und WC auf dem Flur. Im Sommer solarbeheiztes Schwimmbad und Liegewiese für die Pensionsgäste. Kleine Sammlung alter NSU-Motorräder in einem Nebengebäude.

Gasthof am Turm, Marktplatz 11, 35619 Braunfels. ✆ 06442/5562, Fax 5582. www.amturm.de. info@am-turm.de. **Preise:** ÜF 27 €, Zuschlag HP 12 €.

▶ 3 EZ, 3 DZ, 2 MBZ.

Schloss-Hotel Braunfels, Hubertusstraße 2, 35619 Braunfels. ✆ 06442/305-0, Fax 305-222. www.schloss-hotel-braunfels.de. info@schloss-hotel-braunfels.de. **Preise:** ÜF in den 10 EZ ab 60 €, in den 24 DZ ab 88 €, Zustellbett Baby/Kind 14,50 €.

Familienferienstätten

Familienferienstätte Dorfweil, Evangelisch-Freikirchliches Erholungswerk e.V., Lothar Peitz, Auf der Mauer 5, 61389 Schmitten-Dorfweil. ✆ 06084/9412-0, Fax 9412-22. www.ffs-dorfweil.de. info@ffs-dorfweil.de. **Bahn/Bus:** S5 Oberursel, von dort gegen Fahrtkostenbeteiligung Abholdienst. **Auto:** B8 und L3025 oder B275 und L3025. **Preise:** VP 35 €; Kinder bis 1 Jahr frei, 1 – 2 Jahre 14 €, 3 – 5 Jahre 19 €, 6 – 10 Jahre 24 €, Jugendliche 11 – 16 Jahre 28 €.

▶ Unterkünfte für Familien aller Konfessionen in 19 separaten FeWo oder 24 teilweise behindertengerecht ausgestatteten DZ, jeweils mit VP. 30.000 qm großes Freizeitgelände mit Hallenbad, Sauna, Solarium, Liegewiese,Sportanlagen, Kinderspielzimmer, Spielplatz, Café. Hauseigene Freizeiten in den Sommerferien: Ausflüge, Sport und Spiel, Filmabende, Möglichkeiten zum Gespräch über Fragen des christlichen Glaubens.

Bildungs- und Familienerholungsstätte Oberreifenberg e.V. (BFO), Dr. Lothar Vogt, Alter Königsteiner Weg 1, 61389 Schmitten-Oberreifenberg. ☎ 06082/9298-0, Fax 9298-111. www.bfo-hochtaunus.de. BFO.Hochtaunus@t-online.de. **Preise:** VP 37 €, HP 33,50 €, ÜF 28,50 €, Ü 23,50 €, EZ-Zuschlag 12,50 €, DZ in HS 51 € inkl. Frühstück; Kinder bis 6 Jahre 60 %, 7 – 11 Jahre 40 % Nachlass. Kinder bis 11 Jahre in eigener Gruppe 22,50 €.

▶ Am Nordwesthang des Großen Feldbergs inmitten des Skigebiets. 100 Betten in 50 EZ und DZ. Großer Saal, mehrere Tagungs- und Gruppenräume. Videobeamer, Internetanschluss. Hallenbad, Sauna, Tischtennis, Bowling, Grillplatz und Teichanlage. Angebote für Familienurlaub zu bestimmten Terminen, für Wanderer und Radler.

Fachwerkhof, Arno Hardt, Erlenbachweg 3, 35789 Weilmünster-Aulenhausen. ☎ 06472/8648, 2239, Fax 040/3603185701. www.fachwerk-hof.de. fachwerkhof@aol.com. **Preise:** 7 ÜN für 35 € pro Nacht für 2 Pers im 1-Zimmer-Appartment. **Infos:** Kostenlose Benutzung von Fahrrädern und einem E-Bike.

▶ Baubiologisch ausgebauter Fachwerkhof mit FeWo, wahlweise mit 1 oder 2 Schlafzimmern und 1-Zimmer-Apartment. Kann zusammen als große FeWo für bis zu 10 Personen angemietet werden. Begrünter abgeschlossener Innenhof ist ideal für Kleinkinder.

Gästehaus Brauhaus Obermühle, Uwe Schönwetter, Brauhaus Obermühle, 35619 Braunfels. ☎ 06442/1885, Fax 949417. www.obermuehle-braunfels.de. obermuehle@braunfels.de. **Preise:** FeWo 195 €/Woche, im Fürstenhof DZ mit Frühstück 83 – 93 €/Nacht.

▶ Mitten in einer an den Wald angrenzenden Parkanlage. 10 DZ sowie 6 FeWo für 2 – 4 Personen, ein separates Kinderbett. Terrasse, Liegewiese. Auf Wunsch mit Frühstück.

Haus Höhenblick, Jochen Göttsche, Friederike-Fliedner-Straße 9, 35619 Braunfels. ✆ 06442/9370, Fax 31232. www.hoehenblick.de. email@hoehenblick.de. **Preise:** VP/Pers u. Tag: EZ 39 €, DZ 36 €; Kinder bis 3 Jahre frei, 4 – 9 Jahre 20 €, 10 – 14 Jahre 25,50 €, 15 – 17 Jahre 30,50 €.

▶ Christliche Freizeit- und Tagungsstätte mit etwa 60 EZ und DZ, fast alle mit Balkon. Gartensaal, Clubraum, Lesezimmer, Bibliothek, »Kinderarche« (Spielraum). Terrassen, Gartenanlage mit Spielgeräten.

Ferienwohnung Fäseke, Ulrike Fäseke, Kaiserwiese 6, 56112 Kasdorf-Auf der Höhe. ✆ 06772/7595, Handy 0179/5986551. www.loreleyferien.de. ufaeseke@aol.de. **Preise:** 2 Pers ab 45 €, jede weitere 5 – 8 €. **Infos:** Vermieteradresse: Kaiserwiese 6, 56357 Kasdorf.

▶ 1 FeWo, 65 qm, bis 6 Personen. Kinderspielplatz, Sauna, Solarium, Tischtennis, Hallenbad.

Ferienhaus und Pension Gieshübel, Hof Gieshübel, Ilona Schade, 56379 Oberwies. ✆ 02604/4993, Fax 4993. Handy 0178/7958394. www.ferienwohnung-schade.de. info@ferienwohnung-schade.de. **Preise:** 2 Pers ab 36 €, jede weitere 5,50 €.

▶ Am Waldrand 2 FeWo für 2 – 9 Pers, Sauna, Grillplatz.

Ferien auf Bauern- und Reiterhöfen

Hofladen Hof Ramshardt, Weilmünster-Rohnstadt. Mo, Di und Do 10 – 12, Mo, Do 14.30 – 19 Uhr. Brot, Fleisch und Wurst aus eigener Herstellung.

Ferienhof Ramshardt, Reiner Freund, 35789 Weilmünster-Rohnstadt. ✆ 06472/7615, Fax 831554. www.hoframshardt.de. verkauf@hoframshardt.de. **Preise:** 2 FeWo für 2 – 6, 1 FH für 2 – 4 Pers pro Woche 165 – 250 €.

▶ Separate Kinderbetten. Liegewiese, Kinderspielplatz, Grillplatz, Radverleih, Tischtennis, Federball. Garten, Grünland, Rinder, Schweine, Schafe, Ziegen,

Hühner, Kaninchen, Katzen, Ponys. Füttern und streicheln erlaubt.

© pmv, Martina Höppner

Hof Cromm, Adolf Cromm, Hauptstraße 38/40, 35781 Weilburg-Kubach. ℅ 06471/41289, Fax 492601. www.bauer-cromm.de. info@cromm-gbr.de. **Preise:** 2 DZ mit ÜF 21 €, 1 FH 4 – 6 Pers ab 40 € pro Tag.
▶ Liegewiese, Fahrradverleih. Kühe, Schweine, Hunde. Mitarbeit auf dem Hof möglich.

Luis macht erste Erfahrungen als Landwirt: Hühner füttern auf dem Bauernhof

Geflügelhof Thomé, Hofgut Alt Schwartenberg, Lucia und Gunther Thomé, 35796 Weinbach-Gräveneck. ℅ 06471/4842, Fax 490435. www.gefluegelhof-thome.de. info@gefluegelhof-thome.de. **Preise:** 2 Pers pro Nacht 38 € bis zum 7. Tag, ab dem 8. Tag 35 €; jede weitere Person ab 6 Jahre pro Nacht 5 €.
▶ 2 FeWo für Familien mit bis zu 4 Personen. Kinderbett und -badewanne, Hochstuhl. Auf dem Hof werden Hühner, Gänse, Puten, Enten und Wachteln gehalten, deren Produkte man erstehen kann. Daneben zahlreiche weitere Kleintiere, die Besuche und Streicheln gewohnt sind.

Hof auf der Heide, Familie Zanger, 65606 Villmar-Seelbach. ℅ 06474/212, Fax 412. www.ferienhof-zanger.de. familie.zanger@gmx.de. **Bahn/Bus:** Bahn bis Aumenau, dort auf Wunsch Abholung. **Auto:** A3, Abfahrt Limburg-Nord zur B49/54; A45, A5 über Kassel über B49. **Preise:** FeWo ab 45 € pro Tag (ab 3 Tagen).
▶ 3 FeWo mit je 90 qm für 4 – 8 Personen, jeweils mit Terrasse. Blockhütte mit Grillplatz, überdachter Pool, Kinderspielplatz, Liegewiese, Tischtennis. Hunde, Katzen, Ponys mit Kutschfahrten. Zelten möglich.

Harvesterhof, Elke Wunike, 65550 Limburg-Linter. ℅ 06431/45835, Fax 44315. www.harvesterhof.de. info@harvesterhof.de. **Auto:** B417 von Limburg Richtung Wiesbaden, der Harvesterhof befindet sich 1 km hinter Linter auf der rechten Seite. **Preise:** FeWo 45 €/Tag.

FERIENADRESSEN

▶ 2 FeWo für je 6 Personen. Küche, Dusche, Terrasse. Liegewiese, Kinderspielplatz, Naturschwimmteich. Kühe, Schweine, Schafe, Hühner, Katzen und Hunde. Verkauf von Milch, Eiern, Brot und selbst hergestellten Lebensmitteln im Hofladen. Hof in Einzellage etwa 1 km von Linter und 5 km von Limburg.

Ferien- und Reiterhof Aftholderbach, R. und S. Schmelzeisen, Hof Aftholderbach 3, 56355 Nastätten. ✆ 06772/961541, Fax 961542. Handy 0170/4622115. www.reiterhof-aftholderbach.com. Reiterhof-Aftholderbach@t-online.de. **Preise:** Kinder 8 – 18 Jahre 1 Woche VP mit 1 Reitstunde täglich, Grillabenden und Rahmenprogramm kostet in den Ferien 240 €.

▶ In dem sehr ruhig gelegenen, 300 Jahre alten Bauernhof auf dem Gelände einer historischen Klosteranlage können Kinder ihre Reiterferien verbringen. Der Hof besitzt eine Reithalle und einen Reitplatz unter freiem Himmel. Einzelne Reitstunden sind ebenfalls möglich (12 €). Das Angebot umfasst außerdem Voltigieren und Ausritte im Gelände. Die 3 Doppelzimmer mit Dusche/WC sind in den Ferien meist durch Kinder belegt, an einem verlängerten Wochenende können aber auch schon einmal Familien hier für einen Kurzurlaub unterkommen.

Jugendherbergen (JH)

Deutsches Jugendherbergswerk – Landesverband Hessen e.V., Berner Straße 119, 60437 Frankfurt. ✆ 069/609130, www.hessen.jugendherberge.de; www.jugendherberge.de. info@djh-hessen.de. **Zeiten:** JH haben in aller Regel 24.12. – 26.12. geschlossen. **Infos:** Allgemeine Web-Adresse www.djh.de bzw. www.djh-hessen.de; service@djh.de.

▶ In letzter Zeit sind viele JH renoviert und modernisiert worden. Fast alle bieten in Haus und Umgebung gute Möglichkeiten zu Sport und Spiel. Viele organisieren Ausflugsprogramme mit dem Bus, dem Rad

In JH können in Deutschland mit Ausnahme von Bayern auch Senioren, also auch ältere Familienmitglieder (sogar Opa und Oma) übernachten.

oder zu Fuß, manche engagieren sich in Umweltschutz und Naturerkundung. Um in JH übernachten zu können, braucht man eine gültige Mitgliedskarte, die für »Junioren« bis 26 Jahre 12,50 € im Jahr kostet. Ab 27 Jahre gibt es die »27plus«- oder Familienkarte für 21 €.

JH und Jugendgästehaus, Mühlweg 17, 61348 Bad Homburg v.d.H. ✆ 06172/23950, Fax 22312. bad-homburg@djh-hessen.de. **Lage:** Gegenüber dem Schlosspark, zur Stadtmitte 5 Min zu Fuß. **Zeiten:** 24. – 26. Dez geschlossen. **Preise:** ÜF 26,50 €, HP 30,50 €, VP 33 €, ab 2 Ü 32 €.

▶ Ruhige, aber zentrale Lage direkt im schönen Schlosspark von Bad Homburg, 201 Betten, 2- und 4-Bettzimmer, Familienapartment mit 6 Betten, 6 barrierefreie Zimmer, alle Zimmer mit Dusche/WC, 8 Tagesräume, 1 Speisesaal, 1 Cafeteria, Sonnenterrasse, großzügiges Sport- und Spielgelände (z.B. Beachvolleyballplatz), 2 Klaviere, E-Piano.

JH Oberreifenberg, Arnd Parczanka, Limesstraße 14, 61389 Schmitten-Oberreifenberg. ✆ 06082/2440, Fax 3305. oberreifenberg@djh-hessen.de. **Bahn/Bus:** RMV-Bus 80 ab Königstein. **Auto:** In Oberreifenberg am Wanderparkplatz in die Limesstraße einbiegen und bis zum Ende durchfahren (nicht der abknickenden Vorfahrt folgen). **Zeiten:** durchgehend geöffnet, nur am 24.12. geschlossen. **Preise:** ÜF ab 22,90 €, HP ab 26,90 €, VP ab 28,90 €.

▶ Umgeben von Wiesen und Wäldern direkt am Fuß des Großen Feldbergs. 41 MBZ (4er, 6er und 8er), mehrere Gruppenräume. Bolzplatz, Wintersportmöglichkeiten vor der Haustür (Lifte, Loipen), Schwimmbad in Schmitten 4 km entfernt.

JH Grävenwiesbach, Andrea Baues, Hasselborner Straße 20, 61279 Grävenwiesbach. ✆ 06086/520, Fax 970352. graevenwiesbach@djh-hessen.de. **Bahn/Bus:**

© DJH Hessen, JH Oberreifenberg

Oft in historischen Gemäuern: Jugendherbergen sind vielseitige Ferienorte geworden

FERIENADRESSEN

Taunusbahn RB15 Bad Homburg – Grävenwiesbach.
Preise: ÜF 21,90 €, HP 25,90 €, VP 28,90 € (ab 2 Ü 27,90 €, ab 4 Ü 26,90 €). Für 1- und 2-Bettbelegung Aufschlag.

▶ Am Ortsrand oberhalb von Grävenwiesbach im Wald. 7 2-Bettzimmer und 21 MBZ (4er, 6er, 8er, 10er), 2- und 4-Bettzimmer mit separaten sanitären Anlagen. 6 Tagesräume, Tischtennis, Tischfußball. Waldspielgelände mit Bach, Tipi, Fuß- und Volleyballplatz am Haus, Hoch- und Niedrigseilgarten. Großes Programm, unter anderem »Hochseilgarten« mit professionellen Trainern, Tanz, Theater und Zaubereiworkshops, Lamatrekking im Hochtaunus, Wald- und Wasseruntersuchungen mit Förster und Biologin.

JH Wetzlar, Ulrike Strauß, Richard-Schirrmann-Straße 3, 35578 Wetzlar. ✆ 06441/71068, Fax 75826. wetzlar@djh-hessen.de. **Bahn/ Bus:** Bhf Wetzlar, dann weiter mit Bus 12 bis Sturzkopf. **Auto:** A 45 bis Wetzlar Süd, Richtung Wetzlar fahren, dann Richtung Europabad und der Beschilderung Jugendherberge folgen. **Rad:** Hessischer Fernradweg R7. **Preise:** ÜF 22,50 €, HP 26,50 €, VP 29 € Ermäßigung; VP ab 2 Tage.

▶ Oberhalb der Altstadt, an einem der alten Wachtürme, 186 Betten, 4-, 5-, 6- und 8-Bettzimmer, davon 12 Familienzimmer, 11 Tagesräume, 1 Speiseraum, Billardtisch, Fußballplatz neben der Herberge, Volleyball.

Radsport Wern, Viehweg 23, Weilburg. ✆ 06471/ 918841. www.autohaus-wern.de. Mo, Mi – Fr 12 – 18, Sa 9 – 13 Uhr. Leihe 8 €/Tag, 3 Tage 21 €, Pannendienst für Radausflügler, Radzubehör, Organisation von Radtouren auf Anfrage.

JH Weilburg, Dieter Müller, Am Steinbühl, 35781 Weilburg-Odersbach. ✆ 06471/7116, Fax 1542. weilburg@djh-hessen.de. **Bahn/Bus:** Bhf Weilburg 4 km. **Zeiten:** Mitte Dez – Ende der Weihnachtsferien geschlossen. **Preise:** ÜF 21,50 €, HP 25,50 €, VP 28 €; Ermäßigung ab 2 Ü 27 €, ab 4 Ü 24,50 €.

▶ Am Waldrand oberhalb von Odersbach, 135 Betten, 15 8-Bettzimmer, 3 Familienzimmer, Betreuerzimmer, Speiseraum, 3 Tagesräume, Wiesen, Spielgelände, 2 Sportplätze, Grillplatz, Lagerfeuerstelle.

JH Limburg, Sigrun Hebbe, Auf dem Guckucksberg, 65449 Limburg. ✆ 06431/41493, Fax 43873. limburg@djh-hessen.de. **Bahn/Bus:** Im Süden Limburgs 1,5 km vom Bhf. **Preise:** ÜF 23,50 €, HP 27,50 €, VP 30 €; ab 2 Ü 29 €, ab 4 Ü 28 €.

▶ Am Südrand der Stadt oberhalb vom Eduard-Horn-Park, 162 Betten, 2-, 4-, 6- und 8-Bettzimmer, davon 5 Familienzimmer, 1 Speiseraum, 5 Tagesräume, Tischtennis, Spielwiese, Fußball- und Volleyballplatz, Grillplatz. Mehrtägige Programme und Workshops für Schulen und Jugendgruppen.

Schloss-JH Diez, Jugendgästehaus, 65582 Diez. ✆ 06432/2481, Fax 4504. diez@diejugendherbergen.de. **Preise:** ÜF 19,90 €, 2-Bett-Belegung 25,40 €, HP 26,90 €. 2-Bett-Belegung 32,40 €, V 29,90 €, 2-Bett-Belegung 35,40 €.

▶ Die Jugendherberge liegt in den Gemäuern eines ehemaligen Grafenschlosses hoch über der Lahn. Alle Räume sind komplett restauriert. Die JH bietet 129 Betten in 1-, 2-, 3-, 4- oder Mehrbettzimmern. Alle Zimmern mit Dusche/WC. Café-Bar, Restaurant, Spielzimmer, Terrasse. 4 Aufenthalts- und Veranstaltungsräume. Freizeitprogramm, Erlebnisprogramme für Klassenfahrten. Außenbereich mit Grillhütte, Kinderspielplatz.

Naturfreundehäuser (NFH) und Gruppenunterkünfte

NaturFreunde Deutschland. ✆ 069/6662677, Fax 66160313. www.naturfreunde-hessen.de. info@naturfreunde-hessen.de.

▶ Wer keinen Wert auf großen Komfort legt, findet in Naturfreundehäusern eine günstige Übernachtungsmöglichkeit. Zudem liegen sie meist landschaftlich sehr schön. Die hier aufgeführten Preise gelten für Nichtmitglieder, Mitglieder zahlen etwas weniger.

@ Infos zum Deutschen Jugendherbergswerk, seinem Programm und seinen Herbergen findet ihr auf der zentralen Internetseite www.djh.de.

Haus Heliand, Jugendfreizeit- und Bildungsstätte, Helmut Schubert, Mühlenweg 16a, 61440 Oberursel-Oberstedten. ℰ 06172/35373, Fax 937367. www.hausheliand.de. hausheliand@ejw.de. **Bahn/Bus:** RMW U3 oder S5 bis Oberursel Bhf, danach Bus 41 bis Oberstedten Bergweg. **Auto:** A661 Ausfahrt Oberursel-Oberstedten. **Preise:** 33,90 €/Tag; ab 7 Jahre, Jugendliche bis Schulabschluss 29,90 €/Tag. **Infos:** Für Gruppen oder Einzelgäste buchbar.

▶ Das Haus Heliand ist das Freizeitzentrum des *Evangelischen Jugendwerk Hessen e.V.* (EJW). Es bietet 90 Schlafgelegenheiten in 6- bzw. 8-Bettzimmern mit Dusche und Waschbecken und kleinere Zimmer für Gruppenleiter. 6 Gruppenräume, Sportkeller mit Tischtennis, Tischfußball und Billard, Wald mit Feuerstelle, großes Freigelände mit Ballsportanlage, Klettergerät und Spielwiese. Direkt am Wald am Ortsrand von Oberstedten. Preise auf Anfrage.

Happy Birthday!
Ihr könnt im NFH euren Kindergeburtstag feiern! Bezahlt werden nur Speisen und Getränke. Anmeldung und Absprache unter ℰ 06174/255329.

NFH Billtalhöhe, Borgnisweg, 61462 Königstein. ℰ 06174/255329, Fax 255331. www.naturfreunde-haus-billtal.de. info@naturfreundehaus-billtal.de. **Bahn/Bus:** RMV-Bus 223, 81, 80 bis Königstein Billtalhöhe. **Auto:** Parkplatz an der B8 (dann etwa 1 km durch den Wald zum NFH) oder Parkplätze direkt am NFH. **Zeiten:** Gaststätte Sommer Di – So 11 – 21 Uhr, Winter (ab Zeitumstellung) Di – So 11 – 18 Uhr. **Preise:** Zelt 2 €, jede Person 2 € pro Nacht (und Kurtax 1,20 € ab 14 Jahre); Sonderkonditionen für Jugendgruppen von Schulen möglich.

▶ Das NFH liegt mitten im Wald und bietet euch ausreichend Möglichkeiten, die Umgebung zu erforschen oder an einem kleinen Bach zu spielen. Für die Eltern gibt es einen Biergarten. Falls ihr dann doch Hunger bekommt, hält das NFH eine Kinderspeisekarte bereit.

Die Wiese vor der Gaststätte kann von Jugendgruppen nach vorheriger Anmeldung als **Zeltplatz** genutzt werden. Sanitäre Anlagen vorhanden.

Fritz-Emmel-Haus Kronberg, Hans Joachim Böhm, Königsteiner Straße 33, 61476 Kronberg im Taunus. ✆ 06173/78673, Gästetelefon 7653, Fax 4705. www.fritz-emmel-haus.de. info@fritz-emmel-haus.de. **Bahn/Bus:** S6 bis Kronberg, dann Bus 26 Richtung Königstein bis Falkensteiner Stock, Fußweg von 200 m durch die Straße Im Haak bis zum Fritz-Emmel-Haus. **Auto:** B455 nach Kronberg. **Preise:** VP bei 1 Ü/1 Wochenende 31 €, 2 – 4 Tage 18 €.
▶ Für Gruppen ab 15 Personen. 54 Betten in 2-, 4- und 6-Bettzimmern in 2 getrennt zu mietenden Häusern. Jedes Haus hat 4 Gruppenräume und eine Bibliothek. Werkstatt, Kaminraum, Medien, Klavier, Tischtennis, Spielwiese, Grill- und Feuerplätze. Jugendzeltplatz mit separaten sanitären Anlagen.

Wanderheim des Taunusklubs, im Aussichtsturm Großer Feldberg, Ursula Rinner, Großer Feldberg 3, 61389 Schmitten. ✆ 06109/33804, 22219 (Aussichtsturm), tks.1868@t-online.de. **Bahn/Bus:** RMV-Bus 80, 50, 60, 261, 57 nach Schmitten. **Preise:** 5 €/Tag, plus Übernachtung 12 €/Tag; bis 16 Jahre 3 €/Tag plus Übernachtung 7 €/Tag.
▶ 20 Betten, Ü 5 € für Taunusklub-Mitglieder, Nichtmitglieder 8 €, Kinder 3,50 € bei Selbstversorgung. Auf Wunsch Verpflegung durch den Kioskpächter im Aussichtsturm, Rolf Paul Wahl, ✆ 06174/933584.

NFH Brombacher Hütte, Edith Wolf, Lärchenweg, unterhalb des Pferdskopfs, 61389 Schmitten-Brombach. ✆ 06084/3891, 069/765684, Fax 97640186. www.naturfreunde-ffm.de. nfh-brombacherhuette@naturfreunde.de. **Zeiten:** März – Okt, Sa und So.
▶ 29 (Stock-)Betten in MBZ. Tagungsraum mit Holzofen, Küche für Selbstversorger mit holzgefeuertem Herd und Gaskochstellen. Sanitäranlagen außerhalb des Hauses. Sportplatz, Spielwiese und -platz. Campingwiese als Jugendzeltplatz nutzbar. Sehr urig.

@ Unter www.naturfreundehaeuser.de findet ihr alle Naturfreundehäuser Deutschlands. Die Übernachtung im NFH muss in der Regel angemeldet werden!

FERIENADRESSEN

Sport- und Bildungsstätte der Sportjugend Hessen, Annette Becker, Friedenstraße 99, 35578 Wetzlar. ✆ 06441/9796-0, Fax 9796-44. www.sportjugend-hessen.de. bildungsstaette@sportjugend-hessen.de. **Preise:** MBZ ÜF 24,60 €, HP 30 €, VP 35 €, 3-Bettzimmer ÜF 27,50 €, HP 33 €, VP 38,50 €, ÜF im DZ 32 €, HP 37 €, VP 42 €; ÜF im EZ 41 €, HP 46 €, VP 51 €; Kinder bis 3 Jahre frei, bis 5 Jahre 50 %, 6 – 10 Jahre 25 % Ermäßigung.

▶ 80 Betten in EZ, DZ und MBZ, alle mit Dusche/WC. Tagungsräume, Leseraum, Wintergarten. Möglichkeiten zum Klettern, Ausleihe von Inlineskates. Half Pipe und Kleinsporthalle.

Domäne Hohlenfels, 65623 Hahnstätten-Zollhaus. ✆ 06430/7036, Fax 5359. www.hohlenfels.de. info@hohlenfels.de. **Bahn/Bus:** Lahntalbahn bis Diez, dann 15 km mit RMV-Bus 5425 bis Zollhaus, von da 3 km zu Fuß. **Auto:** B54 bis Zollhaus, B274 Richtung Katzenelnbogen. **Rad:** Aartal-Rad und -Wanderweg, ab Zollhaus über die B274. **Zeiten:** täglich 9 – 21 Uhr, nach Absprache auch später möglich. **Preise:** VP bis 33 €, Selbstversorgung ist nach Absprache möglich; Kinder ab 2 Jahre VP 22,90 €; für Schulklassen Ermäßigung möglich.

▶ In 4 Gästehäusern, darunter einer alten Mühle, bietet die internationale Jugendbegegnungsstätte Unterkünfte für Jugendgruppen und Schulklassen, aber auch für Familien und Einzelwanderer. Auf einem Zeltplatz kommen zusätzlich etwa 120 Personen unter. Sportanlagen, Feuerstellen und ein Kinderspielplatz verteilen sich über das weitläufige Gelände. Darüber hinaus ist die Domäne mit ihrer Gaststätte ein beliebtes Ausflugsziel. Ein neu angelegter Natur-Erlebnispfad liegt in unmittelbarer Nähe. Der neu ausgebaute Radweg von Zollhaus nach St. Goarshausen führt direkt an der Domäne vorbei.

Die Domäne Hohlenfels war früher ein Hofgut, das den Grafen von Nassau-Merenberg gehörte, ebenso wie die oberhalb gelegene Burg Hohlenfels. Sie wird privat unterhalten und ist nicht zu besichtigen.

Jugendzeltplätze & Camping

▶ Jugendzeltplätze bieten nur ein Minimum an Komfort. Oft gibt es keinen Stromanschluss, nicht immer Wasser und Toiletten, dafür aber Natur pur, am Tag viel Platz für Geländespiele und am Abend Lagerfeuerromatik.

Zeltplatz Gimbacher Hof, Gimbacher Weg, 65779 Kelkheim-Fischbach. ℂ 06195/3241, Fax 72213. www.hofgimbach.de. info@hof-gimbach.de. **Zeiten:** Ganzjährig. **Preise:** Erw 5 €; Kinder 4 – 12 Jahre 3,50 €, Wohnwagen und Auto 5 €, Zelt und Auto 4,50 €, Strom 1 €/Tag.
▶ Am Waldrand direkt neben dem Ausflugslokal Gimbacher Hof. 100 Stellplätze, Toiletten und Duschen.

TaunusCamp, Jörg Steiner, Bezirksstraße 2, 65817 Eppstein-Niederjosbach. ℂ 06198/7000, Fax 7002. www.taunuscamp.de. info@taunuscamp.de. **Preise:** 7 €, Caravan und Auto oder WoMo 7 €, Kleinzelt mit Fahr- oder Motorrad 5 €, Zelt mit Pkw 6 €, Großzelt mit Pkw 18 €, Strom 2 €/Nacht, Tagesgast 2 €; Kinder 3 – 17 Jahre 3,50 €; Studenten 6,50 €.
▶ Terrassenförmig angelegter Platz zwischen Bäumen oberhalb der Straße von Eppstein nach Niederjosbach. 100 Plätze für Touristen. Wohnwagenvermietung.

Jugendzeltplatz Am Jungholz, Gemeinde Wehrheim Touristinfo, Wiesenau 30, 61273 Wehrheim. ℂ 06081/589-1010, Fax -93. www.wehrheim-taunus.de. gemeinde@wehrheim.de. **Bahn/Bus:** RMV-Bus 64 bis Wehrheim Obernhainer Weg, 4 Min zu Fuß.
▶ Auf dem etwas außerhalb des Ortskerns von Wehrheim-Pfaffenwiesbach gelegenen Platz können bis zu 25 Jugendliche und deren Betreuer zelten. Der einfach ausgestattete Jugendzeltplatz ist nicht öffentlich und kann nur von Jugendgruppen reserviert werden. Eine Anmeldung bei der Gemeindeverwaltung ist erforderlich.

Spontanes Campen ist auf Jugendzeltplätzen nicht möglich; dafür stehen Campingplätze bereit.

Habt ihr schon Erfahrungen mit Camping gesammelt? Wollt ihr es vielleicht einfach einmal ausprobieren? TaunusCamp bietet euch eine kostenlose Probenacht im Mietwohnwagen oder im Zelt an. Wenn ihr mehr darüber erfahren wollt, findet ihr die Informationen unter www.taunuscamp.de (Rubrik Angebote).

Zeltplatz Schooleck, Rotana Touristik, 35606 Solms-Burgsolms. ℂ 06442/23332, Fax 22723. www.rotana.de. rotana@t-online.de. **Lage:** Flusskilometer 23, linke Flussseite. **Bahn/Bus:** Unweit von Leun-Lahnbhf. **Auto:** B49 Wetzlar – Limburg, Abfahrt Solms, Richtung Burgsolms, Ausschilderung zur Fa. Leica folgen. **Rad:** R7. **Zeiten:** April – Okt. **Preise:** 6,50 €; Kinder bis einschließlich 13 Jahre 4,50 €.

▶ Zeltplatz am Fluss, Sanitärgebäude w/k Wasser, Duschen, WC, Verkaufskiosk für kleine Snacks, Brötchenbestellung, Getränke und Lagerfeuerholz. Schutzdach für bis zu 50 Personen. Standort von 3 Bootsvermietern.

Jugendzeltplatz Hauseley, FMG Weilburg, Mauerstraße 6 – 8, 35781 Weilburg. ℂ 06471/31467, 31473, Fax 7675. www.weilburg.de. tourist-info@weilburg.de. **Auto:** Direkt am rechten Lahnufer hinter dem Schiffstunnel bei Fluss-km 41,5. **Zeiten:** April – Okt. **Preise:** 4 € pro Person, Pkw 2 €, Kleinbus 4 € und Bootsanhänger 6 €.

▶ Am Lahnufer, hinter dem Schiffstunnel, rechte Flussseite, 1500 qm im Grünen, für 100 Personen. Toiletten, kaltes Wasser zum Waschen und Kochen, 2 Grillstellen, Holzkohle ist mitzubringen. Sonderangebote für Gruppen mit Kanutour auf der Lahn.

Campingplatz Wetzlar, Ramona Weiershäuser & Gerd Schermuly, Dammstraße 52, 35576 Wetzlar-Niedergirmes. ℂ 06441/34103, Fax 34103. www.campingplatz-wetzlar.de. campingplatz.wetzlar@t-online.de. **Zeiten:** März – Okt. **Preise:** 5 €, Wohnwagen 5 €, WoMo ab 6 €, Zelt ab 3 €, Auto 2 €, Motorrad 1,50 €, Boot 1 €, Besucher 0,50 €, Hund 2 €, Strom 3 €, Müll 1 €; Kinder bis 10 Jahre 2 €. **Infos:** Ramona Weiershäuser und Gerd Schermuly.

▶ Am nördlichen Lahnufer, Lahn-km 9,6. 60 teilweise schattige Stellplätze, davon 50 für Touristen. Stromanschluss, sanitäre Anlagen mit Toiletten und Duschen, Kiosk. Bootsanlegestelle, Biergarten.

Camping-Park Braunfels, Am Weiherstieg 2, 35619 Braunfels. ℂ 06442/938318, Fax 938318. www.braunfels.de. rebew-wil@t-online.de. **Bahn/Bus:** ↗ Braunfels. **Zeiten:** ganzjährig. **Preise:** 5 €, Auto und Caravan 6 €, Auto und Zelt 5 €, nur Zelt 3,50 €; Kinder unter 3 Jahre 2 €, bis 12 Jahre 3 €.

▶ Terrassenförmig angelegter Platz unterhalb des Schlosses. Restaurant (Getränke, Kuchen, Snacks) und Freiterrasse. Wohnwagenvermietung (2 – 6 Personen), Bootsvermittlung für Wasserwanderer. Freibad in unmittelbarer Nähe.

Wohnmobilstation Weilburg, Hainallee, 35781 Weilburg. www.weilburg.de. tourist-info@weilburg.de. **Lage:** Hainallee, gegenüber der Feuerwehr. **Preise:** Stellplatzgebühr 6 € pro Tag (inklusive Strom 7,50 €), Kaution Schlüssel 15 €, wird mit Unkosten für Strom und Wasser verrechnet.

▶ 12 Plätze mit Strom- und Wasserversorgung, WC. Schlüssel bei der ESSO-Tankstelle Scheerer, Frankfurter Straße, beim Platzwart sowie bei der Tourist-Information in der Mauerstraße 6.

Camping Odersbach, Kur- und Verkehrsverein Odersbach, Runkeler Straße 5a, 35781 Weilburg-Odersbach. ℂ 06471/7620, Fax 379603. www.camping-odersbach.de. info@camping-odersbach.de. **Bahn/Bus:** Bahnstrecke Gießen – Koblenz, Bhf Weilburg (3 km). **Auto:** Abfahrt A45 Wetzlar Ost, Abfahrt A3 Limburg Nord. **Zeiten:** April – Okt, Anreise: April – Mai, Sep – Okt 7.30 – 19 Uhr, Juni – Aug 7.30 – 22 Uhr (Mittagspause 12 – 14 Uhr). **Preise:** Erw 3,90 €, Caravan 4 €, Motorcaravan 6 €, Zelt je nach Größe 4 – 14,50 €, Paddelboot 1,70 €, Strom pro kWh 0,45 €; Kinder 3 – 14 Jahre 2,30 €.

▶ Ruhiger Platz am rechten Lahnufer, Waldrand, 335 Stellplätze, 100 davon für Touristen, Waschmaschinen, Wäschetrockner, Wickeltisch, Aufenthaltsraum, Kinderspielplatz, Minigolfplatz, Bootsverleih, Boots-

Hunger & Durst

Pizzeria Da Ramo, Weilburger Straße 2, Weilburg-Odersbach. ℂ 06471/1396. www.daramo.de. Täglich 11 – 14 und 17 – 24 Uhr. In der Nähe vom Campingplatz, Fischspezialitäten, italienische und internationale Küche, Kindergerichte.

anlegestelle und Freibad. In der Nähe Bäckerei, Metzgerei, Edeka-Markt. WLAN-Zugang auf dem gesamten Campingplatz.

© Campingplatz Gräveneck

Das Wahrzeichen des Campingplatzes Gräveneck: Bis 1966 diente der Turm der Firma Buderus als Aufbereitungsanlage für das Eisenerz aus der auf der anderen Lahnseite gelegenen Grube Georg-Josef

Campingplatz Gräveneck, In der Aue 1, 35796 Weinbach-Gräveneck. ✆ 06471/490320, www.camping-graeveneck.de. camping-graeveneck@web.de.
Bahn/Bus: Am Lahnufer bei Lahn-km 48, ideal für Bootswanderer. **Rad:** Direkt am Fernradweg R7. **Zeiten:** ganzjährig. **Preise:** Pkw und Caravan oder WoMo mit bis zu 2 Pers 15 €; Kinder von 4 – 14 Jahre (inklusive kleines Zelt) 4,30 €, Jugendliche ab 15 Jahre (inklusive kleines Zelt) 6,80 €; Zusätzlich Großraumzelt 12 – 18 €, Pavillon (3 x 3 m, 6 x 3 m) 5 € bzw. 8 €, Pkw oder Anhänger 2,50 €, Motorrad oder Hund 2 €, Boot 1,50 €, Trailer, Strom 0,50 € je KWh, min 2,50 €, Duschmarken 1 €.

▶ Der modern ausgestattete Campingplatz liegt am romantischsten Teil der Lahn. Als Bootswanderer könnt ihr mit dem Boot auf der Lahn anreisen. Das Kennzeichen des Campingplatzes ist der 22 m hohe Turm aus rotem Backstein, der früher als Erzaufbereitungsanlage und heute als Hauptgebäude des Patzes genutzt wird. In ihm findet ihr ein italienisches Restaurant mit großer Freiterrasse und Kegelbahn, einen Kiosk, die Rezeption sowie die sanitären Anlagen. Zur weiteren Ausstattung gehören Waschmaschine, Wäschetrockner und Kühlschrank sowie eine Tischtennisplatte. Für die Kinder gibt es einen schön eingerichteten Spielplatz sowie einen neuen Bolzplatz mit Bande. Ein gemütlicher Abend am Lagerfeuer ist auf der Zeltwiese an eingerichteten Stellen möglich. Die Stellplätze verfügen über Stromanschluss und dezentrale Wasserversorgung. Dauercamping ist ebenfalls möglich.

Campingplatz Runkel, Lahntours Aktivreisen, Auf der Bleiche, 65594 Runkel. ✆ 06426/9280-0, Fax 9280-10. www.lahntours.de. info@lahntours.de. **Zeiten:**

April – Okt. **Preise:** Erw 7 €, Großzelt ab 5 €, Pkw 2,50 €, Kanu 0,50 €; Kinder bis 12 Jahre 4,20 €; Ermäßigung für Lahntoursreisende, Jugendgruppen sowie andere Gruppen ab 30 Pers. **Infos:** Lahntours, Lahntalstraße 45, 35096 Roth.

▶ Wiese am Lahnufer, getrennte Sektoren für Dauercamper, Wassersportler und Jugendgruppen, Indianerdorf mit Tipis (Mindestbelegung 7 Personen pro Zelt). Rechtzeitige Reservierung nötig. Kanustation, Fahrradverleih, Bistro mit Terrasse, Supermarkt zu Fuß 3 Minuten.

 Nach Voranmeldung könnt ihr euch auf dem Campingplatz in Runkel bei Lahntours an 7 Tagen in der Woche einen Drahtesel ausleihen.

Jugendzeltplatz Hirtenstein, Ute Guckes-Westenberger, 65510 Idstein-Heftrich. ☏ 06126/52369, Fax 588862. www.idstein-heftrich.de. fremdenverkehrsamt@idstein.de. **Auto:** ↗ Idstein, an der Landstraße Lenzhahn – Heftrich. **Zeiten:** ganzjährig. **Preise:** 0,80 – 1,05 € pro Person, Selbstverpflegung.

▶ Zeltplatz für 70 Personen auf dem Plateau eines Steinbruchs, teilweise mit Bäumen bestandene Wiese oberhalb eines Bachlaufs. 2 Toilettenhäuschen, Waschgelegenheit, Wasseranschluss (Wasser abkochen!). Schutzhütte, Feuerstelle, überdachter Grill.

Lahncamping Limburg, Schleusenweg 16, 65549 Limburg. ☏ 06431/22610, Fax 92013. www.lahncamping.de. info@lahncamping.de. **Auto:** ↗ Limburg, am nördlichen Lahnufer neben dem Parkbad. **Zeiten:** Ende März – Ende Okt. **Preise:** Erw 4,80 €; Stellplatz WoMo/Wohnwagen 8,50 €, 2-Personen-Zelt 5,20 € (größere Zelte auf Anfrage), Hund 1,50 €, Strom 2,50 € pro Tag; Kinder 3 – 14 Jahre 2,80 €.

▶ An der Lahn, Blick auf die Altstadt von Limburg, 250 Stellplätze, davon 50 für Durchgangscamper. Kiosk, Gaststätte, Biergarten, Kinderspielplatz, Fahrradverleih, Anlegestelle.

Campingplatz Oranienstein, Strandbadweg, 65582 Diez. ☏ 06432/2122, Fax 924193. www.camping-diez.de. post@camping-diez.de. **Lage:** 1,5 km vom Zentrum unterhalb von Schloss Oranienstein. **Auto:** Ab Diez Richtung A3, nach 1 km rechts über die Lahnbrücke. **Rad:** Ab Diezer Altstadt am linken Lahnufer flussaufwärts. **Zeiten:** April – Ende Okt. **Preise:** Erw 4,50 €; Auto 3,40 €, Caravan 4,50 €, Motorcaravan 6,90 €, Pkw 3,40 €, Motorrad 2,20 €, kleines Zelt 3 €, großes Zelt 4,80 €, Strom pro kwh 0,60 €; Kinder bis 16 Jahre 2,50 €.

▶ 300 Stellplätze, davon 150 für Touristen, Waschmaschine, Trockner, Spülbecken, bf, Lebensmittelverkauf, Restaurant, 2 Kinderspielplätze, Planschbecken 8 x 8 m, Tischtennis, Bootsanlegestelle.

Camping Wisperpark, Familie Reiter, An der Wisperstraße, 65307 Bad Schwalbach. ℰ 06120/972120, 06124/9297, Fax 978552. www.wisperpark.de. camping@wisperpark.de. **Lage:** 10 km westlich von Bad Schwalbach und 15 km von Schlangenbad im Wispertal. **Bahn/Bus:** Mo – Fr RTV-Bus 0202 Watzelhain. **Auto:** Wispertalstraße Lorch – Bad-Schwalbach. **Zeiten:** ganzjährig. **Preise:** 7,50 €; Kind 3 – 14 Jahre 4,50 €, Zählergebühr zusätzlich 0,45 €/kWh, Warmdusche (7 Min) 0,50 €.

▶ Von Wald umgeben. Kiosk mit Lebensmitteln, Restaurant (Mo – Fr 17 – 22, Sa, So, Fei 10 – 22 Uhr, durchgehend warme Küche). Waschmaschine, Kinderspielplatz, große Spielwiese, Volleyballfeld, Tischtennisplatten, Stelle für Lagerfeuer. Ein Teil des Platzes mit Grill ist für Jugendgruppen mit großen Zelten reserviert. Eigene biologische Kläranlage, Hunde müssen an der Leine geführt werden.

Jugendzeltplatz der Stadt Lahnstein, Köhlerhüttendorf, Im Süßgrund, 56112 Lahnstein-Friedrichssegen. ℰ 02621/914171, Fax 914129. www.stadt-lahnstein.de. touristinfo@lahnstein.de. **Lage:** In einem Seitental südlich der Lahn 6 km östlich von Lahnstein nahe Friedrichssegen. **Bahn/Bus:** Bus 573 Lahnstein –

Friedrichssegen. **Infos:** buchbar über Touristinfo Lahnstein, Stadthallenpassage, ✆ 02621/914171.

▶ Der Jugendzeltplatz Köhlerhüttendorf im Süßgrund liegt im Lahnsteiner Stadtteil Friedrichssegen in einer Toplage. Geschlafen wird in Köhlerhütten mit Schlafplätzen für 56 Gäste. Das große Wirtschaftsgebäude verfügt über eine komplett eingerichtete Küche sowie gepflegte Sanitäranlagen mit Duschen. Nur ein paar Minuten von der Lahn entfernt gelegen. Großes Gelände für Sport und Spiel und Grillplatz mit Sitzgruppen.

Campingplatz Burg Lahneck, Am Burgweg, 56112 Lahnstein. ✆ 02621/2765, Fax 18290. www.camping-burg-lahneck.de. info@burg-lahneck.de. **Preise:** Erw 6 €, Auto 3,50 €, Auto 3,50 €, Caravan 6 €, Motorcaravan 7,50/8,50 €, Zelt ab 5,50 €, Hund 1 €; Kinder 3 – 14 Jahre 3 €.

▶ Auf der Höhe, neben der Burg Lahneck, terrassierte Wiese, Ortszentrum von Oberlahnstein 2 km, 123 Stellplätze, davon 8 für Touristen, Kinderspielplatz, Restaurants neben dem Campingplatz und an der Burg Lahneck, Minigolf und Freibad in der Nähe. Bewertung durch ADAC mit Note 2 (komfortabel).

Camping Bad Ems, Obere Lahnstraße 4, 56130 Bad Ems. ✆ 02603/4679, Fax 4487. www.marktplatz-rhein-lahn.de/campingplatz-bad-ems/index.htm. **Bahn/ Bus:** 1 km östlich von Bad Ems direkt an der Lahn. **Zeiten:** April – Okt. **Preise:** 4 €; Motorcaravan 5,50 €, Stellplatz 4 €, Stellplatz mit Auto 4,50 €, Zelt 2,50 – 4,50 €, Hund 1 €; 4 – 12 Jahre.

▶ 136 Stellplätze. Auch FeWo, Lebensmittel- und Getränkeverkauf, Kinderspielplatz, separater Zeltplatz, angeleinte Hunde erlaubt.

Campingplatz auf der Loreley, Loreleyring, 56348 Bornich. ✆ 06771/802698, www.loreley-camping.de. info@loreley-camping.de. **Zeiten:** Ganzjährig außer 3 Wochen im Nov. **Preise:** 4,50 €, Pkw/Hänger 3,50 €, Zelt 5,50 €, WoMo 7,50 €; Kinder bis 13 Jahre 4,50 €.

▶ Auf der Höhe, wenige 100 m von der Loreley entfernt mit schönem Ausblick, herrlich ruhig. Dazu gehören Speiselokal, Kiosk mit Biergarten, Grillplatz und eine kleine Hütte. WLAN-Hotspot.

Campingplatz Auf der Au, Peter Göth (Platzwart), Auf der Au 1, 56377 Nassau. ✆ 02604/4442, Fax 7500666. www.camping-nassau.de. campingplatz-auf-derau@t-online.de. **Zeiten:** April – Okt. **Preise:** 4 €, Auto/Motorrad/Anhänger/Zelt 4,80, Müll pro Pers/Nacht 0,80 €, Strom 2,50 € pauschal; Kinder bis 14 Jahre 2,50 €.

▶ Am Südufer der Lahn, 180 Stellplätze, davon 60 für Touristen. Verleih von Wohnwagen, Gaststätte, überdachte Terrasse, Kinderspielplatz, nebenan beheiztes Freibad, Kanuverleih 300 m lahnaufwärts an der Brücke.

Campingplatz Schloss Langenau, An der B417, 56379 Obernhof. ✆ 02604/4666, 4525, www.camping-schloss-langenau.de. **Lage:** 2 km südlich von Obernhof gegenüber von Schloss Langenau. **Zeiten:** April – Okt. **Preise:** 5 €, Auto 2 €, Pkw mit Wohnwagen 4,80 €, mit Zelt 3,50 €, Boot 2,50 €, Hund 1,30 €, Müll 0,60, Strom 2,50 €; Kinder bis 12 Jahre 3 €; Familienpauschale Pkw, Wohnwagen, 2 Erw, 2 Kinder 18 €.

▶ In schöner Lage direkt am Fluss, aber lärmgeplagt durch die vorbeiführende Bundesstraße, 220 Stellplätze, davon 80 für Touristen. Wohnwagenverleih, Gaststätte, überdachte Terrasse, Kinderspielplatz.

Übersicht über die Kartenschnitte

S. 306/307

Koblenz
Bad Ems
Diez
Limburg

S. 308/309

Wetzlar
Weilburg
Gießen

Bad Camberg

S. 310/311

Kester
Bad Schwalbach
Wiesbaden

S. 312/313

Bad Homburg
Oberursel
Königstein
Frankfurt
Hofheim
Mainz

1 cm
10,5 km
N

www.PeterMeyerVerlag.de

Legende:

Jugendherberge	
Campingplatz	
Essen & Trinken	
Museum	
Kino/Theater	
sehensw. Altstadt	
Info	
Parkplatz	
Bahn-/Busstation	
Museumsbahn	
Gondel-, Seilbahn	
Radeln & Skaten	
Erlebniswelt	
Wintersport	

Lehrpfad
Reiten, Kutschfahrten
Picknick
Wandern
Natursehenswertes
Tierpark, Garten
Betriebsbesichtigung
Wassermühle
Hallenbad
Schwimmbad
Badestelle
Wassersport
Personenboot
Fähre

Aussicht
848 Gipfel mit Höhenmetern
Schloss, Burg
Turm, Sender
Kirche, Kloster
Bahn, ICE
Autobahn
Schnellstraße
Bundesstraße
Straße
Nebenstraße
Piste
Fußweg
Landesgrenze

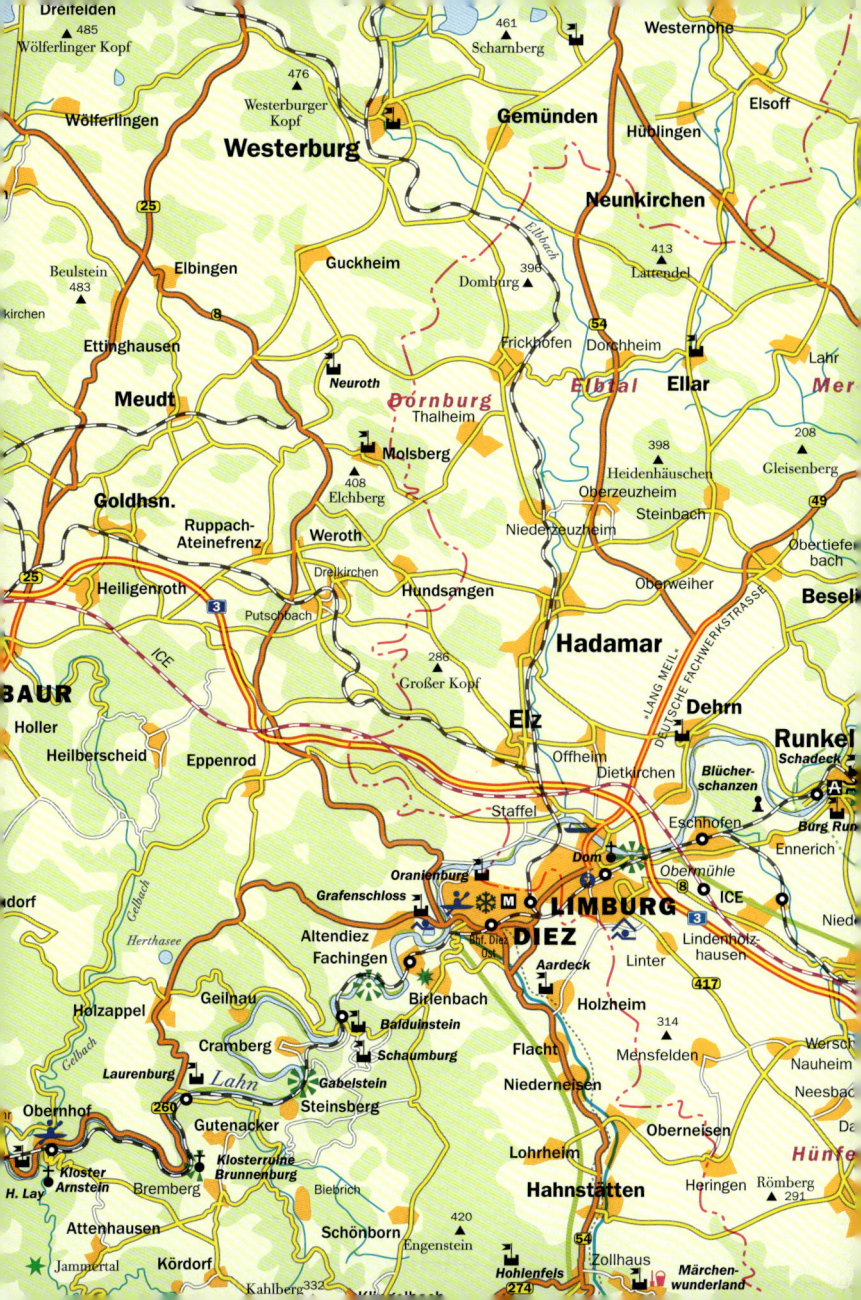

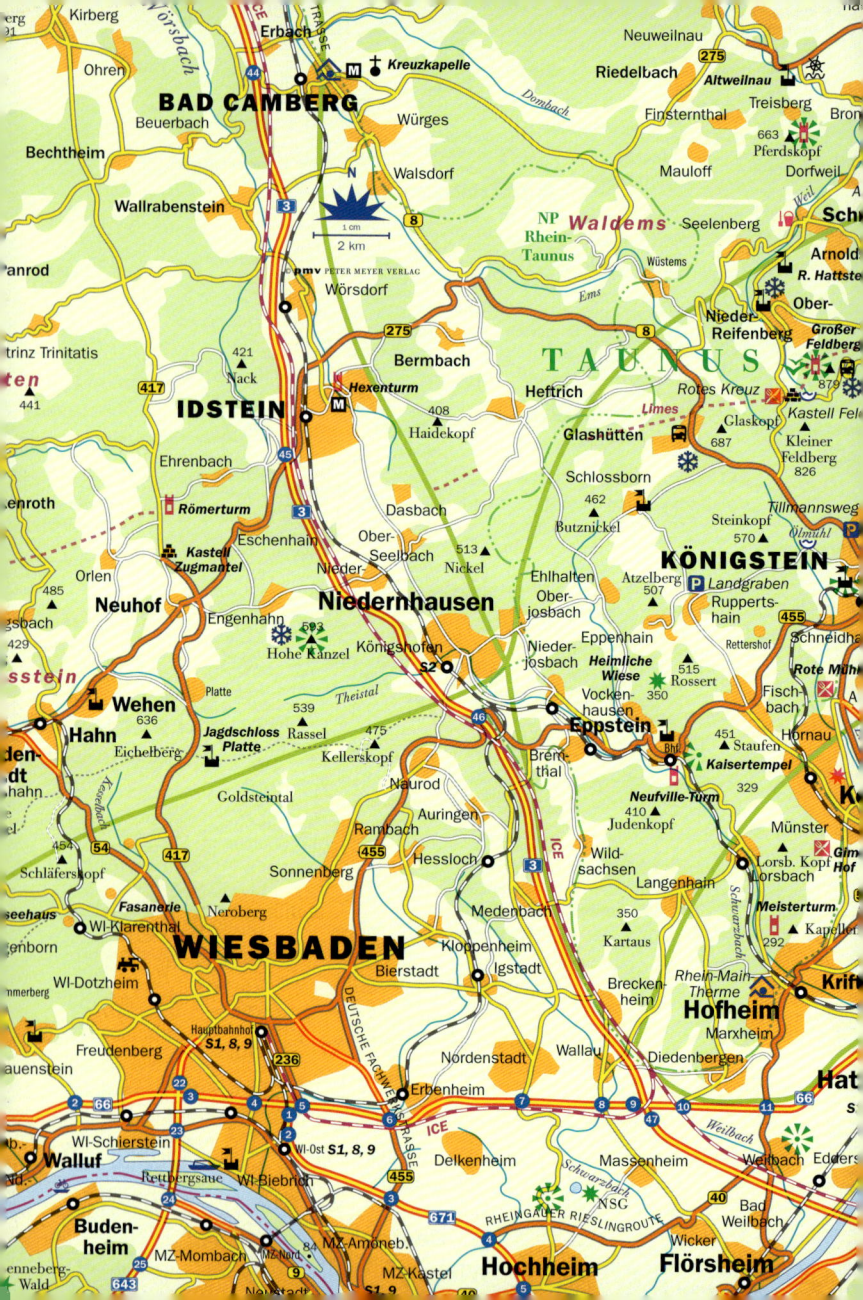

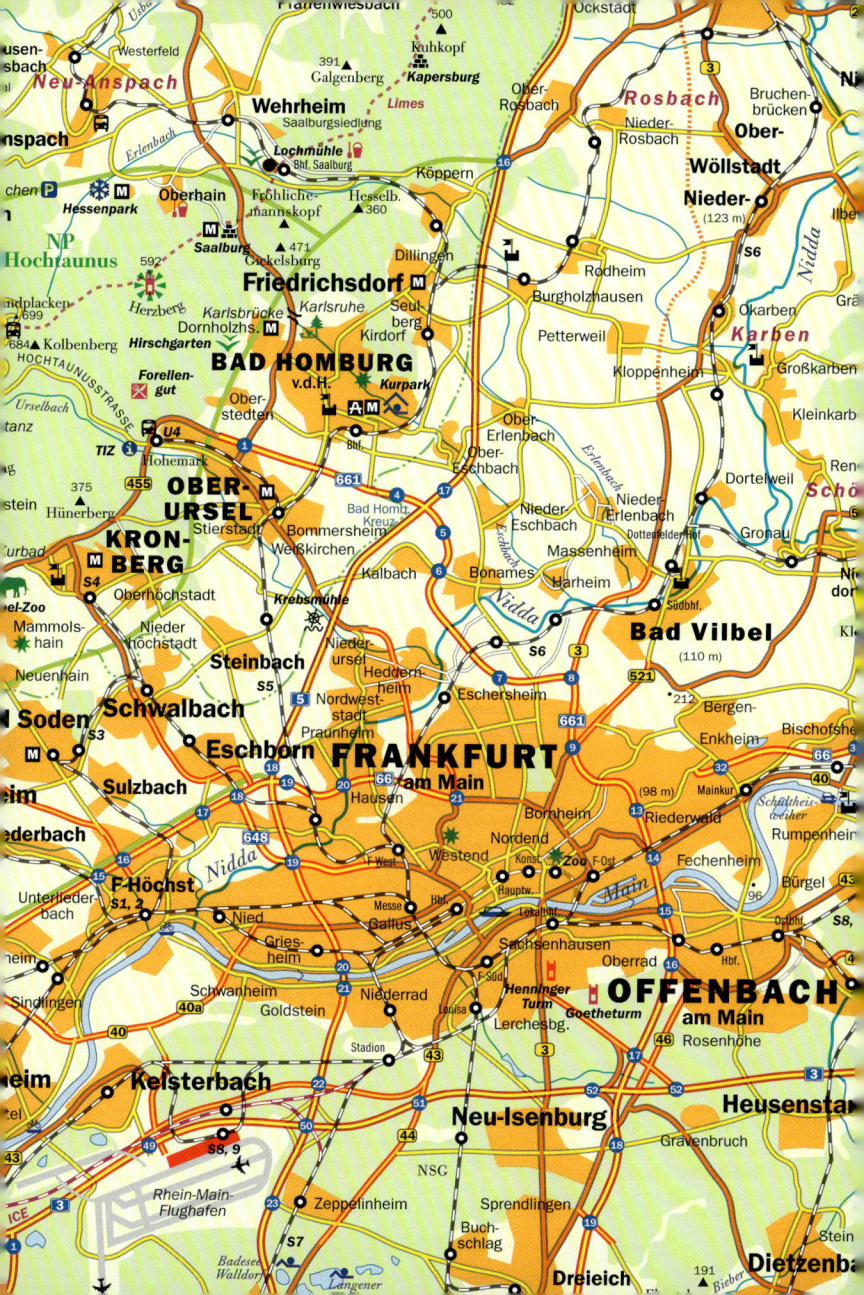

Register

A

Aar   210, 233
Aarbergen   201, 234
Aartal   272
Aartalbahn   221
Aartalbahn-Museum   220
Abenteuerland der Sinne   213
Abenteuerspielplatz   29
Adventsmarkt   49, 50, 150, 196, 259, 260
Akazienhof   132
Albshausen   196
Allgemeiner Deutscher Fahrrad-Club   56
Altendiez   206
Altenhain   48
Altenkirchen   167
Altweilnau   93, 95, 150
Apfelblütenfest   149
Apothekenmuseum   224
Arboretum   33
Arboretum Main-Taunus   103
Archäologischer Park   72
Äskulapnatter   202, 219
Auf der Höhe   288
Aulenhausen   287

B

Bad Camberg   203, 210, 211, 216, 226, 234, 273
Bad Ems   240, 243, 244, 250, 259, 260, 277, 303
Bad Homburg v.d.H.   51 – 80, 265, 280, 291
Bad Schwalbach   200, 208, 219, 221, 224, 229, 234, 276, 302
Bad Soden a.Ts.   15, 25, 29, 42, 45, 47, 50, 264
Bad Vilbel   43, 68
Baggersee   206
Baha'i-Tempel   97
Balduinstein   207, 244
Ballett-Studio   43
Ballonteam   105
Bangert   91

Barfußpfad   33, 219, 220, 228
Bauernhof   67
Bergbau- und Stadtmuseum   188
Bergbaumuseum Friedrichssegen   255
Berghof Rod   132
Bermbach   156
Besucherbergwerk Grube Fortuna   177
Beuerbach   213
Bibliothek, ↗ Stadtbücherei
Bienenlehrpfad   219
Billtalhöhe   140, 294
Biotop   249
Birlenbach   240, 249
Biskirchen   163
Bismarckhöhe   250
Blaues Ländchen   257
Bleidenstadt   209, 234
Bodenstein   166
Boot fahren   158, 159, 160, 206, 207, 212, 240, 241, 299
Bornich   303
Brandoberndorf   119, 130
Braubach   252, 260, 277
Braubachtal   89
Braunfels   155, 165, 167, 168, 171, 180, 182, 187, 192, 194, 195, 196, 271, 286, 287, 288, 299
Brombach   93, 295
Brombacher Hütte   295
Brunnenfest   49
Burg, -Ruine
   Altweilnau   144
   Ardeck   210
   Eppstein   110
   Falkenstein   108, 268
   Freienfels   183
   Hohenstein   220, 234
   Königstein   107
   Kronberg   109
   Lahneck   252, 259, 303
   Nassau   255
   Oberreifenberg   106
   Philippstein   165, 182
   Runkel   185
Burgenlehrpfad   278

Burgschwalbach   216
Burgsolms   155, 158, 175, 196, 271, 298
Buschwiesen   63

C – D

Camping   297
Campingplatz Runkel   160, 300
Chausseehaus   221
Cratzenbach   138
Dampf-Modellbahn   37
Dauborn   205
Dausenau   240, 243, 244
Diedenbergen   42
Diez   205, 206, 210, 217, 227, 234, 244, 275, 293, 301
Dillingen   68
Domäne Hohenfels   296
Dorfweil   93, 286
Dornholzhausen   63, 66, 75
Dottenfelderhof   68
Dotzheim   220
Drommershausen   170

E

Ebertshausen   238
Edelsberg   170
Eislaufen   32, 217
Eissporthalle   217
Ennerich   209
Eppstein   96, 105, 113, 114, 116, 267
Erbach   210
Erbismühle   128
Erdfunkstelle   143
Erholungssee   213
Erlebnis-Obstwiese   104
Eschbach   121, 137
Eschbacher Klippen   137
Eschborn   13, 17, 22, 29, 45, 265
Eschhofen   209
Esskastanienallee   91, 92
Europapark   171

F

Fahrrad reparieren   17
Falkenhof   100
Falkenstein   108, 268

Falknerei   83, 100
Fastnachtsmuseum   256
Feld- und Grubenbahn-
  museum Fortuna   177
Feldflora-Reservat   217
Ferienspiele   2, 42, 43, 44,
  45, 46, 76, 148, 192, 193
Filsen   251
Flößer- und Schifffahrt-
  museum   257
Floßfahrten   241
Forellengut   19, 20
Forsthaus Landstein   93
Fotografie   44
Frankfurt   290
Freiendiez   205
Freienfels   124, 183

Freilichtmuseum   146, 173,
  191, 254
Freilichtmuseum Hessenpark
  62, 146, 150
Freilichtsteinmuseum   173
Freizeitanlage   97, 133, 136
Freizeitpark   16, 215
Freizeitpark Kriftel   16, 30,
  36
Friedberg   138
Friedrichsdorf   51, 55, 57,
  65, 68, 76, 79, 80, 266
Friedrichssegen   255, 302
Fuchstanz   93
Fürstliche Rentkammer
  180, 272

G
Gallusmarkt   195
Gartenbahn   37
Gasthaus Rotes Kreuz   95
Geocaching   22, 57
Geocaching-Tour   11, 22,
  57, 60, 61
Gerberei   39, 40
Gertrudenhammer   129
Gimbacher Hof   21, 297
Glashütten   86, 98, 267
Goethe, Johann Wolfgang
  186
Gonzenheim   54
Gotischen Haus   75
Gräveneck   289, 300
Grävenwiesbach   291

Hunger & Durst

Alt Orschel   35
Alte Mühle   210
Bismarcks Café   251
Brauhaus Graf Zeppelin
  61, 69
Brauhaus Obermühle
  156
Burgrestaurant Lahneck
  252
Café Blütentraum   209
Café Dern   165
Café im Schloss   181
Café Maxeiner   259
Café Pension Marx   129
Café Sachs   129
Casa Prima Vera   28
Das Waldtraut   35
Die Linse   18
Eatstein im Tournesol
  203
Feldberghof   90, 285
Forellengut   19
Forsthaus Tiergarten
  171
Fuchstanz – Das Waldgast-
  haus   93
Gasthaus Rotes Kreuz
  93, 95
Gasthof am Turm   286

Gaststätte Im Tiergarten
  172
Goldner Stern   246
Gundelhard   22
HirschGarten   67
Historisches Wirtshaus an
  der Lahn   244
Höerhof   273
Hof Gimbach   21
Hotel Lahnblick   245
Landgasthof Ziegelhütte
  132
Landsteiner Mühle,   142
Lodge   102
Marksburg-Schänke   253
Museumscafé   39
Naturpark-Hotel Weilquelle
  94
Paulaner Wirtshaus am
  Haarplatz   163
Pizzeria Da Ramo   299
Pizzeria Titanic   242
Poppies   42
Quellenhof   263
Reiterstuben   25
Restaurant am Römer-
  brunnen   65
Restaurant Bürgerhof
  160
Restaurant Sambesi   102

Rote Mühle   89
Safari Snackbar   32
Schloss-Hotel Braunfels
  286
Solmser Hof   271
Taberna   73
Taunushöhe   130
Trattoria EspaBar   129
Waffenschmiede   221
Waldgaststätte Golfhaus
  276
Waldschloss   211
Walfisch-Restaurant   54
Wambacher Mühle   228
Wirtshaus im Schloss
  224
Wirtshaus Obermühle
  212
Ziegelhütte   285
Zum Adler   147
Zum Bizzenbachtal   122
Zum Eiszappe   217
Zum fröhlichen Landmann
  23
Zum Roten Kreuz   96
Zum Zapfhahn   249
Zum Zechenhaus   180
Zur Pferdetränke   26
Zur Sonne   24
Zur Wintermühle   127

Griedelbach   131
Grillhütte   98, 130, 131, 138, 167, 168, 170, 213, 247
Grillplatz   23, 24, 63, 90, 129, 130, 131, 167, 168, 169, 242, 246, 247, 287, 288, 289, 292, 293, 303, 304
Große Kurve   93
Großer Feldberg   81, 83, 89, 98
Grube Fortuna   177

H
Hahn   199, 209
Hahnstätten   232, 275, 296
Halligalli   31
Happy Birthday!   13, 27, 31, 39, 40, 41, 46, 65, 72, 77, 101, 126, 180, 193, 199, 215, 294
Hardtbergturm   91
Häschenschule   32
Hasselbach   140
Hattsteinweiher   123
Hausen vor der Höhe   217
Heftrich   301
Heimbachtal   200
Herbert-Rack-Hütte   131
Herbstmarkt   115
Hessenpark   62, 146, 150
Hessische Apfelwein- und Obstwiesenroute   35
Hexenprozess   223
Hexenturm   223
Hexenwahn   145, 224
Hirschgarten   60, 66, 266
Hirschhausen   168, 172
Hochseilgarten   31
Hof Köppelwiese   135
Hofgut Kronenhof   61, 69
Hofheim a.Ts.   12, 20, 25, 36, 40, 43, 49, 50, 263, 265, 279, 280
Hohe Kanzel   249
Hohemark   18, 19, 20, 34, 67, 93, 281
Hohenfeldkapelle   226
Hohenstein   221, 272
Höhle   173

Holzappel   244
Hornau   35
Hühnerstraße   199, 222
Hünfelden   205, 232
Hunoldstal   93, 94
Hünstetten   213

I – J – K
Idstein   202, 223, 225, 230, 234, 273, 301
Indoorspielplatz   31
Irrgarten   135
Islandpferdegestüt   132
Jugendherberge   290
Kaisertempel   96
Kalkofen   244
Kamp-Bornhofen   238, 257, 278
Kapersburg   127
Karneval   49
Kasdorf   288
Katzenelnbogen   238, 278
Kelkheim a.Ts.   14, 22, 30, 31, 35, 264
Kelterei Heil   141
Kestert   246
Killingerhaus   225
Kinder-Olympiade   79
Kinderhaus im Hängl   213
Kinderkulturtage   191
Kinderkunstwerkstatt   112
Kinderparlament   45
Kinderzirkus   231
Kino für Kinder   45, 46, 229, 231
Kinopolis   46
Kirberg   205
Kirschenwäldchen   164
Klettergarten   137, 138
Kletterhalle   30
Kloster Arnstein   244
Königstein im Taunus   84, 87, 90, 103, 107, 108, 111, 112, 114, 116, 267, 294
Kraftsolms   131
Kransberg   144
Krebsmühle   19, 42
Kreuzkapelle   211

Kriftel   16, 30, 36, 46, 50, 264
Kristallhöhle   173, 174
Kröffelbach   131
Kronberg im Taunus   85, 98, 101, 104, 109, 113, 115, 116, 266, 295
Kronenhof   69
Kubach   169, 173, 174, 289
Kuhschwanzweiher   130
Kunstschule   113
Kurbahn   221
Kurpark   65, 216
Kurwaldbahn   250

L
Lago Alfredo   136
Lahn   157, 159, 212, 241, 242, 243
Lahn-Marmor-Museum   190
Lahn-Marmor-Weg   166
Lahn-Radweg   162, 163
Lahneck   258
Lahneck Live   258
Lahnstein   162, 237, 243, 247, 252, 255, 256, 258, 259, 260, 276, 302, 303
Lahntal   250
Lahntalbahn   162
Landgasthof Wiesenmühle   221
Landgrafenschloss   266
Landsteiner Mühle   142, 144
Laneburg   182
Langhals   139
Langlauf   249
Langlaufloipen   99
Laternenfest   80
Laubuseschbach   141
Laurenburg   244
Laurentiusmarkt   149
Lehrpfad   34, 67, 180, 219
Lernbauernhof Maurer   67
Leun   163
Liederbach   89
Liederbach a.Ts.   48
Limburg a.d. Lahn   204, 207, 212, 231, 233, 234, 244, 274, 282, 289, 293, 301

Limes   63, 74, 96, 222
Limeskastell Pohl   253
Limesrundwanderweg   222
Linter   289
Lochmühle   133
Löhnberg   164, 169, 182
Loipe   139, 140, 249
Loreley   303
Lorsbach   25
Lottehaus   186, 270
Ludwig-Bender-Freibad   149

M

Maasgrund   26
Maasgrundweiher   32
Maislabyrinth   28
Mammolshain   91
Märchen   61
Märchensee   165, 182
Märchenwald   216
Marksburg   252, 277
Marksburg-Express   251
Martinsschloss   256
Marxheim   44
Meisterturm   20
Michelbach   201
Miellen   243, 244
Minigolf   16, 27, 29, 30, 65,
   66, 97, 98, 135, 171, 216,
   276, 303
Modellbahn   37
Möttau   133
Möttauer Weiher   133
Mühlbach   247
Mühlen   39
Mühlenmuseum   228
Mühlenwanderweg   18
Münster   14, 31, 136
Museum im Gotischen Haus
   75
Museum Nassau-Oranien
   208
Musicals   77

N

Naherholungsgebiet   26
Nassau   239, 241, 243,
   244, 247, 248, 255, 259,
   260, 278, 304
Nastätten im Taunus   257,
   290

NaturFreunde Deutschland
   293
Naturfreundehäuser   293
Naturlehrpfad   34
Naturpark Hochtaunus   117
Naturwanderungen   167
Neu-Anspach   121, 125,
   126, 146, 148, 150
Neuenhain   48
Neuweilnau   129
Niedergirmes   298
Niederbrechen   209
Niederjosbach   105
Niederlahnsteiner Wald
   247
Niedernhausen   203, 232,
   249
Niederselters   123, 210
Nievern   243, 244

O – P

Ober-Erlenbach   64
Ober-Eschbach   67
Ober-Kestert   247
Oberbiel   163, 177
Oberbrechen   209
Oberes Weiltal   93, 97
Oberlahnstein   237, 243,
   244, 256
Obermühle   187, 212, 287
Obernhain   135
Obernhof   242, 244, 247,
   304
Oberreifenberg   93, 94, 98,
   99, 106, 287, 291
Oberstedten   19, 24, 294
Oberursel   11, 19, 24 – 28,
   32, 34, 37, 38, 39, 42, 43,
   47, 49, 50, 139, 294
Oberwies   288
Odersbach   169, 292, 299
Opel-Zoo   91, 93, 101
Oranienstein   275, 301
Orlen   222, 229
Paddeltouren   6, 159, 160
Papageienpark   140
Pfaffenwiesbach   127
Pferdskopf   129
Pflasterfest   150
Philipp-Reis-Haus   76
Philippstein   165, 167, 182

Planetenweg   36
Pohl   253
Pulsbachklamm   246
Puppenhaus   227
Putter's Paradise   27

R

Regionalmuseum   257
Reiten   24, 25, 26, 63, 64,
   83, 126, 132, 170, 248
Reiterhof Georg   25
Reiterhof St. Georg   26
Reitstall   64
Rettershof   87, 88
Rhein   251
Rhein-Main-Therme   12
Rheinsteig   246
Riedwiese   125
Ritter Eppo   110
Ritterspiele   183
Ritterturniere   114
Rod an der Weil   132, 269,
   285
Rohnstadt   288
Rollschuhbahn   57
Römer   40, 72, 95, 127,
   222
Römerkastell Feldberg   95
Römerkastell Kapersburg
   127
Römerkastell Saalburg   72
Römerkastell Zugmantel
   222
Römerturm   222
Rote Mühle   87
Rotes Kreuz   93
Runkel   160, 185, 300
Ruppertsklamm   243

S

Saalburg   62, 72, 266
Safari-Route   101
Sandplacken   140
Sängelberg   139
Schiffstunnel   160, 162,
   298
Schlangenbad   201, 215,
   219, 228
Schloss Bad Homburg   80
Schloss Braunfels   180
Schloss Kransberg   144

Schloss Langenau 304
Schloss Oranienstein 208
Schloss und Weißer Turm 70
Schloss Weilburg 189
Schloss Wehen 224
Schlossborn 86, 98
Schmitten 83, 89, 97, 98, 100, 106, 129, 132, 267, 285, 286, 287, 291, 295
Schneidhain 87, 88
Schulwald 32
Schwalbach a.Ts. 24, 45, 48, 264
Schweighausen 248
Seedammbad 53
Seelbach 289
Seelenberg 132
Seifenkistenrennen 39
Selters 123, 136, 161, 169
Seulberg 65
Singhofen 239, 248, 260
Skaten 17, 125, 208, 209
Ski fahren 98
Skilanglauf 139, 140, 249
Solms 155, 158, 175, 177, 192, 196, 271, 298
Sonnenhof 24
Sportpark 30
Stadtbücherei 18, 47, 48, 78, 79, 114, 148, 193, 194, 232
Stadtführung 38, 40, 108
Stadtmuseum 40, 42, 107, 187, 225
Stein'schen Schloss 279
Steinbach a.Ts. 23, 24, 47, 263
Steinbruch 138
Steinmühle 19
Sternwarte 36
Stierstadt 19, 24
Stoppelberg-Turm 164
Sulzbach (Taunus) 26, 46

T

Taunus Therme 54
Taunus Wunderland 215
Taunus-Informationszentrum, TIZ 34
Taunusklub 91, 153, 209, 267, 295
Taunusstein 199, 213, 222, 224, 229, 234
Thalerfeld 104
Theater für Kinder 77, 112, 229
Thermalfreibad 201
Tiefenbach 163, 168
Tiergarten 171
Tiergarten Weilburg 172
Tournesol 202
Treisberg 129
Trippelweiher 97
Turmmuseum 226

U – V

Urselbach 19
Usingen 121, 123, 137, 143, 144, 148, 149, 150, 268
Viktoriapark 98
Villmar 166, 190, 289
Vogelburg 140
Vogellehrpfad 68
Volkssternwarte 175
Vortaunusmuseum 39

W – Z

Waldlehrpfad 68, 219
Waldsolms 119, 130, 131, 268
Wallrabenstein 213
Wambach 228
Wambacher Mühle 228, 234
Wappen von Limburg 207, 208
Weberei Hohemark 19

Wehen 213, 224
Wehrheim 122, 125, 126, 133, 135, 149, 150, 269, 297
Weiherbach 98
Weihnachtsmarkt 49, 50, 80, 116, 195, 196, 233, 234, 259, 260
Weilburg 156, 159, 160, 161, 163, 164, 168, 169, 170, 172, 173, 188, 189, 193 – 196, 272, 289, 292, 298, 299
Weilmünster 120, 124, 131, 133, 141, 150, 287, 288
Weilquelle 95
Weilrod 132, 138, 140, 150, 269, 285
Weiltal 94, 97
Weiltalweg 124
Weinbach 156, 170, 183, 289, 300
Weißkirchen 28
Westerfeld 125
Wetzlar 153, 154, 157, 162, 163, 171, 186, 191 – 196, 270, 271, 281, 292, 296, 298
Wiemersmühle 19
Wiesbaden 220
Wiesenbad 13
Wilhelm von Nassau 161
Wingsbach 209
Wintermühle 126
Wisperpark 302
Wittscherspark 129
Wolfenhausen 120
Woogtal 84, 90
Woogtalbad 84
Zirkus für Kinder 231
Zollhaus 232, 296
Zoo 101
Zugmantel 222

KLIMABEWUSST HANDELN

Beim Druck eines Buches sowie bei der Herstellung der benötigten Materialien (Papier, Farbe, Energie usw.) ist das Entstehen von CO_2 unvermeidlich. Das Kohlendioxid ist für den vom Menschen verursachten globalen Klimawandel verantwortlich. Deshalb geht der Peter Meyer Verlag mit gutem Beispiel voran und unterstützt mit einer freiwilligen Ausgleichszahlung Klimaschutzprojekte, um schädliche Gase in der Atmosphäre zu reduzieren.

WÄLDER ERHALTEN

Ohne Wälder wäre ein Leben auf der Erde nicht möglich. Sie sind uns Existenzgrundlage, Sauerstoffproduzent und Wasserspeicher. Deshalb druckt der Peter Meyer Verlag alle Bücher und Prospekte ausschließlich auf Papier aus nachvollziehbar legaler und nachhaltiger Forstwirtschaft. So helfen wir, unsere Wälder für kommende Generationen zu erhalten.

Mit dem Kauf unserer Reiseführer unterstützen Sie dieses Engagement. Dafür danke. Unsere Verlagsphilosophie und Nachhaltigkeitserklärung finden Sie auf unserer Internetseite, wo Sie sich auch für unseren Newsletter »Lesen & Ausfliegen« anmelden können.

www.PeterMeyerVerlag.de ☀ **pmv Peter Meyer Verlag** info@PeterMeyerVerlag.de

IMPRESSUM

Unsere Inhalte werden ständig gepflegt, aktualisiert und erweitert.
Für die Richtigkeit der Angaben kann der Verlag jedoch keine Haftung übernehmen.
© 3. Auflage 2012 | **Post bitte an:** pmv Peter Meyer Verlag, Schopenhauerstraße 11, 60314 Frankfurt a. M. | www.PeterMeyerVerlag.de, info@PeterMeyerVerlag.de
Umschlag- und Reihenkonzept, insbesondere die Kombination von Griffmarken und Schlagwort-System auf dem Umschlag, sowie Text, Gliederung und Layout, Karten, Tabellen, Piktogramme und Illustrationen sind urheberrechtlich geschützt.
Abdruck und Einspeisung in elektronische Medien, auch auszugsweise, nur mit Genehmigung des Verlags. | Die Aufnahme und Beschreibung in diesem Buch unterliegt der Auswahl durch die Autorin und kann nicht erkauft werden. Anzeigenschaltung ist unabhängig davon möglich.
Druck & Bindung: AZ Druck und Datentechnik GmbH, Kempten, www.az-druck.de | **Umschlaggestaltung:** pmv, Agentur 42, Mainz, www.agentur42.de, Annette Sievers. | **Fotos:** Wenn nicht anders angegeben, alle Rechte beim Verlag, siehe Nachweis beim jeweiligen Bild. |
Zeichnungen: Silke Schmidt | **Karten:** pmv | **Lektorat & Layout:** Annette Sievers | **Bezug:** über Prolit, Fernwald-Annerod, oder über den Verlag, vertrieb@PeterMeyerVerlag.de, ☎ 069/40562570
ISBN 978-3-89859-438-7
Printed in Germany with love. Klimaneutral und auf umweltfreundlichen FSC®-Papier gedruckt.

pmv PETER MEYER VERLAG

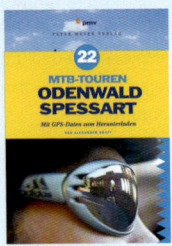

66 SCHÖNSTE AUS-
SICHTEN HESSEN

Burgen, Türme,
Berge
ISBN 978-3-89859-
319-9. 256 Seiten,
2. Auflage, 16 €

22 MTB-TOUREN
ODENWALD
SPESSART

Mit GPS-Daten zum
Herunterladen
ISBN 978-3-89859-
321-2, 192 Seiten,
Band 1 von 3, 16 €

33 SCHÖNSTE
RADTOUREN RHEIN-
MAIN

Radeln von leicht bis
weit rund um Frankfurt.
Mit Extra-Karte.
ISBN 978-3-89859-
320-7, 224 S. 18 €

WALDWANDERN
HESSEN

Auf Premiumwegen
und Traumpfaden
durch Hessens Wäl-
der wandern
ISBN 978-3-89859-
307-6, 256 S. 16 €

UNTERWEGS IN HESSEN

VOGELSBERG
UND WETTERAU
MIT KINDERN

400 spannende Aus-
flüge und Aktivitäten
rund ums Jahr
ISBN 978-3-89859-
432-5, 256 Seiten,
12,95 €

FRANKFURT RHEIN-
MAIN MIT KINDERN

400 preiswerte und
spannende Aktivitäten
für draußen & drinnen
ISBN 978-3-89859-
434-9, 3. Auflage
304 Seiten, 16 €

GRIMMHEIMAT
NORDHESSEN
MIT KINDERN

400 spannende Akti-
vitäten im Märchen-
land zwischen Eder-
see und Werra
ISBN 978-3-89859-
437-0, 1. Aufl. 2012,
256 Seiten, 16 €

ODENWALD
MIT KINDERN

500 x Abenteuer und
Erlebnis von der Berg-
straße bis zum Main,
von Darmstadt bis
zum Neckar
ISBN 978-3-89859-
429-5, 7. Auflage
320 Seiten, 16 €